불교해석학 연구
— 자기철학의 제시를 위한 방법론 모색 —

〔김호성〕

민족사
2009

불교해석학 연구
― 자기철학의 제시를 위한 방법론 모색 ―

이 책의 주제와 구성에 대하여

I

  길은 하나가 아닙니다. 여러 갈래의 길이 놓여 있으며, 그 길들은 모두 궁극에 이르는 하나의 방법들입니다. 어떤 길을 선택해서 저 궁극의 세계로 나아갈 것인가는 그 길을 가는 사람의 몫입니다. 그래서 선택하는 그 길은 그 사람을 닮습니다.
  학문의 세계에 있어서 이 '길'의 문제가 곧 방법론입니다. 그렇다고 해서 방법론을 그저 학문의 수단이나 도구로서만 파악해서는 곤란합니다. '길'이란 말 속에는 방법이라는 의미와 동시에 궁극의 경지라는 뜻까지 포함되어 있기 때문입니다. 방법과 진리는 둘이 아닙니다.
  사람에 따라서 이 길의 문제를 예민하게 의식하는 경우도 있고, 그렇지 않은 경우도 있습니다. 그 우열을 말하고자 함이 아니라, 그저 그렇게 스타일의 차이가 있다는 이야기입니다. 저의 경우, 유난히 길의 문제, 즉 방법론을 예민하게 의식하면서 공부해 오고 있습니다. 그 동안 방법론(연구사 포함)에 대한 논문을 모두 12편 썼습니다. 특히 해석학이라는 방법론에 의지해서 불교학을 좀더 새롭게 해보아야 하지 않겠는가 하는 점을 저 나름대로 모색해 보았습니다. 이제 불교해석학에 관한 논문 5편과 보론(補論) 1편을 하나의 책으로 엮어서 『불교해석학 연구(Buddhist Hermeneutics)』라 이름하여, 감히 그 평가를 세상에 여쭙고자 합니다.

II

개별 논문의 요지에 대해서는 그 모두(冒頭)에 「우리말 요약」과 「주제어」로 정리하여 두었으므로, 그것만을 읽어보더라도 무슨 이야기를 하려는지 짐작하기 어렵지 않을 것으로 생각합니다. 다만, 여기서는 도대체 이 책의 주제가 무엇이며 세상의 종이를 소비해야 할 까닭이 어디에 있는지를 정리해 보고자 합니다.

인도 독립운동의 지도자이며 힌두교의 성전 『바가바드기타』의 주석자였던 틸락(L.Tilak, 1856~1920)은 미망사 학파의 해석학이론에 의지하면서, 『바가바드기타』의 주제를 파악하고 있습니다(이 책 뒤에 부록한 「저자의 논문 목록」 중 41번 논문 참조). 저 역시 틸락이 활용한 여섯 가지 주제파악의 방법론을 의지하여, 이 책의 주제를 밝혀보고자 합니다.

첫째, 시작과 맺음입니다. 이 책의 본론은 모두 5편의 논문으로 이루어져 있는데, 첫 번째 논문에서 문제제기를 하고 다섯 번째 논문에서 그 문제에 대한 해결책을 확정적으로 제시하고 있습니다. 그 중간의 세 논문은 제기된 문제의 해결책을 찾아가는 과정입니다. 그 문제는 다음과 같이 정리할 수 있습니다.

> 시대와 사회가 바뀌었으므로 불교경전에 대한 새로운 해석을 할 필요가 있다. 그런데 불교경전이 갖고 있는 성스러운 권위가 해석자의 자유로운 해석학적 상상력을 제한하고 있다. 과연, 어떻게 성스러운 권위의 무게에 속박되지 않으면서 해석자의 자기철학을 제시할 수 있을 것인가?

이 문제에 대한 해답 찾기는 첫 논문에서부터 시작되지만, 마지막 다섯 번째 논문에 이르러서 나름의 해답/결론을 얻게 되었습니다. 그렇기 때문에 더 이상 이 책의 편집을 미룰 이유도 방황할 이유도 없게 된 것입니다. 그 해답의 확인은 수고스럽더라도 직접 해주시길 바랍니다.

둘째, 반복입니다. 하나의 텍스트 안에서 자주 반복되는 것이 그 책의 전체 주제에 직접적으로 관련된다고 하는 이야기입니다. 이 책에서 자주 반복되는 것은 각 논문의 모두(冒頭)에 정리해 둔 「주제어」를 통하여 파악할 수 있을 것입니다. 독서법, 실천적 독서법, 관심석(觀心釋), 격의(格義), 교판(敎判), 과목(科目), 회통론(會通論), 일음교(一音敎), 텍스트, 컨텍스트 등입니다. 이는 모두 자기철학의 제시와 관련되어 있습니다.

셋째, 새로움입니다. 어떤 책이든 그 이전의 모든 책들이 갖고 있지 않은 새로움이 없으면 무의미할 것이며, 그러한 새로움은 주제와 깊이 연관되어 있습니다. 그렇다면 이 책의 새로움은 무엇일까요? 「불교해석학(Buddhist Hermeneutics)」이라는 논문집이 Donald S. Lopez Jr.에 의해서 1988년 미국에서 편집되어 나왔습니다. 하지만, 그것은 한 사람의 개인 논문집이 아니라 편집된 것입니다. 그 후 미국 학계에서 불교해석학의 전개가 어떻게 되었는지 저로서도 자세히 알지 못합니다. 또 일본에서 해석학에 대해서 관심을 갖고 해석학적 불교연구를 행하고 있는 학자가 과연 있는지 그 여부를 알지 못합니다. 제가 1년 살아봤습니다만 만나지 못하였습니다. 우리 학계에서는 다행히 불교해석학을 연구하시는 분이 있습니다. 동국대 김용표(金容彪) 교수님입니다. 사실, 이 책을 집필하는 과정에서 아쉽게도 김 교수님의 불교해석학 연구를 깊이 있게 살펴보지 못하였습니다. 제 문제에 깊이 빠져 있어서 그 해결책 모색에 급급하였던 까닭입니다. 앞으로 진지하게 살펴봐야겠다는 생각을 하고 있습니다. 물론, 지구상 어디에서든 불교해석학을 연구하는(저의 경우는 '연구하는' 것이 아니라 '하는' 사람입니다만) 학자가 또 없지는 않겠습니다만, 그렇다고 해서 그러한 사실이 이 책의 새로움을 훼손할 수는 없다고 봅니다. 왜냐하면 저와 똑같이 살아온 사람은 없을 것이기 때문입니다. 그렇게 타인의 삶과 다른 저의 삶이 이 책의 컨텍스트를 이루고 있으면서, 타인의 것과 다른 새로움을 만들어 주었기 때문입니다. 학문적으로 보더라도 인도철학과 우리의 전통적 불교학을 세로축으로 하면서, 서양철학(하이데거, 가다머, 데리다)과 문학(바르트, 보르헤스, T. S. 엘리엇)을 가로축으로 하면서 짜여져 있습니다. 어쩌면 틀릴지는 모르지만 새롭지 않을 수는 없을 것입니다. 재료는 묵은 것일 수 있어도 그 논리는 묵은 것이라 할 수 없을 것입니다.

넷째, 결과입니다. 하나의 텍스트에 의해서 특별한 결과가 얻어진다면 그 텍스트의 주제를 파악하는 데 그 결과를 고려해야 한다는 것입니다. 세계적으로 불교 연구의 추세가 문헌학적 연구나 철학사적 연구가 주류를 이루고 있는 상황에서, 이 책에서 제언하는 해석학적 방법론을 몸에 익혀서 스스로의 학문연구에 적용해 줄 후학들이 만약 나타나게 된다면, 불교 연구(더 나아가 불교)는 이 시대의 컨텍스트에 부합하기 위한 새로운 몸부림을 보여줄 수 있으리라고 봅니다. 그것이 이 책의 결과가 될 것입니다.

다섯째, 설명적 문구입니다. 이는 하나의 텍스트 안에 주제와 직접적으로 관련이 없는 부분이 있다고 할 때, 그 부분을 처리하는 방식입니다. 주제를 설명해 주는 보조적인 역할을 한다고 보는 것입니다. 하지만 이 책의 본론을 이루는 다섯 편의 논문들은 모두 주제와 긴밀히 관련되어 있습니다. 따라서 설명적 문구 부분은 거의 없다고 해도 과언이 아닐 것입니다.

여섯째, 논박(論駁)입니다. 논박은 저자가 드러내고자 하는 바와 반대되는 경우를 논박함으로써 주제가 드러난다고 하는 것입니다. 그러나 이 역시 이 책에는 별로 등장하지 않습니다. 해석학적 방법론의 개발에 전념한 탓에, 해석학적이지 않은 방법론에 대한 논박을 할 겨를이 없었기 때문입니다. 다만, 보론에 실린 논문 속에서 불연 이기영(李箕永, 1922~1996) 선생님이 해석학적이지 않은 방법에 대해서 어떻게 논박하고 있는지를 살펴보았을 뿐입니다.

이로써 이 책은 불교 연구에 있어서 자기철학의 제시를 가능케 할 해석학적 방법론의 모색을 주제로 하고 있음을 알 수 있을 것입니다.

Ⅲ

방법은 진리/내용 그 자체와 둘이 아니라는 말씀을 앞서 드렸습니다만, 그래도 혹시 "당신이 나름의 방법론을 제시하고 있다면 그러한 방법론을 활용하여 이루어낸 성과를 보여주어야 할 것 아닌가"라고 말씀하실 분이 계실지도 모르겠습니다. 뒤에 제시하는 「저자의 논문목록」을 일견(一見)하신다면, 해석학적 방법론에 의지하는 연구임을 느낄 수 있는 논제(論題)들을 쉽게 알 수 있을 것으로 생각합니다.

그래도 굳이 사례를 들라고 하신다면, 이 책의 본론 다섯 편 자체가 사례일 수 있습니다. 그 중에서도 첫째, 셋째, 그리고 다섯 번째 논문을 저의 자기철학이 제시된 논문으로 생각하고 있습니다. 이 책 이외에는 「'독송용 천수경'에 대한 언어적 재해석과 그 적용」(『천수경의 새로운 연구』, 민족사, 2007. pp.237~315. 참조.)을 들고자 합니다. 한번 살펴보신다면, '자기철학을 제시'한 논문이 그렇지 않은 다른 논문들과 어떻게 다른지를 짐작하실 수 있으리라 봅니다.

IV

 이 책은 5편의 논문으로 본론을 삼고, 1편의 논문으로 보론을 삼아서 이루어졌음은 앞서 말씀드렸습니다. 여기서는 이외에도 몇 가지 체제상의 안내말씀을 드리고자 합니다.

 첫째, 영문초록 부분입니다. 종래의 책들에서는 각 논문의 맺음말을 영어로 옮긴 「Abstracts(영문초록)」만을 책 뒤에 실었습니다. 하지만, 앞서 말씀드린 것처럼 이 책의 내용적 새로움을 좀더 널리 알릴 수 있으면 좋겠다는 생각에서 이 부분을 좀더 보완하고자 하였습니다. 「Abstracts」 외에, 책 전체의 목차를 영어로 옮긴 「Contents(목차)」와 영문초록에서 등장하는 용어를 한눈에 파악할 수 있도록 한 「Glossary of Sanskrit and Chinese Terms(범어 및 한자 용어해설)」를 마련하였습니다. 앞으로 이 책의 논문들을 영어로 옮겨서 소개하는 것 역시 생각해봐야 할 것입니다만, 혹시라도 이 책의 영어 부분만을 읽고서 전체 부분에 대한 독서욕이 자극되는 외국인이 있다면 직접 우리말을 배우는 것도 생각해 볼 수 있는 일이 아닌가 합니다. 그를 위해서입니다.

 둘째, 참고문헌입니다. 종래 「참고문헌」의 정리는 대개 원전과 2차 자료로 구분하였습니다만, 이 책에서는 내전(內典, 불교문헌)과 외전(外典, 불교 이외의 문헌)으로 크게 나누었습니다. 이는 세 번째 논문에서 제기한 격의, 즉 외전에 입각한 내전 읽기(=내전에 의한 외전 읽기)를 제 스스로 실천하고 있다는 점을 나타내고자 해서입니다.

 셋째, 표지의 저자 표기 부분입니다. 종래의 다른 책들과는 달리, 이 『불교해석학 연구』에서는 "김호성"이 아니라 "〔김호성〕"이라 하였습니다. 일찍이 저서에 자기 이름을 표기하지 않았던 의상(義相, 625~

702) 스님의 사례로부터 '저자의 부재(不在)'를 보고, 다시 그러한 '저자의 부재'로부터 상호텍스트성을 읽어내고, 또 상호텍스트성으로부터 불교해석학의 한 독서법을 유추해냈던 세 번째 논문의 입장을 저 스스로 실천해 보고자, 괄호 안에 저자의 이름을 넣었습니다. 이 책의 저자는 김호성이면서 동시에 김호성이 아니라 독자, 즉 지금 이 책을 읽고 계신 여러분임을 나타내는 하나의 상징적 행위입니다.

V

이 책의 내용은 전적으로 저의 생각이며, 그 공과(功過)에 대한 책임 역시 오직 저 한 사람에게 귀속됩니다. 하지만, 그렇다고 해서 이 글들을 쓰는 과정에서 다른 분들과의 소통(疏通)이 전무했던 것은 아닙니다. 원고가 만들어지기까지 도움을 주신 분들은 각기 해당 부분의 각주를 통하여 언급하였습니다만, 전체적으로 그 방명(芳名)을 절에서 방(榜)짜듯이 정리해 두고자 합니다.(존칭 생략)

    논평 : 고영섭, 이재숙
    자문 : 김홍근, 이자랑, 김주경, 이필원
    재수록 주선 : 박경일
    토론 : 박운진, 성덕스님, 이송민, 이충학
    영문초록 : 최진경 외
    색인 : 방정란
    교정 : 이성운
    논문목록 정리 : 박경빈

특히, 지난 10여 년 동안의 학부 및 대학원의 수업 시간을 통하여 읽고 토론해 준 많은 학생들이 있었습니다. 그러한 수업은 하나의 해석공동체(解釋共同體)로서 기능하였으며, 학생들의 질문과 반론의 제시 등은 그 채택 여하를 떠나서 사색의 진전을 위해서 많은 도움이 되었음을 밝혀둡니다.

이렇게 여러분들의 도움이 모이고 모여서 민족사 윤창화 사장님의 출판공덕을 얻게 되었습니다. 학술서로서는 『대승경전과 禪』(2002년 문광부선정 우수학술도서), 『천수경의 새로운 연구』(2007년 학술원선정 우수학술도서)에 이어서 세 번째입니다. 감사드립니다.

마지막으로 고마운 마음을 전하고 싶은 분들이 계십니다. 뵙지도 못하고, 이름도 모르지만…… 어디선가 제 작업을 눈여겨 봐주시고, 저의 책들을 꼼꼼히 읽어주시고 평가해 주신 어른들이 계셔서 용기를 갖고 이 『불교해석학 연구』를 만들었습니다. 그렇지 않았더라면 이 책의 탄생은 좀더 많은 세월을 기다려야 했을지도 모릅니다.

"고맙습니다!"

이제 제게 남은 길은 이 길밖에 없습니다. 다음, 네 번째 학술서의 「머리말」을 통해서 다시 인사드릴 수 있기를 염원합니다.

2009년 3월 1일
동악(東岳)의 한 모퉁이에 숨어서

김호성 합장

차 례

경전의 무거움과 해석의 가능성
― 이 책의 서론으로서 ―

- Ⅰ. 머리말 ··· 22
- Ⅱ. 미망사 : 베다 = 진리 ··· 27
  - 1. 聖言量 ·· 27
  - 2. 非作者性과 명령 ··· 31
    - (1) 非作者性 ·· 32
    - (2) 명령 ··· 34
- Ⅲ. 불교 : 경전 = 방편 ·· 38
  - 1. 佛言量 ·· 38
  - 2. '저자의 부재'와 방편 ······································ 43
    - (1) 저자의 부재 ··· 43
    - (2) 방편 ··· 46
- Ⅳ. 하나의 대안, 觀心釋 ·· 50
- Ⅴ. 맺음말 ··· 55

자기철학의 제시를 위한 전통적 불교학의 해석학적 장치들

Ⅰ. 머리말 ··· 62
Ⅱ. 格義, 불교 밖에서 보는 불교 ································· 66
  1. 중국불교사의 한 사건 ·· 66
  2. 해석학적 先理解 ·· 70
Ⅲ. 敎判, 경전 상호간의 가치평가 ································ 74
  1. 인도불교사의 교판 사례 ····································· 74
  2. 자기철학의 제시 ·· 79
Ⅳ. 科目, 부분과 전체의 共觀 ······································ 84
  1. 科目 나누기의 실례 ··· 84
    (1) 義相 스스로의 과목 ····································· 85
    (2) 『法界圖記叢髓錄』에 나타난 여러 가지 과목들 ········ 87
    (3) 有聞과 有一의 과목 ····································· 91
    (4) 저자의 과목 ·· 93
  2. 해석학적 순환 ·· 95
Ⅴ. 맺음말 ··· 98

'저자의 부재'론과 실천적 독서법
— 문학이론과의 共觀을 통하여 —

Ⅰ. 머리말 ·· 105

Ⅱ. 『法界圖記』에 나타난 '저자의 부재' ································· 107
Ⅲ. '저자의 부재'와 불교해석학 ·· 113
   1. '저자의 부재'와 상호텍스트성 ·· 113
     (1) 바르트와 義相 ·· 113
     (2) 義相과 보르헤스 ·· 116
   2. 상호텍스트성과 불교해석학 ·· 124
Ⅳ. '저자의 부재'와 실천적 독서법 ·· 130
   1. 실천적 독서법과 전통론의 재조명 ································ 131
   2. 삶의 현실적 지평과 해석 ·· 134
Ⅴ. 맺음말 ·· 138

여러 가지 독서법에 의지한 해석의 사례
— 간디의 『바가바드기타』 읽기를 중심으로 —

Ⅰ. 머리말 ·· 144
Ⅱ. 간디의 『기타』 관련 저술과 그 대중성 ··························· 147
   1. 제1기, 자기철학의 맹아 ·· 148
   2. 제2기, 자기철학의 완성 ·· 151
   3. 제3기, 자기철학의 대중화 ·· 154
Ⅲ. 여러 가지 독서법의 활용 ·· 156
   1. 실천적 독서법 ·· 159
     (1) 성전의 권위 탈피 ·· 159

(2) 정통 계보의 이탈 ··· 164
　　(3) 경험에 의한 텍스트 읽기 ···································· 166
　2. 분석적 독서법 ··· 170
　3. 禪的 독서법 ·· 175
Ⅳ. 맺음말 ··· 178

一音敎와 자기철학의 글쓰기
— 이 책의 결론으로서 —

Ⅰ. 머리말 ··· 183
Ⅱ. 一音敎, 불교문헌에 대한 會通的 관점 ··················· 187
　1. 일음교란 무엇인가 ··· 187
　　(1) 敎判論에서 會通論으로 ····································· 187
　　(2) 華嚴禪에서 一音敎로 ··· 191
　2. 일음교로 볼 수 있는 근거 ··································· 195
　　(1) 原音 개념의 수정 ··· 196
　　(2) 根機 개념의 확장/복원 ····································· 201
　　　1) 근기 개념의 확장 필요성 ······························· 201
　　　2) 근기 개념의 확장 ··· 203
　　(3) 原音의 一音性 ··· 206
Ⅲ. 자기철학의 글쓰기 ·· 209
　1. 자기철학의 제시란 무엇인가 ······························ 209
　2. 일음교가 가르쳐 주는 글쓰기 ···························· 215

  (1) '경전쓰기'로서의 글쓰기 ················ 216
  (2) 경전의 컨텍스트 비판하기 ················ 218
  (3) 원음 X의 체험적 읽기 ················ 221
Ⅳ. 맺음말 ················ 225

補論 : 텍스트와 현실의 해석학적 순환
— 不然 李箕永의 원효해석학 —

Ⅰ. 머리말 ················ 233
Ⅱ. 元曉 연구에 대한 공시적 분석 ················ 237
 1. 연구 논문의 총괄 ················ 238
 2. 연구 경향에 나타난 不然의 지향성 ················ 241
 3. 元曉에 대한 해석학적 접근 ················ 248
Ⅲ. 不然의 해석학적 방법론 ················ 252
 1. 다른 방법론에 대한 對治論 ················ 253
  (1) 宗學 내지 전통적 교학의 극복 ················ 253
  (2) 과학적 방법론에 대한 기부 ················ 257
  (3) '문헌학'에 대한 무관심 ················ 260
 2. 해석학적 순환의 顯示論 ················ 265
  (1) 현실을 고려한 텍스트의 해석 ················ 268
   1) 元曉에게서 현실문제의 해답 찾기 ················ 268
   2) 不然의 방법론과 실천적 독서법의 차이 ················ 274
  (2) 텍스트에 입각한 현실의 조명 ················ 279

1) 현대사상과의 비교 ·· 281
　　2) 정치·경제·사회·문화에 대한 비판과 대안제시 ······················ 287
Ⅳ. 맺음말 ·· 292

- 참고문헌 ·· 297
- Buddhist Hermeneutics / Ho Sung, Kim ································· 309
　　Contents ·· 309
　　Abstracts ··· 313
　　Glossary ··· 337
- 찾아보기 ·· 339
- 저자의 논문 목록 ·· 346

표 차례

【표 1】 요의경과 불요의경의 비교 ········· 49
【표 2】 세 학파의 해석학적 입장의 차이 ········· 58
【표 3】 『해심밀경』의 三種法輪의 교판 ········· 77
【표 4】 智光의 三教判 ········· 78
【표 5】 義相의 과목 ········· 86
【표 6】 五重海印에 의한 科目 ········· 88
【표 7】 眞定의 三門釋과 表訓의 四門釋 ········· 89
【표 8】 表訓의 五觀釋 ········· 90
【표 9】 表訓의 四滿科 ········· 90
【표 10】 有聞의 과목 ········· 92
【표 11】 有一의 과목 ········· 93
【표 12】 金浩星의 과목 ········· 94
【표 13】 不然의 元曉 관계 논문 ········· 248
【표 14】 元曉와 현실의 해석학적 순환 ········· 267

경전의 무거움과 해석의 가능성
— 이 책의 서론으로서 —

　불교학 연구방법론으로서 해석학을 고려할 때 제기되는 핵심적인 문제는 "어떻게 경전을 해석할 것인가"하는 점이다. 이는 좀더 구체적으로 "경전을 해석함에 있어서 어떻게 해석자의 새로운 관점, 즉 자기철학을 덧보탬으로써 경전의 의미를 새롭게 할 수 있을까" 하는 문제다. 이러한 물음에 대한 해답찾기로서 우리는 여러 가지 각론적 고찰을 할 수 있을 것이다. 그러나 그러한 각론적 조망에 앞서서 좀더 문제제기를 분명히 할 필요가 있을 것으로 생각된다. 그것은 해석의 대상이 되는 경전 그 자체가 해석자의 해석학적 상상력(hermeneutical imagination)을 어느 정도 제한할 것이라는 점이다. 이러한 원전/경전이 갖는 구속성/무거움과 해석자의 자기철학의 제시 사이에 존재하는 팽팽한 긴장감을 풀어보고자 한 것이 이 논문의 의도이다.
　우선 "경전이란 무엇이며, 어떤 의미를 지니는가" 하는 점을 먼저 고찰해 보았다. 이를 위해서 정통 인도철학의 원전인 베다를 해석하는 것으로 주된 임무를 삼았던 미망사 학파의 원전관과 불교의 원전관/경전관을 비교해 보았다. 이러한 상대적 비교를 통하여 불교의 경전이 갖는 무게가 사실은 그렇게 무거운 것이 아님을 밝히고자 하였다. 그러나 이것만으로 무거움이 완전히 해소될 수 없었다. 경전을 방편으로 보는 선적 입장을 불교학에 적용하는 것을 고려해 본 것도 그러한 이유에서다. 禪家의 觀心釋을 하나의 대안으로 생각해 보았던 것이다.

 이 논문은 애시당초 성철선사상연구원의 방법론 주제세미나(사회 : 윤원철 교수)와 한국종교사학회에서 구두로 발표하였다. 각기 동국대 불교학과 高榮燮 교수와 한국외대 인도학과 李在淑 박사의 논평이 있었다. 감사드린다. 그리고 「미망사와 불교의 비교해석학」이라는 제목으로 『한국종교사연구』 제10집(익산 : 한국종교사학회, 2002), pp.77~116을 통하여 발표하였다. 나의 해석학적 연구방법론을 집성하는 이 책의 체제에 맞추기 위하여 제목을 바꾸었으며, 내용적으로도 많은 수정과 증보를 거치게 되었음을 밝혀둔다. 또한 바로 뒤의 두 논문보다 늦게 발표되었으나, 전체적인 문제제기를 하고 있다는 점에서 두 논문보다 먼저 수록한다.

【주제어】 바르트, 보르헤스, 의상, 가다머, 샹카라, 로페스, 원전, 경전, 미망사, 아드바이타 베단타, 대승불교, 非작자성, 저자의 부재, 저자의 죽음, 상호텍스트성, 성언량, 불언량, 실천적 독서법, 관심석, 요의경, 불요의경, 해석학, 불교해석학.

Ⅰ. 머리말

 오늘날 우리 불교학에는 많은 과제가 부여되어 있지만, '오늘 – 여기의 불교학'을 창출하는 일 역시 매우 중차대한 과제라고 평가된다.

이는 불교를 객관적으로 '연구'하는 차원에 머물러 있어서는 어렵다고 생각한다. 이 같은 문제의식은 동양철학이라는 보다 폭넓은 범주 안에서의 일이긴 하지만, 일찍이 吉熙星에 의해서 언급된 적이 있다.

> 동양철학이라는 것도 자연히 더 이상 우리가 '하고 있는' 철학이라기보다는 오히려 하나의 연구대상으로 변하고 있으며, 동양철학을 '한다'는 가능성은 점점 희박하게 되어 있는 실정이다. 〔……〕 동양철학의 연구자가 곧 동양철학자는 아니기 때문이다. 아마도 이것이 현대의 동양철학이 처한 근본적인 위기이며 딜렘마가 아닐까? 그리고 이것은 참으로 딜렘마라고 인정하는 한, 이 딜렘마에서 빠져나오는 길은 오직 한 길밖에 없을 듯 싶다. 즉 오늘날도 동양철학을 '할' 수 있는 길을 모색하는 것이다.[1]

그러면서 吉熙星은 동양철학 '하기'의 방법론으로서 해석학, 그 중에서도 하이데거(Martin Heidegger, 1889~1976)와 가다머(Hans-Georg Gadamer, 1900~2002) 師弟에 의해서 전개된 '철학적 해석학(Philosophical Hermeneutics)'에 의지하기를 주장하고 있다. 철학적 해석학에 의하면 해석자로서 우리들의 경전 읽기는 "자신의 대상 속에 스스로를 몰입시키는 것이라기보다는 오히려 그 자신의 지평과 텍스트의 지평 간의 생동적인 교섭양식들을 찾아내는"[2] 地平融合을 이루어 가야 한다는 것이다.

나는 吉熙星의 이 같은 방법론적 제언에 공감하면서 나름대로 철학적 해석학에 의지하여 인도철학・불교학의 방법론 모색에 관심을 기울여 왔다. 특히, 그 초점은 텍스트의 지평이 무엇인가를 파악하는

---

1) 吉熙星, 「해석학을 통해 본 동양철학 연구」: 沈在龍 外, 『한국에서 철학하는 자세들』 (서울 : 집문당, 1987), p.200.
2) Richard E. Palmer, 이한우 譯, 『해석학이란 무엇인가 Hermeneutics』(서울 : 문예출판사, 1996), p.180.

'연구'에 머물지 말고 텍스트의 지평과 대화하면서 '자신의 지평'〔=自己哲學〕을 제시하는 '철학하기'가 중요한 것 아닌가 하는 데 초점을 맞추었다.3) 이를 위해서 종래의 전통적 불교학의 방법론에 이미 자기철학의 제시를 가능케 했던 해석학적 방법론이 갖추어져 있었음4)을 살펴보았으며, 자기철학의 제시를 가능케 하는 해석학적 讀書法의 하나로 實踐的 讀書法을 제언5)하였다.

그렇다고 해서 문제가 다 해결되었다고 할 수는 없다. 왜, 무엇 때문에 텍스트의 지평에 일방적으로 종속되지 않고 자신의 지평을 제시하는 '철학하기'가 그토록 어려웠던 것일까? 이 문제에 대한 답을 나는 원전의 무거움 속에서 파악한다. 원전의 무게가 너무 무거운 경우 해석자의 현재적 지평이 개입될 여지가 줄어들 수도 있으며, 더 극단적으로는 해석자가 원전의 무게에 짓눌려 적극적으로 해석하려는 의지를 애시당초 갖지 못할 수도 있기 때문이다. 조나단 컬러(Jonathan Culler)가 말하는 것처럼, "超해석에 대한 두려움 때문에 우리가 텍스트와 해석의 상호작용에 대한 경이를 회피하거나 억누른다면 그것은 정말 서글픈 일이라 아니할 수 없"6)기 때문이다. 어쩌면 이러한 점은 인도철학・불교학만이 아니라 동양철학 일반의 특징인지도 모르겠다.

---

3) 물론, 그렇다고 해서 아직 硏究史가 일천한 인도철학의 경우까지 원전에 대한 문헌학적 연구나 철학사적 연구가 무용하다고 말하는 것은 아니다. 논자 역시 그 같은 연구에 종사할 것이다. 그러므로 '자기철학'의 문제는 인도철학보다 불교학을 더욱 염두에 둔 주장인 것이다. 이 글 역시 궁극적으로 '불교학의 방법론 모색'이 목적이다.
4) 졸고, 「전통적 불교학의 방법론에 나타난 현대적 성격」, 『가산학보』 제7호(서울 : 가산학회, 1998), pp.47~70. 참조. 이 책의 두 번째 논문으로 재수록.
5) 졸고, 「'저자의 不在'와 佛敎解釋學」, 『불교학보』 제35집(서울 : 동국대 불교문화연구원, 1998), pp.187~206. 참조. 이 책의 세 번째 논문으로 재수록.
6) 조나단 칼러, 「초해석의 옹호」: 움베르토 에코 외, 손유택 옮김, 『해석이란 무엇인가 Interpretation and Overinterpretation』(서울 : 열린 책들, 1997), p.162.

孔子는 "述而不作"[7]이라 하여 '作'보다는 '述'에 강조점을 두었으니 말이다. 물론, 공자의 이 같은 언급은 '作으로서의 述'을 강조한 것이 그 原意였는지는 알 수 없지만, 그 후계자들에게는 은근히 무거움을 가중시켰던 것도 사실인 것 같다. 공자의 이 같은 발언이 원전을 얼마나 무겁게 했으며 자기철학의 제시를 얼마나 제약했는지에 대한 다음과 같은 언급이 있기 때문이다.

　　물론 이 〔述而不作의 ― 인용자〕 형식을 유지하면서도 시대의 변화에 따라 새로운 모색이 계속된 것은 사실이다. 그러나 이것이 항상 상실된 성인의 진정한 가르침을 회복한다는 '복고'의 형식과 경전의 주석을 통해 주로 개진되었기 때문에 경전의 주제를 벗어난 창조적 사고의 폭이 크게 제약되었다. 더욱이 경전해석학에 불가결한 문자 또는 자구의 훈고와 해석이 지나치게 번쇄해지면서 경전의 이념과 정신은 오히려 상실되는 폐단도 발생했다.[8]

이러한 언급은 중국철학에 대한 비판적 평가이지만, 어쩌면 인도철학사에도 그대로 적용될 수 있을 것이다. 어쩌면 더욱 더할지도 모른다. 왜냐하면 유교전통 보다도 힌두교전통이 더욱 종교성이 강했다는 점에서, 보다 더 원전을 신성시하였던 것으로 평가되기 때문이다. 움베르토 에코(Umberto Eco)가 말한 대로, 원전을 신성하게 대우하는 경우에는 "대개 그 해석의 열쇠를 자처하는 종교적 권위와 전통이 있기 때문에 독자 임의로 지나친 해석을 할 수 있는 여지가 제한되"[9]기

───────────────────
7) 『논어』述而. 이를 유교적 의미에서의 '저자의 부재'로 볼 수 있을지는 모르겠으나, 그렇다 하더라도 해석의 자유를 신장시키는 방향으로 작용한 것 같지는 않다. 오히려 그 반대가 아닐까 한다.
8) 이성규, 「동양의 학문체계와 그 이념」, 『현대의 학문체계』(서울 : 민음사, 1995), pp.22~23.
9) 움베르토 에코, 「텍스트의 초해석」: 움베르토 에코 외, 손유택 옮김, 앞의 책, p.70.

마련이었다. 이러한 점은 정통 인도철학과는 그 입장을 달리하는 불교의 경우에도 적지 않은 영향을 미쳤을 것으로 생각된다. 따라서, 내가 생각하는 '자기철학의 제시를 통한 오늘 – 여기서 살아있는 불교학의 추구'가 가능하려면, 불교학 연구자들이 흔히 갖기 마련인 경전에 대한 지나친 속박감을 다소라도 가볍게 할 필요가 있는 것이다. 즉 경전 그 자체를 어떻게 볼 것인가 하는 經典觀의 재정립이 모색되어야 한다는 것이다.

도대체, 경전은 무엇인가? 경전은 진리 그 자체인가, 아니면 진리를 가리키는 방편인가? 경전의 위상을 어떻게 설정해야 할 것인가?

이 물음에 대한 대답은 불교 내에서만 추구될 수는 없다. 모든 것은 緣起이므로 他者와의 差異/差移 속에서 스스로의 位相 역시 규정되는 것이기 때문이다. 정통 인도철학파 중에서 "경전이 곧 진리"라고 보는 관점을 제시하고 있는 미망사(Mīmāṃsā)학파의 입장과 "경전이 곧 方便"이라 보는 불교의 입장은 서로 대척적인 위치에 놓이게 된다. 이 양자의 입장을 대조하는 과정에서 아드바이타 베단타(Advaita Vedānta)의 입장은 좋은 참고가 될 것이다. 그러므로 이 글에서는 三者를 함께 共觀하는 比較解釋學(Comparative Hermeneutics)의 방법론을 취하였다. 이를 통하여 나는 불교의 해석학적 입장은 미망사보다 원전에 대한 구속성이 훨씬 약함을 지적하고, 그 같은 해석의 한 방법론으로서 禪家에서 행해지던 觀心釋을 代案으로서 제기하였다.

II. 미망사 : 베다 = 진리

1. 聖言量

인도철학사의 수많은 문헌 중 最古의 것은 베다이다. 좁은 뜻의 베다는 리그·사마·야주르·아타르바 베다의 本集만을 가리키지만, 넓은 뜻의 베다는 베다·브라흐마나·우파니샤드를 가리킨다. 이러한 베다에 대한 관점이 인도철학사를 크게 두 갈래의 흐름으로 敎判하고 있음은 주지의 사실이다. 진리판단의 근거〔pramāṇa, 量〕로서 베다의 권위를 인정하는가, 인정하지 않는가가 그 기준이 된다. 베다의 권위를 인정하면 정통 인도철학의 有派(sāstika vāda, vedic)로, 베다의 권위를 인정하지 않으면 비정통 인도철학의 無派(nāstika vāda, non-vedic)로 나눌 수 있다.10) 전자에는 바라문교·힌두교·육파철학 전통이 속하며, 후자에는 불교·자이나교 등 육사외도가 소속하게 된다. 전자를 브라만 전통이라 하고, 후자를 사문 전통이라 말하기도 한다.

인도철학의 여러 학파들은 각기 바른 인식의 수단으로 인정하는 것들이 다를 수밖에 없었다. 여기서 우리의 논의대상이 되는 아드바이타 베단타와 쿠마릴라(Kumālila, 7세기)에 의해서 정립된 밧타(Bhaṭṭa) 미망사는 식섭지각(pratyakṣa, 現量)·추리(anumāna, 比量)·증언〔聖言量, śabda〕·비교(upamāna)·요청(arthāpatti)·비존재(anupalabdhi)의 여

---

10) 물론, 이때 정통과 비정통의 개념은 엄밀한 학문적 언어일 뿐 종교적으로 정통과 이단이라는 의미의 구분이 아님을 유의해야 할 것이다. 인도철학사에서 보면 無派는 後發이며 反(antithese)이라는 점에서 비정통이라 할 수 있다. 한편, 불교의 진면목은 그 점을 영광으로 감싸안기에 비정통 속에 들어감을 부끄럽게 여기지 않는다. '정통'과 '비정통'이라는 술어에 담긴 주관성을 저어하는 경우 '베다적(Vedic)'과 '비베다적(Non-Vedic)'이란 술어를 쓰기도 한다.

섯 가지를 인정하고 있으며, 프라브하카라(Prabhākara) 미망사는 이 여섯 가지 중에서 여섯째의 비존재를 인정하지 않는다. 이에 반하여 불교의 경우에는 인식의 수단으로써 다만 직접지각과 추리만을 인정하게 된다.11) 그러므로 정통의 양 학파와 불교의 대비에 있어서 관건이 되는 것은 성언량의 인정 여부라 할 수 있을 것이다.

우선 다음과 같은 「브리하드아란야카 우파니샤드」의 一節을 들어보자.

> 아! 자아는 보여져야만 하고, 들려져야만 하며, 생각되어져야만 하고, 명상되어져야만 한다. 오, 마이트레이여, 보는 것에 의하여, 듣는 것에 의하여, 생각함에 의하여, 지혜에 의하여 이러한 모든 것들은 알려지는 것이다.12)

언제나 수행은 들음에 의해서, 즉 언어적 전승에 의해서 시작됨을 보여주고 있다. 이렇게 원전을 듣는 것에서부터 출발한 수행이 마침내 해탈에 이르게 한다는 점은 원전의 중요성에 대한 정통 인도종교의 관념을 보여 주고 있는 것인데, 여기서 슈라바나(śravana)는 성언량에 의지함을 의미하는 것으로 해석할 수 있다고 본다. '견문 → 생각 → 지혜'를 곧 '聖言量 → 比量 → 現量'의 三量으로 해석할 수 있음은 李芝洙에 의해서 제시13)되었으며, 나 역시 공감을 표시하였다.14)

---

11) Dvividhaṁ samyag-jñānam pratyakṣam-anumānaṁ ca. *Nyāyabindu*, 2-3.
12) ātmā vā are draṣṭavyaḥ śrotavyo mantavyo nididhyāsitavyaḥ : maitreyi, ātmano vā are darśanena śravaṇena matyā vijñānenedaṁ sarvaṁ viditam.// B.U. 2.4.5. 나는 이 구절을 '聞→思→修' 등과 대비하면서, 니디드흐야사나의 명상적 성격을 해석학적 방법으로 재해석해 보았다. 졸고, 「초기 우파니샤드의 명상 개념 2 - 니디드흐야사나를 중심으로 -」, 『인도철학』 제8집(서울 : 인도철학회, 1998), pp. 179~212. 참조.
13) 李芝洙, 「『브라흐마 수뜨라』 'Catuḥsūtrī'에 대한 샹까라의 해석(1)」, 『인도철학』 제

그러니까 그 출발을 언어/教로 본다면, 거기에 머물지 않고서 그것을 넘어서는 명상/禪이 요청된다는 것이었다. 이 같은 점은 위에서 인용한 「브리하드아란야카 우파니샤드」의 구절에 대한 아드바이타 베단타 철학의 정립자 샹카라(Śaṅkara, 700~750) 자신의 다음과 같은 주석에서도 그대로 드러난다.

그러므로, 아, 자아는 진실로 보여져야만 하고, 마땅히 볼 수 있을 것이고, 봄의 대상이 되어야만 하는 것이다. 그것은 먼저 스승과 경전으로부터 들어져야만 하며, 그런 뒤에 헤아림을 통하여 숙고되어져야 하며, 그리고 나서 확실하게 명상해야만 할 것이다. 진실로 그러한 見은 봄 - 숙고함 - 명상의 성취에 의하여, 捨離함에 의하여 존재하게 된다. 이들을 一元性으로 파악하게 되었을 때에 '正見'과 '梵의 一元性'에 도달하게 되는 것이지, 그렇지 않고서 단지 듣기만 해서는 아니 된다.[15]

이 구절은 앞에서 든 나의 논문에서도 인용하였지만, 거기에서는 맥락의 차이로 말미암아 그 자체 속에 나타난 샹카라의 입장까지 충분히 분석해 내지 못하였다. 이제 여기서는 이 구절 자체만으로 한계를 설정한 뒤 샹카라의 含意를 추적해 보고자 한다. 첫째는 명상 역시 언어[슈라바나, 마나나]에 의해서 출발해야 한다는 입장이며, 둘

7집(서울 : 인도철학회, 1997), p.115.
14) 졸고, 「초기 우파니샤드의 명상 개념 2」, 앞의 책, pp.197~201. 참조.
15) tasmāt ātmā vai are draṣṭavyaḥ darśanārhaḥ, darśanaviṣayam āpādayitavyaḥ, śrotavyaḥ purvam ācāryata āgamataś ca paścān mantavyaḥ tarkataḥ, tato nididhyāsitavyaḥ niścayena dhyātavyaḥ, evam hi asau dṛṣṭo bhavati śravaṇamananaṇididhyāsanasādhanair nirvartitaiḥ, yadā ekatvam etāni upagatāni tadā samyagdarśanam brahmaikatvaviṣayam prasīdati, na anyathā śravaṇamātreṇa. Śaṅkara, Brihadaranyakopanishad Bhashya II.4.5 : Swāmī Gambhirānanda tr., The Bṛhadāraṇyaka Upaniṣad(Calcutta : Advaita Ashrama, 1965), p.247.

째는 언어적 수행과 명상적 수행을 兼修해야 한다는 입장이다. 셋째는 언어적 차원만으로는 불완전하며 거기서 진일보하여 명상을 체험해야 한다는 강조를 읽을 수 있다. 여기서, 우리의 주목을 끄는 것은 셋째 관점으로, 아드바이타 베단타의 이 같은 특징에 대해서 카워드(Harold Coward)는 다음과 같이 정리하고 있다.

   베단타 학파의 지도적 철학자인 샹카라는 경전을 계시로 보고, 그리하여 브라흐만을 깨치기 위해서 필요하다는 데에는 동의하지만, 언어를 브라흐만과 완벽하게 동일시하는 데에는 반대한다. 샹카라에게 있어서 경전과 모든 언어는 궁극적으로는 브라흐만과 구현되어져야 할 해탈을 위해서 초월되어야만 한다.16)

그런데 미망사의 입장은 그렇지 않다. 베다 텍스트에 대한 읽기를 다르마 탐구〔=미망사〕이전에 행해져야 할 선행조건으로서 요구17)하고 있을 뿐만 아니라 그들이 탐구해야 할 다르마는 다른 인식수단으로서는 파악될 수 없는 성질의 것이다. 『미망사 수트라』에서는 다음

---

16) Harold Coward, *Derrida and Indian Philosophy*(Delhi : Sri Satguru Publications, 1991), p.26. 여기서 샹카라의 입장과는 다르다고 제시된 바르트리하리(Bhartṛhari)의 문법학파가 갖는 言梵一致觀은 "후기 브라흐마나와 우파니샤드에서부터"[p.24]보편적으로 드러난다. 이러한 경향은 미망사에서도 그대로 확인되는 것으로 생각되는데, 언어의 소리 뒤에 존재하는 śabda(또는 śabda와 그 의미 사이의 관계)를 영원한 것으로 보기 때문이다. 이때 śabda는, 쟈크 데리다(Jacque Derrida)의 개념을 빌어서 말한다면 '초월적 記意'[쟈크 데리다, 박성창 편역, 『입장들』(서울 : 솔, 1994), p.43. 주 2. 참조]와 유사하다고 볼 수 있을 것이다. 바로 그러한 이유에서 미망사는 데리다가 비평해 마지 않는 '로고스중심주의'에 해당한다. 만약 이러한 '초월적 記意'가 없다고 한다면, "그 의미작용의 영역과 그 유희는 한없이 확장될 수 있다." 그런데 Coward는 미망사의 로고스중심주의에 대해서는 다루고 있지 않다.

17) Ganganatha Jha tr., *Śābara Bhāṣya*(Baroda : Oriental Institute, 1973), p.1.

과 같이 말하고 있다.

인간의 감각기관들의 지성이 일어나게 되는 것은 대상과 접촉함에 의해서이다. 그러한 지각은 〔다르마의 인식에 있어서〕 원인이 되는 것이 아니다. 〔왜냐하면 지각은〕 현재 實有하고 있는 것을 지각하기 때문이다.18)

다르마는 현량을 인식하는 것처럼 인식될 수는 없다. 왜냐하면 다르마는 현량의 대상이 아니기 때문이다. 따라서 다르마는 聖言量에 의해서만 오직 인식가능하다. 지각만으로 다르마를 인식할 수 없을 뿐만 아니라 추리·비교·요청 역시 지각을 전제로 하므로 불완전하다. 베다에서 말하는 증언/성언량만이 다르마에 대한 가장 완전한 인식을 가능케 해 준다.19)

2. 非作者性과 命令

미망사의 성언량 중시/의존의 배경 중 하나로서 베다觀에 대한 그들의 독특한 관점을 살펴보고자 한다.20) 베다에는 작자가 없다고 하는 非作者性(apauruṣeyatva)21)을 주장하며, 베다를 명령으로 받아들이

---

18) satsaṃprayoge puruṣasyendriyāṇāṃ buddhijanma tatpratyakṣam animittaṁvidyamāno-palambhanatvāt. *Mīmāṃsā Sūtra* 4.
19) 이 같은 맥락에서 베다는 경험적 지식의 집성이 아니라 경험적으로는 알 수 없는 다르마와 브라만을 말하는 텍스트라는 의미를 띠게 된다. K.Satchidananda Murty, *Vedic Hermeneutics*(Delhi : Motilal Banarsidass, 1993), pp.2~3. 참조
20) 베다관 이외에도 聲常住論(śabdanityavāda)의 언어철학이 자리하고 있지만, 그것은 이 논의의 범위를 넘는다. 이 글에서의 '베다는 브라흐마나와 우파니샤드를 제외한 '좁은 뜻의 베다'를 가리킨다.
21) 흔히 apauruṣeyatva를 非人爲性이라 번역하고 있는데, puruṣa에 '사람'의 뜻이 있으므로 그렇게 번역해도 잘못된 것은 아니다. 그러나 그렇게 하면 마치 사람이 지은 것은 아니지만 '사람 아닌 존재'가 지은 것임을 긍정하는 것 같은 인상을 줄

고 있다.

(1) 非作者性

베다는 저자가 없는[veda-apuruṣeya] 책이라고 평가된다. 이렇게 생각하는 이유 중의 하나가 베다에 저자의 이름이 없기 때문이다. "만일 베다에 저자가 있다면 그의 이름이 알려져 있거나 기억되었을 것이다. 왜냐하면, 베다의 지식은 시원을 알 수 없는 과거로부터 수많은 세대의 스승이나 성자를 통해 계속 전해졌기 때문"[22]이라는 문헌학적/성립사적 이유도 제시된다. 그러나 미망사는 이러한 평범한 저자론에서 벗어나 논의를 더욱 깊게 전개해 나간다. 저자가 누구인지 정확하게 알 수 없다고 하는 문헌학적/성립사적 이유를 넘어서 애시당초 베다는 어느 누구의 저술로서, 인위적인 성격을 띠는 것이 아니라고 말한다. 인간이 짓지 않았을 뿐 아니라, 신이 지은 것도 아니라는 것이다. 이른바 非作者性의 제기다.

"언어(śabda)와 의미 사이의 관계는 인위적이지 않다(apauruṣeya)." 사실, "언어가 알려질 때 그 대상이 알려진다." 이러한 관계를 확립하는 데 필요한 매개적 기능은 필요없다. 그것은 本有的(autpattika)이며 영원한(nitya), 자연스런 관계이다. 그리하여 샤바라(Śabara)는 이러한 관계가 어느 누군가에 의해서 만들어지거나 탄생된 것이라고 하는 토론을 거부하면서, 그것을 非作者性이라 부른다. 비작자성은 인간적 연원을 갖지 않는다는 사실을 지시한다. 신성(devatā)에 대한 설명에서 보는 것처럼, 샤바라가 非作者性에 의하여 神的인 것을 의미하는 것이 아님은 명백하다.[23]

수 있다.[니야야학파에서는 베다는 신이 지은 것이라고 본다.] 그런 까닭에 나는 '非作者性'으로 意譯한 것이다.
22) S.C.Chatterjee, D.M.Datta, 김형준 옮김, 『학파로 보는 인도사상 *An Introduction to Indian Philosophy*』(서울 : 예문서원, 1999), p.319.

흔히 기독교 성서의 경우 인간의 저작이 아닌 신의 저술로서, 신의 계시에 의해서 기록되었다고 말해진다. 이른바 逐字靈感說이 그런 예일 것이다. 그래서 하나의 오류도 없다는 聖書無謬說로 이어지는 것이다. 모두 성서의 권위를 강화하는 기제들이다. 그런데 미망사의 경우에는 이 같은 손쉬운 가설을 취하지 않는다. 미망사에서는 베다의 저자로서 어떤 인간을 상정하지 않음과 동시에 신이 지었다고도 보지 않는다. 그리하여 미망사는 무신론의 입장을 취하게 된다. "신이 있다면 그것은 베다의 영원성과 권위와 충돌하게 된다"24)고 보는 것이다. 이렇게 무신론을 주장하면서, 동시에 베다의 영원성을 주장하는 것은 가히 하나의 혁명이다. 무신론이므로 이 세상의 창조설이나 종말론 등에 대해서도 미망사는 동의하지 않는다. 세상은 본래 존재하는 것일 뿐 창조도 종말도 없는 것이다.25) 오히려 베다의 영원성, 언어(śabda)와 의미 사이의 영원성으로 인해서 신의 존재는 無用해져 버렸다고 말하는 것이 더 나을 듯 싶다. 바로 이러한 점에서 우리는 미망사학파가 갖는 사유의 특이성에 놀라게 된다.

그런데 이러한 非作者性은 베다의 不生不滅性을 강조함으로써 베다를 '닫힌 책'으로 존재케 한다는 점에서 해석의 자율성을 심각하게 장애할 수 있다. 이제 독자에게 주어진 해석학적 과제는 진리인 베다의 문장을 어떻게 받아들이는가 하는 점이다. 古의 복원·재구성이 목적일 수밖에 없게 되고, 비록 해석이 이루어지더라도 述/法古일 뿐

---

23) Othmar Gächter, *Hermeneutics and Language in Pūrva Mīmāṁsā*(Delhi : Motilal Banarsidass, 1983), p.44.
24) G.P.Bhatt, "Mīmāṁsā as a Philosophical Survey : A Survey", R.C.Dwivedi ed, *Studies in Mīmāṁsā*(Delhi : Motilal Banarsidass, 1994), p.6. "śabda 역시 창조주의 신적 기능에 대해서는 언급하지도 않았으며, 할 수도 없었다.", 같은 책, p.45. 각주 22.
25) Peri Sarveswara Sharma, "Kumarila Bhatta's Denial of Creation and Dissolution of the World", 위의 책, p.56.

作/創新이 될 수는 없다. 더욱이 그 같은 베다가 口述에 의하여 우파니샤드〔秘義〕로서 스승과 제자, 아버지와 아들 사이에만 秘傳될 때 그것은 더욱더 권위적인 원전, 닫힌 책이 되는 것이다.26) 그 결과 해석의 자율성은 장애받을 수밖에 없을 것이다.

(2) 명령

베다의 구성과 범주에 대해서는 여러 견해가 전해지고 있다.27) 그 중에 미망사는, 베다가 만트라와 브라흐마나로 구성되어 있다고 본다. 그러나 실제로 그 내용면에서 보면 다시 명령(vidhi)·만트라(mantra)·명칭(nāmadheya)·禁令(niṣedha)·설명적 문구(arthavāda)의 다섯 가지로 이루어져 있는데, 사실은 그것들이 다만 명령일 뿐이라고 미망사는 주장하는 것이다. 명령을 발하는 데 베다의 존재의미가 있다는 것이다. 기타 네 가지는 모두 명령과 관계맺으면서 그 부속적 요소가 될 뿐이라 평가하는 것이다. 미망사의 이 같은 해석학적 관점은 베다를 業/行에 관한 부분(karma-kaṇḍa)과 지혜에 관한 부분(jñāna-kaṇḍa)의 둘로 나누는 베단타의 그것과는 다른 평가이다.

이러한 베다관의 차이에 의해서 베다 외의 다른 무엇이 다시 필요한지 그렇지 않은지가 결정 된다. 미망사는 베다에 모든 것이 설해져 있으며, 진리이므로 남은 일은 다만 祭行(yajña)을 실천하는 것뿐이라고 본다. 이런 점에서 미망사의 철학은 "모든 형태의 지식은 어떤 실제적 행위를 이끌 수 있을 경우에만 가치 있다고 주장하는 현재의 실

---

26) "보통 그리고 아마도 예외없이 구술문화 속에 사는 사람들은 말에는 위대한 힘이 깃들어 있다고 생각한다는 사실도 결코 놀라운 것이 아니다."〔월터 J. 옹, 이기우·임명진 옮김, 『구술문화와 문자문화』(서울 : 문예출판사, 1995), p.54.〕 구전되었다는 사실이 言梵一致觀을 낳고, 言梵一致의 언어관은 다시 베다를 더욱더 권위적인 책, 닫힌 책으로 만든다.

27) K.Satchidananda Murty, 앞의 책, pp.1~2. 참조.

용주의를 연상"28)시킨다는 평가도 있다. 미망사가 실용주의라는 평가에 대한 동의 여부는 그 개념의 정의를 엄밀히 한정한 이후라야 가능할 것으로 생각되지만,29) 行과 관련된 철학인만큼 기본적으로 윤리학이라는 의미가 주어진다.

그런데 이 같은 미망사의 베다관은 베단타의 그것과는 차이가 있다. 베단타의 입장에서는, 앞서 살펴본 샹카라의 명상관에서도 분명하게 드러나는 것처럼, 베다 그 자체는 '달을 가리키는 손가락'에 지나지 않으며, 그것에 의지하는 것만으로는 부족하다고 본다.30) '달'의 體認을 위해서는 명상에 의한 직접체험[梵知, brahma-vidyā]이 요청된다고 보게 되는 것이다. 비록 양 학파에서 견문과 숙고를 다 확인할 수 있다 하더라도, 셋째 단계에 이르러 차이를 낳게 됨은 주의해야 한다. 앞서 살핀 것처럼, 베단타에서는 「브리하드아란야카 우파니샤드」에 따라서 견문 → 숙고 → 명상의 3단계를 제시하고 있으나, 미망사의 경우에는 셋째 단계에 와서 베단타의 그 같은 입장과 분기하게 된다. 니디드호야사나와 같은 명상을 제시하는 대신 오히려 敎의 범주 안에서만 철저하게 머물면서 祭行의 실천이라는 行/業의 방향으로 나아간다. 베단타가 知의 방향이라면 미망사는 行의 방향이다. 베단타가 梵에 대한 탐구[brahma-jijñāsā]라면, 미망사는 다르마에 대한 탐구[dharma-jijñāsā]이다. 베단타가 '禪을 지향하는 敎宗'이라면, 미망사는

---

28) S.C.Chatterjee, D.M.Datta, 김형준 옮김, 앞의 책, p.319.
29) 물론, 미망사의 '실용주의'는 로티(R.Rorty)의 신실용주의의 개념과는 다르다. 제사라는 실행을 이끌 수는 있지만, 행위의 동인을 현실의 가치 속에서 찾는 태도를 '실용주의'라고 본다면 오히려 미망사의 그것은 '反실용주의'라 볼 수 있다. 왜냐하면, 현실·實(context)보다는 원전의 명령을 미망사는 더욱 중시하기 때문이다.
30) 니야야 학파 역시 '聞 → 思'만으로는 해탈이 성취되지 않는다고 본다. 그런 점에서 베단타와 입장을 같이한다. R.Puligandla, 이지수 옮김, 『인도철학 Fundamentals of Indian Philosophy』(서울 : 민족사, 1991), p.205. 참조.

'순수 教宗'이라고 教判할 수 있다. 이 같은 특징에 대한 카워드의 언급을 또 들어보기로 하자.

　미망사는 스포타(sphoṭa)의 지각을 위해서도 요청되는 직접적인 신비적 직관을 부정하는데, 그런 점에서 바라문교 전통의 다른 모든 학파와 구별되는 것이다. 미망사는 그것이 파탄잘리(Patañjali) 요가수트라의 삼매든지 아니면 바르트리하리(Bhartṛhari)의 스포타든지 어떤 종류의 全知性도 부정한다.31)

　미망사가 부정하는 '全知性'은 '신비적 직관'이나 '삼매'와 같은 修證體驗을 의미한다. 이러한 베단타와 미망사의 차이를 불교적으로 말하면, 베단타는 敎外別傳,32) 미망사는 敎外無傳33)이라 할 수 있다. 베단타의 敎外別傳이 선종에 비견할 수 있다면 미망사의 敎外無傳은 교종에 비견할 수 있을까? 그렇지는 않다. 그 이유는 미망사의 교종적 성격과 불교 내의 교종적 성격이 다르기 때문이다. 이 점에 대해서는 후술하겠지만, 여기서 간략히 언급해 둘 것은 과연 불교 내에 미망사와 같은 '순수 교종'이 있는가 하는 점이다. 불교사에는 불교를 선종

---

31) Harold Coward, "Kumālila's Theory of Word Meaning in Relation to the Sphoṭa Theory of Bhartṛhari", R.C.Dwivedi ed. 앞의 책, p.219. 각주 8).
32) "베단타에서 梵은 敎外의 지시대상(an extra-textual referent)이다." Francis X Clooney, S.J. "The Principle of Upasaṁhāra and the Development of Vedānta as an Uttara Mīmāṁsā", 위의 책, p.291.
33) "텍스트 밖에는 아무 것도 없다"고 말하는 쟈크 데리다의 관점 역시 修證體驗[=敎外別傳] 등을 인정치 않는다는 점에서 敎外無傳이라 할 수 있다. 그러나 데리다가 말하는 텍스트로서의 敎는 差移(différance)이며 緣起의 의미이다. 즉 데리다의 敎外無傳은 緣外無傳이지만, 미망사의 그것은 구체적으로 "베다라는 책[텍스트가 아님] 밖에는 아무 것도 없다"는 입장이라 할 수 있다. 따라서 양자 모두 베단타나 선의 敎外別傳과는 반대된다는 공통점이 있긴 하지만, 사실은 정반대의 의미임을 주의해야 할 것이다.

과 교종으로 양분하는 敎判이 등장하고는 있으나, 나는 그렇게 敎判하지 않는다. '禪 지향의 교종'과 '선종'으로 교판코자 한다. 그 이유는 불교내의 교종이 갖고 있는 성불론이 모두 선적인 방법론일 뿐이기 때문이다.34) 불교내적 교종은 선 지향의 교종이기에, '베다 = 진리'이므로 베다만으로 충분하다고 하는 미망사와 같은 순수 교종과는 일치하지 않는 것이다. 이런 점에서 미망사를 우리가 해석학이라 평가하지만, 게흐터(Gächter)의 의도와는 달리 가다머의 철학적 해석학과 상응하기보다는 경전 주석의 해석학일 가능성이 높다35)고 생각된다. 다시 말하면, 독자/해석자의 지평보다는, 그것을 捨象시키더라도 원전의 의도에 부합하는 방향을 추구하는 해석학의 성격을 보다 많이 띠는 것으로 평가된다.

---

34) 사념처·사무색정 등을 주장하는 초기불교는 물론이거니와 대승불교 안에서도 대표적인 敎宗이라 할 수 있는 인도의 중관학파와 유식학파, 그리고 중국의 천태종과 화엄종 등은 모두 '순수 교종'이 아니다. 중관에서 내세우는 성불 방법론은 모든 것을 中/中道로 보는 관섬, 즉 中觀이라 할 수 있고, 유식의 그것은 唯識觀이다. 또 천태종은 天台止觀을 내세우고, 화엄종은 法界觀門을 내세운다. 결국, 공통적으로 관을 말하고 있는 것이다. 이 관은 바로 명상적 수행법이라 할 수 있다. 따라서 전통적으로 교종으로 평가된 불교 종파 모두는 사실상 그 구체적 행법이 '禪的'임을 알 수 있게 된다. 이런 이유로 하여 나는 그들의 교종을 '선 지향 교종'으로 부르고, 미망사와 같은 학파만이 '순수 교종'인 것으로 본다. 이런 관점 역시 미망사를 '순수 교종'으로 평가함에 따라서 얻게 된 것이다.
35) 이 글은 불교해석학을 철학적 해석학의 차원에 위치지우면서 미망사해석학을 비판하고 있는데, 이는 미망사해석학이 경전 주석의 해석학이라는 점에서 차이가 있는 것으로 보기 때문이다.

Ⅲ. 불교 : 경전 = 방편

1. 佛言量

성언량의 인정을 중심으로 한 미망사의 원전관에 대한 불교의 입장은 무엇일까? 앞서, 불교는 바른 인식의 수단으로서 직접지각과 추리만을 인정한다고 했는데 성언량을 배제하는 까닭을 목샤까라굽타(Mokṣakaragupta)의 『論理槪說(Tarkabhāṣā)』에서는 다음과 같이 말하고 있다.

> 그것이 외적 대상과의 일치성(avisaṁvādaktva)을 갖는다면 인식방법으로 인정될 수 있다. 이 일치성은 관계(saṁbandha)가 없이는 불가능하다. 그런데 언어는 외계대상과 어떤 〔필연적〕 관계도 없다.36)

이 같은 불교의 입장은 어디까지나 現量 중심이라 할 수 있다. 불교가 인정하는 또 하나의 인식수단인 比量(추론) 역시 직접지각에 기반하고 있음은 물론이다. 만약 언어가 외적 대상과의 일치성을 갖는다면 그것은 성언량으로 머물지 않게 된다. 『大乘阿毘達摩集論』에서 "聖言量은 現量과 비량의 가르침에 어긋나는 것이 아니다."37)라고 말한 것도 그 같은 이유에서이다. 성언량 역시 언어에 의지하는 이상

---
36) 李芝洙, 「불교논리학의 知覺(現量)論」, 『불교학보』 제30집(서울 : 동국대 불교문화연구원, 1993), p.355. 재인용. 언어와 외계대상의 관계는 본유적/필연적/항상적이라는 미망사의 주장을 상기할 때, 미망사와 불교의 대립성을 쉽게 이해할 수 있으리라.
37) "聖敎量者, 謂不違二量之敎."〔大正藏 31, p.693下.〕불교의 인식론에서 聖言量을 인정하지 않아도 되는 이유이다.

분별성을 벗어날 수 없고, 곧 비량일 수밖에 없다고 본다.38) 이렇게 성언량을 별도로 인정하지 않는다는 점에서 성언량만을 다르마에 대한 인식수단으로 보는 미망사와는 대조적인 입장이다. 그만큼 불교는 직접적 '깨침'을 강조하는 성격을 드러내고 있으며, 미망사와 베단타는 전승되어 오는 證言을 존중함으로써 더욱더 정통적인 학파로서의 자기정체성을 드러내는 것으로 볼 수 있다.

앞서 미망사의 성언량 개념의 배경으로써 베다관을 살펴보았는데, 여기서는 불교의 경전관을 살펴봄으로써 대조하기로 한다. 불교는 성언량을 인정하지 않았으며, 그 결과 베다의 권위를 인정하지 않게 됨으로써 무파로 교판되고 있음도 이미 언급하였다. 그렇다면 불교는 다만 베다 텍스트만 성언량으로 삼는 것을 거부하는 것일까? 아니면 불교 텍스트 그 자체에 대해서도 성언량으로서 거부했던 것일까? 초기불교의 한 경전은 당시 존재하던 수많은 종교인/철학자/사상가들의 중구난방에 대하여 극심한 혼돈을 겪는 사람들의 이야기를 전하고 있다. 그들의 혼돈에 대해서 붓다는 다음과 같이, 참으로 의외의 대답을 제시하고 있다.

깔라마들이여, 그대들은 의심할 수 있고, 혼동할 수 있다. 의심할 만한 곳에서 혼동이 일어난다. 깔라마들이여, 그대들은 소문에 의해서, 전설에 의해서, 풍문에 의해서, 성진의 권위에 의해서, 논리에 의해서, 추론에 의해서, 이유의 타당함에 의해서, 〔그릇된〕 견해와 이해에 근거한 믿음에 의해서, 그럴듯한 모습에 의해서, '〔저〕 사문은 우리의 스승이다'라는 〔식으로 무조건 진실이라고 받아들이지〕 말라. 깔라마들이여, 그대들이 스스로 '이 가르침들은 선하지 못하고, 이 가르침들은 비난받을 만하고, 이 가르

---

38) 金致溫, 「印度論理學의 聖言量 論證에서 量의 確實性 探究로의 移行」, 『未來佛敎의 向方』(서울 : 장경각, 1997), p.340. 참조.

침들은 지혜로운 자들에 의해서 비난받을 것이니, 무조건 받아들인 이런 가르침들은 불이익과 고통으로 이끌게 될 것이다'고 알게 되면, 깔라마들이여, 그대들은 〔그것들을〕 버려야만 한다.39)

어떠한 종교/철학/사상이라고 해도 그들의 존재 의의는 그들 스스로의 주장을 正說(siddhānta, 悉檀)이라고 보는 데에 있음을 생각할 때, 이러한 붓다의 태도는 실로 파격적이 아닐 수 없었다. 풍문이나 소문이나 전래되는 말, 또는 성전의 권위 등에 현혹되지 말라는 붓다의 가르침은 곧 성언량을 인정하지 말라는 입장에 다름 아니다. 한걸음 더 나아가 붓다는 그 자신과 자신의 가르침마저 성언량으로, 무비판적으로 받아들이거나 묵수해서는 안 된다고 말한 것이다.

사람들은 단지 나를 존경하는 마음에서 나의 법을 말하여서는 안 된다. 마치 金이 불에 의하여 시험되듯이, 나의 법 또한 시험되어야 한다.40)

라다크리쉬난은 "불행하게도 이러한 철학적 정신은 다수의 추종자

---

39) Alaṃ hi vo Kālāmā kaṅkhituṃ alaṃ vicikicchituṃ kaṅkhāniye va pana vo ṭhāne vicikicchā uppannā. Etha tumhe Kālāmā mā anussavena mā paramparāya mā itikirāya mā piṭakasampadānena mā takkahetu mā nayahetu mā ākāraparivitakkena mā diṭṭhinijjhānakkhantiyā mā bhavyarūpatāya mā samaṇo no garū ti, yadā tumhe Kālāmā attanā va jāneyyātha-ime dhammā akusalā ime dhammā sāvajjā ime dhammā viññugarahitā ime dhammā samattā samādinnā ahitāya dukkhāya saṃvattantī ti. atha tumhe Kālāmā pajaheyyātha. AN. I, p.189.(Mahāvagga, No.65) 빨리어 원문과의 대조 및 번역은 이필원 박사의 도움을 받았다.
40) 라다크리쉬난(S.Radhakrishnan), 이거룡 옮김, 『인도철학사 Indian Philosophy』 II(서울: 한길사, 1997), p.479. 재인용. 같은 뜻의 인용구가 TH.Scherbatsky, Buddhist Logic (New York : Dover Publications, Inc., 1962), p.77.에도 나와 있다. Vijay Rani, The Buddhist Philosophy as presented in Mīmāṃsā-Śloka-Varttika(Delhi : Parimal Publications, 1982), pp.39~40. 참조.

들이 붓다의 가르침을 종교로 받아들였을 때 쇠퇴하게 되었다"41)고 아쉬워한다. 이는 붓다의 가르침이 종교로서의 불교로 정착되어 가는 과정에서 나타난, 피할 수 없는 일이기도 하다. 붓다 이후의 거의 대부분의 교학자들이, 아니 선사들까지도 자신들의 言說에 대해서 경전을 引證함으로써 정당성과 진리성을 확보하고자 한 예를 쉽게 볼 수 있다. 성언량의 불교적 변용이라 할 수 있는 佛言量 개념이 나타났는데, 宗密(780~841)의 다음과 같은 말 속에서도 확인된다.

 인도의 모든 성현이 法과 義를 이해함에 있어서는 모두 세 가지 量으로서 정한다. 첫째는 비량이며, 둘째는 현량이고, 셋째는 불언량이다. 량이라는 것은 양을 헤아림에 있어서 되나 말과 같이, 사물을 헤아려서 정함을 아는 것이다. 비량은 원인으로서 비유하여 헤아리는 것이니, 마치 멀리서 연기를 보고서 반드시 불이 있을 것임을 아는 것이니 비록 보지 못하더라도 불은 없는 것이 아니다. 현량은 직접 스스로 나타나서 보는 것이니 추측에 의지하여 헤아리는 것이 아니고 자연히 정하는 것이다. 불언량은 모든 경전으로써 정하는 것이다.42)

 미망사의 성언량은 이 일상적인 소리 뒤에 변치않는 언어로서의 śabda를 인정하고, 그것이 영원하다는 형이상학적 언어관을 그 밑바탕에 깔고 있다면, 불교의 불언량은 그 같은 형이상학적 언어관을 배경으로 갖고 있는 것이 아니다. 그러나 이 같은 양자의 차이는 대타적인 입장에서 볼 때는 그렇게 결정적으로 중요한 것은 아니라고 본

---

41) 上同.
42) 西域諸賢聖所解法義, 皆以三量爲定. 一比量 ; 二現量 ; 三佛言量. 量者, 度量如升斗, 量物知定也. 比量者, 以因喩·譬喩比度也, 如遠見煙, 必知有火, 雖不見火. 亦非虛妄. 現量者, 親自現見, 不假推度, 自然定也. 佛言量者, 以諸經爲定也. 宗密, 『禪源諸詮集都序』, 大正藏 48, p.401a.

다.43) "당신이 하는 주장이 어떻게 하여 진리인가?" 라는 論敵의 詰問에 대하여 성전의 말을 근거로 제시한다는 점에서는 같기 때문이다. 양자 모두 자신들의 경전으로부터 정당성과 진리성을 구하고 있는 것이다. 어쨌든 오늘날, 붓다의 언명과는 달리 불언량은 불교학의 출발점이자 가능성 조건이다. 그런 점에서 불언량에 입각하는 한 불교학은 그 기본적 성격이 護敎論일 수밖에 없는 것으로 나는 평가한다.44) 불교 텍스트 그 자체를 믿거나 수용하지 않는 非불교도(의 학자)에게는 오늘날 국내외 거의 모든 불교학자들의 작업이 불교 텍스트 자체를 회의하거나 의심하지 않고, 거기에서 출발한다는 점 때문에 호교론으로 인식될 수밖에 없다. 물론, 호교론에도 '거친 호교론'(sthūla apologetics)과 '미세한 호교론'(sukṣma apologetics)45)이 준별될 수 있지

---

43) 다만 형이상학적 배경을 갖는 미망사가 그렇지 않은 불교보다도 더 원전/경전에 고착할 수 있음은 말할 나위없다.
44) 근래 불교학계에서는 종래의 불교학, 혹은 현재의 불교학[그 행간 속에서는 동국대의 불교학]이 호교론적이라고 비판하는 경향이 있다. 예증이 무용할 정도로 그같은 분위기가 팽배해 있는 것을 느낀다. 호교론을 극복하려는 문제의식에는 일면 공감하면서도 호교론 비판자들이 무의식 속에서 갖고 있는, 그들의 불교학은 호교론이 아니라는 생각에는 동의할 수 없다. "불언량에 입각하는 한 호교론일 수밖에 없다"는 나의 관점에 따르면 그들 역시 호교론일 수밖에 없게 된다. 호교론을 극복하기 위한 하나의 방법으로 불언량을 떠나서 '논리'에 의지하는 방법이 모색될 수 있다. 강종원, 「中頌에 나타난 聖言量(āgama)의 適用에 대한 고찰」(동국대 대학원, 1999)에서 그 같은 문제의식을 볼 수 있다. 그런데 나는 『중론』의 논리에서 어느 만큼 교리를 배제할 수 있을 것인지 확신이 서지 않는다. '논리'보다는 '대화'를 그 해결책으로 제시하는 이유이다. 불교학과 그외 학문의 대화, 내전과 외전의 대화를 말이다.
45) "불언량에 입각하는 한 호교론일 수밖에 없다"고 말할 때의 호교론은 '미세한 호교론'이며, 거친 호교론은 자기 종교/종파/사상의 주장을 옹호하려는 목적의식으로 인하여 합리적 논증마저 벗어버리는 감정적 호교론을 말한다. '미세한 호교론'일 수밖에 없음은 원전을 갖고 있는 동양철학 모두의 숙명이다. 그런 까닭에 더욱더 벗어나고자 몸부림치는 것이며, 그러한 몸부림에도 불구하고 이미 '미세한 호교론'을 벗어날 수 없다는 점에서 해석의 한계가 전혀 없는 것은 아니다. 오히

만 공히 불언량을 所依로 하고 있다는 점에서 큰 차이는 없는 것으로 나는 본다.

불언량과 호교론 모두 불교학의 출발이며 그 가능성 조건이지만, 동시에 초월해야 할 한계이기도 한 것이다. 그런 점에서 유파의 두 학파, 미망사·베단타와 불교 역시 정도의 차이는 있지만 어느 정도 공유하는 면이 있음을 확인하게 된다. 이것이 미망사와 불교의 해석학적 입장의 차이를 성언량 인정의 여부에서만 구하지 못하고 그들의 원전관을 비교하려고 하는 이유이다. 붓다가 가지고 있었던 성언량 비판의 태도 자체가 지니는 의미 역시 잊어서는 안 될 것이지만, 이제 성언량의 인정 여부만으로는 미망사와 다른 불교해석학의 입장을 내세우는 데 한계가 있음을 살펴보았다. 우리가 불교의 경전관을 새롭게 물어야 하는 까닭이다.

2. '저자의 부재'와 방편

미망사해석학과 불교해석학 사이의 차이는 물론 성언량과 불언량 사이에서도 확인할 수 있었다. 그렇지만 우리는 다시 불교의 경전관을 물음으로써 불언량이 갖고 있는 무거움을 다소라도 덜어 보고자 한다. 여기서 다룰 문제는 미망사의 非作者性에 대한 '저자의 부재', 명령으로서의 베다관에 대한 방편으로서의 경전관에 대해서이다.

(1) 저자의 부재

미망사와 마찬가지로 불교 역시 '저자의 不在'를 말한다. 나는 義相

려 '원전' 그 자체가 해석의 한계로 작용할 수 있기에 해석의 자유로움을 위해서 도전하는 것이다. 그러한 拮抗 속에서 자기철학이 탄생할 수 있는 것으로 생각되기 때문이다.

(625~702)이 『法界圖記』의 저술을 마치면서 자신의 이름을 서명하지 않았다는 점에서 '저자의 不在'를 확인하고, 이를 프랑스의 후기 구조주의자 롤랑 바르트(Roland Barthes, 1915~1980)가 말한 '저자의 죽음'과 대비해 본 일이 있다.46) 바르트만이 아니라 보르헤스(J.L.Borges, 1899~1986)와도 비교할 수 있었는데, 이러한 대비를 통하여 궁극적으로는 상호텍스트성에 입각한 독서법, 즉 實踐的 讀書法을 추출하고자 했다. 따라서, 상세한 논의는 그곳으로 미루고 여기서는 불교에서 말하는 '저자의 부재'론47)을 간략하게 언급하는 데 그치기로 한다.

저자로서 서명하지 않았다는 것은 義相 혼자만이 저자일 수 없음을 몸으로 내보인 행위라고 평가할 수 있다. 一切法이 緣生이므로 主人/主體가 없기 때문이다. 『법계도』속에서 말하고 있는 화엄의 진리 역시 "하나 가운데 모든 것이 있으며 모든 것 가운데 하나가 있다. (그래서) 하나가 모든 것이며 모든 것이 곧 하나이다(一中一切多中一, 一卽一切多卽一)"는 緣起陀羅尼를 언명하는 것이다. 우주와 인생, 세상사 그 자체가 이미 연기일 뿐이어서 서로가 서로에게 의지하고 있으며, 서로가 서로를 보충하고, 서로가 서로를 대리하고 있는데 거기에 어찌 주체/주인/저자를 설정할 수 있다는 말인가. 기실, 이 같은 태도는

---

46) 졸고, 「'저자의 부재'와 불교해석학」, 『불교학보』제35집(서울 : 동국대 불교문화연구원, 1998), pp.187~206. ; 『동서비교문학』제5호(서울 : 한국동서비교문학학회, 2001), pp.141~169. 참조. 한편, 데리다에게 있어서 '저자의 不在'는 署名 여하와는 상관없다. 데리다의 입장에서 본다면, 義相이 『법계도』를 짓고 자신의 이름을 서명했다 하더라도 여전히 『法界圖』의 저자는 不在한다는 것이다. 이 같은 생각은 "고유명사의 제작은 고유명사의 말소와 같다"고 말하는 레비스토로스(Lévi-Strauss)의 사고를 데리다가 이어받은 것이라 한다. 金炯孝, 『데리다의 해체철학』(서울 : 민음사, 1999), pp.60~61. 참조.

47) 인문학 전반에 걸친 작가/저자의 문제에 대한 논의는 박인기 편역, 『作家란 무엇인가』(서울 : 지식산업사, 1997) 참조. 논자가 다루었던 롤랑 바르트의 「저자의 죽음」을 비롯하여 바흐친, 푸코, 블랑쇼 등의 글들이 집성되어 있다.

義相의 화엄이나 공사상 속에서만 확인되는 것은 아니다. 이미 붓다는 그 취지를 다음과 같이 말하고 있다. 『잡아함』제12권에 속한 경전에 이렇게 전하고 있다.

그때 어떤 異比丘가 부처님 계신 곳에 찾아와서 부처님 발에 머리 숙여 절하고서, 한 곳으로 물러나 앉은 뒤에, 부처님께 사뢰어 말하였다 : "세존이시여! 연기법이라는 것은 세존께서 지으신 것입니까, 다른 사람이 지은 것입니까?"
부처님께서 비구에게 고하셨다 : "연기법은 내가 지은 것이 아니며 또한 다른 사람이 지은 것도 아니다. 그러나 여래가 세상에 나오든지 나오지 않든지 상관없이 法界는 언제나 머물러 있다. 저 여래께서는 이 법을 깨달음으로써 위없이 높고 올바른 깨달음을 이루어서 모든 중생을 위하여 분별·연설하시고 開發·顯示하니, 이른바 '이것이 있으므로 저것이 있고 이것이 일어나므로 저것이 일어난다'고 말하는 것이다."[48]

불교의 핵심적 교리인 연기·공은 붓다에 의해서 비로소 설해진 것으로 당대 뿐만 아니라 오늘에 있어서까지 이채로운 것으로서, 동·서양의 모든 철학사/談論史 속에서도 가장 독창적인 것이라 평가받고 있다. 그럼에도 불구하고 붓다 스스로는 그 같은 교설의 저자로서 자신의 저작권을 내세우지 않는다. 자신은 다만 발견자일 뿐이지 발명자/저작자는 아니라는 입장이다. 오늘날 후기 구조주의자의 텍스트이론 등에서 緣起·空을 확인할 수 있다는 점을 생각하면 연기·공이 붓다/불교의 전유물이 아님은 분명해진다. 후기 구조주의자들이 불교

---

[48] 時有異比丘, 來詣佛所, 稽首禮足, 退坐一面, 白佛言 : "世尊, 謂緣起法, 爲世尊作, 爲餘人作耶?" 佛告比丘 "緣起法者, 非我所作, 亦非餘人作. 然彼如來出世及未出世, 法界常住, 彼如來自覺此法, 成等正覺, 爲諸衆生, 分別演說, 開發顯示, 所謂此有故彼有 ; 此起故彼起." 大正藏 2, p.85b.

를 좋아하고, 언급하는 이유이다.49)

이렇게 공의 입장에서 표명된 '저자의 부재'론은 독서법의 차원에서는 독서행위를 통하여 독자가 수동적 독자로서가 아니라 능동적 저자로 탄생해야 한다는 함축을 담고 있다. 그때 텍스트는 독자에 의해서 비로소 처음으로 씌어지는 것이라 본다. 義相이 『법계도』에서 "중생이 그릇을 따라서 이익을 얻는다(衆生隨器得利益)"라거나 "집으로 돌아갈 때 분수에 따라서 양식을 얻는다(歸家隨分得資糧)"고 한 것이 모두 그러한 맥락에서 이해될 수 있다. 텍스트는 고정된 것이 아니라 독자/해석자의 器·分에 따라서 始構成되는 것이다. 이리하여 겉으로 볼 때는, 미망사와 불교가 동일하게 '저자의 부재'를 말하고 있는 것처럼 보이지만 실제 그 의미는 완전히 상반됨을 알 수 있다. 미망사가 非作者性을 통하여 베다를 '닫힌 책'으로 만들었다면, 불교는 '저자의 부재'를 통하여 경전을 '열린 책'으로 만들었다 할 수 있을 것이다.

(2) 방편

불교는 경전을 방편으로 인식한다. 불교의 경전관에 대해서는 일찍부터 많은 이론이 발전하였다. 그 중에 가장 대표적인 것은 다음과 같은 四依說로 정리된다.

　　법에 의지하고 사람에 의지하지 말라.
　　의미에 의지하고 문자에 의지하지 말라.

---

49) 롤랑 바르트와 선에 대해서는 정화열, 「일본을 텍스트화하는 즐거움」: 김주환·한은경 옮김, 『기호의 제국』(서울 : 민음사, 1997), pp.144~181. 참조 ; 질 들뢰즈(Gilles Deleuze)와 선에 대해서는 이정우, 『삶·죽음·운명』(서울 ; 거름, 1999) 등이 있다.

요의경에 의지하고 불요의경에 의지하지 말라.
지혜에 의지하고 분별에 의지하지 말라.50)

　라모트(Lamotte)는 이러한 四依를 불교해석학의 원칙으로서 자세히 논하였다.51) 이 중에 우리의 논의와 관련하여 특별한 관심을 끄는 것은 셋째 원칙이다. "요의경에 의지하고 불요의경에 의지하지 말라"는 言明/言命 속에는 불교 스스로 "경전에는 불요의경도 있고 요의경도 있다"는 사실을 토로하고 있는 셈이다. 무엇이 요의경(nītārtha sūtra)이며, 무엇이 불요의경(neyārtha sūtra)인가? 梵文의 語義를 살펴보면, 아직 해석해야 할 의미가 남아있다면 불요의경이며 그 의미가 다 드러났으므로 이제 더 이상 해석이 필요하지 않다면 요의경이다.
　그러나 이 같은 어의 풀이만으로는 그 의미가 다 드러나지 않는다. 어떤 경전이 요의경으로 평가받고 어떤 경전이 불요의경으로 평가받는가 하는 점에 대해서는 역사적 사례를 살펴볼 필요가 있다. 예컨대, 『解深密經』에서는 三時敎判을 제시하면서 거기에 각기 아함·반야·유식을 배당하고 있는데 아함과 반야를 불요의경이라 평가하고 『해심밀경』 스스로의 교설만이 요의경이라 말한다.52) 그렇다면, 요의경과 불요의경을 준별하는 데 준거가 되는 교리는 어떤 것들일까? 그 대답

---

50) 『俱舍論釋(Abhidharmakośavyākhyā)』에 따르면　梵文은 다음과 같다고 전한다. "dharmaḥ pratisaraṇam na pudgalaḥ, arthaḥ pratisaraṇam na vyañjanam, nītārthaṁ sūtram pratisaraṇaṁ na neyārtham, jñānam pratisaraṇam na vijñānam." 이에 상응하는 漢文은 "依法不依人 ; 依義不依文 ; 依了義經不依不了義經 ; 依智不依識"이다.
51) É. Lamotte, "The Assessment of Textual Interpretation in Buddhism" : Donald S. Lopez, Jr. ed., *Buddhist Hermeneutics*(Honolulu : Universiyt of Hawaii Press, 1988), pp.11~27. 참조
52) 졸고, 「전통적 불교학의 방법론에 나타난 현대적 성격」, 앞의 책, pp.56-57 참조 또 三時敎判의 요지를 도표로 나타낸 것은 졸고, 「해심밀경의 철학적 입장과 수증론」, 『불교학논총』(서울 : 동국역경원, 1998), p.144. 참조.

을 들어보자.

空(śūnyatā), 無相(animitta), 無願(apraṇihita), 無作(anabhisaṃskāra), 無生(ajāta), 無起(anutpāda), 無有(abhāva), 無我(anātman), 개체(pudgala)와 聖者(svāmin)에게 있어서 命者(jīva)의 부재 등을 말하는 모든 경전들, 그러한 경전들이 요의(nitārtha)라고 불리운다.53)

공・무아 등의 교설이 설해지면 요의경이며, 그렇지 않으면 불요의경임을 알 수 있다. 여기에 하나의 문제가 주어진다. "요의경에 의지해야 하며 불요의경에 의지하지 말라"고 들었다. 그렇다면, 불요의경은 어떻게 해야 할 것인가? 불요의경의 존재 이유는 정녕 없는 것일까? 그렇지 않다. 여기서 나는 요의경과 불요의경의 판정이 절대적일 수 없음을 말하려 한다. 『해심밀경』에서 아함의 四諦說과 반야/중관을 미완의 불요의라고 평가한 것은 일리있지만 일리 이상의 진리를 주장할 수는 없다. 절대적이 아니라 상대적이라는 이야기다. 왜냐하면, 智光의 三敎判54)에서 드러나는 것처럼, 오히려 유식이 두 번째 단계의 불요의로 평가되고 반야가 세 번째 단계의 요의로 평가되는 경우도 있기 때문이다. 이는 결국 불요의와 요의의 구별에 준거가 된 교판이 곧 주관적일 수밖에 없는 자기한계가 있었음을 드러내게 되는 것이다.55) 이 점에서 교판을 성언량으로 수용하는 것은 위험할 수 있다.

---

53) Akṣayamatinirdeśasūtra. Donald S. Lopez, Jr. ed., 앞의 책, p.18. 재인용.
54) 졸고, 「전통적 불교학의 방법론에 나타난 현대적 성격」, 앞의 책, p.57. 참조.
55) 교판에는 긍정적 측면과 부정적 측면이 혼재되어 있다. 교판의 부정적 측면이 드러날 때, 나는 '교판론'이라 불러서 회통론의 대립 개념으로 쓴다.〔이 점에서 나의 '교판론' 개념은 '교판에 대한 여러 가지 논의' 또는 '교판의 내용'을 의미하는 다른 학자들의 교판론과는 다른 용법임을 주의해야 할 것이다.〕교판을 자기철학의 제시로 보면서 그 긍정적 기능을 확인하여, 그것을 일반적 해석원칙으로 승화할 것을 주장한 글로서는 위의 책, pp.55~60. 참조

이른바 교판의 입장에서 제시된 요의경이나 불요의경이라는 관점은 상대적인 평가 속에서 설정된 것이기 때문이다. 비록 불요의경이라 평가된 것이라 할지라도, 그것이 설해지는 컨텍스트의 입장을 살려서 평가하게 되면 나름대로의 존재 이유는 없을 수 없게 된다.56)

불요의경은 방편으로서 설해졌다는 것이다. 방편은 또 俗諦일 수 있다. 이에 반하여 요의경은 진실이고 진제이다. 이러한 양자의 성격을 도표로 나타내면 다음과 같이 된다.

【표 1】 요의경과 불요의경의 비교

요 의 경	해석 無用	진 실	진 제
불요의경	해석 요청	방 편	속 제

다시 불요의경의 존재 이유를 또 다른 각도에서 찾아보기로 한다. 위의 도표를 통해서도 다시금 확인할 수 있는 것은 불요의경이라고 해서 마냥 내버려도 좋은 非佛說이 아니라는 점이다. 그것은 방편으로서 진리에 이르는 길이다. 『중론』에서 말하는 것처럼, 속제/방편/불요의경에 의하여 진제/진실/요의경으로 나아갈 수 있기57) 때문이다. 『법화경』에서도 會三歸一을 말할 때 불요의/방편인 삼승은 부정/배제되는 것이 아니라 긍정/포함되고 있다. 그것이 일승이다. 앞서 교판론에서는 요의경과 불요의경이 마치 모순이라도 되는 것 같은 뉘앙스를 주

---

56) 이 같은 논리에서 위경 역시 그 나름의 의미를 인정받을 수 있게 된다. 위경이라 판정된 경전들 역시 우리가 버리지 못하는 이유들이다. 위경 역시 경전으로서 진경과 동일한 가치를 가질 수 있음을 긍정적으로 살펴본 것은 졸고, 「一音敎와 자기철학의 글쓰기」, 『동서철학연구』제42호(대전 : 한국동서철학회, 2006), pp.53~89. 참조.

57) "vyavahāram anāśritya paramārtho na deśyate / paramārtham anāgamya nirvāṇam nādhigamyate//" (若不依俗諦, 不得第一義 ; 不得第一義, 則不得涅槃) 『중론』 24:10.

고 있지만, 양자 모두 나름의 의미가 있음을 우리는 긍정할 수 있는 것이다.58) 이렇게 본다면, "모든 경전은 요의경이다"59)라고까지 말할 수 있을지도 모른다.

그런데 경전을 요의경과 불요의경으로 나누고 "요의경에 의지하고 불요의경에 의지하지 말라"고 말하는 것들은 모두 敎內의 일이다. 敎外인 선의 입장에서 볼 때 평가는 또 달라질 수밖에 없는 것이다. 선의 입장에서 볼 때는, 요의경이든 불요의경이든 상관없이 "모든 경전은 방편이다" 라는 관점60)이 가능해지기 때문이다. 경전을 아무리 많이 외우고 해석을 아무리 잘 한다 하더라도 그것만으로 곧 깨달음이 얻어지는 것으로 보지 않는다. 그런 점에서 선의 해석학은 요의경 역시 해석이 가능하고 필요한 것으로 본다. 즉 선의 입장에서는 모든 경전이 다 불요의경이 되는 것이다. 그런 점에서 선의 입장은 미망사의 그것과는 반대이며, 베단타의 그것과는 상통하는 것으로 평가될 수 있다. 교종 역시 교 밖에 다시 깨달음을 요청한다는 점에서 '순수 교종'이 아니라 '선 지향의 교종'이라 말했던 것이다.

IV. 하나의 대안, 觀心釋

교종 안에서는 경전을 요의경과 불요의경으로 나누었으나, 禪의 해석학에서는 그 모두 방편으로서 해석을 요청하는 것이라 할 수 있다.

---

58) 데리다의 개념을 빌리면, 불요의경과 요의경은 보충대리의 상보적 관계에 놓여있는 것이다. Donald S. Lopez, Jr. ed., 앞의 책, pp.59~60. 참조 속제와 진제, 방편과 진실의 상보적 관계는 졸저, 『대승경전과 禪』, pp.276~282. 참조.
59) Donald S. Lopez, Jr. ed., 앞의 책, p.64.
60) 찬드라키르티는 불요의경만 방편으로 보고 있음에 대하여 Michael Pye는 모든 경전이 전부 방편이라고 본다. Donald S. Lopez, Jr. ed., 앞의 책, p.68. 주 11. 참조

요의경 역시 "해석 무용"이 아니라 "해석 요청"이 된다. 이러한 禪의 해석학적 입장은 불교해석학에 어떠한 의미를 줄 수 있을 것인가? 여기서 나는 觀心釋의 해석학적 의미에 주목하고자 한다.

觀心釋은 원래 천태지의天台智顗(538~597)의 해석학적 방법으로 제시된 것이다. 지의는 『法華文句』 10권을 통하여 『묘법연화경』의 내용을 구절구절 해석하고 있는데, 하나의 구절을 해석함에 있어서 因緣釋・約敎釋・本迹釋・觀心釋의 네 가지 해석방법을 가하였다.61) 이 중에 觀心釋은 『법화경』을 체험하는 방법을 나타낸 것으로서 "문구 하나하나를 觀心의 對境으로 삼고, 三觀에 의해 자기 마음의 정도를 실증하는 방법"62)이라고 말한다. 그런데 이러한 천태의 관심석은 선종의 선사들에 의해서도 받아들여져서 경전 해석의 한 방법으로 널리 쓰였던 것 같다.63) 이를 통해서 선가의 관심석에 대한 대략적인 정의를 들을 수 있다.

神秀는 天台智顗의 대승경전의 해석을 경전의 의미에 따르지 않고 실천적인 입장에서 내성에 맞추어서 해석하는 관심석의 방법을 받아들이고 있으며……64)

홍인의 인용은 틀림없이 『기신론』이라고 볼 수 있는데, 그가 '三界虛幻 唯是一心作'이라고 함은 經이나 論의 원문에 충실한 인용을 하여 경이나 논을 주석하는 것이 아니고, 自說인 守心의 실천적인 차원에서 관심석으

---

61) 李永子, 『천태불교학』(서울 : 불지사, 2001), p.67.
62) 위의 책, p.95.
63) 鄭性本, 『중국 선종의 성립사 연구』(서울 : 민족사, 1991) 색인에 의하면, '觀心釋'은 pp.293~295. p.400. p.418. p. 418. p.422. p.433. p.439. p.877. 등 총 8회에 걸쳐서 등장한다.
64) 위의 책, p.400. 천태지의의 관심석 개념에 대해서는 대정장 34, p.5a ; 대정장 33, p.692c. 참조

로 전개시키고 있는 것으로 보여진다는 점이다.[65]

이러한 선가의 관심석은 홍인의 경우에 보듯이, 천태지의의 경우까지를 포함한 教家의 경전해석과는 다소 다른 것으로 보인다. 천태의 관심석이 『법화경』 본문을 관심의 대상으로 삼는 依敎觀心임에 대하여 선사의 그것은 경전의 문구 이전에 마음을 먼저 해석하고, 그 같은 마음 해석〔觀心〕의 바탕 위에서 경전의 문구를 자유자재로 해석하는 觀心釋經이라 할 수 있기 때문이다. 이제 '禪의 해석학'은 경전의 문구를 해석의 대상으로 삼지 아니하고 마음을 해석의 대상으로 삼는다. 경전은 해석의 대상인 마음을 다 드러내지 못하였다고 본다. 그래서 敎外別傳이다. 이는 언어가 존재를 다 드러내지 못하였으며〔隱蔽〕, 존재는 여전히 은폐되어 있다는 전제 위에서 진정한 해석학은 문장을 대상으로 삼아서 "단순히 정확성과 일치에 의한 해석을 뜻하기보다는 오히려 은폐된 의미를 밝힌다고 하는, 즉 아직 알려져 있지 않은 것을 밝게 밝힌다."[66]는 하이데거의 해석학과 그 맥락을 같이한다.

문제는 다시 우리에게 돌아온다. 선사들이야 이미 깨친 입장이므로 自心에 의지하는 관심석〔=觀心釋經〕이 가능했다고 하지만, 그렇지 못한 오늘날의 불교학자들은 어떻게 할 것인가? 관심석을 포기해야 하는 것 아닌가?

우선, 수직적/독립적으로 스스로 깨친 자가 됨으로써 說主의 경지를 추체험한 뒤에 불교학 논문을 써야 할 것인가? 이 점에 대해서 로페즈(Lopez)는 이렇게 말하고 있다.

불교해석자가 "먼저 가능한 한 텍스트를 잘, 심지어는 그 원저자보다도

---

65) 위의 책, p.294.
66) Ricahard E. Palmer, 이한우 옮김, 앞의 책, p.216.

더 잘 이해하라"는 쉴라이에르마허의 격언을 따르는 것은 불가능하다. 어떻게 깨치지 못한 주석자가 붓다의 깨달은 마음을 알 수 있겠는가?67)

로페즈의 이러한 언급은 실제 많은 불교학자나 불교인들이 강박관념으로 갖고 있는 한 측면을 보여 준다. 깨친 자라야 경전을 가장 잘 이해할 수 있게 되는지 모른다. 그렇지만 그렇다고 해서 깨친 자가 아닌 사람들은 모두 경전에 대한 해석을 포기해야 할 것인가? 혹은 제3의 깨친 자를 해석자로서 대망해야 할 것인가? 그렇지는 않을 것이다. 깨친 자의 언어라 할지라도 언어적 이해가 가능한 영역이라면 그 역시 우리의 해석을 기다려야 할 원전으로 제시될 뿐이다. 그래서 나는 선에서 해석 불가의 영역을 인정할지언정 경전 해석을 위하여 깨친 자를 대망하는 태도나 깨침을 이룩한 뒤에라야 올바른 해석이 가능하다는 강박관념은 포기되어져야 할 것으로 보는 것이다. 교의 해석이든 교를 통한 선의 체득이든지 상관없이 모든 해석자는 동등한 권리와 한계를 가질 수밖에 없다. 왜냐하면, 언어를 매개로 하기 때문이다.68) 그런 점에서 나는 해석의 권위자로서 깨친 자를 굳이 대망하는 관점이나 說主의 경지를 추체험해야 한다는 주장에 반대한다.69)

이렇게 볼 때, 관심석에서 '마음'은 저자의 의도를 가리키는 것이 아니다. 저자가 보았던 그 '마음'70)(저자의 마음이 아니다)을 독자인

---

67) 위의 책, p.51. '추체험'이라는 개념은 하이데거→가다머의 철학적 해석학이 아니라 그 이전에 존재했던 딜타이의 해석학에서 등장하는 개념이다.
68) 동등한 언어를 사용한다고 해서 모든 해석자의 해석이 다 동등하게 평가된다는 것은 아니다. 언어의 한계와 그 공능을 동등하게 갖는다는 이야기이다.
69) 그러나 나의 이러한 입장은 뒤에 약간의 변화를 겪게 된다. 붓다가 깨친 원음에 대한 체험적 읽기를 위해 불교학자 역시 나름으로 수행해 갈 필요성을 인정하게 되기 때문이다. 이에 대해서는 졸고, 「一音敎와 자기철학의 글쓰기」, 앞의 책, 참조. 이 책의 다섯 번째 논문으로 재수록.
70) 이를 원음이라고 볼 수 있는데, 앞서 인용한 『잡아함』 제12권에서 말하는 "여래

내가 다시 보면서, 그 마음을 보았던 저자가 쓴 글을 해석해 가자는 것이다. 따라서 독자에게 관심석을 요구하는 것은 독자 역시 선사들과 마찬가지로 그 진리/요의를 보면서 해석하자는 것이다. 선사와 달리 깨치지 못한 독자이므로 해석은 주관적이며 불완전한 불요의할 수도 있다. 그러나 그러한 불요의를 두려워하게 될 때 우리에게 원전은 더욱 무거워지며 해석은 더욱 닫히게 되리라 본다.

물론 나의 주장에 대한 의문이 제기될 수 있다. "과연 선사와는 달리 깨치지 못한 독자가 관심석을 한다고 하더라도 그러한 해석이 어떤 타당성을 가질 수 있는가" 하는 점이다. 이에 대해서 나는 다음의 두 가지 대안을 제시한다.

첫째, 수평적/연기적으로 무한해석[=영구해석] 속에서 요의에 점점 가까이 다가가는 일이다. 여기서 내가 말하는 수평적/연기적 무한해석은 하나의 해석자가 그 모두를 담당하는 것이 아니다. 오히려 시대와 사회를 달리하는 수많은 해석자들로 이루어지는 하나의 해석공동체를 상정하는 것이다.

하나하나의 해석자는 불요의를 제시할 수밖에 없을지 몰라도, 그 같은 불요의가 서로 대리하고 서로 보충하면서 요의에 점진적으로 다가갈 수 있으리라 본다. 이때 우리가 상정하게 되는 미래적 요의는 우리의 깨달음으로서 우리가 포기할 수 없는 목적인 것이지, 미리부터 해석의 한계를 설정하는 '원전의 무거움'으로 작용하는 것은 아니라고 생각된다.

둘째, 비록 선사와 같이 깨침을 얻지는 못했다 하더라도 "부처를 만나면 부처를 죽이고 조사를 만나면 조사를 죽이는" 선적 정신을 갖

가 세상에 나오든지 나오지 않든지 상관없이" 존재하는 것/法界를 말한다. 원음 개념에 대해서도 역시 졸고, 「一音敎와 자기철학의 글쓰기」에서 상론하였다. 이 책의 다섯 번째 논문으로 재수록.

게 될 때 좀더 자유로운 해석의 제시가 가능한 것 아닐까 하는 점이다. 경전이 방편으로서 불요의라면 해석자의 해석 역시 불요의인 이상 진리를 말해야 한다는 강박관념을 벗어버리고, 그것이 방편일지라도 내가 본 만큼만이라도 제시할 수 있어야 할 것이다. 완벽하게 진리를 제시하지 못하는 한 발언할 수 없다고 전제한다면, 불교학 자체가 애시당초 성립할 수 없기 때문이다. 그런 점에서 불요의의 해석을 두려워 할 필요는 없다고 본다. 한 사람의 해석은 다른 해석자에 의해서 대리되고 보충될 것이기 때문이다.

결국, 깨치지 못한 해석자들로서는 이렇게 끝없이 이어지는 해석의 연기[=해석공동체]를 통하는 것밖에는 스스로의 해석이 갖는 불요의를 극복할 길이 없다.[71] 이렇게 나의 해석은 說主의 깨침과 비교하면 差일 수밖에 없으며, 타자의 해석에로 移/延하지 않을 수 없게 된다. 우리의 해석이 불요의인 이상 우리의 해석은 그 문을 닫지 못한 채 流하지 않을 수 없고, 타자의 해석을 기다려서 거기에로 通하지 않을 수 없는 分[流·通·分]일 뿐이다. 나는 그렇게 본다.

V. 맺음말

존재하는 것은 모두 새로워졌기 때문이다. 새로움은 변화의 결과이다. 경전/대장경 역시 마찬가지다. 경전이 새로워진다는 것은 곧 새로

---

71) 이렇게 무한해석[=영구해석]이 행해지더라도 문제가 없음은 그 '무한'과 '영구'가 해석자의 터무니없는 자유를 무한정 보장하지는 않을 것이기 때문이다. 왜냐하면 거기에 이미 '원전/텍스트의 지평'이 존재하고 그것이 손오공[=해석자]이 뛰어놀 부처님 손바닥으로서 스스로를 한계짓기 때문이다[그러므로 '주관주의'에 떨어질 우려는 없다고 본다.]. 이것이 우리 동양철학의 숙명이다. 그러므로 나는 더욱더 무한해석을 역설하는 것이다.

운 해석이 가능해 졌음을 의미한다. 이것이 불교해석학자로서 내가 갖는 기본적 태도이다. 그런데 문제는 새로운 해석을 장애하는 요인을 경전 그 자체가 갖고 있는 것은 아닌가 하는 점이다. 우리는 경전을 신앙의 한 대상〔法寶〕으로 삼고 있으며, 경전을 최종적인 판단근거〔=佛言量〕로 삼아왔기 때문이다. 어떻게 할 것인가? 만약 우리가 경전의 권위에 복종만 하고 만다면, 경전은 해석자에게 하나의 구속이 될 수밖에 없을 터인데 말이다. 여기에 불교에 대한 해석학적 연구방법론의 근본문제가 가로 놓여 있다.

과연, 경전이 갖는 무거움을 다소라도 가볍게 할 묘안은 없을까? 이를 위해서 내가 검토해 본 것은 애시당초 우리의 경전관이 그렇게 무거웠던 것인가 하는 점에 있었다. 비록 불교 역시 하나의 종교이고, 그런 점에서 종교의 성전에 대한 권위나 신앙심이 적지 않은 것은 사실이다. 하지만, 예컨대 인도철학의 미망사 학파에서 베다라는 그들의 원전 텍스트에 대해서 갖는 무거움을 감안할 때, 불교의 경전관은 상대적으로 가벼운 것이 아닌가 한다.

베다의 해석학파인 미망사에게 베다는 진리로서의 의미를 갖는다. 그렇기에 베다 그 자체를 성언량으로서 받아들인다. 진리 판단의 근거를 베다 그 자체에서 구하는 인식론적 태도이다. "베다가 그렇게 말하기에, 그것은 진리이다"는 것이다. 이를 뒷받침하기 위해서 동원되는 것이 베다는 누구에 의해서도 지어진 것이 아니라는 非作者性이다. 만약, 베다에 작자가 있다고 한다면 베다는 그 자체로서 오류가 없지 않을 것이다. 그런데 베다는 작자를 갖지 않는다. 베다의 언어는 영원한 것일 뿐이다. 그러니 베다가 어떤 의미를 갖는가 하는 질문에 대해서도 당당하게 진리라고 말한다. 베다 자체가 진리라면 해석자가 할 일은 베다 그 자체의 의미를 올바로 이해하여 그것을 命슈으로 받아들여서〔法古〕, 그것을 실생활 속에서 실행할 뿐이다. 그것이 제사이다. 이렇게 미망사학파는 제사에 대한 해석학파가 되는 것이다. 이러한 관점을 갖게 되는 곳에서는 해석자의 창조적인 해석[創新]은 어렵게 된다.

한편, 불교의 경우 애시당초 성언량을 인정하지 않음으로써 미망사와는 다른 길을 걸어 왔다. 경전의 언어 그 자체를 진리판단의 근거로 인정하지 않았다. 그러나 붓다의 시대로부터 멀어질수록 불교학 역시 불교경전에 의지할 수밖에 없는 상황이 되었다. 성언량이 갖는 그 언어철학적 배경[=聲常住論]은 부정하지만 경전을 불언량으로서 받아들이게 된다. 이제 성언량의 인정 여부만으로 미망사와 불교의 해석학적 관점의 차이를 확인하는 것은 불가능하게 된다. 여기서 '비작자성'의 문제를 대비해 볼 필요가 있다. 미망사와 불교는 '비작자성'을 주장하는 점에서는 동일하지만, 미망사의 비작자성이 원전의 권위를 강화하면서 해석자의 자유를 제한하는 방향으로 작용하였다면, 불교의 '저자의 不在'는 해석자의 해석이 또 하나의 저술행위가 됨을 말함으로써 해석이 곧 저술임을, 해석자가 곧 저자임을 말하고 있다. 중대한 차이가 아닐 수 없다.

또 하나, 미망사가 베다를 진리 그 자체로 인식함에 반하여, 불교에서는 경전은 그 자체가 진리라기보다 진리에 이르는 길/방편이라 말하는 점이 다르다. 미망사에서는 베다 자체가 진리이므로 그것을 해석하는 일 이외의 새로운 명상과 깨달음이 요청되지 않음에 반하여, 불교에서는 경전이 곧 진리가 아니라 방편이기에 진리/깨달음을 얻기 위해서 명상/선이 새삼 요청된다는 입장을 취하게 된다. 미망사와 함께 정통 인도철학의 대표적 학파인 베단타의 경우 성언량을 인정하면서도 원전의 해석/학습 이외에 명상이 요청된다고 보는 점에서 미망사와 불교의 중간쯤에 위치하고 있는 것으로 평가할 수 있다. 이들의 차이점은, 베단타까지 함께 넣어서 생각해 보면 간략히 다음 표72)와 같이 정리할 수 있다.

【표 2】 세 학파의 해석학적 입장의 차이

	미망사	아드바이타 베단타	불교
경전관	베다 = 진리 教外無傳	베다의 권위 인정 教外別傳	베다의 권위 거부, 경전 = 방편 教外別傳
인식수단	직접지각, 추리, 증언/성언량, 비교, 요청, (비존재)	직접지각, 추리, 증언/성언량, 비교, 요청, 비존재	직접지각, 추리
성언량	성언량만이 다르마에 대한 완전한 인식을 가능케 함	성언량 인정하나 명상을 통한 직접 체험 강조	애초에 성언량 불인정, 하지만 불언량으로 받아들임
저자의 부재	非作者性 원전의 권위 강화로 해석의 자유 제한	非作者性 원전의 권위만큼 해석자의 직관 인정	저자의 부재 해석자가 곧 저자라는 입장에서 해석자의 자유 인정

이상과 같이 양 학파의 해석학을 비교함으로써 나는 불교의 경우 원전/경전의 무게감을 다소 가볍게 느껴도 좋다는 근거를 확보하기에 이르렀다. 그러나 나는 여기서 멈추지 않았다. 경전관을 미망사와 비교하는 이외에, 새로운 대안을 모색해 보았다. 그것은 바로 선가의 관심석을 불교학에 적용해 보자는 것이다. 관심석은 경전의 문구 이전에 깨달음/心을 해석하고자 하며, 그런 입장에서 다시 경전을 해석하려는 해석학의 방법론이다. 천태학에서 개발되었으나 선사들의 자유로운 경전해석에서 꽃피웠다. 이는 존재에 대한 해석〔=脫隱蔽〕을 통하여 언어가 다 드러내지 못한 것까지 해석하고자 한 하이데거의 해

---

72) 이렇게 3학파의 관점 차이를 도표로 정리하는 것이 일목요연한 이해를 돕는다는 것은 이 논문을 읽고 토론해 준 동국대 대학원 인도철학과 석사과정 이송민의 아이디어였다. 물론, 표의 내용은 내가 다소 고쳤다.

석학과 상통한다. 이때, 우리가 해석해야 할 텍스트는 언어문자만이 아니라 그것을 넘어서 있는 마음까지임을 새삼 자각해야 할 것이다. 아니, 마음을 먼저 해석하고 그러한 해석의 결과를 갖고서 경전의 문구를 재해석하려는 입장이다. 불교 경전이 마음에 대한 해석을 담고 있다면, 해석자 역시 먼저 마음을 해석하는 것이 그 이후에 행하는 언어·문자에 대한 해석의 정확성을 높여줄 방법론이 되리라 믿는다. 이는 원전의 무게 속에 짓눌려 있는 우리로 하여금 '오늘 — 여기의 불교학'을 창조하게 하는 하나의 방법론이 될 수는 있으리라 본다.

자기철학의 제시를 위한 전통적 불교학의 해석학적 장치들

  원전/경전이 갖는 권위는 해석자로 하여금 자유로운 해석학적 상상력을 발휘하여 자기철학을 제시하는 것을 제한하는 방향으로 작용할 수 있다. 그러나 실제 불교사상의 역사 속에서는 그러한 어려움을 헤치고서 저마다 자기철학을 제시한 해석학자들이 밤하늘의 별처럼 빛났다. 지금 그 해석의 전통이 온전히 이어지지 못하고 있음이 문제이지, 전통적 불교학의 시대에는 자기철학이 난만히 꽃피워져 있었던 것이다. 여기서 과연 그들은 어떠한 방법에 의지하여 그러한 자기철학의 제시를 이루어 낼 수 있었던가 하는 점을 추적하여, 다시금 우리의 해석학적 장치/도구로서 되살릴 필요가 있을 것이다. 그 다양한 방법론 중에서 우선 **格義**, **敎判**, 그리고 **科目**에 대하여 살펴보기로 한다.
  종래 격의와 교판은 공히 중국불교사에 등장하는 사건으로 우리가 이해하고 있었으나, 나는 그것을 하나의 보편적인 방법론의 차원에서 이해한다. 격의는 불교 밖의 틀을 가지고 불교를 바라보는 것이며, 교판은 텍스트 상호간의 가치평가로 이해하는 것이다. 각기 격의에는 해석학적 선이해를 갖고서 해석할 수밖에 없다는 관점이 드러나 있고, 교판에는 교판을 제시하는 해석자의 자기철학이 드러나 있는 것으로 본다. 또한 과목은 부분과 전체 함께 보기, 분석과 종합 함께 행하기로서 현대 해석학에서 말하는 해석학적 순환이 그에 해당하는 것으로 평가한다. 놀랍게도 전통적 불교학에서 널리 쓰였던 이러한 방법론들이 현대 서양에서 이루어진 해석학 이론과도 부합함을 목격하게 된다. 동과 서의 우열을 논하려는 차원에서가 아니라, 동과 서의 상통성에 서서 다시 한번 우리의 전통 불교학을 되돌아 볼 필요를 절감한다. 거기에 현대성과 세계성이 놓여 있기 때문이다.

이 글은 애시당초 「전통적 불교학의 방법론에 나타난 현대적 성격」이라는 제목으로 『가산학보』제7호(가산학회, 1998), pp.48~70에 발표한 것이다. 논지의 변화는 없으나, 이 책에 다시 수록함에 있어서 목차를 좀더 세분화하고, 내용의 수정과 증보를 꾀하였다. 그리고 이 책의 전체적 맥락을 고려하여 제목도 바꾸었다.

【 주제어 】 격의, 교판, 과목, 자기철학, 해석학적 순환, 해석학적 선이해, 『해심밀경』, 『대지도론』, 『법계도기총수록』, 진정, 표훈, 유문, 유일.

I. 머리말

우리 학계의 인도철학·불교학 연구를 반성해 볼 때, 의외로 많은 사람들이 자기철학의 제시에 대해서는 별다른 의식을 하지 못하고 있음을 발견하게 된다. 대개 "옛날의 어느 누가 이렇게 말했는데 그 뜻은 이와 같다고 나는 생각한다"는 식의 이야기를 하고 있으며, '지금-여기' 살고 있는 '나' 자신 그 옛날의 사람과는 다른 이야기 — 그것은 삶의 맥락이 다른 데서 올 수밖에 없는 것임에도 불구하고 — 를 어떻게 제시할 수 있는지에 대한 고뇌가 다소 부족한 것으로 느껴진다. 그 까닭은 무엇일까? 원전의 존재가 초래하는 구속 때문인지도 모르겠다. 따라서 자기철학의 제시를 위해서는 원전에 대한 해석 방법을 새롭게 개발해 내는 해석학적 사고가 필요한 것이다. 불교해석학(Buddhist Hermeneutics)이 요청되는 까닭이 여기에 있다.

다음, 자기철학의 제시가 바람직한 것으로 요청된다면 어떻게 해야 그것이 가능하겠는가 하는 점이 문제로 제기된다. 이에 대한 대답으로 나는 '實踐的 讀書法'이라는 글읽기 방식을 제시한 바 있다.[1] 그렇지만 '실천적 독서법'이 서양 해석학의 두 갈래[2] 중의 '하이데거 → 가다머의 해석학', 그 중에서도 가다머(Hans-Georg Gadamer, 1900~2002)의 철학적 해석학(Philosophical Hermeneutics)과 일맥상통하는 바가 있는 것으로 판단된다는 점은 여기서 언급해 두고자 한다. 서양철학에 대한 공부가 일천한 나로서는 가다머의 철학적 해석학에 대한 이해가 거칠 수밖에 없는 것이지만, 대략 그 핵심은 텍스트 이해에서 텍스트 그 자체 속에 담긴 저자의 의도[혹은 텍스트의 의도]를 객관적으로 이해하려는 태도를 지양하는 데 있다고 본다. 반대로 독자의 현재적 입장, 즉 독자가 처한 현재적 삶의 지평을 적극적으로 활용하여 텍스트를 해석해야 한다는 것이다. 이렇게 텍스트의 지평과 독자[=해석자]의 지평이 하나로 어우러지는 地平融合을 통하여 비로소

---

1) 졸고, 「'저자의 부재'와 불교해석학」, 『불교학보』 제35호(동국대 불교문화연구원, 1998) 참조.
2) 서양 해석학의 한 갈래는 '쉴라이에르마허→딜타이의 해석학'으로서 '대상(텍스트) 중심 해석학'이라 할 수 있다면, 또 다른 갈래는 '하이데거 → 가다머의 해석학으로서 '대상과 주체(독자)의 연기적 해석학'이라 이름할 수 있을 것이다. 서양 해석학에 대한 입문적 이해는 Richard E. Palmer, *Hermeneutics* : 이한우 옮김, 『해석학이란 무엇인가』(서울 : 문예출판사, 1996)로 미룬다.

참된 '이해'가 가능해진다는 것이다. 이 같은 가다머의 철학적 해석학에 의지함으로써 원전의 무거움에 눌려있는 불교학 연구자들 역시 어느 정도는 자기철학을 제시할 수 있을 것으로 나는 본다.

그런데 여기서 하나의 의문을 제기하지 않을 수 없다. 정말 불교의 철학사적 발전에는 어떠한 자기철학의 제시도 이루어지지 않았던 것일까? 그렇지는 않을 것이다. 오히려 자기철학의 제시에 힘입어 불교철학의 새로운 전개와 발전이 가능했던 것이 아닐까. 이 같은 나의 관점이 옳다면, 이미 불교의 철학사적 전통 안에 자기철학의 제시를 가능케 한 '해석학적 장치'3)가 있었을 것이다. 이 글은 불교의 철학사적 전통[=전통적 불교학]4) 안에 內在해 있던, 자기철학의 제시를

---

3) Donald S. Lopez Jr, *Buddhist Hermeneutics*(Honolulu : University of Hawaii Press, 1988)에는 이와 유사한 용어들이 여럿 나타난다. 예컨대, '해석학적 도구(hermeneutical tools)'(p.7.), '해석학적 장치(hermeneutical device)'(p.33.), '해석학적 프로그램(hermeneutical program)'(p.63.), '해석학적 운동(hermeneutical move)'(p.219.) 등이다. 여기서는 '해석학적 장치'라는 개념을 쓰기로 한다.

4) '전통적 불교학'의 개념은 내가 전해받고 있는 전통의 영향을 적극 고려하면서 설정한 술어이다. 시간적으로는 대학에서 불교 연구가 시작되기 전으로 한정하며, 공간적으로는 중국·한국·일본, 언어적으로는 한문으로 한정한다. 중국과는 달리 우리의 경우 인도불교 역시 한문을 통해서 만날 수밖에 없었는데, 인도불교를 한문이 아니라 산스크리트어·팔리어를 통하여 만난 사실 자체가 곧 '현대적 불교학'의 한 특징인 것으로 생각할 수 있기 때문이다. 이 글의 초고를 읽은 동국대 불교학과 金珠經 선생은 "인도불교를 원전을 통하여 만날 수 있다는 것은 '현대적' 불교학이라기보다는 '방법론의 다각화'로 보아야 하는 것 아닌가" 라는 의견을 피력하였다. 물론, 그렇게 볼 수도 있을 것이다. 1차 원전에 의한 엄밀성의 추구 자체가 '방법론의 다각화'일 수 있지만, 오늘날에 있어서 한문 역본 이외에 1차 원전이 존재하는 경우에는 한문 역본에 의한 연구와 1차 원전과의 대조 연구가 선택적인 관계를 갖는 것은 아니다. 한문 역본의 문제점을 감안할 때, 한문 역본에만 의지하지 않고 1차 원전과 한문 역본을 대조해 보는 것은 단순히 '방법론의 다각화'를 넘어서는 필수적인 당위로 요청된다. 물론, 여기서 한문 문헌에만 의지한 종래의 '전통적' 불교학의 연구를 일방적으로 구태의연한 것으로 매도하려는 것이 아님은 물론이다. 오히려 그 반대임을 밝히려는 것이 이 글의 목적이다.

가능케 한 해석학적 장치들을 찾아보고자 함을 그 목적으로 한다.

　Donald S. Lopez Jr.가 편집한 논문집 Buddhist Hermeneutics에 이미 다양한 해석학적 전략들에 대한 언급이 있지만, 대개 자기철학의 제시를 강하게 의식하는 철학적 해석학의 입장에 대한 고려는 그다지 행해지지 않는 것으로 평가된다. 이는 그들의 논문에서 시간성〔=歷史性〕을 별로 의식하지 않고 있음에서도 알 수 있는데, 그 결과〔불교〕해석학을 '경전 주석의 학문'으로만 한정하는 오류5)를 범하게 되었던 것이다. 따라서, 내가 문제삼고 있는 바와 같은 자기철학의 제시를 가능케 하는 해석학적 장치에 대한 천착은 아직은 그다지 성과를 이루어 냈다고 보기 어렵다.

　불교의 현대적 연구를 특징짓는 방법론6)의 하나로서 이러한 '해석학적 연구'7)를 들 수 있다면, 전통적 불교학에 내재되어 있는 해석학

---

5) John C. Maraldo,「Hermeneutics and Historicity in the Study of Buddhism」, 海外佛教研究班編,『海外における佛教研究の方法と課題』(京都 : 大谷大學眞宗總合研究所, 1993), p.143. John C. Maraldo의 논문은 시간성/역사성을 강하게 의식해야 함을 주장하고 있다.

6) 불교에 대한 현대적 연구로서의 불교학의 성립은 유럽에서 이루어졌으며, 신앙을 통해서 삶 속으로 불교를 끌어들일 수없었던 유럽의 학자들은 불교는 불교문헌 속에서 밖에 만날 수 없었을 것이다. 그리하여, 불교학은 문헌학으로 출발한다. 이를 유럽 유학생 南條文雄 등이 수입하여 일본의 근대 불교학이 성립하게 된다. 그러니까 현대 불교학의 출발이자 그 주류는 문헌학이라 해야 할지도 모른다. 우리의 경우 역시 마찬가지다. 한문 이외에 범어와 팔리어 등의 문헌에 의한 불교연구가 시작되는 시점부터 문헌학적 연구를 그 주류로서 받아들인 것을 의미한다. 물론, 한문문헌을 대상으로 하는 문헌학적 연구 역시 가능하다.

7) 문헌학 이외의 방법론 역시 요망된다. 사상사적 방법론도 그 하나의 대안일 수 있다. 그런데 나로서는 문헌학적 지식이나 사상사적 지식은 그 분야의 전공 연구자의 힘을 빌리더라도 스스로는 해석학을 통하여 나 자신의 철학적 사유를 정리하여 제시하고자 한다. 서양에서의 불교해석학은 성서해석학의 전통에서 영향을 받은 서양철학의 해석학의 영향을 다시 받아서, 1980년대 이후 미국을 중심으로 대두된 방법론이다. 나 자신은 그러한 흐름에도 그다지 밝지 못한데, 이 미국 중심의 불교해석학을 본격적으로 연구한 분이 金容彪교수이다. 우리의 경우, 신앙의 불교가 존

적 장치들을 살피는 것 그 자체가 전통적 불교학을 현대적으로 재해석하여 복원시키는 일이 될 것이다.8) 한편, 이렇게 전통적 방법론을 현대적으로 복원하는 것은 전통적 방법론에 대해서는 一顧/一考도 하지 않은 채 현대적 방법론을 수입함으로써 양자 사이의 간극을 넓혀 왔던 그 동안의 불교학 연구에 일정한 반성을 촉구하는 일이 될 것이다. 이제 우리는 전통적 방법론에 대한 공부와 그 현대적 계승을 통하여 우리의 불교학을 '오늘의 불교학'으로 만들 수 있을 것이며, 이를 통하여 비로소 세계 불교학계에 대한 '한국불교학'의 기여가 가능하리라 믿는다. 나는 그렇게 본다.

II. 格義, 불교 밖에서 보는 불교

1. 중국불교사의 한 사건

불교가 전래되는 과정을 살펴보면 그 유형은 크게 티벳형과 중국형

재한다는 점에서 컨텍스트를 배제할 수 없다. 그런 점에서 유럽의 문헌학과 다른 길을 간 학자가 李箕永이다〔졸고, 「텍스트와 현실의 해석학적 순환」, 『불교연구』 제26호(서울 : 한국불교연구원, 2007), pp.101~174. 참조〕. 그런데 나의 불교해석학 탐구는 미국 중심의 불교해석학 연구의 영향을 전혀 받지 않았다고 할 수 없을지는 몰라도 그것보다는 서양철학의 해석학, 특히 가다머의 철학적 해석학의 영향을 받아서 인도철학이나 전통적 불교학을 돌아보는 과정에서 형성된 것이다. 이 책에 실린 논문을 작성하는 과정에서 적극적으로 참조하지 않았으나, 장차 불교해석학에 뜻을 두는 후학이 있다면 金容彪 교수의 연구 역시 반드시 참조해야 할 것이다.
8) 물론 '문헌학적 연구'에 초점을 맞추더라도 우리는 전통적 불교학에서 '현대성'을 어렵지 않게 찾을 수 있으리라 생각한다. 예컨대 『개원석교록』과 같은, 중국에서 번역된 경전들의 상태를 확인하여 분류·정리한 목록들과 고려대장경을 편찬할 당시 諸本을 대조·校勘한 결과를 기록한 守其의 『高麗國新彫大藏校正別錄』의 경우들에서 우리는 전통적 불교학이 갖추었던 문헌학적 연구에서도 '현대적 성격'을 확인하게 된다. 이에 대한 연구 역시 기대된다.

으로 나눌 수 있다. 불교가 전래되기 이전의 티벳은 그들 고유의 문자를 갖고 있지 않았다. 불교 경전을 번역하기 위하여 인도로 학자를 파견하여 산스크리트어를 배우게 하였으며, 산스크리트어를 참조하여 티벳문자를 창제하였다. 그러니 인도문화인 불교가 티벳에 거의 그대로 굴절없이 수용되었다고 할 수 있다. 오늘날 산스크리트어 사본이 없을 경우 티벳어 경전이 準原典의 역할을 하는 것도 이 같은 배경에서 이해할 수 있다. 이에 반하여 한자라는 고유의 문자를 가지고 있었던 중국의 경우, 불교가 전래되기 오래 전인 춘추전국시대에 이미 공자·노자·묵자 등 이른바 제자백가의 사상이 그 난만함을 자랑하였다. 그 결과 인도문화인 불교를 수용함에 있어서도 이미 존재하는 어떤 틀〔格〕에 맞추어서 수용하지 않을 수 없었을 것이다.

이렇게 볼 때, 인도불교의 중국적 이해방식으로서의 격의불교가 출현한 것은 역사적 필연으로 생각된다. 이때의 格, 즉 중국측의 이해방식이 된 것은 노장의 철학임은 주지하는 바이다. 저간의 사정을 金容沃은 다음과 같이 말하고 있다.

 인도에서 불교가 처음 중국에 수입되어 왔을 때 그 교리의 핵심인 '니어바나(Nirvana)'는 中國發音으로 '니에판'(涅槃)으로 음역되는데(물론 한역 당시의 정확한 발음이 니에판이었는지는 좀더 깊은 성운학적 연구가 필요하다.), 이 涅槃은 중국인에게 아무런 의미 내용을 지닐 수 없었다. 그러므로 '니어바나'에 해당되는 중국인의 생활 공간 속에서의 의미체계를 찾다 보니까 등장한 것이 『노자』와 『장자』에서 빈번히 쓰이는 '無爲'(wu-wei)라는 개념이었다. 그러므로 초기 불교에 있어서는 '니어바나'는 '우웨이'로 번역되고, '우웨이'는 중국인에게 의미를 갖게 된다.[9]

---

9) 金容沃, 「번역에 있어서 공간과 시간」, 『동양학 어떻게 할 것인가』(서울 : 통나무, 1989), p.154.

중국인에게 '열반'과 마찬가지로 이해하기 어려웠던 인도불교의 개념은 무엇보다도 '공'이었을 것이다. 劉宋(420~479) 시대에는 '空'에 대한 당시의 다양한 이해를 정리하여 本無宗・卽色宗・識含宗・幻化宗・心無宗・緣會宗 등을 六家라 하였으며, 本無異宗을 더하여 七宗이라고도 하였다.10) 그만큼 다양한 해석이 행해졌음을 알 수 있는 것이다. 여기서 그 상세한 내용에 대해서까지 논의11)할 수는 없지만, 그들의 관점이 어떠하였으며 또 그것이 어떻게 극복되었는가를 僧肇(383~414)의 「不眞空論」을 통하여 간략히 살펴보게 한다. 「不眞空論」은 六家七宗 중에서 즉색종과 본무종에 대한 소개와 그에 대한 승조 자신의 비판을 다음과 같이 전하고 있다. 여기서는 木村淸孝의 유려한 현대적 해석〔意譯〕을 취하여 읽어보기로 한다.

'卽色'이란 존재 그 자체로서 존재하는 것은 아니다. 그러므로 존재라고는 하지만 존재 그 자체는 아니다. 원래 존재라고 하는 것은 오직 현재에 존재하는 것, 그것을 존재라고 하는 것이며, 무엇인가 먼저 존재하는 것이 있어서 그것을 기다려서 처음으로 존재가 되는 것은 아니라는 것을 밝히는 설이다. 이 설은 직접적으로는 존재는 그 자체로서 존재하는 것이 아니라는 것을 올바르게 서술하고 있지만, 그러나 존재 그 자체가 비존재라고 하는 것은 아직 이해하지 못하고 있다.

'本無'란 마음에 無를 소중히 여겨 매사에 無를 세우는 설이다. 그러므로 非有란 有가 없는 것, 非無란 무도 또한 없는 것이라고 해석된다. 그러나 경문의 취지를 생각해 보면, 단적으로 말해서 비유란 진정한 有가 아닌 것, 非無란 진정한 무가 아니라고 하는 것을 말하고 있을 뿐이다. 그런데 어떻게 반드시 非有는 유의 전면부정이며, 비무는 무의 전면부정이라

---

10) 木村淸孝・章輝玉 옮김, 『중국불교사상사』(서울 : 민족사, 1989), p.29. 참조
11) 金忠烈, 「인도불교의 중국화 과정」, 『中國哲學散稿 1』(청주 : 온누리, 1988), pp.236~240. 참조

고 말할 수 있겠는가. 이것은 오로지 무를 좋아하는 설로서, 결코 사실에 통하고 사물의 마음에 입각한 사고방식이라고는 말할 수 없다.12)

卽色義는 존재가 연기적 존재임을 말하는 한에서는 옳지만 아직 색 그 자체가 곧 공[色卽是空]임을 알지는 못하고 있는 것이며, 本無義는 공을 무로 이해하면서 무 그 자체를 또 하나의 실재로 인식하고 있다는 점에서 '무의 실재론'을 세우고 있는 것이다. 그 역시 空에 대한 올바른 이해가 아님은 물론이다. 이러한 이해가 인도불교 텍스트에서 말하고 있는 空에 대한 참된 이해가 아님을 僧肇는 비판한 것이다. 공을 유나 무의 실재로서 이원적으로 인식함은 잘못이라는 입장이었던 것으로 이해된다.

종래에 중국불교사 연구자들은 이러한 격의불교에 대해 불교에 대한 온전한 이해가 아니었다는 이유로 부정적이었다. 격의의 극복으로서 淸義佛敎가 등장한다고 함으로써, 격의의 시대는 역사 속으로 사라져버린 것으로 평가하였던 것이다. 그렇다고 해서 과연 격의에는 긍정적 의미가 전혀 없는 것일까? 그렇지는 않다. 격의 자체가 당시 중국사회의 지식인들의 지식을 해석의 틀(=解釋學的 先理解)로서 적극 활용하면서 인도불교와 지평융합한 결과로서 불교를 더욱 풍성13)

---

12) 木村淸孝 ・章輝玉 옮김, 앞의 책, pp.27-28. 卽色者, 明色不自色, 故雖色而非色也. 夫言色者, 但當色卽色, 豈待色色而後爲色哉! 此直語色不自色, 未領色之非色也. 本無者, 情尙於無, 多觸言以賓無, 故非有, 有卽無, 非無, 無亦無. 尋夫立文之本旨者, 直以非有非眞有, 非無非眞無耳. 何必非有無此有? 非無無彼無. 此直好無之談, 豈爲順通事實 ; 卽物之情哉! 僧肇, 「不眞空論」, 『肇論』 大正藏 45, p.152a.
13) 그것을 왜곡이라 비판하는 '비판불교'적 입장도 있을 수 있지만, 긍정적으로 평가하는 '歷史'의 입장도 있을 수 있는 것이다. 이러한 두 가지 해석학적 입장을 잘 대비한 글이 근래 발표된 Carl Bielefeldt의 논문이다. Carl Bielefeldt, 「Buddha Nature, Buddha Practice : Reflection's on Dogen's Shobogenzo」, 『古佛叢林 無遮禪會 한국선 국제학술회의 논문집』(장성 : 백양사, 1998), pp.329-344. 참조.

하게 했을 뿐만 아니라 중국에서의 인도불교의 토착화를 위해 길을 열었다는 긍정적 의미를 갖고 있는 것이다.

2. 解釋學的 先理解

이제 격의의 전통적 의미를 넘어서서 하나의 '해석학적 장치'로서 그 현대적 의미를 재조명・재평가하고자 시도[14]해 본다. 그리고 그것은 '격의'를 역사학적 고유명사로서가 아니라 해석학적 보통명사로 만들 때 비로소 가능해진다. 이를 위해서 매우 의미있는 가교를 제공한 것은 격의의 의미지평[=格義佛敎의 通用時間]을 확대한 '福永光司 → 金容沃' 師弟의 학설이다. 비록 여전히 역사학적 평가이긴 하지만, 金容沃은 이렇게 말하고 있다.

교수(후쿠나가 미츠지 — 인용자)에 의하면 중국불교는 포괄적 의미에 있어서 格義佛敎라는 것이다. 이 발언, 즉 中國佛敎=格義佛敎라는 公式은 언뜻 보기에 매우 충격적으로 받아들여질지도 모른다. 중국불교의 정통성을 주장하는 학자들은 '격의'라는 뜻을 불교의 수용과정에 있어서 초기에 나타난 매우 유치한 이해방식으로 풀며, 따라서 결코 긍정적일 수 없는 함의(connotation)를 지니기 마련이다. 바꾸어 말하자면, 생소하고 이질적인 타문화의 언어를 빌어 '방편적'으로 이해하는 방식을 '격의'라고 규정하고,

---

14) David W. Chappell은 格義를 중국불교사에서 敎宗의 불교가 취했던 해석학적 국면의 세 가지(格義, 淸議에 의한 토론의 활성화, 그리고 敎判) 중에서 그 첫번째로 들고 있다[David W. Chappell, "Hermeneutical Phases in Chinese Buddhism", Donld S. Lopez jr., 앞의 책, pp.177-179. 참조]. 이는 격의를 해석학적 사건들 속에서 이해하려는 시도이긴 하지만, 나와 같이 격의라는 방식을 해석학의 한 원리로까지 승화하여 파악하려는 것은 아니다. 그런 까닭에 그는 종래의 격의 이해와 같이, 격의를 세 가지 국면 중에서 가장 낮은 국면에 위치시킬 수밖에 없었던 것이다.

따라서 이 '격의'는 타문화의 언어가 본격적으로 이해됨에 따라 사라져 가는 일시적이고 초기적인 현상으로 보는 것이다. 이러한 통념에 대하여 후쿠나가 교수는 '격의'를 중국불교의 전개과정의 전역사에 내재하는 가장 근원적 수용방식으로 규정하여 그 개념의 외연을 확대시킬 뿐만 아니라, '격의'야말로 중국불교의 본질을 이루고 있다고 적극적으로 의미를 부여한다. 격의야말로 중국의 대승불교를 대승불교답게 만든 본질적 원천이라는 것이다.15)

중국불교사의 한 시대의 특유한 역사적 사건으로서의 '격의' 개념이 타파된 토대 위에서 나는 한 걸음 더 나아가고자 한다. 격의를 하나의 보편적인 해석의 원리 내지 해석학적 장치로 보자는 것이다. 이 때, '격의'는 텍스트 해석 이전에 이미 해석자가 그 나름의 格(=窓)을 전제하고 있다고 하는 의미에서 현대 서양 해석학에서 말하는 '해석학적 선이해(hermeneutical pre-understanding)' 개념에 상응하는 것으로 볼 수 있으리라. 이 '해석학적 선이해' 개념에 대해서는, 가다머의 철학적 해석학을 '동양철학 하기'를 위한 방법론으로 수용하고 있는 吉熙星의 다음과 같은 언급을 참조할 수 있다.

우리의 지성과 의식은 언제나 우리의 존재와 실존적 상황에 의존하고

---

15) 金容沃,「중공학계에 있어서의 중국철학사 기술의 전환」,『동양학 어떻게 할 것인가』(서울 : 통나무, 1989), p.227. 格義의 의미를 이와같이 확대적용하는 것 자체에는 동의할 수 있지만, 이렇게 격의를 "중국불교의 전개과정의 전역사"에 적용할 수 있는 것이라 한다면, 시대가 흐를 때마다 어떠한 格에 의해서 그 義가 어떻게 달라지고 새로워졌는가 하는 점이 더욱 규명되어야 할 것이다. 왜냐하면, 위의 인용 구절에 바로 뒤이어서 "격의의 주체가 된 노장사상(Taoist Philosophy)이야말로, 중국불교를 인도불교와 대조시켜 특수성을 부여한다면, 그 중국 대승불교의 대승적 성격의 實內容이 된다"[p.227.]고 말함으로써, 福永光司, 金容沃은 격의불교의 格을 여전히 노장사상으로만 제한하고 말았다는 문제를 남기고 있기 때문이다. 그들의 '격의' 개념이 역사학적 개념이므로 이 부분이 해명되어야 할 것이다.

있는 것이며 순수의식이란 실제로는 아무데도 존재하지 않는 추상적 관념에 불과한 것이다. 그러기 때문에 아무런 선입견 없는 객관적 이해라는 것은 사실상 불가능한 것이며, 우리는 이러한 제약을 — 우리들 자신의 역사성에서 오는 — 더 이상 한탄하거나 탓해서는 안된다. 바로 우리가 서있는 이 자리에서 진정한 이해는 일어나기 때문이다. 우리의 이해에는 언제나 우리가 처한 상황과 우리가 지닌 관심으로부터 주어지는 전이해(Vorverständnis)와 전제(Voraussetzung)가 따르기 마련이다. 전제와 편견이 없는 이해란 존재할 수도 없으며 존재한다 하더라도 무의미한 이해일 것이다.16)

이렇게 볼 때, 중국불교 초기의 역사적 '격의불교'는 너무나 필연적이면서 타당한 방법론이었다고 하겠다. 그러나 이제 '격의'의 개념을 해석학적 선이해로서 새롭게 설정한다면, "모든 불교는 격의불교다"라는 명제까지 가능할 것이다. 어떠한 불교사상가도 그 나름의 格, 즉 해석학적 선이해에 입각하여 원전을 이해하였을 것이기 때문이다. 그러나 보통명사로서의 격의의 外延을 이렇게 넓히게 되면 새로운 격의 개념에 대하여 역사학적 개념으로서의 격의 개념은 아무런 영향도 미치지 못하고 만다는 문제를 남기게 된다. 따라서 격의 개념의 影響史(Wirkungsgeschichte)를 인정하면서 역사학적 지평과 해석학적 지평을 융합하여 그 개념 규정을 내리고자 한다. 종래의 격의 개념에서의 格은 노장이라는 外道・外典으로 정의된 것을 계승하여, 새로운 격의 개념에서도 格을 불교 이외의 외도・외전으로 보자는 것이다. 이제 새로운 개념으로서의 '격의불교'를 나는 불교 이외의 입장에서 불교를 이해하는 방법론으로 규정한다. 외전에 의한 내전의 해석을 격의불교로 정의하는 것이다.17) 예컨대, 현대물리학의 상대성이론이나 양

---

16) 吉熙星, 「普照思想 理解의 解釋學的 考察」, 『보조사상』 제1집(서울 : 보조사상연구원, 1987), p.119.

자역학의 입장에서 空을 이해하는 것이나 분석심리학적 입장에서 아뢰야식을 이해하려는 시도들은 모두 내가 말하는 바 격의불교에 해당된다.18)

여기서 우리는 또 하나의 사실을 확인하게 된다. 즉 격의불교의 새로운 개념은 곧 '불교학'과 '인문학'의 만남을 통한 '불교인문학'의 성립이 필요하다는 나의 관점19)과 맥락이 이어진다는 것이다. 불교인문학을 우리가 지향해야 할 목적이라 한다면, 격의불교는 그를 위한 방법론인 셈이다. 물론 다음과 같은 의문이 생길지도 모르겠다. 불교를 격으로 하여 외도·외전을 해석하는 '逆의 격의' 역시 필요한 것이 아닌가? 그렇다. 보다 이상적이며 궁극적인 것은 외전에 의한 내전의 격의가 곧 내전에 의한 외전의 격의로 될 때이며, 내전에 의한 외전의 격의가 곧 외전에 의한 내전의 격의로 될 때이다. 그것 역시 가능하리라 나는 본다. 실제로 그렇게 될 수밖에 없을지도 모른다.

그런데 내전의 格에 의한 내전의 義를 밝히려는 격의불교는 존재할 수 없는 것일까? 그것 역시 가능하리라 보는데, 바로 自宗의 교판에 의하여 他宗[의 敎判]을 해석하는 입장이 이에 해당할 것이다. 그러

---

17) 이때 외전에는 불교의 내전으로서는 다 담을 수 없는 우리 삶의 컨텍스트, 즉 생활세계가 담겨질 수 있다.
18) 롤랑 바르트의 '저자의 죽음'론의 입장에서나 보르헤스의 단편 「삐에르 메나르, 돈기호테의 저자」에 나타난 상호텍스트성의 입장에 서서 義相의 '저자의 부재'를 비추어 본 졸고, 「'저자의 不在'와 불교해석학」은 바로 그러한 격의의 방법론에 의지하는 시도였다. 이 논문은 이 책의 세 번째 논문으로 재수록.
19) 졸고, 「불교인문학의 성립 가능성 — '동국학풍'의 새로운 전개를 위하여 —」, 『동국대학원신문』 1998년 3월호 참조. 나의 논지를 후속하여 전개시킨 강종원, 「'불교인문학이란 무엇인가 — 불교학에 있어서의 '통합적 인문학과 '학제간 연구' —」, 『석림』 제32집(동국대학교 석림회, 1998), pp.128~146. 참조 내전 읽기(불교학)와 외전 읽기(인문학)의 兼修를 통하여 불교인문학을 성립시켜 가자는 내 생각을 반영하기 위해서, 이 책의 '참고문헌'의 정리를 통상적 방식과는 달리 크게 내전(불교문헌)과 외전(불교 이외의 문헌)으로 나누어서 행하였다.

나 이 경우에는 '격의'보다 '교판'이라는 술어를 쓰는 것이 적절할 것이다. 이에 대해서는 절을 바꾸어서 계속 논의하기로 하자.

III. 教判, 경전 상호간의 가치평가

1. 인도불교사의 교판 사례

教判이 해석학적 장치라는 것은 이미 『불교해석학』의 필자들에 의해서 확인된 바이다.20) 종래 教判은 중국불교 특유의 현상으로만 인식되어 온 감이 없지 않다. 그러나 여러 텍스트가 존재할 때 텍스트 상호간의 체계적인 이해와 가치평가라는 점에서 그 역시 중국불교사적 범위를 넘어서는 보편적인 해석학적 장치라고 볼 수 있다. 중국불교에서만이 아니라, 이제 곧 살펴보게 될 것이지만 인도불교의 역사 속에서도 쉽게 확인할 수 있으며, 더 나아가 불교 밖에서도 찾아볼 수 있기 때문이다.21) 그만큼 보편적이라 할 수 있을 것이다. 다양한

---

20) David W. Chappell, 앞의 책, pp. 180~181. : Peter N. Gregory, "What Happened to the 'Perfect Teaching'? Another Look at Hua-Yen Buddhist Hermeneutics", Donald S. Lopez, Jr., 앞의 책, pp.207~208. 참조.

21) 정통 인도철학에서 二元的 베단타(Dvaita Vedānta)학파를 세운 Madhva(1199~1278)는 "교묘하게 지어진 『마하바라타』는 열 겹의 의미를 포함하고 있으며, 모든 부분에서 스리 비쉬누(Śri Viṣṇu)만을 선전하는 제5의 베다이며, 베다들 중의 최고이다. 실로 至高의 존재를 깨닫기 위해서는, 그것이 베다보다도 더 잘 어울린다."(Nagesh D. Sonde, *Bhagavadgita Bhasya and Tatparyanirnaya of Sri Madhva*(Bombay : Vasantik Prakashan, 1995), p.20.)고 하였다. 전승서(Smṛti)인 『마하바라타』는 계시서(śruti)인 베다보다 권위가 떨어진다고 하는 종래의 해석[=교판]에 대하여 오히려 『마하바라타』가 베다보다 더 높은 가치를 가진다고 주장한 것이다. 뿐만 아니라, 인도철학의 개론서라고 할 수 있는 『全哲學綱要(*Sarva-Darśana-Saṅgraha*)』를 쓴 Mādhava(13세기경)는 16개 학파의 사상을 다루면서 샹카라의 불이일원론 베단타를 그 궁극적 위상에 놓여있는 것으로 평가한 뒤, 그것으로부터 가장 멀리 떨어

경전을 체계적으로 이해하고 그것들 상호간의 관계를 질적으로 평가하고자 하는 움직임은 인도불교의 철학사적 전개 속에서도 매우 긴요한 과제였기 때문이다.

종래 중국불교의 교판22)에 대한 소개는 비교적 풍부하게 이루어져 왔다고 보고, 여기서는 인도불교사 속의 교판을 살펴보기로 하겠다.23) 그런 뒤에 그 해석학적 의미를 살펴 보기로 하자.

첫째, 『대지도론』에서 判別한 三種法門을 들 수 있다. 毘勒門·阿毘曇門·空門의 三門으로 나눈다.

> 모든 부처님의 법은 한량이 없어서 마치 바다와 같으니, 중생의 뜻에 따르기 때문에 갖가지로 법을 설하신 것이다. 혹은 有라 설하고 혹은 無라 설하며, 혹은 常이라 설하며 혹은 無常이라 설하고, 혹은 苦라 설하며 혹은 樂이라 설하고, 혹은 我라 설하며 혹은 無我라 설하고, 혹은 부지런히 三業을 행하여 모든 善法을 거두어 들이라 설하며 혹은 일체 모든 법에는 짓는 바가 없다고 설하였다. 이러한 갖가지 이설을 지혜가 없는 자가 들으면 서로 틀리다고 말하지만, 지혜로운 자는 세 가지 법문에 들어가서 모든 부처님 말씀이 모두 진실한 법이어서 서로 위배되지 않은 것으

진 사상인 유물론(Cārvāka)으로부터 논술을 시작하고 있다. 이러한 책의 구성 자체가 불이일원론 베단타의 입장에서 교판이 행해지고 있음을 알게 한다〔水野弘元 外, 『佛典解題事典』(東京 : 春秋社, 1983), pp.343~344. 참조〕. 이러한 사례들은 불교 밖의 정통 인도철학 사상가들에게서도 교판적 사고를 살펴볼 수 있는 하나의 좋은 사례이다. 그만큼 교판은 보편적 사유양식 내지 방법론임을 알 수 있는 것이다.

22) 중국의 여러 가지 교판에 대한 정리는 賢首, 『화엄경탐현기』 제1권〔大正藏 35, pp.110c~111c. 참조〕과 李通玄 『신화엄경론』〔普照知訥, 「화엄론절요」, 『보조전서』 (서울 : 보조사상연구원, 1989), pp.211~214. 참조〕 등에서 볼 수 있다.

23) 한국불교사 속에서 독창적 교판을 제시한 불교사상가는 元曉다. 원효의 교판에 대해서는 李箕永, 「教判史上에서 본 元曉의 위치」, 『한국불교연구』(서울 : 한국불교연구원, 1983), pp.345~358. 참조.

로 관찰하는 것이다. 무엇이 세 가지 문인가? 첫째는 毘勒門이며, 둘째는 阿毘曇門이며, 셋째는 空門이다.24)

이 중 '비륵문'은 『大智度論』에서는 '곤륵문'이라 하였다. 그러나 荻原雲來·水野弘元 등의 학자들에 의해서 '곤륵문'은 '비륵문'의 잘못임이 밝혀졌으며, 그 비륵문은 바로 『Peṭakopadesa(藏論釋)』이라 比定되었다.25) 물론 三門 중 空門이 가장 수승하다고 주장한다.

둘째, 『해심밀경』에서 판별한 三種法輪을 들 수 있다. 勝義生菩薩이 부처님께 사뢰어 말씀하는 형식을 취하고 있는데, 그 부분을 옮기면 다음과 같다.

세존이시여, 처음 어느 때에 바라나시의 선인들이 머무는 施鹿林 중에 있으시면서 오직 聲聞乘에 나아가는 자를 위하여서 四諦의 가르침으로써 正法輪을 굴리셨으니 비록 매우 奇異하며 매우 희유하여 일체 세간의 모든 천인 등이 먼저 능히 그와같이 법을 굴릴 자가 없지만, 그때에 굴린 법륜은 위도 있으며 용납할 바도 있으니 未了義이며 諍論의 여지가 있습니다. 세존이시여, 옛날 第二時 중에는 오직 대승을 닦음에 나아가는 자를 위하여 모든 법이 모두 자성이 없고 생멸이 없으며 본래 적정하여 본래 열반임에 의지하여 은밀한 가르침으로써 정법륜을 굴리셨으니 비록 더 더욱 기이하며 희유하지만, 그때 굴린 법륜 역시 위가 있으며 용납할 바도 있어서 未了義이며 諍論의 여지가 있습니다. 세존이시여, 이제 第三時 중에는 두루 一切乘에 나아가는 자를 위하여 모든 법이 자성이 없고 생멸이 없으며 본래 적정하여 본래 열반이며 자성이 없는 성품에 의지하여 顯了

---

24) "諸佛法無量, 有若大海, 隨衆生意故, 種種說法. 或說有, 或說無 ; 或說常, 或說無常 ; 或說苦, 或說樂 ; 或說我, 或說無我 ; 或說勤行三業攝諸善法, 或說一切諸法無作相. 如是等種種異說, 無智聞之, 謂爲乖錯 ; 智者入三種法門, 觀一切佛語, 皆是實法, 不相違背. 何等是三門? 一者, 鯤勒門 ; 二者, 阿毘曇門 ; 三者, 空門." 大正藏 25, p.192a〜b.
25) 水野弘元, 「Peṭakopadesaについて」, 『印佛硏』7〜2(1958), p.455. 참조.

의 가르침으로써 정법륜을 굴리시니 가장 기이하며 가장 희유합니다. 이제 세존께서 굴리시는 법륜은 위도 없으며 더 이상 용납할 바도 없으니 진실로 了義여서 쟁론의 여지가 없습니다.26)

길게 인용하여서 복잡한 것 같으나, 이를 간략히 도표로 나타내면 다음과 같이 된다.

【표 3】 『해심밀경』의 三種法輪의 교판

時	근 기	법 문	평 가
第一時	修聲聞乘者	四諦相	未了義
第二時	發趣修大乘者	隱密相	未了義
第三時	發趣一切乘者	顯了相	了義

제1시는 『아함경』을 가리키며, 제2시는 空을 설하는 반야경을 가리키고, 마지막으로 제3시는 유식사상을 설하는 『해심밀경』을 가리키는 것이다. 이러한 三種法輪의 교판을 담고 있다는 것 자체가 대승의 아비달마라고 하는 『해심밀경』의 성격을 잘 보여 주고 있는 것으로 판단된다. 이 『해심밀경』의 교판은 玄奘(?~664)의 스승 戒賢(?~636~?)이 내세운 교판27)과 다르지 않은 것으로 보아서 후대 유식의 교판으

---

26) "世尊! 初於一時, 在婆羅疪斯仙人墮處施鹿林中, 惟爲發趣聲聞乘者, 以四諦相, 轉正法輪, 雖是甚奇, 甚爲希有, 一切世間諸天人等, 先無有能如法者, 而於彼時所轉法輪, 有上有容, 是未了義, 是諸諍論安足處所. 世尊! 在昔第二時中, 惟爲發趣修大乘者, 依一切法皆無自性, 無生無滅, 本來寂靜, 自性涅槃, 以隱密相, 轉正法輪, 雖更甚奇, 甚爲希有, 而於彼時, 所轉法輪, 亦是有上, 有所容受, 猶未了義, 是諸諍論安足處所. 世尊! 於今第三時中, 普爲發趣一切乘者, 依一切法, 皆無自性, 無生無滅, 本來寂靜, 自性涅槃, 無自性性, 以顯了相, 轉正法輪, 第一甚奇, 最爲希有, 于今世尊所轉法輪, 無上無容, 是眞了義, 非諸諍論安足處所." 大正藏 16, p.697a~b.

27) 賢首, 앞의 책. 大正藏 35, p.111c.

로 자리매김되었던 것으로 보인다.

셋째, 淸辯(490~570)의 법통을 이은 중관학파의 智光(?~676~?)은 『반야경』과 『중론』 등의 논서에 의지하여 三敎를 세웠다. 현수의 『탐현기』로부터 재인용하면 다음과 같다.

> 부처님은 처음에 녹야원에서 小根機의 사람들을 위하여 소승법을 설하여 마음과 대상이 모두 있음을 밝히셨다. 第二時 중에는 저들 中根機를 위하여 法相大乘을 설하였으니 대상은 空하지만 마음은 있다는 唯識의 도리이다. 근기가 아직 열등하여 평등한 眞空에 들어가게 하지 못하였으므로 이렇게 설한 것이다. 第三時에는 上根機를 위하여 無相大乘을 설하여 마음과 대상이 모두 공하여 평등한 일미임을 분별한 것이니 진실로 요의로 삼는다.[28]

이 내용을 이해하기 쉽도록 다시 도표로 나타내면 다음과 같다.

【표 4】 智光의 三敎判

時	근 기	법 문	평 가
第一時	小근기	소승법	(未了義)
第二時	中근기	法相대승(=유식)	(未了義)
第三時	上근기	無相大乘(=반야)	了義

〔위의 표에서 ( )안의 평가는 원문에는 없으나 필자가 보완한 것임〕

앞의 『해심밀경』의 교판과는 달리 唯識法相을 제2시로 놓고, 반야

---

28) "佛初鹿園爲諸小根, 說小乘法, 明心境俱有. 第二時中, 爲彼中根, 說法相大乘, 明境空心有唯識道理, 以根猶劣, 未能令入平等眞空, 故作是說. 於第三時, 爲上根, 說無相大乘, 辯心境俱空平等一味, 爲眞了義." 위의 책, p.112a.

사상을 제3시로 놓고 있다. 유식법상의 경전이 반야부 경전보다 늦게 성립되었다는 역사적 사실로부터 우리는 교판이 역사적 서술이 아님을 알 수 있게 된다.

하여튼 이상 세 가지 교판은 각기 아비달마에 대한 중관의 우위, 중관에 대한 유식의 우위, 유식에 대한 중관의 우위를 내세우고 있다.29) 즉 저마다 他宗보다 自宗의 입장을 높이 내세우고 있다.

2. 自己哲學의 제시

교판은 다양한 텍스트 상호간의 가치서열을 평가함으로써 텍스트 상호간의 관계를 체계적으로 이해하려는 시도였다. 물론, 한때 그것을 역사에 대한 진술인 양 이해하던 때가 있었다. 그러나 이제는 그렇게 이해되지 않는다. 그렇다고 해서 교판은 一顧/一考의 가치도 없느냐 하면, 그것은 그렇지 않다. 교판에는 그것을 제시한 사람의 철학적 관점이 나타나 있기 때문이다. 즉 교판의 제시자가 지닌 자기철학이 제시된 것으로 봐야할 것이다.

그런데 내가 교판의 해석학적 의미를 이처럼 자기철학의 제시로 이해하고 있는 데 반하여 교판이 '텍스트 크리틱'이라는 의견이 있어서 검토해 보기로 한다. 高榮燮은 그의 논문 「佛學의 보편성」에서 교판과 텍스트 크리틱을 아울러서 함께 논하고 있는데, 다음과 같이 말하고 있다.

> 교판이란 敎相判釋의 줄임말이다. 즉 교판은 불설 전체의 체계적 이해를 위한 해석틀이며, 經敎에 대한 텍스트 비평이다. 다시 말하면 경전이라는

---

29) 이외에 인도에서의 교판으로는 眞諦(Paramārtha)의 三輪, 笈多(Dharmagupta)의 四敎, 波頗(Phabhākaramitra)의 五說 등이 더 있었다고 한다. 위의 책. 大正藏 35, p.111c.

텍스트를 비평의 시각에 의해 적재적소에 자리매김시키는 작업인 것이다. 불경이 지니고 있는 시간적·공간적 의미와 내용 및 방법적 의미를 전체적인 입장에서 조망한다는 점에서 그러한 것이다. 또 교판이 경전연구의 체계인 經學의 분류법이라는 측면에 서 있다는 점에서도 마찬가지이다.30)

이러한 高榮燮의 정의에는 동의할 수 있는 부분도 있고, 다소 혼란스러운 부분도 있다. 우선 동의할 수 있는 부분, 즉 나의 교판 이해와 다르지 않은 부분은 "불설 전체의 체계적 이해를 위한 해석틀이며", 다시 말하면 "경전이라는 텍스트를 비평의 시각에 의해 적재적소에 자리매김시키는 작업"이고, 그럼으로써 "불경이 지니고 있는 시간적·공간적 의미와 내용 및 방법적 의미를 전체적인 입장에서 조망한다"는 이해이다. 여기까지는 아무런 이견이 없다.

그런데 교판을 '텍스트 비평'(text critique)이나 '경학의 분류법'31)이라 말하는 부분에서는 혼란스러움을 느낀다. 교판을 과연 텍스트크리틱과 동일시할 수 있는가? 물론 텍스트크리틱을 어떻게 정의하느냐에 따라서 교판 역시 텍스트크리틱이 될 수도 있을 것이다. 그런 까닭에 여기서 또 高榮燮의 텍스트크리틱에 관한 정의를 살펴볼 필요가 있게 된다. 앞의 인용구절 바로 앞에 나오는 부분이다.

텍스트 크리틱은 텍스트에 관한 다양한 시각의 접근법을 총칭한다. 이를테면 텍스트에 대한 문헌학적 접근, 언어학적 측면, 구조주의적 측면, 역사적 측면, 사회학적 측면, 신화적 측면, 심리학적 측면, 정신분석학적 측면 등 다면의 시각을 가지고 접근하는 방법을 말한다. 불교연구법에 있어 가장 중요한 형식의 하나가 되어왔던 교판 역시 이 텍스트 크리틱이었다.32)

---

30) 高榮燮, 「불학의 보편성」, 『미래불교의 향방』(서울 : 장경각, 1997), p.84.
31) 교판을 '경학의 분류법(doctrinal classification system)'으로 보는 것은 Peter N. Gregory 역시 마찬가지다. Peter N. Gregory, 앞의 책, pp.207-208. 참조.

우선, '텍스트 크리틱'에 대한 개념을 그렇게 광범위하게 잡아도 좋을 것인가 하는 점에서 나의 머뭇거림이 시작된다. 물론, 술어의 정의는 논자에 따라서 다를 수 있으며 사용자의 고유권한임을 부정하는 것은 아니다. 또 한 텍스트에 대한 보다 완전한 의미는 여러 가지 방향에서 학제적 접근(interdisciplinary approach)이 바람직할 것이라는 점에서 高榮燮이 말하는 것처럼, 문헌학에서부터 정신분석학에 이르는 다면적 접근 역시 가능할 것이다. 그 점에 대해서는 이견이 없다. 오히려 여기서 내가 비판코자 하는 핵심은 '텍스트 크리틱'의 개념이 아니라 그렇게 확대된 의미의 텍스트 크리틱과 교판을 동일시하는 점에 있다. 그럴 경우 문제점은 무엇일까? 그렇게 확대된 텍스트 크리틱의 개념으로 교판을 규정할 때, 교판에 깃들어 있는 부정적 측면이 가려진다는 점이다. 종래의 전통적 불교학의 교판들 가운데는 擬似역사적인 요소, 신앙적 요소, 그리고 종파적 아집에 의한 宗學的인 요소 등이 개재되어 있다. 또 교판이 교판론33)을 초래할 수 있으며, 교판에 의지하여 교판론으로 전락케 할 가능성도 있기 때문이다. 실제 교판론의 위험에 대해서도 경계해야 할 터인데, 高榮燮의 논의를 따른다면 그 같은 교판의 부정적 측면에 대한 극복이 어렵게 되리라 생각되는 것이다. 왜냐하면 교판은 곧 다양한 현대적 학문을 학제적으로 적용해서 살피는 텍스트 크리틱이 되어버리기 때문이다.

그 같은 전면적 긍정을 피하기 위하여, 나는 텍스트 크리틱의 개념을 高榮燮과는 달리 흔히 통용되는 좁은 의미로 쓴다. 즉 원전 텍스

---

32) 高榮燮, 앞의 책, p.84.
33) '敎判論'은 내 나름의 정의에 따른 술어임을 주의해야 할 것이다. "물론, 교판을 갖는다고 해서 모두 종파주의적 태도를 취하는 것은 아니지만 교판을 갖고 그에 근거하여 종파주의적 태도를 취하게 될 때 '교판론'에 떨어지게 된다고 말하는 것이다." 졸고, 「능가경의 如來藏說과 性相融會」, 『불교연구』 제8호(서울 한국불교연구원, 1992), p.138. 이에 대한 반대개념으로 나는 '會通論'이란 술어를 쓴다.

트에 대한 언어학적·문헌학적 연구, 판본 내지 이본의 대조와 같은 서지학적 연구, 텍스트의 역사적 변천을 추적하는 성립사적 연구 등을 의미하는 별칭으로 한정한다. 예컨대, 대승경전이 佛說로 믿어져 왔으나 불타 直說이 아니라는 사실을 밝히는 일, 『육조단경』이 혜능의 설법집이라고 생각되어 왔는데 '혜능이야기'로서 성립된 것이라는 주장[34]을 제기하는 것들이 비로소 텍스트 크리틱을 시도한 것으로 생각된다는 점이다. 高榮燮이 말하는 것처럼, 목록의 집성[35]과 같이 전통적 불교학에서도 텍스트 크리틱이 행해진 것은 사실이다. 바로 그러한 접근만을 '텍스트 크리틱'이라 말하게 되면, 교판은 오히려 텍스트 크리틱이 아니게 된다. 교판은 객관적 연구의 결과가 아니라 주관적 자기철학의 제시이기 때문이다.

그렇다면, 교판에는 아무런 긍정적 의미가 없는 것일까? 그렇지는 않다. 나름대로 긍정적인 의미 역시 있다고 생각하는데, 나의 견해를 밝히기 전에 먼저 교판을 역사적 진리라고 믿는 것이 잘못임을 인정하면서도 교판의 긍정적 의미를 방법론적 차원에서 찾아보고자 한 李丙旭의 입장에 귀를 기울여 보기로 하자.

　이 교판론이 역사적 진리라고 오랫동안 많은 사람이 믿어왔는데, 20세기에 들어서서 인도불교사의 대체적인 모습이 밝혀지자 이제는 반대로 교판론에 대해 지나치게 무시하는 경향이 있다. 교판론은 단순히 과거의 잘못된 불교해석 정도로 생각하는 경향이 있는 것 같다. 과거에 교판론에 대해 지나치게 맹종하는 것도 잘못이지만, 지금같이 무조건 홀대하는 것도 문제가 있다. 지금 우리는 교판론에 대해 비교적 냉정하게 평가할 수 있는 시점에 서있다고 할 수 있다. 교판론을 맹종하지도 않고 그렇다고

---

34) 鄭性本, 「육조단경의 성립과 제문제 — '육조단경' 비판 — 」: 金知見 編, 『육조단경의 세계』(서울 : 민족사, 1989), pp.247~297. 참조
35) 高榮燮, 앞의 책, p.85.

잘못된 불교해석이라고 무시하지도 않으면서 교판론에서 현대 불교철학의 체계를 세우기 위한 방법론을 배울 수 있다고 생각한다.36)

바로 방법론적인 차원에서 교판이 갖는 현대적 의미는 무엇일까? 나는 바로 해석학적 차원에서의 자기철학의 제시로 보고자 한다. 예컨대 천태의 五時八敎의 교판은 불교에 대한 그만의 해석이 자기철학으로서 제시되어 있다는 점에서 긍정적인 의미를 갖는다. 다른 교가의 교판 역시 마찬가지다. 그러므로 우리는 교판을 절대화시킬 수 없으며, 모든 교판의 의미를 상대적으로만 인정하게 된다. 이 같은 관점을 가질 때 우리는 元曉(617~686)가 그랬던 것처럼 교판을 제시하면서도 교판론에는 전락하지 않을 수 있을 것이다. 교판은 자기철학의 제시로서 긍정하면서도, 그것을 교판론으로 떨어지지 않게 하면서 오히려 會通論과 만나게 한 것이 元曉였다. 이 점을 李箕永은 다음과 같이 말한다.

　　원효의 교판과 같은 것은 다른 종파의 교판의 잘못된 점은 지적하지만, 자기의 종파를 뚜렷하게 내세우려는 목적없이, 모든 불교의 가르침을 종파적인 관점에서 쪼개어 설명하는 것의 잘못을 지적하고, 모든 가르침의 의미를 인정하면서 그것을 제각기 올바른 위치에 놓고 평가함으로써 모든 가르침이 다 이치가 있음을 말하려고 교판을 했던 것이다.37)

---

36) 李丙旭, 「중국 북쪽 교판론에 대한 천태의 교판과 수용」, 『천태사상과 동양문화』 (서울 : 불지사, 1997), p.280. 다만, 李丙旭이 쓰는 '교판론'의 의미는 '여러 가지의 교판들' 정도의 의미로서, 나의 가치평가적 개념과는 서로 다름에 주의해야 할 것이다.
37) 末綱恕一, 李箕永 譯註, 『화엄경의 세계』(서울 : 한국불교연구원, 1992), p.232. 주16. 참조. 다만 李箕永은 여러 교판들 중에는 올바른 교판이 있고, 올바르지 않은 교판이 있다는 입장이다. "올바른 교판을 내놓을 수 있는 학승이 있었다면 우리는 서슴치 않고 그에게 불교사상 가장 빛나는 선도적 지위를 드려야 할 것이라고 생

결국, 교판의 긍정적 의미인 자기철학의 제시를 현대에 되살려 나가기 위해서라도 그 속에 담긴 부정적 의미를 경계하여 非神話化(de-mythologization)38)해 가야 한다는 관점이다.

Ⅳ. 科目, 부분과 전체의 共觀

1. 科目 나누기의 실례

불교철학사에 이름을 남긴 독창적 사상가는 모두 나름의 교판이나 과목의 형태로 자기철학을 제시한 사람들이었다. 교판에 대해서는 앞서 논술했으므로, 여기서는 과목을 논할 차례이다. 우선, 과목에 생소한 현대의 학인들을 위해서 그 일반적 정의를 밝힐 필요가 있겠다. 마침 李仁惠가 과목 그 자체의 이해를 도모하고 있으므로 인용해 보기로 한다.

    科目은 경론에 대한 저자나 후대 사람들의 해석을 보여주는 지표다. 무슨 내용이 들어있는지 어디서 단락이 끊기는지를 보여주는 것으로서 요즘 말로 치면 '목차'와 비슷하다. 〔…〕 개념에는 논 전체를 아우르는 중심적인 것이 있고, 여러 가지 각도에서 중심개념을 설명하기 위해 도구로 사

    각한다."〔李箕永, 「敎判史上에서 본 元曉의 位置」, 앞의 책, p.347.〕고 말한다. 물론, 역사적으로 존재했던 여러 교판 중에서 정보의 부족으로 인하여 잘못 판단된 교판이 존재할 수는 있지만 기본적으로 모든 교판은 그것을 제시한 사상가의 자기철학의 제시라는 성격을 갖고 있는 것으로서, 그 모두를 진리라고 할 수는 없더라도 일리를 담고 있는 것으로 나는 본다. 그런 점에서 교판을 생각하는 李箕永과 나의 관점 사이에는 차이가 있다.
38) 교판에도 신화로서 이해해야 할 것이 있다는 점에서 불트만(Rudolf Bultmann, 1884~1976)의 이 말을 빌어서 쓴다. 불트만의 非神話化에 대해서는 金容沃, 「讀書法과 판본학의 입장에서 새롭게 본 기독교」, 『절차탁마대기만성』, pp.132~134. 참조

용되는 주변적인 것들이 있다. 이런 개념들의 층위를 담기 위해서, 단락도 상위단락·하위단락·등위단락 등으로 질서가 생긴다. 각각의 단락이 담고 있는 내용을 포괄할만한 제목을 붙이는데 이것을 科目이라 한다. […] 이렇게 과목은 단락과 단락 사이의 관계, 즉 맥락을 파악할 수 있도록 해준다. 각 단락들을 선으로 연결시켜 도식으로 만들어 보면 문맥의 계층구조를 한눈에 파악할 수 있다.39)

교판이 텍스트 상호간의 가치평가라면, 과목은 텍스트 내에서의 가치평가임을 말하고 있는 것이다. 이러한 과목을 통해서 텍스트에 대한 내적 구조 분석40)과 가치평가가 과목을 나누는 사람/科主에 따라서 어떻게 달라지는지를 살펴보아야 할 것이다. 이를 위해서 나는 분량은 짧으면서도 풍부한 '科目 나누기'가 행해진 義相(625~702)의 「法性偈」(7言 30句 210字)를 예로서 들고자 한다. 「법성게」라는 동일한 텍스트를 두고서도 여러 해석자들이 서로 다른 과목 나누기를 제시함으로써, 그들 나름의 자기철학을 어떻게 투영하고 있는지를 살피는 것은 흥미로운 일이다.

(1) 義相 스스로의 과목

「법성게」의 저자인 義相 스스로 그에 대한 自註를 통하여 과목 나누기를 설정하였다. 이는 앞으로 이어지는 과목의 변화를 통한 다양

---

39) 李仁惠, 「漢譯論書 飜譯方法에 관한 小考」 『불교학논총』(서울 : 동국역경원, 1998), pp.208~209.
40) 텍스트에 대한 내적 구조 분석을 도표로 나타낼 수 있게 하는 '科目'에서의 科와 目은 원래 생물학의 개념이다. 생물의 계통 분류는 "界 → 門 → 綱 → 目 → 科 → 屬 → 種"〔다가모키유치, 『공룡의 세계』(서울 : 지구마을, 1994), p.9.〕으로 이루어 진다. 界가 가장 큰 범주이며, 種이 가장 작은 범주이다. 그러니, '과목'에서는 科보다 目이 더욱 큰 범주임에 주의해야 할 것이다.

한 논의를 살펴보는 데에도 하나의 기준이 될 수 있을 것으로 생각해서이다. 이를 도표로 나타내면 다음과 같이 된다.

【표 5】 義相의 과목41)

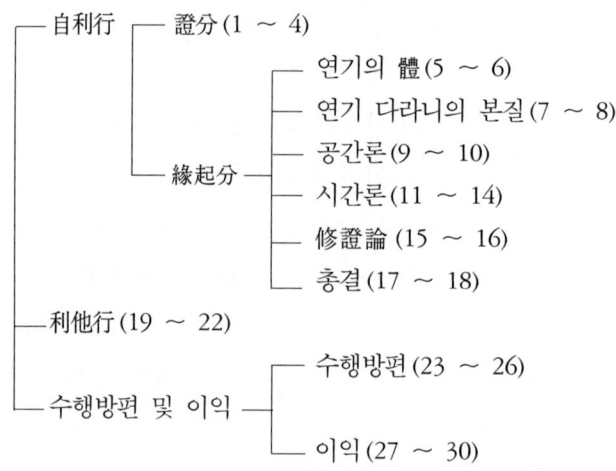

義相의 과목에 나타난 특징적 입장은 깨달음의 전개로서의 연기 즉 性起〔연기=성기〕의 관점에서 화엄을 이해하고 있다는 점이다. 그러한 점이 그의 화엄을 선과도 회통케 하는 것이다. 위의 과목은「법성게」의 저자가 규정한 것이므로 더 이상 이의가 없을 법한데도, 타자가 아닌 의상의 법손들에 의해서 계속적으로 새롭게 시도된다. 거기에 자기철학의 전개로서의 한국화엄사상사가 있는 것이고, '저자의 의도'에 굴복되지 않는 다양한 해석들을 제시하고 있는 전통적 불교학의 해석학적 전개를 확인하게 되는 것이다.

---

41) 義相,『華嚴一乘法界圖記』, 韓佛 2 : 2c-3a. 緣起分의 세부 명칭은 원래 한문으로 되어 있으나 내가 임의로 그 뜻을 현대적으로 옮긴 것이다.

(2) 『法界圖記叢髓錄』에 나타난 여러 가지 과목들

『법계도』에 대한 주석 모음집이라 할 수 있는 『法界圖記叢髓錄』에는 「법성게」를 공통의 텍스트로 하면서도 여러 가지 다양한 과목이 제시되어 있다. 義相의 직계제자를 비롯한 화엄 학승들의 다양한 해석이 모여 있는 것으로 판단된다.

첫째, 五重海印[42])에 의한 과목이다. 『법계도기총수록』에 수록된 저자 未詳의 과목이다. 「법성게」를 해석하고 있다는 점이 새롭다. 여느 과목들이 모두 「법성게」의 210자에 대해서만 문제삼고 있음에 반하여, 제목과 副題인 "一乘法界圖 合詩一印 五十四角"까지 포함하여 과목을 나누고 있다는 점이 특이하다. 그 결과 「법성게」를 제5 語言海印에 배대시킨 뒤, 이를 다시 五重海印으로 分科하고 있다. 이를 도표로 나타내면 다음과 같이 된다.

---

42) 五重海印의 작자는 미상이다. 智儼의 작이라 말해지고 있으나, "의상이나 의상 주변 혹은 제자들 중 누군가가 지엄에게 가탁한 것으로 추정되고 있다"〔全海住, 『의상화엄사상사연구』(서울 : 민족사, 1993), p.151.〕 한다.

88 불교해석학 연구

【표 6】 五重海印에 의한 科目[43]

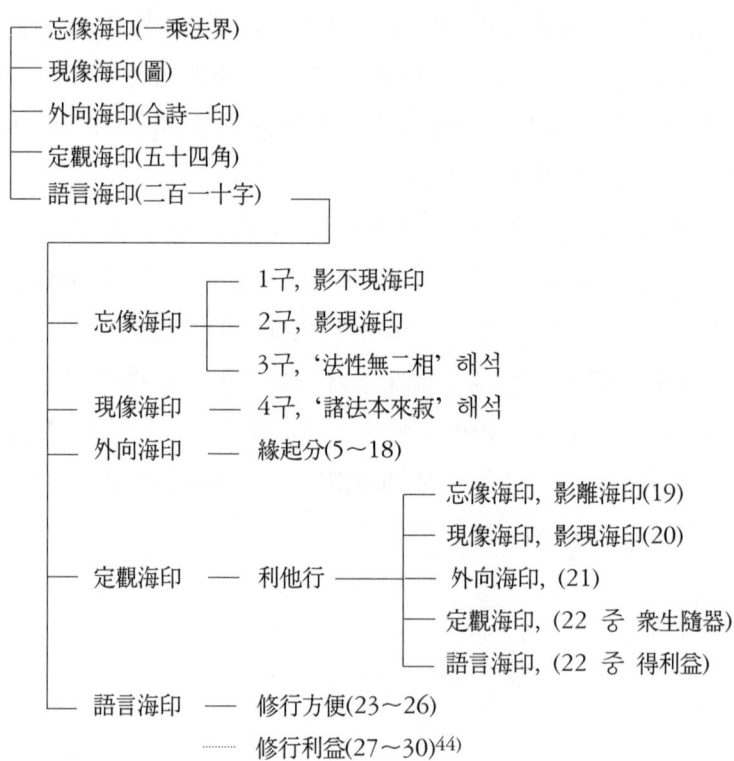

 "一乘法界圖 合詩一印 五十四角"을 五重海印에 배대시키며, 다시 二百一十字로 이어진「법성게」역시 五重海印으로 나눌 수 있음을 나타내고 있다. 오중해인의 첫째로서 忘像海印을 들고 있는 점에서 선과 통할 수 있다고 하겠다. 一乘法界가 忘像의 경지임은 쉽게 이해된다. 하지만, 義相이 깨침의 세계〔證分〕라고 한 1~4구를 다시 둘로 나누어 놓고, 1~3구는 忘像海印으로 보면서도 의미상 동일한 '法性無二相'과 '諸法本

---

43) 편자 미상,『法界圖記叢髓錄』, 韓佛 6 : 678b와 775a~b. 참조.
44) 이 '수행이익' 부분은 五重海印을 벗어나 있다.

來寂'을 각기 다르게 판단한 것은 다소 무리라고 생각된다. 하지만, 義相은 깨달음의 경지를 표현한 것이라 서술한 1-4구를 둘로 나누어서, 그 가운데 언표·기호의 세계를 떠남과 그 세계를 나타냄이 모두 존재하는 것으로 보는 점에서 특이성이 있다. 저자 의상과 다른 자기철학을 제시한 것이라 할 수 있다. 저자의 의도에 부합하는 해석만이 옳다고 보는 입장이라면 꿈도 꿀 수 없는 새로운 견해가 탄생된 것이다.

둘째, 義相의 10대 제자로 거명되는 眞定과 表訓의 과목이 제시되어 있다. 이를 함께 도표로 나타내면 다음과 같다.

【표 7】 眞定의 三門釋과 表訓의 四門釋[45]

義相	眞定	表訓
증분 (1~4)	修行增長門	不動建立門
연기분 (5~8)	理事具德門	理事具德門
연기분 (9~18)	事融現理門	事融現理門
이타행, 수행방편 및 이익 (19~30)	修行增長門	修行增長門

진정과 표훈의 차이는 義相의 證分을 어떻게 이해하느냐에 따라서 달라졌다. 진정은 의상의 증분을 수행의 차원에서 이해함으로써 19구 이하에 대한 의미와 1~4구의 의미를 동일하게 파악하였다. 처음과 끝에 대한 동일한 성격 규정은 法界圖의 一圓相的 성격[46]을 생각할 때 무리인 것은 아니지만, 無名無相의 證分을 유위의 수행의 과정으로 파악한 것은 비판의 여지가 있을 수 있다. 그런 까닭에 표훈은 부동건립문을 추가하여 증분에 배내함으로써, 진정의 과목에서 증분에 대한 부적절한 평가를 보완하고 있는 것으로 생각된다. 그렇지만 不

---

[45] 편자 미상, 앞의 책, 韓佛 6 : 775c. 참조.
[46] "朱印之圓者, 一乘敎也." 편자 미상, 앞의 책, 韓佛 6 : 770c.

動建立門과 修行增長門이라 함으로써 一圓相의 始終이 만날 모습을 구현해내지 못하는 또 다른 난관에 봉착하고 만다.

셋째, 표훈은 위의 四門釋 외에도 또 새로운 과목을 제시한다. 그것이 곧 五觀釋과 四滿科인데, 표훈은 모두 세 가지의 과목을 거듭 제시하고 있음으로써 그가 얼마나 「법성게」의 의미를 깊이 천착하고 있었던가 하는 점을 보여 주고 있다. 한 사람의 해석자가 동일한 텍스트에 대해서 여러 개의 과목을 제시할 수 있다[47]는 점에서 우리는 과목이 주는 묘미를 확인할 수 있는 것이다. 그의 五觀釋과 四滿科를 도표로 나타내면 다음과 같다.

【표 8】 表訓의 五觀釋[48]

```
증 분 ──────────── 實相觀
연기분 ──────────── 無住觀
이타행 ──┬──────── 性起觀
         └──────── 緣起觀
수행방편 및 이익 ──┬── 緣起觀
                   └── 因緣觀
```

【표 9】 表訓의 四滿義科[49]

```
1 ~ 4구(證分) ················ 行實滿
5 ~ 14구         ················ 證 滿
15 ~ 22구        ················ 法 滿
23 ~ 30구(수행방편 및 이익) ···· 人 滿
```

---

47) 나 역시 『천수경』(=독송용 천수경)에 대해서 세 가지 과목을 제시하였다. 졸저, 『천수경의 새로운 연구』(서울 : 민족사, 2006), pp.69~77. 그리고 pp.268~272. 참조.
48) 편자 미상, 앞의 책, 韓佛 6 : 775b-c. 참조.
49) 위의 책, 韓佛 6 : 776a. 참조.

표훈은 四門釋과 五觀釋에서는 의상의 과목이 차지하고 있는 범주 속에서 논의를 전개하고 있으나, 四滿科에 이르면 연기분과 이타행의 범위를 의상과는 달리 5~14구와 15~22구로 二分하여 각기 證과 法으로 보는 독자적 견해를 제시한다.

이러한 조감을 통하여 우리가 알 수 있는 것은 『법계도기총수록』에 나타난 과목들(五重海印에 의한 과목, 眞定의 三門釋, 그리고 表訓의 세 가지 과목)은 모두 義相의 「법성게」를 교학적으로 해석하고 있다는 점이다. 그것은 아마도 「법성게」의 통일신라시대적 해석의 모습을 나타내는 것으로 생각되거니와 고려·조선시대를 거치면서는 이러한 흐름이 다시 변화를 보이게 된다. 「법성게」에 대한 선적 해석이 제기되었던 것이다. 이를 우리는 普照知訥(1158~1210)에 의한 선적 수용, 雪岑 金時習(1435~1493)에 의한 선적 評唱 등에서 확인할 수 있다. 義相에서 선으로 이어지는 하나의 흐름이 있는 것이다.[50] 그런데 이러한 선적 흐름에서는 科目의 제시가 이루어질 수 없었을 것으로 생각된다. 科目은 그 자체가 직관을 중시하는 선적인 것이 아니라 분석을 중시하는 교학의 방법론이기 때문이다. 그런 점에서 다시 「법성게」의 과목을 만나는 것은 조선시대 후기에 들어와서 교학자로서 활동했던 講伯들을 통해서이다. 有聞과 有一이 그들이다.

(3) 有聞과 有一의 과목

조선조 후기에 들어와 道峰有聞이 『法性偈科註』를 남긴다. 이 저술은 적어도 정조 23년(1799) 이전의 저술이라[51] 한다. 우선, 그의 과목을 가능한 한글로 옮겨서, 도표로 나타내면 다음과 같다.

---

50) 金知見, 「知訥에서의 禪과 華嚴의 相依」, 『보조사상』 제1집(서울 : 보조사상연구원, 1987), p.133. : 全海住, 앞의 책, pp.227~254. 참조
51) 全海住, 앞의 책, pp.217~218. 참조

【표 10】 有聞의 科目52)

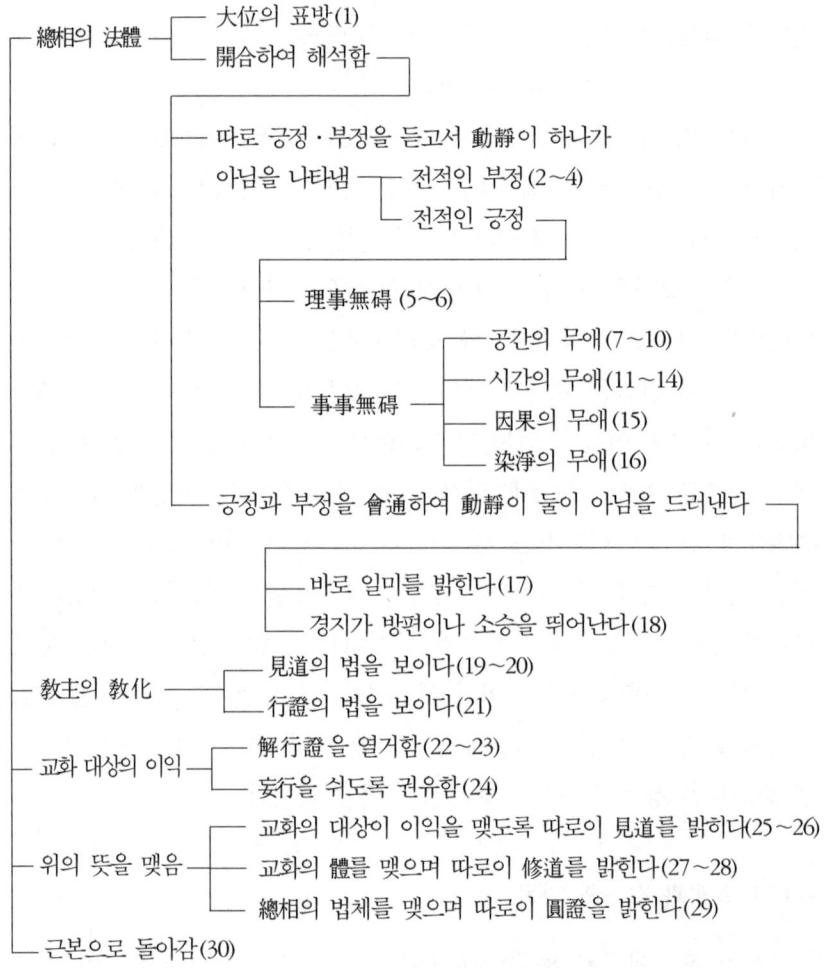

　　義相이 자리행이라 했던 18구까지를 '總相의 法體'라고 하였다. 의상과 유사한 점이다. 그러나 그 후반부의 이해에서는 義相과 달라진

---

52) 有聞 科註, 『大方廣佛華嚴經義湘法師法性偈科註』. 韓佛 10 : 389a.

다. 그런데 바로 이 부분의 과목 나누기에 대해서 이견을 내세운 이가 蓮潭有一(1720~1799)이다. 크게 보면 有聞과 대동소이하다고 볼 수 있지만, 과목에서는 그러한 차이가 의미있는 것 아니겠는가. 有一이 고친 부분의 과목을 도표로 제시하면 다음과 같다.

【표 11】 有一의 科目53)

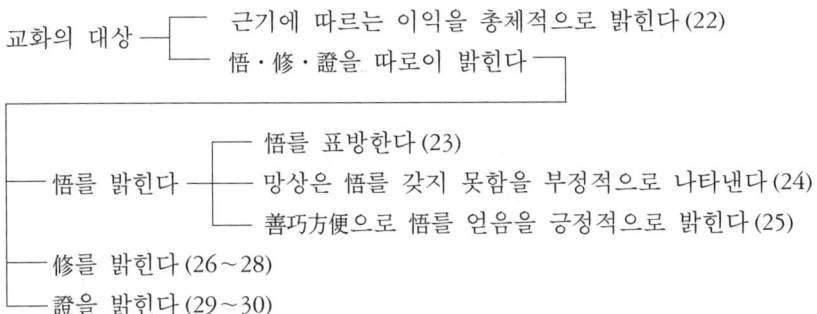

'총상의 법체'와 '교주의 교화' 부분에 대해서는 전적으로 동의하고 있으나, 그 아래 부분에 대해서는 이의를 제기하면서 스스로의 과목을 제시하고 있다. 有一이 고친 부분은 有聞이 19~30구를 세 부분으로 나누었음에 대하여, 유일은 '교화의 대상' 하나로 종합하고 말았던 것이다.

(4) 저자의 과목

과문한 탓인지는 알 수 없으나, 有一 이후 현재에 이르는 동안 「법성게」에 대한 또 다른 과목이 제시되있다는 사례를 아직 듣지 못하고 있다. 그저 옛 과목을 활용하여 옛 주석의 관점이 어떠하였는지를 논

---

53) 有一, 『蓮潭和尙論辯』. 韓佛 10 : 389a. 이 글은 앞의 有聞의 『法性偈科註』에 附錄된 것이다.

할 뿐, 다시 스스로의 해석학적 자기철학을 과목 나누기 속에 투영하여야 한다는 방법론적 문제의식을 가지지 않았기 때문이 아닌가 한다. 나는 그러한 점까지 말함으로써 의상의 「법성게」를 더욱더 새롭게 이해할 수 있을 뿐만 아니라 해석자의 자기철학의 제시 역시 가능하다는 입장이므로 감히 독자적 과목54)을 제시해 본다. 우선 그 구조분석을 도표로 나타내면 다음과 같다.

【표 12】 金浩星의 科目

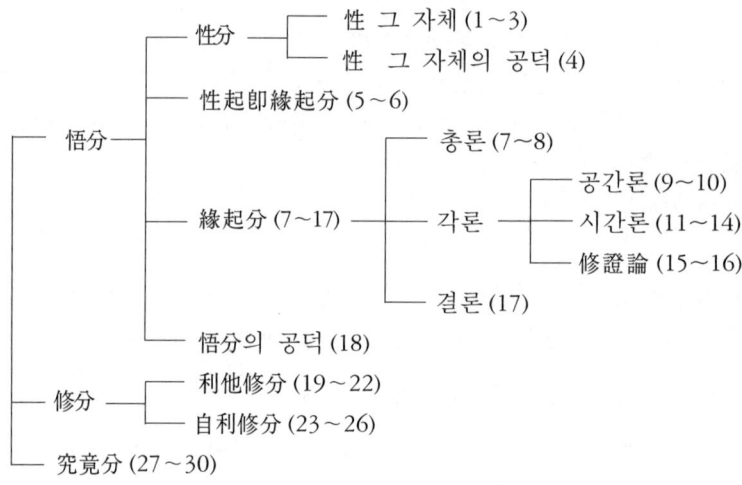

이 과목은 기본적으로는 義相 스스로의 과목에 의지하면서도 세부적으로는 다소 개변한 것이다. 여기서 나는 법계도와 「법성게」는 동일한 의미를 나타내는 것으로 보는 점, 「법성게」와 義相의 발원문이라 할 수 있는 『백화도량발원문』의 상응55)을 의도하였다. 이들은 공

---

54) 졸저, 『대승경전과 禪』(서울 : 민족사, 2002), pp.175~176. ; 졸고, 「'義湘의 中道義'에 대한 논평」, 『불교학연구』 창간호(서울 : 한국종교학회 불교분과, 1999), p.372. 을 통하여 발표한 바 있다. 여기서 다시 한번 그 전모를 드러내 보고자 한다.

히 일원상과 같이 처음과 끝이 만나는 구조를 취하고 있다. 悟分과 究竟分이 맞닿는 것이다. 그리고 義相이 이타행과 수행방편으로 나눈 부분을 합하여 修分으로 삼았다. 그리고 義相이 연기분으로 소속시켰던 5~6구를 그 이전의 性分과 연기분을 연결시키는 부분으로 보았다. 그러한 부분들이 다른 과목들과의 차이점이다.

2. 해석학적 순환

이제 문제는 이러한 과목이 모두 '옛날'의 방법론으로서 학습의 대상으로 남아있을 뿐, '오늘'의 방법론으로 널리 쓰이고 있지 않다는 점에 있다. 현대에 이르러 대학에서 불교학 연구가 활발하게 이루어지고 있으나 그것이 서구 문헌학의 영향을 크게 받고 자랐다는 점에서 우리의 전통적 불교학의 방법론을 돌아보지 못하는 愚를 범하고 있다. 그리하여 오늘날 과목은 현대적 불교학의 본산이라 할 대학에서는 거의 사라진 형편이며 전통강원에서만 활용되는 형편이다.[56] 그 결과 義相의 「법성게」를 연구한 수많은 학자들도 옛날의 과목을 의지할 뿐 그 스스로의 과목을 새롭게 제시하지는 못하고 있다. 강원의 강백들은 어떤 형편인지 나로서는 정보를 갖고 있지 않다. 앞서 인용한 李仁惠의 경우에도 한문 논서의 번역을 위해서 과목에 대한 이해가 필요하다는 입장일 뿐이다. 그렇다면, 과연 오늘날의 학인들이 스스로의 자기철학을 과목이라는 형태로 제시하지 못하는 이유는 무엇일까?

---

55) 『백화도량발원문』에서는 제자와 스승이 거울 속의 존재로서 상즉함을 노래하고 있다. 『백화노량발원문』에 대한 나의 해설은, 졸저, 「백화도량발원문 강해」, 『천수경과 관음신앙』(서울 : 동국대 출판부, 2006), pp.233~314. 참조.
56) 옛날부터 과목의 도식만을 따로 정리한 책들도 여럿 존재한다. 예를 들면, 賢首의 『華嚴經探玄記』의 과목을 도표로 정리한 普寂, 『華嚴經探玄記發揮鈔分科』, 大日本佛教全書 第8冊(東京 : 名著普及會, 昭和 61年), pp.381~415. 참조.

첫째, 무엇보다도 자기철학의 제시에 대한 필요성을 인식하지 못하고 있기 때문이 아닌가 생각된다. 그런 까닭에 자기철학의 제시를 두려워하고 있는 것이다. 이는 전통적 불교학과 현대적 불교학 사이의 단절을 보여주는 하나의 예가 될 것이지만, 과목의 진정한 묘미는, 위에서 약술한 바 있지만 동일한 텍스트에 대하여 다양한 이해방식이 가능하다는 사실이다. 즉 이미 존재하는 타인의 과목과 다른 과목을 제시한다는 것은 곧 자기철학의 창출이 없이는 불가능하기 때문이다. 앞에서 굳이 「법성게」에 대한 나 자신의 과목을 설정하여 제시해 본 것57)도 바로 그러한 점을 보여주기 위함이었다. 또한 우리의 현대적 불교학에 자기철학의 제시가 긴요하다면, 텍스트에 대한 우리의 글쓰기 형식인 논문 속에 과목을 적극 수용하는 것이 필요하리라.

둘째, 과목 자체의 현대성을 충분히 인식하지 못했기 때문으로 생각된다. 과목은 결코 '옛날'의 케케묵은 방법론이 아니다. 현대적 언어로 말하면, 과목은 한마디로 종합과 분석을 하나로 아우를 수 있고, 전체와 부분을 한눈에 조감할 수 있게 한다. 현대 서양 해석학에서 말하는 해석학적 순환(hermeneutical circle)이 곧 과목인 것이다. 해석학적 순환에 대한 다음과 같은 설명은 그대로 과목에도 해당되기 때문이다.

우리가 이해하는 것 그 자체는 부분들로 이루어진 체계적인 통일성 혹은 순환을 형성한다. 전체로서의 순환은 개별적인 부분들을 규정하고, 또 부분들은 한데 모여 순환을 형성한다. 예를 들면 하나의 문장은 전체로서 하나의 통일성이다. 이때 우리는 문장 전체와의 연관 하에서 각각의 개별

---

57) 이 글을 「전통적 불교학의 방법론에 나타난 현대적 성격」이라는 제목으로 처음 발표하였을 때에는 과목의 사례로서 有一까지만을 논의하였다. 그것만으로도 과목 나누기가 무엇인지를 나타낼 수 있다고 생각해서였다. 하지만, 이 책에서는 나의 과목을 제시하였다. 그 이유로는 이 책에서 내가 주장하는 것이 자기철학의 제시이기 때문에, 나 스스로 실천할 필요가 있었던 것이다.

단어를 봄으로써만 그 단어의 의미를 이해한다. 그리고 이와 상호적으로 전체로서의 문장의 의미는 개별적인 단어들의 의미에 의존한다. 이를 확대해서 보면, 개별적인 개념은 그것이 입각해 있는 맥락(context)이나 지평(horizon)으로부터 의미가 도출된다. 하지만 지평은 자신이 의미를 부여해 주는 바로 그 요소들로 이루어져 있다. 전체와 부분의 변증법적 상호작용에 의하여 이들 각각은 서로에 대해 다른 의미를 제공한다.[58]

이러한 해석학의 입장 외에도, 텍스트의 내적 구조 분석이라 할 수 있는 과목 나누기는 구조주의적 방법론으로 평가할 수도 있다. 다음과 같이, 과목에 나타나 있는 부분과 전체의 해석학적 순환은 곧바로 '구조주의'의 원리라고 하는 관점이 있기 때문이다.

> 구조주의 원리 가운데 한 가지가 다음과 같이 『강의』(소쉬르의 『일반언어학강의』— 인용자)에 표현되어 있다 : '전체는 부분 때문에 그 가치가 있고, 부분 역시 전체 속에서의 그 위치 때문에 가치가 있는 것이다.' […] 체계 내의 다른 요소들과의 관계에서 가치를 부여받는, 요소들의 체계라는 개념을 구조주의 사상가들에게서 찾아볼 수 있다.[59]

이러한 전체와 부분의 관계에 대한 관점은 불교의 연기사상이나 그것이 기본이 되어서 성립한 화엄의 세계관 그 자체와도 상통하는 것으로 볼 수 있다. 즉, 전체와 부분에 대한 구조주의적 입장이나 해석학의 입장은 그대로 불교사상과도 어울릴 수 있음을 알게 된다. 그만큼 과목 나누기라는 전통적 불교학의 방법론 그 자체는 현대적 성격을 이미 띠고 있음을 알 수 있다.

---

58) Richard E. Palmer, 이한우 옮김, 앞의 책, p.133.
59) C.Sanders, 김현권 옮김, 『소쉬르의 일반언어학 강의』(서울 : 어문학사, 1996), p.90.

V. 맺음말

우리의 불교학에도 자기철학의 제시가 요청된다는 점을 전제로 해 놓고 볼 때, 그러한 문제의식은 사실 새삼스러운 바가 없지 않다. 왜 냐하면 그러한 자기철학의 제시로서의 불교학은 이미 전통적 불교학 에서는 보편적으로 행해져 왔기 때문이다. 붓다 이후의 불교사에서 자기철학의 제시가 행해지지 않고, 붓다 교설의 재구성[60]만으로 행해 져 왔다면, 원전과 후대의 재구성은 슴同일 터이므로 불교사상사의 발전은 이루어질 수 없었을 것이다. 그러나 원전은 언제나 그것과 시 간과 공간을 달리하는 해석자에 의해서 새롭게 해석되었다. 새로운 자기철학이 부가된 것이다. 그것이 불교사상사다.

그럼에도 불구하고 현대의 불교학이 자기철학의 해석학 전통을 망 각하고 있다[61]는 것은 전통적 불교학에 대한 온전한 이해와 계승이 행해지지 못했음을 의미한다. 현재 대학을 중심으로 한 불교학 연구 의 영역에 있어서, 어떤 나라의 불교학계든 전통적 불교학에 대한 관 심은 거의 표명되고 있지 않다. 이를 극복하여, 전통적 불교학과 현대 적 불교학을 하나로 아우르는 것은 어떤 의미에서 중요한 것일까? 아 마도 그것은 현대적 불교학이 서구적 방법론에 입각한 것임을 생각할 때, 전통적 불교학과 현대적 불교학을 하나의 계통 속으로 아우르는

---

60) 시간적 간극을 초월할 수 없기 때문에 재구성 그 자체는 불가능하다는 것이 하 이데거의 생각이다. "하이데거는 모든 이해는 시간적이고 지향적(intentional)이며 역사적이라고 주장하였다."(Richard E. Palmer, 이한우 옮김, 앞의 책, p.206.) 그리 고 그것을 잘 이어받아서 가다머의 철학적 해석학이 성립한다.
61) 이 과정에 대해서는 우리에게도 큰 영향을 미쳐온 일본 불교학의 경우를 예로 들어서 생각해 본 일이 있다. 졸고, 「해석을 위하여」, 『일본불교의 빛과 그림자』 (서울 ; 정우서적, 2007), pp.192~198. 참조.

것은 우리 학계로 하여금 전통적 불교학의 오랜 역사를 갖고 있지 못한 채 불교학 연구를 계속하고 있는 서구의 학계와는 다른 내용을 자기철학으로서 제시하게 만들 것으로 나는 생각한다. 이미 방법론 자체가 다르기 때문에 내용 역시 자기철학의 정체성을 갖게 되리라는 것이다.

그렇다면 어떻게 해야 전통적 불교학과 현대적 불교학을 하나로 아우를 수 있을까? 이에 대한 대답으로 나는 전통적 불교학의 방법론에 관심을 기울여 본 결과, 전통적 불교학이라 하더라도 그 나름으로는 이미 현대적이라고 평가할 수 있는 방법론을 갖고 있었음을 확인할 수 있었다. 특히, 서양 해석학의 논의 속에서 중요시된 개념들을 전통적 불교학의 방법론들 속에서 찾을 수 있었던 것이다.

첫째, 格義의 방법론이다. 종래 역사학적 개념으로 격의는 노장사상의 입장에서 인도불교를 이해했던 것으로 부정적 평가를 받을 수밖에 없었다. 노장사상의 입장에서 행해졌기 때문에 인도불교에 대한 불충분한 이해나 왜곡으로 보였던 것이다. 그렇지만 나는 해석학적 차원에서 격의의 개념에 자기철학의 제시라는 의미가 있는 것으로 재평가하였다. 이때 격은 해석자가 처한 현재적 삶의 지평을 의미하는 것으로서, 격의는 현재적 삶의 지평을 '해석학적 선이해'로서 반영할 수밖에 없다는 해석학의 입장에 부합하는 것이다. 이에 더하여, 역사학적 격의에서의 격이 불교가 아닌 외도인 노장사상이라는 점을 생각할 때, 외도·외전의 입장에서 행해지는 불교 이해는 모두 '격의불교'라고 할 수 있음을 제시하였다. 그러니까 현재 '불교학 + α'로서의 불교인문학적 접근은 나름으로 격의불교의 성격을 갖고 있는 것으로 평가할 수 있다. 이로써 격의는 해석학적 개념으로 새롭게 그 의미가 부여될 수 있었던 것이다.

둘째, 教判의 방법론이다. 교판 역시 역사학적 개념인데, 종파 성립의 전제조건으로 기능하였던 것이다. 그러나 나는 교판이 역사학적인 실증의 토대 위에서 행해진 것이 아니라는 점에서 오히려 해석학적 차원에서 자기철학을 제시한 것으로 이해한다. 다시 말하면, 한 사상가의 교판 속에서 우리가 얻을 수 있는 것은 불교사상을 보는 그 자신의 자기철학 ─ 역사학적으로는 사관 ─ 밖에 없다는 것이다. 이런 점에서, 나는 교판을 高榮燮이 확대한 바와 같은 의미의 '텍스트 크리틱'으로 보는 관점에도 반대의사를 밝히지 않을 수 없었다. 물론, '텍스트 크리틱'의 정의는 그 용어의 사용자에 따라서 다를 수 있겠지만, 그렇게 포괄적으로 정의하는 것이 과연 효율적인가 하는 점에서 의문의 여지가 있다고 본다. 한 텍스트에 대한 문헌학적·언어학적·서지학적·성립사적 측면의 연구만을 의미하는 것으로 텍스트 크리틱의 개념을 정의할 때, 지나친 포괄성의 위험에서 벗어날 수 있을 것으로 본다. 그렇지 않다면 교판이 갖고 있는 부정적 측면에 대한 극복은 행해지기 어려울 것이기 때문이다. 따라서 교판은 어떤 의미에서이든지 텍스트 크리틱이라 보기 보다는 자기철학의 제시로 보아야 할 것임을 제언한다.

셋째, 科目의 방법론이다. 과목은 격의나 교판보다 더 생소한 개념이지만 전통적 불교학에서는 학문방법론으로서 보다 폭넓게 쓰였던 것이라 할 수 있다. 교판이 텍스트와 텍스트 사이의 가치평가라 할 수 있다면, 과목은 한 텍스트 안에서의 내적 구조에 대한 분석과 가치평가이다. 이는 전체와 부분, 종합과 분석을 함께 의식해야 한다는 '해석학적 순환'에 다름 아니다. 전통적 불교학에서는 과목을 통하여 한 텍스트에 대한 한 사상가의 이해를 엿볼 수 있었던 것이지만, 대학에서의 불교 연구에는 거의 활용되지 못하고 있는 방법론이다. 그렇지만 한 텍스트에 대한 진정한 이해가 東抄西抄式의 인용으로만 완수되는 것이 아니라 그 내적 구조 분석이 선행되어야 한다면 과목은 텍스트의 내적 구조 분석을 통하여 자기철학의 제시를 가능케 하는 해석학적 장치인 것이다. 이를 다시 되살려서 우리의 글쓰기 방식인 논문 속에서도 얼마든지 활용할 수 있을 것으로 나는 판단한다.

이상 살펴본 전통적 불교학의 세 가지 방법론, 즉 격의·교판·과목의 방법론에 일이관지하고 있는 공통점은 모두 자기철학의 제시를 가능케 하는 해석학적 장치로서 기능하였다는 점이다. 오늘날 우리의 사색과 글쓰기에서는 자기철학의 제시를 두려워하면서 인용과 인용의 정리로 시종하는 경우가 적지 않은데, 전통적 불교학의 연구자들은 격의·교판·과목의 방법론을 취하면서 자기철학을 보다 적극적으로 제시하였던 것이다. 그들이 오늘 우리에게까지 기억되고 있으며, 또 우리의 스승이 되는 것은 바로 다양한 해석학적 장치들을 활용하여 자기철학을 제시하였기 때문일 것이다.

'저자의 부재'론과 실천적 독서법
— 문학이론과의 共觀을 통하여 —

　義相은 『법계도』를 저술한 뒤에 그 저술 일자는 분명히 기록하면서도 정작으로 중요한 저자의 이름은 기록하지 않는다. 그런 까닭에 오늘날 『법계도』의 저자가 누구냐 하는 문제가 제기되고 있다. 나는 바로 그러한 사실을 다른 각도에서 조명해 보고자 하였다.
　우선, 義相은 그 이유에 대해서 法에는 "주인/주체가 없기 때문"이라고 하였다. 이는 『법계도』에 적혀있는 내용의 주인이 어떤 하나의 자연인/저자에게 귀속되는 것이 아니라는 점을 나타낸다. 이를 나는 '저자의 부재'라고 이름하는데, 이는 프랑스의 후기 구조주의 문학이론가인 롤랑 바르트가 말한 '저자의 죽음'과 유사한 바 있다. 마찬가지 맥락에서 아르헨티나 작가 보르헤스는 그의 작품 「삐에르 메나르, 돈키호테의 저자」속에서 이 문제를 다시 한번 다루고 있다.
　이러한 세 가지 사례를 함께 고찰하는 共觀의 방법을 여기서 적용해 보고자 한다. 공관은 그 이전에는 보이지 않던 것을 새롭게 내보일지도 모른다. 이를 통하여 우리가 새삼 깨달을 수 있는 것은 어떤 하나의 책/텍스트에는 그 글을 쓴 사람/저자만이 주인은 아니라는 점이다. 애초의 저자가 누군가 하는 사실보다 오히려 더욱 중요한 것은 그 책을 읽는 사람이 어떤 시간적·공간적 배경〔=컨텍스트〕에 입각해서 읽느냐에 따라서 다른 책이 된다는 점이다. 따라서, 모든 책의 저자는 독자일 수 있다. 그런 의미에서 義相 역시 저자의 이름을 적지 않았던 것이다. 이러한 것을 현대문학이론에서는 상호텍스트성이라고 말하는데, 나는 그러한 상호텍스트성 이론으로부터 불교경전을 해석함에 있어서 우리가 의지할 수 있는 하나의 독서법을 찾을 수 있었던 것이다. 즉 독자의 컨텍스트에 의지하여 텍스트를 적극적으로 해석해 가는/다시 저술해 가는 독서법인데, 이를 실천적 독서법이라 이름하기로 한다.

애시당초 이 글은 ① 「저자의 부재와 불교해석학」이라는 제목으로 『불교학보』제35집(서울 : 동국대학교 불교문화연구원, 1998), pp.187~206에 발표되었다. 이후 상호텍스트성 이론에 익숙한 문학연구자들의 知遇를 얻게 되어 ② 다소 수정하고 보완하여 『동서비교문학』제5호(서울 : 한국동서비교문학학회, 2001), pp.141~169에 다시 발표된다. 한국동서비교문학학회의 요청에 응한 결과이다. ③ 이는 그대로 同 학회 논문집에 수록된 논문 중 우수작을 모아서 편집한 단행본, 『동서비교문학, 왜 학문공동체인가』(서울: 경희대학교 출판국, 2004), pp.189~221에 세 번째로 수록되었다. 그리고 이번에 다시 다소의 수정과 보완을 하였으며, 이 책의 전체 구성에 맞추고자 제목을 고쳤다. 깊은 관심을 표명해 준 한국동서비교문학학회(당시 회장 : 박경일)에 감사드린다.

【 주제어 】 저자의 부재, 저자의 죽음, 실천적 독서법, 상호텍스트성, 해석, 전통, 격의, 철학적 해석학, 불교해석학, 내전, 외전, 『법계도기』, 바르트, 보르헤스, 가다머, T. S. 엘리엇, 로페스, 의상.

Ⅰ. 머리말

　불교학 연구에 대해 생각하면 무엇보다도 자기철학의 제시가 빈약한 것은 아닌가 느끼곤 한다. 여기서 '자기철학'이라는 개념은 두 차원에서 이해될 수 있다. '자기에 대한 철학'과 '자기의 철학'이다. 전자의 의미에서 쓰이는 자기철학에 대해서는 이 글에서 직접 언급되지 않을 것이며, 주로 후자의 의미 즉 '자기의 철학'만을 문제삼고자 한다. 불교학에 있어서 자기철학[=자기의 철학]이 요청되는 까닭은 과거의 불교학에 대한 '철학사'적 연구에만 머물지 않고, 후대의 철학사적 저술에 편입될 수 있는 — 철학사의 연구 대상이 될 수 있는 — '철학하기'로서의 불교학 연구가 필요하다는 생각에서다. 그렇다면, "그것은 곧 독창성의 문제가 아닌가"라는 반문이 있을 수 있다. 물론, 자기철학과 독창성은 공통부분이 있으나 반드시 일치하는 것은 아니다. 즉 독창성이 있다고 해서 반드시 자기철학이 있는 것은 아니지만, 자기철학이 있을 때는 독창성은 저절로 확보되기 때문이다. 철학사 연구에 있어서도 독창성이 꼭 자기철학을 담보한다고 보기 어려운 것이다.

　종래 우리에게 이 같은 자기철학이 빈곤했다면, 그 이유는 어디에서 찾을 수 있을까? 또 어떻게 해야 자기철학의 제시가 가능해질 것인가? 전자에 대한 해결책은 앞으로의 과제로 미루어 두고, 이 글에서는 후자의 문제의식 즉 자기철학의 제시를 위한 방법론의 모색을 그 궁극적 목적으로 삼고자 한다. 이를 위해 나는 우리의 독서법이 달라져야 한다고 생각하는데, 새로운 독서법의 탐색에 있어서 상호텍스트성(inter-textuality)과 가다머(Hans-Georg Gadamer, 1900~2002)의 '철학적 해석학'의 관점에 크게 의지하고자 한다.

그런데 보다 주요한 것은 상호텍스트성이나 철학적 해석학의 관점은 불교에서도 그렇게 생소한 것만은 아니라는 점이다. 그것은 義相 (625~702)의 『華嚴一乘法界圖記』(이하, 『法界圖記』로 약칭함)를 그 같은 맥락에서 해석할 수 있기 때문이다. 나는 이 같은 해석의 실마리를 롤랑 바르트(Roland Barthes, 1915~1980)의 「저자의 죽음」과 아르헨티나 출신 소설가 보르헤스(Jorge Luis Borges, 1899~1986)의 소설 작품들[1]에서 시사받았다. 이제 이러한 나의 지적 순례의 행로를 따라서 이 글의 주제를 천착해 보기로 하자.

이 글의 서술 순서는 첫째, 義相의 『법계도기』에서 '저자의 부재'라고 명명할 수 있는 근거를 불교 내적으로 해명하기로 한다.[2] 그렇지만 이 경우에도 義相의 언급이 한 권의 저서에 대해서 행해진 것이므로 상호텍스트성 논의와 결부됨은 피할 수 없을 것이다. 둘째, 『법계도기』에 나타난 '저자의 부재'를 롤랑 바르트와 보르헤스에 의한 상호텍스트성의 입장과 연관지어 논의하면서, 그 같은 상호텍스트성이 불교해석학(Buddhist Hermeneutics) 속에서 어떻게 논의되고 있는지 살펴보고자 한다. 셋째, '저자의 不在'와 상호텍스트성 이론은 가다머의 철학적 해석학과 일맥상통한다는 점에 주목하고 實踐地平에 입각한 '실천적 독서법'을, 이들에게서 공통적으로 볼 수 있는 새로운 해석

---

1) 아르헨티나 출신 작가 보르헤스의 소설은 황병하에 의하여 『보르헤스전집』 전5권 (서울 : 민음사)으로 완역, 출판되었다. 보르헤스 소설은 읽기가 매우 어렵기 때문에 하나하나 해설과 함께 읽을 수 있는 이남호, 『보르헤스 만나러 가는 길』(서울 : 민음사, 1994)이 도움이 된다. 다만, 이는 『픽션들』만을 번역한 것으로, 영어 번역을 거듭 옮겼다는 문제점이 있긴 하다. 또한 작가론으로는 『현대시사상』 23호(서울 : 고려원, 1995 여름)에 '보르헤스' 특집이 있으며, 김춘근 편역 『보르헤스』(서울 : 문학과 지성사, 1996)도 있다.
2) 이 부분과 함께 바로 앞의 논문 「자기철학의 제시를 위한 전통적 불교학의 방법들」에서 다룬 「법성게」에 대한 의상과 그 이후의 과목에 대한 논의를 합하여 살펴보는 것만으로도, 義相華嚴의 핵심적 내용의 일부를 엿볼 수 있으리라 생각한다.

원리〔=讀書法〕로서 제시하고자 한다.

이러한 세 겹의 논술구조는 이 문제에 대한 나 자신의 理解地平이 넓어지는 과정을 드러냄과 동시에, 義相의 『법계도기』 말미에 보이는 '無有主故'에 대한 현대적 주석이라는 의미까지 중첩하여 띠게 될 것이다. 이 글 자체가 불교 안의 해석과 불교 밖의 해석을 겹쳐 놓은 '불교의 해석학적 연구'의 한 사례라 할 수 있으리라.

II. 『法界圖記』에 나타난 '저자의 不在'

모든 저자들은 저작의 표지에 이름을 적고, 판권 속에 저작권자임을 표기하고 있다. 오늘날 그러한 표기는 책의 내용에 대한 책임 소재를 밝힘과 동시에 법적·경제적 권리를 분명히 하기 위해서다. 그런 까닭에 '저자의 죽음(La mort de l'auteur)'을 주장한 후기 구조주의자 롤랑 바르트 역시 그의 저술에서 이름을 밝히고 있다. 괄호 속에 넣는다[3]든지 하는 어떠한 제한도 두지 않았던 것이다.

그런데 언제나 "이름이 없는 眞源으로 돌아가기"[4]를 갈망했던 義相은 화엄의 상징철학자답게 저자 자신의 이름을 적어넣지 않음으로써 텍스트에 대한 화엄의 해석학적 입장을 여실히 드러내고 있는 것이다. 멋있는 일이 아닐 수 없다! 『법계도기』의 저술을 마치면서 그는 다음과 같이 말하고 있는데, 원문과 번역을 함께 제시한다.

---

3) 저자의 부재를 받아늘이는 입장에서 책을 쓰는 경우, 그 책의 저자 이름을 표기한다면 〔 〕 속에 그 이름을 적어넣는 방법이 최선이 되리라 생각한다. 그 취지를 드러내기 위하여, 이 책 표지에서 저자 이름을 괄호 속에 넣어서 '〔김호성〕'이라 하였다.

4) "豈以執名之徒, 還歸無名眞源." 義相, 『華嚴一乘法界圖記』(韓佛 2 : 1a).

一乘法界圖合詩一印, 依華嚴經及十地論, 表圓教宗要, 總章元年七月十五日記.
問 : 何故, 不着集者名字?
答 : 表緣生諸法無有主故.
又問 : 何故, 存年月名?
答 : 示一切法依緣生故5)

『일승법계도합시일인』은 『화엄경』과 『십지론』에 의지하여 '간추려서 풀이한 원교의 궁극적 의미'를 나타낸 것이다. 총장 원년(668) 7월 15일 기록한다.
문 : 무엇 때문에 저자의 이름은 적지 않는가?
답 : 인연으로 이루어진 모든 존재는 주체가 없음을 나타내기 위해서이다.
문 : (그렇다면) 무엇 때문에 년·월의 이름은 남겨두는가?
답 : 모든 법이 연에 의지하여 태어남을 나타내기 위해서이다.

의상의 『법계도기』에 대한 고래의 주석에서나 현대 학자들의 연구에서나 이 한 문장이 어떤 의미를 갖는지에 대한 언급은 보이지 않는다. 나의 과문 탓이기를 바란다. 근래 『법계도』의 저자가 義相이 아니라는 설이 제기되어서 설왕설래되고 있는데, 그 이유는 義相이 그 저자 이름을 명기하지 않았기 때문이다. 진정, 『법계도』의 저자가 누구였던가는 '역사학'의 관점에서는 문제가 되겠으나 '해석학'의 입장에서는 문제 그 자체가 해소되고 만다. 후술할 바와 같이, 『법계도』는 바로 오늘 우리의 독서행위 속에서 새롭게 저술되어야 할 것이며, 우리 모두 그 저자로서 거듭 태어나야 할 것이기 때문이다.6) 그러면 어

---

5) 위의 책(韓佛 2 : 8b).
6) 이러한 관점을 나는 동일하게 義相의 저술이라 전해지면서도, 『법계도』와 같이 義相의 진찬 여부가 문제시되는 『白花道場發願文』의 경우에도 그대로 적용해 보았다. 〔졸저, 『천수경과 관음신앙』(서울 : 동국대 출판부, 2006), pp.240~242. 참조〕 그것은 바로 독자인 나 자신의 발원문이기/일 수 있기 때문이다.

떻게 이러한 상호텍스트성을 읽게 되었던 것일까? 그 과정을 밝히기로 한다.

첫째, "인연으로 이루어진 모든 법은 주체가 없음을 나타내기 위해서"라는 말의 의미는 모든 존재는 '연기 → 무아 → 무자성 → 공'이며, 동시에 '연기=무아=무자성=공'임을 말하는 것에 지나지 않는다. 이는 불교의 근본교리인데, 의상이 宗으로 삼는 화엄 역시 그 같은 공사상에 입각하고 있음[7]은 두말할 나위 없다. 『법계도기』는 이같은 연기·공 사상이 텍스트를 대상으로 하여 언표되었다는 점에서 연기·공 사상의 입장에서 텍스트의 의미를 이해하려는 우리의 시도를 정당화해 준다. 한마디로, 어떠한 텍스트도 연기·공의 理法 밖에 존재하는 것이 없다는 것을 불교는 말하고 있는 것이다.[8]

둘째, '인연으로 생한 모든 법'에서 '법'이 무엇을 가리키는지를 포착하면서 '저자의 부재'를 다시 해명해 보자. 우선 '법(dharma)'의 다양한 의미 중에서 사물·존재자라는 의미의 법[=것]과 진리로서의 법에 주목해 본다. '법'의 의미를 '것'으로 파악하면, 『법계도』라는 책

---

7) 반야의 '공의 논리'가 화엄의 '상즉의 논리'로 발전하는 과정을 밝힌 것으로 졸저, 『대승경전과 禪』(서울 : 민족사, 2002), pp.169~175. 참조.
8) 연기이므로 저자의 존재는 공이 된다는 불교적 '저자의 부재'는 인도 六派철학의 하나인 미망사(Mīmāṃsā)에서 말하는 '저자의 부재'와 대비할 때 그 특징이 더욱 뚜렷이 부각된다. "하늘을 욕망하는 자는 제사를 지내라"는 베다의 명령에 대한 해석학파로서의 미망사는 "베다는 어떤 인격적 주체(puruṣa)에 의해 만들어진 것이 아니며(Veda-apauruṣeya), 베다의 언어는 영원불변한 것(śabda-nitya)"[李芝洙, 「미망사(Mīmāṃsā) 체계의 槪要」, 『현대와 종교』 제15집(대구 : 현대종교문제연구소, 1992), p.252.]이라고 말한다. 언어의 영원성[聲常住論]이라는 형이상학적 배경을 깔고 있는 것이다. 이 문제와 관련해서도 불교와 미망사 사이에 연기론적 패러다임과 형이상학적 패러다임의 대립이 있음을 보게 된다[졸고, 「미망사와 불교의 비교해석학」, 『한국종교사연구』 제10집(익산 : 한국종교사학회, 2002), pp.77~116. 참조]. 「미망사와 불교의 비교해석학」은 이 글의 속편이라는 의미가 있다. 하지만, 이 책에서는 그 글이 이 책 전체의 문제제기를 할 수 있다는 점을 고려하여 제목을 변경하여 이 책의 첫 번째 논문으로 재수록하였다.

역시 『법계도』에서 설해진 모든 '것' 속에 포함되는 것으로 공일 수밖에 없게 된다. 공한 것에 어떻게 이름을 적어 넣을 수 있겠는가. 다음, '법'의 의미를 '진리'로 파악할 때 『법계도』에서 설해지는 모든 가르침의 내용들은 義相 자신이 만들어 내서 설한 것이 아니게 된다. 이미 『아함경』9)에서 설한 대로, 법은 붓다의 출현 여부와는 상관없이 세상에 존재하고 있기 때문이다. 비록 그가 지금 탈고한 책을 앞에 두고서일망정 그 주인〔저자〕으로서 저작권을 주장할 수 있는 것은 아니라는 말이다. 지극히 公한 것에 어찌 私가 있겠는가〔至公無私〕. '법'을 어떤 의미로 파악하더라도, 위에서 인용한 문장이 '저자의 부재'를 말하고 있음은 틀림없다.

셋째, 위에서 살펴본 '법'의 두 가지 의미를 함께 생각해 보면 어떻게 될까? 실제 그 두 가지 의미는 하나의 동일한 문자〔法, dharma〕속에 겹쳐져 있음에서 암시되듯이, '〔모든〕 것 = 진리'로 해석되기도 한다. 그것이 화엄의 입장이다. 이를 金知見은 하이데거의 사유를 빌어서 다음과 같이 설명하고 있다.

> 불교에서의 법Dharma라는 말은 敎法·理法·物·眞理·規範 등 多義的으로 사용되지만 그 多義性은 특히 화엄에 있어서는 存在라는 一語에 수렴된다. 왜냐하면 이른바 理事無碍라든가 事事無碍라는 입장은 存在者Seiende가 곧 존재Sein이며 진리Wahrheit이며 이념Idee이며 규범Norm이며 본질Wesen이며 동시에 敎法으로서의 向外的인 現象Erscheinung인 까닭이

---

9) "Katamo ca bhikkhave paṭicca-samuppādo. jātipaccayā bhikkhave jarāmaraṇam uppādā vā Tathāgatānam anuppādā vā Tathāgatānaṃ. ṭhitā va sā dhātu dhammaṭṭhitatā dhammaniyāmatā idappaccayatā.(佛告比丘 : "緣起法者, 非我所作, 亦非餘人作. 然彼如來出世及未出世, 法界常住. 彼如來自覺知此, 成等正覺, 爲諸衆生分別演說, 開發顯示, 所謂此有故彼有 ; 此起故彼起. 謂 : 緣無明行, 乃至純大苦聚 ; 無明滅故行滅, 乃至純大苦聚滅." Saṃyutta-nikāya, vol. 2, pp. 25-26 ; 『雜阿含經』 권12, 대정장2, p. 85b. 팔리어로부터의 번역과 출전의 확인은 李慈郞 박사의 도움을 얻었다.

다. 따라서 현상의 세계lokadhātu라는 말은 이를 '진리의 영역' 또는 '진리의 근거'라고 譯하기보다는 그저 '존재세계'라고 譯함이 타당하다고 생각한다. 이러한 譯語에 의할 때 비로소 법계가 다름 아닌 세계라는 점에 유의할 수 있는 한편 본질적으로 동의어이기는 하지만 法性=존재의 본성이라는 진리의 측면까지 含意할 수 있다고 보는 까닭이다.10)

이렇게 '존재자 = 존재'라면, 온통 이 세상 그대로 모두 진리가 된다. 頭頭物物이 모두 비로자나불의 淸淨法身인 것이다. 이러한 관점을 화엄에서는 性起사상11)이라 부르거니와, 성기사상을 텍스트론에 적용시키면 어떻게 될까? 모든 것이 곧 텍스트가 된다. 이러한 메시지를 화엄에서는 또 『화엄경』 자체의 텍스트에 대한 전설 속에서 상징적으로 나타내고 있다. 『화엄경』에는 원래 恒本·大本·上本·中本·下本·略本 등의 여섯 종류가 있었는데, 현재 유통되고 있는 것은 오직 略本일 뿐이라는 전설이다. 이 중에 가장 방대한 『화엄경』이 恒本인데, "결집할 수 있는 것이 아니며 品·頌의 많고 적음을 한정지을 수 없다"12)고 한다. 즉 이 온누리 법계가 그대로 하나의 거대한 책이라13)는 의미이다.

문자로 기록될 수 없는 항본 『화엄경』은 이미 텍스트일 수 없다. 텍스트가 아니라 텍스트 이전의 컨텍스트(context)를 의미하는 것이다. 그런데 그것을 텍스트(本)라고 말하는 것은 무슨 까닭인가? 텍스트가 곧 컨텍스트이며, 컨텍스트가 곧 텍스트임을 드러내기 위해서이다.

---

10) 金知見, 『大華嚴一乘法界圖註幷序』(서울 ; 대한전통불교연구원, 1983), pp.11~12.
11) 졸저, 앞의 책, pp.205~212. 참조.
12) "初恒本者〔……〕此非可結集 ; 不可限其品頌多少." 賢首, 『화엄경탐현기』제1권. 大正藏 35, p.122b.
13) 보르헤스도 "우주는 신이 쓴 하나의 거대한 책"[金洪根, 「보르헤스는 누구인가」, 『보르헤스의 불교 강의』(서울 : 여시아문, 1998), p.14.]이라 보고 있다.

그러니, 이러한 '컨텍스트로서의 텍스트'에 어찌 주인[저자]이 있겠는가. 시간적으로는 이미 있는 이야기를 節要하거나 거기에 私記를 덧보탤 수 있을 뿐14)인데, '저자'란 말이 성립할 수 있겠는가. 또 작품의 시간적 선후관계가 고정되어 있는 것도 아니다. 이러한 상호텍스트성을 독서법에 적용해볼 때, 독자의 독서행위에 의해서 비로소 하나의 텍스트가 새로이 탄생하는 것을 의미한다. 저자가 부재한다면 독자 역시 부재하는 것 아닐까? 독자 역시 인연의 그물망 속에 존재하므로 주체가 없음은 물론이다. 그런 의미에서라면 독자 역시 부재[=空]15)할 것이지만, 독서행위의 그 과정에서는 임시적으로 독자/저자는 탄생하여, 있는 것[=假]이다. 실제 「저자의 죽음」은 롤랑 바르트에 의해 『법계도기』는 義相에 의해 쓰여진 것처럼 말이다.

그런데 정말 이와같이 義相의 '無有主故'를 상호텍스트성의 의미로

---

14) 전통적인 불교학에서 성행된 바, 節要・私記・宗要・綱要 등의 방법에 의한 텍스트의 창조방식은 상호텍스트성 이론에서 말하는 轉移와 상통하는 것으로 보인다. "작가의 글쓰기가 결국 독서행위와 같은 것이라면 글쓰기는 다른 텍스트들의 해석의 공간이다. 작가/독자는 다른 텍스트들을 읽으면서 나름대로의 해석을 가한다. 줄여서 요약할 수도 있고(resumen), 덧붙여 늘릴 수도 있고(glosa), 모티브를 바꾸어 옮겨 놓을 수도 있고(transmotivacion), 가치를 바꾸어 옮겨 놓을 수도 있다. 그리고 글자 하나 바꾸지 않고 그대로 옮겨 놓을 수도 있다. 이러한 전이(轉移, transposicion)의 방법을 통해 작가/독자는 얼마든지 기존의 텍스트를 재해석할 수 있다" [최낙원, 「보르헤스와 세르반떼스 : 보르헤스의 '양피지성'을 중심으로」, 『현대시사상』 1993년 봄, p.124.]. 줄여서 요약하는 방식(resumen)이 節要[=節繁取要]이며, 그러한 원문에 대하여 자기 견해를 덧보태는 것을 私記라고 한다. 실제 우리들의 글쓰기는 절요와 사기의 교체/혼용에 다름 아니라고 나는 본다. 절요 부분은 인용으로 나타내야 하며, 사기를 보태는 데서 자기철학이 확보된다. 그런 점에서 절요 자체에 이미 편집자의 안목이 드러나 있긴 하지만 자기철학의 제시라는 측면에서는 아무래도 사기 부분이 보다 중요하다고 볼 수밖에 없다.
15) '독자의 부재'는 그 독자가 이미 저자로서 등장하게 되므로 '저자의 부재'에 포섭될 수 있다. 즉 해석자・저자로서의 독자의 해석은 또다른 해석의 대상이 된다. 즉 무한한 '해석의 緣起/延期' 속에 놓이게 되는 것이다.

이해할 수 있는가? 또 롤랑 바르트와 보르헤스를 그렇게 義相과 연결 짓는 것이 가능한가? 이에 대해서는 장을 바꾸어서 계속 논의하기로 하자.

Ⅲ. '저자의 부재'와 불교해석학

1. '저자의 부재'와 상호텍스트성

(1) 바르트와 義相

『법계도기』에 나타난 4글자, 즉 '無有主故'를 나는 '저자의 부재'라 이름하고자 한다. 이러한 술어는 프랑스의 후기 구조주의자 롤랑 바르트가 말한 '저자의 죽음'을 패러디(parody)한 것이다. 그의 '저자의 죽음'은 다음과 같이 설명된다.

> 우리는 이제 텍스트가 하나의 유일한 의미, 즉 「신학적인」(저자 — 신의 「메시지」인) 의미를 드러내는 단어들의 행으로 이루어진 것이 아니라, 그 중 어느 것도 근원적이지 않은 여러 다양한 글쓰기들이 서로 결합하며 반박하는 다차원적인 공간이라는 것을 알게 되었다. 텍스트는 수많은 문화의 온상에서 온 인용들의 짜임이나.16)

"텍스트는 수많은 문화의 온상에서 온 인용들의 짜임"이라는 말은 수많은 텍스트들의 網이 하나의 텍스트를 낳는 것이므로, 단독의 기

---

16) Roland Barthes, Stephen Heath tr., *Image, Music, Text*(New York : Hill and Wang, 1986), p.146. ; 김희영 옮김, 「저자의 죽음」, 『텍스트의 즐거움』(서울 : 동문선, 1997), p.32.

원은 부재한다는 상호텍스트성17)을 의미한다. 이런 입장에서 서양사의 근대 이래 존재해왔던 저자는 죽었다고 선언한 것이다. 그리고 그 저자의 자리에 독자가 들어가야 한다면서 창조적인 독서를 다음과 같이 요청하고 있다.

이렇게 해서 글쓰기의 총체적 존재가 드러난다. 텍스트는 수많은 문화에서 온 복합적인 글쓰기들로 이루어져 서로 대화하고 풍자하고 반박한다. 그러나 거기에는 이런 다양성이 집결되는 한 장소가 있는데, 그 장소는 지금까지 말해 온 것처럼 저자가 아닌, 바로 독자이다. 독자는 글쓰기를 이루는 모든 인용들이 하나도 상실됨 없이 기재되는 공간이다. 텍스트의 통일성은 그 기원이 아닌 목적지에 있다. 〔……〕 독자의 탄생은 저자의 죽음이라는 대가를 치러야 한다.18)

그러면 롤랑 바르트의 '저자의 죽음'과 義相의 '저자의 부재'가 궤를 같이하고 있는데 굳이 새로운 술어를 만든 까닭은 무엇 때문인가? 롤랑 바르트의 상호텍스트성을 논하는 이론가의 글에서는 '저자의 죽음'을 '저자의 부재'라고 일컫는 일이 비일비재하였다. 그러나 나에게 양자를 구분할 이유가 있다. 첫째, 롤랑 바르트가 근대 이후의 한 특성이라는 시간성 속에서 '저자의 죽음'을 규정하고 있음에 반하여 義相의 경우, 초시간적으로, 본래부터, 저자의 부재를 法爾自然으로 말하고 있기 때문이다. 둘째, 롤랑 바르트가 '저자의 죽음'을 텍스트와 텍스트의 상호연기 속에서만 파악하고 있음에 반하여, 義相의 입장은 텍스트와 텍스트만이 아니라 텍스트와 그 밖에 놓여 있는 삶의 세계로서의 컨텍스트의 상호연기까지 문제삼고 있는 것으로 이해되기 때

---

17) 바르트 이전에 상호텍스트성을 주장하면서 그에게 영향을 끼친 이는 쥴리아 크리스테바이며, 바흐친은 그녀에 의해서 주목되고 선양된다.
18) Roland Barthes, Stephen Heath tr., 앞의 책, p.148. ; 김희영 옮김, 앞의 책, pp.34~35.

문이다. 사실, 내가 뒤에서 實이라 부를 삶의 현실적 지평에 대한 고려가 롤랑 바르트에게는 결핍되어 있다고 보는 시각도 있다. "바르트의 문화해석으로서의 구조주의 기호학에 결핍되어 있는 것은 삶의 경험(l'experience vecu) 또는 생활세계(le monde vecu, Lebenswelt)로서의 현상학이다. 따라서, 이러한 현상학을 통해서 그의 기호학은 보완되어야 한다."19)

그렇지만 어디까지나 그 같은 차이는 小異일 뿐 大同에 보다 주목하고자 하는 나로서는 義相과 롤랑 바르트의 저자론〔=독자론〕이 일맥을 이루고 있다고 본다. 물론, 이에 대해서 반론이 있을 수도 있겠다. 롤랑 바르트와 불교를 연관시키는 것은 견강부회가 아니냐는 반론이겠는데, 롤랑 바르트에 미친 불교의 영향에 대해서, 또는 불교 특히 선에 대한 그의 선호에 대해서는 일본문화에 대한 기호학적 글쓰기인 『기호의 제국(L'Empire des signes)』20)에 잘 드러나 있는 바이다. 그러나 그렇게 간접적인 방식을 취하지 않아도 될 것 같다. 보다 직접적으로 상호텍스트성과 불교를 관련짓는 그의 발언이 있기 때문이다.

---

19) 정화열, 「일본을 텍스트화하는 즐거움」: 김주환·한은경 옮김, 『기호의 제국』(서울 : 민음사, 1997), p.175.
20) 위의 책. 또 그곳에 부록된 『기호의 제국』에 대한 매우 빼어난, 정화열의 해설에서도 롤랑 바르트의 선에 대한 선호가 잘 그려져 있다. 그러나 아직 '롤랑 바르트의 텍스트론에서 선이 차지하는 의미'에 대해서는 연구자의 관심이 더욱 필요하다고 본다. 왜냐하면, 선에 대한 롤랑 바르트의 언급은 지나가는 언급이 아니라 자신의 텍스트론의 진면목을 말하는 부분에서 그것을 보강하는 하나의 引證으로서 언급되고 있기 때문이다. 예컨대, 그는 이렇게 말하고 있다. "글을 쓴다는 것은 그 나름대로 하나의 깨달음이다. 깨달음(禪의 경지에 도달하는 것)은 지식이나 주체를 동요하게 만드는 강력한(결코 형식적인 것이 아니다) 지진과도 같다. 그것은 말의 텅빈 상태vide de parole다. 이런 말의 텅빈 상태에서 나의 글쓰기가 이루어진다."(p.12). 결국, 그는 의미/記意의 배제에서 선의 요체를 보고 있는 듯하다.

플로베르의 아이러니나 패러디에서 특이한 것, 그것은 바로 그것들이 끝없이 계속된다는 것, 말하자면 거기엔 정박碇泊도, 기의signifié도 없다는 거죠. 〔……〕 바로 무용한 횡단 말입니다. 그러나 이 무용한 횡단은 어떤 면에서 세계의 속성 그 자체를 가리키고 있습니다. 지금으로서는 이런 전망에 다소간 조응할 유일한 철학이 있는데, 그건 다름 아닌 보편화된 주체의 철학, 즉 불교입니다.21)

여기서 '무용한 횡단'은 진정한 텍스트는 그 의미가 고정되어 있지 않고 '통과·횡단'에 의해서 특징지워진다22)는 그의 입장에서 유래한 개념이다. 그것이 롤랑 바르트의 입장인데, 그것과 다소간 조응할 유일한 철학이 불교라고 분명히 말하고 있는 것이다.

(2) 義相과 보르헤스

다음, 義相의 『법계도기』에 나타난 '저자의 부재'와 보르헤스의 소설 「삐에르 메나르, 돈키호테의 저자」에 나타난 상호텍스트성의 입장이 일맥상통함을 살펴보기로 하자. 그런데 이 같은 나의 시도에 반론이 제기될 수도 있을 것이므로, 여기에서 예상되는 몇 가지 반론에 대한 대답을 먼저 구해 보기로 한다.

첫째, 문학 텍스트와 불교 텍스트의 가치가 서로 다른데 어떻게 그 해석학적 독서법을 같이 적용할 수 있는가? 우선 이 글이 불교 텍스트와 문학 텍스트의 가치를 비교하려는 것이 아님을 밝혀둔다. 다만, 『법계도기』에 나타나는 '저자의 부재'와 「삐에르 메나르, 돈키호테의 저자」에 나타난 입장이 공히 상호텍스트성을 의미하는 것임을 밝히려는 것뿐이다. 이 같은 상호텍스트성으로부터 새로운 해석의 원리로

---

21) 롤랑 바르트, 유기환 옮김, 『문학은 어디로 가고 있는가』(서울 : 강, 1998), p.25.
22) 上同.

삼을 수 있는 독서법을 추출하려는 입장이므로, 그러한 원칙의 표현이 불교적 주석 속에서 나타난 것이든 문학적 작품 속에 허구로서 표현된 것이든 그 매체의 차이[23]는 별 문제가 되지 않는다고 본다. 근래 Carl Bielefeldt 역시 불교 텍스트와 문학 텍스트를 함께 대비하여 논술한 일이 있음도 참고될 수 있을 것이다.[24]

둘째, 롤랑 바르트의 '저자의 죽음'과 대비하는 입장은 이해된다 치고 다시 義相과 보르헤스를 대비하기 위해서는 롤랑 바르트와 보르헤스의 상통성[25]이 또 전제되어야 하는 것 아닌가? 이에 대해서는 롤랑 바르트와 보르헤스의 입장이 일치한다는 다음과 같은 언급이 나로 하여금 '저자의 부재'를 보르헤스의 소설을 통해서 논의하더라도 별 문제가 없으리라는 자신을 얻기에 충분하였던 것이다.

롤랑 바르뜨가 1968년에 발표한 「작가의 죽음 The Death of the Author」은 그의 텍스트 이론의 성격을 잘 보여주고 있다. 사실 이 작품에서 주체

---

[23] 불교 텍스트와 문학 텍스트의 차이는 표현과 형식 등에서 찾아질 수 있는 것이지, 그 내용에 있어서는 동일한 메시지를 담을 수 있는 것으로 나는 본다. 표현과 형식의 차이 보다는 내용의 동일함을 찾자는 입장을 취하게 되는 것이다.
[24] Carl Bielefeldt는 道元의 『正法眼藏』을 읽는 독서법에 두 가지 경향이 있음을 지적하였다. 그 하나는 松本史郞 등의 비판적 독서법이며, 다른 하나는 미국의 시인 Gary Synder의 시적 독서법이라고 한다. 비판불교론의 불교 텍스트와 *Mountains and Rivers Without End*라는 문학 텍스트를 함께 활용하고 있는 것이다. Carl Bielefeldt, 「Buddha Nature, Buddha Practice : Reflections on Dogen's Shobogenzo」, 『古佛叢林 無遮禪會 한국선 국제학술대회 논문집』(장성 : 백양사, 1998), pp.329~344. 또 Gary Synder 시의 불교적 조명은 『불교와 문화』 제5호(서울 : 대한불교진흥원, 1998), pp.46~68. 참조.
[25] 보르헤스에 미친 불교의 영향에 대해서 생각하는 것 역시 간접적인 증거로 삼을 수 있을 것이다. 이에 대해서는 金洪根, 앞의 책, 참조 『보르헤스의 불교 강의』는 보르헤스가 쓴 『불교입문』을 옮기고, 보르헤스와 불교에 대한 金洪根의 글들을 함께 모은 책이다. 보르헤스에 대한 나의 관심은 그와의 개인적 대화를 통하여 촉발되었으며, 이 글의 초고를 읽은 뒤 동감을 표명하여 주었다. 감사드린다.

불신의 포스트구조주의가 비롯되었다고 볼 수 있다. 보르헤스의 상호텍스트성이 이러한 주체 불신의 텍스트 이론과 깊은 관련을 맺고 있음은 지금까지 살펴본 대로이다.26)

셋째, 『법계도기』에 나타난 '저자의 부재'와 「삐에르 메나르, 돈키호테의 저자」27)의 의미가 과연 같은 것인가? 삐에르 메나르의 『돈키호테』 새로 쓰기에서 '쓰기'만 있는 것이라면, 양자 모두 상호텍스트성을 말하고 있는 것으로 인정할 수 있겠지만 삐에르 메나르는 다시 그가 새로 쓴 『돈키호테』를 불에 태워버림으로써 상호텍스트성의 의의를 스스로 부정하고 말았던 것 아닌가?28) 이러한 문제제기는 삐에르 메나르가 『돈키호테』를 소각했다는 사실이 주는 의미를 눈여겨 보지 않았던 나로 하여금 다시 「삐에르 메나르, 돈키호테의 저자」를 정독케 하였다. 과연, 「삐에르 메나르, 돈키호테의 저자」 속에는 다음과 같은 『돈키호테』의 소각과 관련한 구절들이 있는 것 아닌가.

그는 수없이 원고를 쓰고 다시 쓰고 또다시 쓰고, 집요하게 교정을 가했고, 그리고는 수천 페이지에 해당하는 그 원고들을 모두 찢어 버렸다. 그는 그 누구에게도 그 원고를 검토하도록 허락하지 않았고, 그리고 그것들이 살아남지 않도록 유의했다.29)

---

26) 최낙원, 앞의 책, p.128. 주14)
27) 내가 처음 읽고 내용을 파악한 것은 이남호, 『보르헤스 만나러 가는 길』을 통해서였다. 이 책은 매우 유려한 번역으로서 이해를 돕긴 하지만, 영문 번역에 의한 重譯이므로 소설의 본문을 인용할 때는 황병하 옮김을 인용하기로 한다. 이 제목 역시 황병하의 것이니, 이남호의 번역은 「돈키호테의 저자, 삐에르 메나르」이다.
28) 본고의 초고는 1998년 봄학기 동국대 대학원에서 내가 담당한 「인도철학특강 ― 인도철학·불교학 연구의 역사와 방법론 ―」 시간에 토론된 바 있는데, 당시 인도철학과 석사과정 朴雲珍의 이 같은 반론이 나의 사고를 진척시키는 데 도움을 주었다.
29) 보르헤스, 황병하 옮김, 『픽션들』(서울 : 민음사, 1994), p.87.

나는 그의 사각형 공책들, 시꺼멓게 지운 문장들, 그의 매우 특이한 활자표기, 마치 벌레가 기어다니는 것 같은 글씨체를 기억하고 있다. 오후에 그는 님의 교외로 산책을 나가기를 좋아했다. 그는 공책 한 권을 가지고 나와 신나는 화톳불을 만들곤 했다.30)

삐에르 메나르의 『돈키호테』는 불태워지고 존재하지 않는다. 그럼에도 불구하고, 나는 『돈키호테』의 소각이 「삐에르 메나르, 돈키호테의 저자」 전체의 주제나 의미를 변경시키지 않는 것으로 이해하였다. 오히려 더욱 강화하고 있지 않은가?. 「삐에르 메나르, 돈키호테의 저자」의 결론 부분은 이 소설의 메시지가 '誤讀의 풍요로움'31)에 있음을 다음과 같이 밝히고 있기 때문이다.

메나르는 (아마 무의식적으로) 새로운 테크닉을 통해 그때까지 여전히 초보적이고 불완전했던 읽기라는 예술을 풍요하게 만들었다. 고의적인 시대교란과, 잘못된 원저자 설정의 테크닉을 통해서 말이다.32)

그렇다면 왜 삐에르 메나르는 그의 새로운 『돈키호테』를 소각해 버리고 말았던 것일까? 이에 대해 金洪根은 13세기에 단테가 정리한 4중의 성서해석법 — 축자적literal, 우의적allegorical, 도덕적ethical, 비의적anagogical — 을 말하면서, 세르반테스의 해석 치원과 삐에르 메나

---

30) 上同. 이는 바로 위의 인용구절 중 "그 원고들을 모두 찢어버렸다"에 대한 각주이다. 번역에서는 보르헤스 자신의 〔원주〕임을 밝혀놓았다.
31) 「삐에르 메나르, 돈키호테의 저자」에 대한 이남호의 해설 제목이다. 이남호, 앞의 책, pp.134~145. 참조
32) 보르헤스, 황병하 옮김, 앞의 책, p.88. 이남호의 번역은 다음과 같다. "메나르는 (아마 의도하지는 않았겠지만) 새로운 방법으로 빈약했던 독서기술을 풍요롭게 만들었다. 그의 방법은 매우 유용하고 정교한, 일종의 오독이다. 적용가능성이 풍부한 이 방법을 통하여 〔……〕." 이남호, 앞의 책, p.132.

르의 해석 차원이 달랐기 때문임을 다음과 같이 말하고 있다.

　네 번째 해석 단계에 들어가면 한 구절, 단어 의미의 하나도 공작의 꼬리 색깔만큼이나 무궁무진한 것이 된다. 따라서, 같은 글이라도, 세르반테스가 드러난 의미 그대로의 축자적으로 쓴 글을, 메나르가 차원을 달리하여 비의적인 의미로 다시 썼다면, 그 뜻은 무한히 달라질 것이다. 사실 비의적인 해석은 그의 가슴 속에 담겨 영혼 속에 각인되므로, 그가 수천 번의 퇴고(推敲)를 거쳐 공들여 쓴 『돈키호테』는 결국 태워져야만 했다.33)

　이 같은 해석 역시 일리있는 것으로 판단된다. 어쩌면 보르헤스가 그렇게 자기 작품을 해석34)했는지 현재의 나로서는 알 수 없다. 그러나 먼저 작품 안에서 실마리를 찾아보는 것이 순서가 아닐까 싶다. 소각 이전에 다음과 같은 배경 설명이 제시됨을 읽을 수 있기 때문이다.

　그 어떤 지적인 활동도 종국에 가서는 쓸모없게 되기 마련이다. 하나의 철학적 원리는 시초에 세계에 대해 그럴 듯한 묘사를 하고 있는 것처럼 보인다. 그러나 시간이 지남에 따라 그것은 철학사 속에서 단순히 한 장(章) ─ 만일 한 단락이나 명사로 되어버리지 않는다면 ─ 으로 남게 된다. 〔……〕 이 허무주의적 확인이 전혀 새로운 것은 아니다. 그러나 우리의 시선을 끄는 것은 그러한 허무주의적 진실 앞에서 삐에르 메나르가 이

---

33) 김홍근, 앞의 책, p.79. 티벳불교에서는 공들여 만든 모래 만달라를 다시 흐트러 버린다. 空 역시 空함을 보여주기 위함일 터이다. 작품의 소각과 모래 만달라의 해체는 둘 다 해체라는 점에서 동일한다. 空이다. 空의 진리를 드러내는 연극적 행위이다.
34) 보르헤스에게는 이 문제를 조명한 「돈키호테의 특이한 마법」이라는 에세이가 있다〔金洪根, 「재미있게 읽는 보르헤스」, 앞의 책, p.79.〕고 하는데, 나는 아직 읽어 보지 못하였다.

끌어낸 결단일 것이다. 그는 모든 인간의 노력 뒤에 기다리고 있는 허무와 마주서기로 결심했다.35)

여기서 허무의 정체는 무엇인가? 나의 해석이 타자의 해석에 의하여 '죽을' 수밖에 없음을 깨닫는 데서 오는 허무가 아닐까. 끝없이 계속되는 해석, 즉 무한해석[=영구해석]의 연기 속에서 삐에르 메나르의 해석은 세르반테스의 해석을 죽게 하였으나, 그 역시 또 다른 해석자에 의해서 죽을 수밖에 없음을 삐에르 메나르(혹은 보르헤스) 스스로가 알았기 때문이 아닐까. 연기의 이법을 거부한 채, 만약 삐에르 메나르가 쓴 『돈키호테』를 다시 소각하지 않았다면 어떻게 될 것인가? 태우지 않았다면 철저한 상호텍스트성을 말하는 것이 아니며, 작품은 일관성 없이 끝나버렸을 것이다. 세르반테스의 『돈키호테』, 즉 과거의 해석만이 헛된 것[māyā, 幻像, 幻影]이고 삐에르 메나르의 『돈키호테』, 즉 새로운 해석은 헛된 것이 아니게 될 것이다. 이런 입장은 불교와는 다른 것이다. 그것은 오히려 베단타(Vedānta) 철학의 입장에 가까운 것이다. "마법사가 허황되게 변신의 모습을 보여주지만 스스로는 항상 마법사인 것"36)은 베단타의 입장이기 때문이다. 베단타는 변신의 虛를 말하면서도 마법사의 實로 비유되는 브라흐만[혹은 아트만]의 실재는 인정하고 있는 것이다. 그런데 "헛되지 않은 것이 있나"고 할 때의 그 하나의 실체를 보르헤스는 거부했던 것 아닌가. 베단타와 구별되는 불교의 입장은 "허깨비로 된 호랑이가 오히려 허깨비 술사를 집어삼키는"37) 것이다. 마법사(허깨비 술사)도 죽는다. 객

---

35) 보르헤스, 황병하, 앞의 책, pp.86~87.
36) 金洪根, 앞의 책, p.117. 재인용. 이는 보르헤스가 베단타 사상을 말하면서 인용한 구절인데, 본래 不二一元論의 베단타사상을 확립한 샹카라(Śaṅkara, 780~820)의 비유라 전한다. 샹카라의 幻影說(māyāvāda)을 잘 드러내는 적절한 비유인 것으로 평가된다.

체만이 헛된 것이 아니라 주체까지 헛된 것이다. 이렇게 철저히 空으로 밀고 가기 위해(혹은 그같이 철저한 空의 모습을 드러내기 위해) 소각하고 말았던 것으로 나는 이해한다.

여기서 다시 또다른 의문이 제기될 수도 있겠다. 모든 것이 헛된 것이라면 왜 보르헤스는 삐에르 메나르의 『돈키호테』를 창조해냈는가? 텍스트는 고정되거나 닫힌 것이 아니며 그 모든 해석은 상대적 유한성만을 가질 수밖에 없으며, 그것마저도 이내 '죽게 될' 허무한 존재, '픽션'적 존재라면 새로운 해석은 시도하지 말아야 옳지 않은가? 그렇지 않다. 空의 진정한 의미는 공한 것만이 아니라 공한 것 속에서 다시 色으로 나오는 데 있는 것이다.38) 용감하게 '허무와 마주서는' 해석이 필요한 것이다. 삐에르 메나르의 『돈키호테』나 보르헤스의 소설이 모두 虛이지만 해석은 무한히 이어진다. 허 속에서도 해석이 무한히 이어지는 것이야말로 實일 것이다. 이때 실의 의미는 실체를 가리키는 것은 아니다. 오히려 관계 혹은 과정, 즉 연기를 의미한다. 책을 불태우는 일은 해석자의 유한성을 드러내는 것일 뿐이다.

넷째, 똑같은 보르헤스의 소설 「모래의 책」에서는 소각되지 않는 텍스트를 보여주고 있는데, 위에서 변증한 내용과 어떻게 회통할 수 있을 것인가? 먼저 「모래의 책」 해당 부분을 읽어 보자.

그럴 리가 없는데 실제로 그러한 걸 어떡합니까. 이 책의 페이지 수는 정확히 무한합니다. 그 어떤 페이지도 첫 페이지가 될 수 없고, 그 어떤 페이지도 마지막 페이지가 될 수 없습니다. 왜 이런 임의적인 방식으로 페이지가 매겨져 있는지 저로서도 알 수가 없습니다. 아마 무한의 수는

---

37) "猶如幻虎, 還吞幻師." 元曉, 『大乘六情懺悔』(韓佛 1 : 842b). 이 같은 차이를 정확히 이해하지 못할 때 "여래장사상은 불교가 아니라"고 주장하게 된다.

38) 空에서 色으로 나오는 空卽是色의 차원까지 空의 의미 속에 있음은 졸저, 앞의 책, pp.83~89. 참조.

그 어떤 수도 받아들인다는 것을 말하려는 것인지도 모르죠.39)

　나는 불 속에 던져버릴까도 생각했다. 그러나 무한한 책의 소각은 똑같이 무한한 시간이 걸려 지구를 연기로 질식시켜 버릴지도 모른다는 두려움에 사로잡히지 않을 수가 없었다.40)

　삐에르 메나르가 쓴 『돈키호테』는 소각되었는데, 「모래의 책」은 왜 소각되지 않았던 것일까? 전자의 소각은 고정된 해석의 거부에 초점이 맞추어져 있다면, 후자의 不燒却은 해석의 무한성에 초점이 맞추어져 있는 것이다. 따라서 두 이야기가 서로 모순되는 것은 아닌 것으로 보인다. 이렇게 燒却〔虛〕과 不燒却〔實〕의 긴장 속에서, 나는 義相과 보르헤스가 공유하고 있는 것이 상호텍스트성 만이 아님을 알게 되었다. 그 당연한 결과로서 문학관/예술관 역시 함께 하고 있음을 확인하게 된다. 金洪根은 보르헤스의 "환상적 사실주의는 불교의 핵심인 색즉시공(色卽是空)의 문학적 표현이기도 하다"41)라고 하였는데, 義相 역시 다음과 같은 '픽션의 시학'을 갖고 있기 때문이다.

　　所以依詩, 卽虛現實故. 시에 의지하는 까닭은 虛에 卽하여 實을 나타내기 때문이다.42)

　詩는, 문학은, 예술은 虛와 實의 문턱이다. '卽'은 相卽〔동일〕43)을 의미하는 것이니, 허가 곧 실이며 실이 곧 허인 것이다. 「삐에르 메나

---

39) 보르헤스, 황병하 옮김, 『세익스피어의 기억』(서울 : 민음사, 1997), p. 136.
40) 위의 책, p. 139.
41) 金洪根, 「불교와 포스트모더니즘」, 앞의 책, p.52.
42) 義相, 앞의 책(韓佛 2 : 8b).
43) 졸저, 앞의 책, p.172.

르, 돈키호테의 저자」가 수록된 단편집을 보르헤스는 『픽션들(Ficciones)』이라 이름하였으니, 그의 문학이 허와 실의 문턱임을 나타내기 위해서였던 것은 아닐까.

2. 상호텍스트성과 불교해석학

『불교해석학Buddhist Hermeneutics』을 편집한 Donald S. Lopez, Jr.는 그 책에 수록된 그의 논문「대승경전의 해석에 대하여」를 보르헤스로부터 인용한 다음 구절로 시작하고 있다.

> 그의 소설,「틀뢴, 우크바, 오르비스 테르티우스」에서 보르헤스는 틀뢴이라는 환상적인 세계에 대해서 말하고 있는데, 그 세계에서는 형이상학자들이 진리를 찾는 것이 아니라 일종의 경이를 찾고 있다는 것이다. 그리고 거기에서는, 글자 그대로의 방식으로, 모든 것은 단 한 사람의 저자에 의해서 씌어진 작품이라는 것이 지배적인 관념이다. 책들은 거의 저자 이름을 적지 않고 있다. 표절이라는 개념은 존재하지 않으며, 모든 책들은 단 한 사람의 저자의 작품이며, 그리고 그는 시간을 초월하고 있으며 (timeless) 이름이 없는 것이라고 하는 사실이 확립되어 있는 것이다. 그것은 수세기에 걸쳐서 매우 다양한 언어로 지어졌으나 다만 한 사람의 저자에게 귀속되어서 '모든 것이 佛說이라' 말해지고 있는 대승경전의 경우에도 마찬가지이다.44)

여기서 Lopez가 말하고 있는 부분은 '틀뢴'이라는 상상세계에 대한 보르헤스의 설명을 요약한 것인데, 직접 보르헤스의 작품 속에서 찾

---

44) Donald S. Lopez, Jr., "On the Interpretation of the Mahāyāna Sūtras", *Buddhist Hermeneutics*(Honolulu : University of Hawaii Press, 1988), p.47. '저자의 부재'라는 점에서 보르헤스와 의상의 일맥상통함을 보는 나의 입장이나, 보르헤스와 대승경전의 일맥상통함을 보는 Lopez의 입장은 같다고 할 수 있으리라.

아보면 두 부분으로부터 인용된 것임을 알 수 있다. 차례대로 보르헤스의 소설 해당 부분을 읽어보기로 하자. 우선 시간론이 드러나 있는 부분은 다음과 같다.

틀뢴의 한 학파는 시간을 부정하기에 이른다. 그들은 현재란 규정될 수가 없는 거고, 미래란 현실적 실체가 없는 마치 현재적 기다림과 같고, 과거란 현실적 실체가 없는 현재적 기억과 같은 것이기 때문이라고 주장한다.45)

보르헤스의 시간에 대한 관심은 이미 시간론을 논하는 철학자의 저술에 인용46)되고 있을 정도이다. 그렇다면 그는 어떤 시간관을 갖고 있을까? 먼저 그의 시간론이 서양철학의 時間論史에 큰 자취를 남긴 아우구스티누스(Augustinus, 354~430)의 그것과 다름을 확인하는 것이 중요할 것 같다. 아우구스티누스는 "세 가지 종류의 시간이 있다고 말하는 것이 적절할 것이다. 지나간 것들의 현재, 현전(現前)하고 있는 것들의 현재, 그리고 다가올 것들의 현재가 바로 그것이다."47)라고 말한다. 이러한 아우구스티누스의 시간론은 "현재에 초점이 주어지는 연속적인 시각들을 조합한 것으로서의 시간관"48)이라는 점을 그 특징으로 한다고 알려져 있다. 이에 반하여, 보르헤스의 시간은 과거와 미래만이 아니라 현재까지도 실체가 없으며, '시간을 부정'하는 점에서 차라리 불교의 無時間論49)과 궤를 같이한다고 하겠다. 『금강경』

---

45) 보르헤스, 황병하 옮김, 『픽션들』(서울 : 민음사, 1994), p.34. 이남호의 책에서는 삭기 p.58.과 pp.58~59에서 찾아볼 수 있다.
46) 김영민, 『현상학과 시간』(서울 : 까치, 1994), p.21.
47) St.Augustine, 『The Confessions of St. Augustine』: 김영민, 위의 책, p.88. 재인용.
48) 위의 책, p.89.
49) 화엄을 중심으로 한 불교의 시간론에 대해서는 졸저, 앞의 책, pp.178~180. 참조

과 『화엄경』에 나타난 불교의 무시간론은 다음과 같다.

> 과거의 마음은 얻을 수 없으며, 현재의 마음도 얻을 수 없고, 미래의 마음도 얻을 수 없다.50)

> 마음이 헛되이 과거의 일〔法〕을 집착하지 말며,
> 또한 미래의 일을 탐착하지도 말고,
> 현재에 대해서도 머무는 바 없이
> 삼세가 모두 空寂함을 깨달을지니.51)

이 같은 무시간의 시간은 과거에서 현재로 흘러가는 절대적 시간관이 아니다. 과거도 현재도 미래도 없는 것이다. 무시간은 시간의식의 탈락을 의미한다. 이것이 頓悟이며, 삼매다. 무시간론을 공간적으로 적용하면, 온 우주는 하나의 티끌인 것이다. 이를 형상화한 작품이 보르헤스의 소설 「알렙」52)이다. 「알렙」에 나타난 무시간론의 공간적 적용을 나타내는 구절은 다음과 같다.

> "나는 모든 지점들로부터 '알렙'을 보았고, 나는 '알렙' 속에 들어있는

---

50) "atītaṃ Subhūte cittaṃ nopalabhyate, anāgataṃ cittaṃ nopalabhyate, pratyutpannaṃ cittaṃ nopalabhyate."(過去心 不可得 ; 現在心 不可得 ; 未來心 不可得.) Conze 18b. : 大正藏 8, p.751b.
51) "心不妄取過去法 ; 亦不貪着未來事 ; 不於現在有所住, 了達三世悉空寂." 『화엄경』大正藏 10, p.15中.
52) '알렙'은 아랍어 알파벳의 첫글자이며, 모음이다. 힌두교에서는 "글자 가운데서 나는 '아/a'이다.(akṣarāṇam akāro 'smi), Bhagavadgītā 10 : 33.〕라고 하고, 불교에서는 "a로써 四十二字(산스크리트 알파벳 — 인용자)의 근본으로 본다."〔金剛秀友, 『密敎の哲學』(東京 : 講談社, 2003), pp.50~51. 참조.〕고 하였다. 무한한 언어는 최초의 모음 1字 속에 다 갖추어져 있다고 보는 것은 인도사상에서나, 불교에서나, 보르헤스에게서나 모두 동일하다.

지구를, 다시 지구 속에 들어있는 '알렙'과 '알렙' 속에 들어 있는 지구를 보았고."53) "이 거울에는 전 우주가 비쳐진다."54) "〔……〕 돌 기둥들 중 하나의 내부에 우주가 들어 있다."55)

그렇다면 무시간론을 텍스트에 적용시키면 어떻게 될까? 처음과 끝이 없는 책, 무한한 페이지의 책도 사실은 '단 한 줄의 시' 속에 모두 수렴될 수 있다.56) 그러면서 동시에 무시간론은 '저자의 부재'로도 나타날 수 있음을 간과해서는 안 된다. 보르헤스의 작품「틀뢴, 우크바, 오르비스 테르티우스」에서 다음과 같이 언급되는 부분이 있기 때문이다.

문학의 관행에 있어서도 유일한 주체라는 생각은 무소불위의 힘을 발휘

---

53) 보르헤스, 황병하 옮김, 『알렙』(서울 : 민음사, 1996), p.232. 이러한 알렙의 묘사와 유사한 상상력을 힌두교 성전인 『바가바드기타』에서도 볼 수 있다. 『바가바드기타』 제11장은 아르쥬나의 요청에 의하여 크리쉬나가 神으로서의 모습을 드러내는 현현(theophany)을 묘사하고 있다. 그 중, 7송에서는 "그대가 보고 싶어하는 다른 무엇이든지, 움직이고 움직이지 않는 것과 함께 온 세상을 / 오늘 나의 몸 속에서 하나임을 보라.(ihai 'kastaṁ jagat kṛtsnaṁ paśya 'dya sacarācaram / mama dehe guḍākeśa yac cā 'nyad draṣṭum icchasi//)"라고 하였으며, 또 13송에서는 "그때 판두의 아들은 온 세상이 다양하게 구분된 채 / 신 중의 신인 그의 몸 안에서 하나임을 보았다(tairai 'kaisthaṁ jagat kṛtsnaṁ pravibhaktam ane kadhā / apaśyad devadevasya śarīre pāṇḍavas tadā//)"고 하였다. — 속에 多, 부분 속에 전체가 포함되어 있음을 신화적인 상상력으로 말하고 있다. 다만, 『바가바드기타』의 경우 多/전체가 들어가는 —/부분이 오직 신에게만 있다고 보는 점에서 화엄의 경우와는 다르다. 화엄의 상상력은 多가 들어가지 못할 것/法은 그 어디에서도 존재하지 않는다. 우리 모두는 마치 신처럼 多를 우리 안에 갖고 있는 존재이다.
54) 위의 책, p.237.
55) 위의 책, p.238.
56) 보르헤스,「거울과 가면」, 『세익스피어의 기억』 p.87 ;「궁전의 우화」,「칼잡이들의 이야기」(서울 : 민음사, 1997) pp.54~55. 특히 로페스는, 앞에서 인용한 그의 논문 결론에서「궁전의 우화」를 인용하면서 끝맺고 있다〔Donald S. Lopez, Jr. 앞의 책, p.67〕는 사실은 주목할 만하다.

한다. 저자의 이름이 들어가 있는 책은 매우 드물다. 그들에게 있어서 표절이란 개념은 존재하지 않는다. 그들에게는 모든 작품은 단 한 작가의 작품이며, 무시간적이고 익명이라는 생각이 확립되어 있다.57)

보르헤스가 말하는 '단 한 작가[一者]'는 무시간적이며 익명의 존재인데, 이는 우파니샤드적인 일자를 의미하는 것도 아니며 기독교적 일자를 의미하는 것도 아니다. 오히려 이 一者는 無者가 아닐까. 어디에도 없는 자, 그렇기에 어디에나 있을 수 있는 자 말이다. 텍스트의 내용은 이미 있던 이야기, 즉 恒本의 이야기일 뿐이다. 이미 있던 이야기라는 측면에서 책 안의 이야기는 책 밖의 이야기가 된다. 一者가 無者라는 나의 해석이 타당하다면, 일자는 모든 무명의 독자가 서 있는 컨텍스트 속으로 흩어져/散布되어 있는 것이다. 그래서 어떤 텍스트도 고정된 텍스트일 수 없게 된다. 독자에게는 수많은 텍스트로 분화되는 것이다.

나는 보르헤스의 이 같은 구절을 읽으면서 義相을 생각하지 않을 수 없었다. 만약 Lopez 역시 義相의 『법계도기』58)를 읽는다면, 의상과 보르헤스의 공유하는 입장에 대하여 언급하였을지도 모른다. 모든 사

---

57) 황병하 옮김, 앞의 책, p.39. : 이남호, 앞의 책, p.63.
58) 각주 4의 인용 부분에 대한 영어 번역은 다음과 같다. "My Diagram of the Dharmadhatu According to the One Vechicle along with the poem in the Ocean Seal depends upon the Flower Adornment Scripture(or hwaom-gyong) and the Treatise on the Ten Stages(or dasabhumika-sastra) in order to manifest the doctrinal essence of the round teachings. It is recorded in the fifteenth day, seventh month and first year of tshung chang. Question : Why do you not record the name of the author? Answer : In order to manifest that all dharmas produced by conditions do not have an author. Question : Why then do you record the year and month of writing? Answer : So to manifest that all dharmas depend on conditioned coproduction." Steve Odin, A Translation of Uisang's Autocommentary on the Ocean Seal. : 金知見 編, 『화엄일승법계도기』(서울 : 대한전통불교연구원, 1993), p.160.

람이 다 저자인 항본의 텍스트는 다만 텅 빈 백지의 텍스트, 침묵의 텍스트59)가 된다. 禪經으로 평가받는 『능가경』에서 大慧보살은 부처님께 다음과 같이 여쭙는다.

세존께서 다음과 같이 설하셨습니다. "나는 위없이 높고 바른 정각을 얻은 어느 날 저녁부터 般涅槃에 드는 어느 날까지 그 사이에 한 글자도 설한 일이 없으며, 역시 설하지도 않았으며 설하지도 않을 것이다. 설하지 않는 것이 부처의 설함인 것이다."60)

여기서, '저자의 부재'가 곧 고정된 '텍스트의 부재'임을 다시 상기할 수 있다. 이는 곧 不立文字・不在文字・敎外別傳을 말하는 '선의 해석학'으로 이어진다. 위의 인용구절은 깨침의 강조가 원 문맥이지만, "문으로 들어온 것은 보배가 아니"61)라는 뜻에서 독서법의 맥락에서도 의미가 있는 것이다.

---

59) '침묵의 텍스트'는 '禪의 해석학이 서있는 자리이다. 이를 선가의 한 게송은 다음과 같이 노래하고 있다. "我有一卷經, 不因紙墨成, 展開無一字, 常放大光明." 지묵으로 이루어지지 않은 텍스트는 외부에는 존재하지 않는 텍스트이다. 그런데 그 텍스트는 끝없이 광명을 내놓는다. 실제 그 존재하지 않는 텍스트는 바로 '나라는 텍스트'이기 때문이다. 따라서 이 게송은 '자기에 대한 해석'으로서의 자기철학의 또 다른 의미를 말해준다. 이 책에서는 이러한 의미의 '자기철학'은 다루지 못한다. 앞으로의 과제이다.

60) "bhagavatā yāṃ ca rātiṃ tathāgato 'bhisaṃbuddho yāṃ ca rātiṃ parinirvāsyati atrāntra ekamapyakṣaram tathāgatena nodāhṛtaṃ na pravyāhāriṣyati avacanaṃ buddhavacanam iti"(大慧復白佛言 "如世尊所說, '我從某夜, 得最正覺, 乃至某夜, 入般涅槃, 於其中間, 乃至不說一字, 亦不已說當說, 不說是佛說.) 南條文雄 校訂, 『梵文入楞伽經』(京都 : 大谷大學出版部, 1956), pp.142.l.17~143.l.2. : 大正藏 16, p.498c.

61) "從門入者, 不是家珍." 이에 대해서는 졸저, 『책 안의 불교, 책 밖의 불교』(서울 : 시공사, 1996)의 '독자여러분께'에서 언급한 일이 있다.

Ⅳ. '저자의 부재'와 실천적 독서법

책을 어떻게 읽을 것인가? 이 문제를 해결하려는 사색의 결과들이 독서법이다. 동양의 전통적 공부방법론 속에는 이러한 독서법이 그 나름의 위상을 갖고 있었는데, 특히 유학의 경우 매우 중시되었다.[62] 물론 불교의 경우에도 나름의 독서법이 없지 않았을 것이다. 그 한 예로 선사인 普照知訥(1158~1210)이 『誡初心學人文』에서 나름의 독서법을 제시하고 있음[63]을 확인할 수 있다. 가장 손쉽게 생각할 수 있는 독서법은 첫째, 학문적 이해나 체계적인 연구를 위해서 따져가면서 읽는 것인데, 이를 '分析的 讀書法'이라 할 수 있다. 둘째, 책 읽기를 통하여 실제로는 자기의 마음을 읽고자〔=닦고자〕하는 독서법을 '返照的 독서법'이라 이름할 수 있을 것이다. 이 반조적 독서법에 대해서 나는 『계초심학인문』을 부연 해설하면서 다음과 같이 말한 적이 있다.

경전을 읽는 일은 다만 경전을 읽는 일은 아니다. 우리는 대개 경전을 읽을 줄만 알지, 스스로를 읽을 줄은 모른다. 궁극적으로 경전을 읽는 까닭이 부처님 말씀이라는 거울에 비추어진 내 마음을 읽는 데 있음에도 불구하고, 그와 같은 자각을 하지 못하는 것이다. 부처님 말씀을 거울로 삼아서 스스로의 마음을 비추어 보는 독서, 부처님 말씀과 자기 마음의 거리를 재보아서 자기 마음을 고치면서 부처님 말씀에 계합해 가는 독서는 선과 다르지 않다고 본다. 선이 마음 닦기라고 한다면, 이러한 경전 읽기 역시 마음 닦기라는 점에서 동일한 것이기에 말이다. 나는 이와같은 독서

---

62) 이용주, 「독서와 수양 —주희의 독서론 1—」, 『종교연구』제15집(서울 : 한국종교학회, 1998), pp.229~258.
63) 졸저, 『계초심학인문 새로 읽기』(서울 : 정우서적, 2005), pp.154~171. 참조

법을 '반조적(返照的) 독서법'이라 부른다. 보조스님의 말씀은 반조적 독서법에 의한 경전 읽기가 아니라면 아무런 이익이 없다는 뜻이리라. 능히 이렇게 경전을 읽을 수 있다고 한다면, 그것이 어찌 수선(修禪)을 방해하는 것이겠는가. 선의 여가에, 또는 선과 함께 닦는 경전읽기를 병행할 수 있으리라. 둘이 아니라 하나이기 때문에. 보조스님이 그런 분이셨고, 한암(漢岩, 1876~1951)스님이 그런 선지식이셨다.[64]

경전을 하나의 거울로 삼아서 자기 비춤, 즉 자기에 대한 해석을 그 목표로 삼고 있다는 점에서 하이데거(Martin Heidegger)의 '현존재의 해석학'과 해석 대상이 일맥상통[65]하는 것으로 나는 본다. '자기에 대한 해석'으로서의 자기철학을 지향할 때 이 반조적 독서법에 의한 자기읽기는 하나의 좋은 방법이 되리라 본다.

1. 실천적 독서법과 전통론의 재조명

이제 나는 여기서 분석적 독서법과 반조적 독서법에 이어서 제3의 독서법으로 '실천적 독서법'을 제시하고자 한다. 이는 상호텍스트성과 불교해석학이 하나로 어우러져 산출된 것이다. 쉽게 말하면, 실천적 독서법은 바로 독자의 현재적 삶의 지평, 즉 컨텍스트에 의하여 텍스트를 주체적으로 해석해 가자는 입장이다. 이는 '저자와 독자의 대화'보다 더 진일보한 것이다. 오히려 '텍스트와 독자의 대화'로, 그 상호연기〔=지평융합〕를 의미하는 것이다. 가다머는 '저자의 의도'를 재구성하는 것을 목적으로 삼는 근대의 해석학적 태도에서 탈피하고, 하이데거의 철학을 수용하여 해석자가 처한 '현재'라는 시간성을 捨象

---

64) 위의 책, pp.161~162.
65) 졸고,「인도철학·불교학의 방법론에 대한 성찰 ― 공부방법론을 중심으로 ―」,『불교연구』제16집(서울 : 한국불교연구원, 1998), pp.109~111. 참조.

시키지 않은 채 해석해 가야 한다고 말한다.

　현재와 관계를 맺지 않은 해석이란 있을 수 없다. 그리고 해석은 결코 영원불멸하거나 고정적인 것이 아니다. 전승된 텍스트는 그것이 성서건 세익스피어의 희곡이건간에 현재와 관련하여 다시 말해서 그 텍스트가 속해있는 해석학적 상황에서 이해되지 않으면 안 되는 것이다. 〔……〕 오히려 그 반대로 이는 '의미'가 대상의 불변적인 속성과 같은 것이 아니라 항상 '우리와 관련되어 있다'는 것을 인정하는 데서 나온 결론이다.66)

　가다머가 말하는 전승된 텍스트는 전통이라 말할 수 있다. 앞의 논문에서 나는 전통적 불교학 속에서 현대 해석학적으로도 의미깊은 방법을 찾아보면서, 전통적 불교학과 현대적 불교학의 단절을 극복해야 함을 지적하였다. 이때 '전통' 개념에는 가다머의 철학적 해석학의 관점이 전제되어 있었다. 그리고 그것은 影響史라는 개념으로 나타나는 것이다. 영향사라는 말 속에 드러나 있는 것처럼, 전통은 시간적/역사적으로 우리에게 영향을 미치고 있으면서도 그 관계는 일방적이 아닌 쌍방적인 것이다. 가다머가 해석의 현재적 지평, 즉 해석학적 상황 속에서 전통/전승된 텍스트가 이해되어야 한다고 하는 것이 전통과 현재, 텍스트와 해석 사이의 쌍방향적 관계를 의미한다.
　그런데 나는 근래 이러한 가다머의 전통과 영향사 개념이 현대 영국의 시인이자 비평가였던 엘리엇(T.S.Eliot, 1888~1965)의 그것과 동일함을 발견할 수 있었다. 직접 그들의 말을 인용하면서 대비해 보기로 하자. 먼저 가다머의 '전통'에 대해서 리차드 E. 팔머는 다음과 같이 말하고 있다.

---

66) Richard E. Palmer, 이한우 옮김, 『해석학이란 무엇인가 Hermeneutics』(서울 : 문예출판사, 1996), pp.268~269.

역사성의 개념은 동시에 과거의 영향이 현재에 미치고 있음을 긍정한다. 현재는 오직 과거로부터 전승된 의식이나 지각방식 혹은 선이해를 통해서만 보여지고 이해된다. 가다머의 해석학과 역사의식에 대한 그의 비판이 함축하는 바는 과거란 의식의 대상이 될 수 있는 사실들의 집적과 같은 것이 아니라, 우리가 그 속에서 활동하고 참여하는 모든 이해작용의 흐름이라는 사실이다. 따라서 전통이란 우리와 독립되어 대립해 있는 것이 아니라 우리가 바로 그 속에 속해 있으면서 동시에 그것을 통해 존재하는 바로 그런 것이다.[67]

이는 가다머의 철학적 해석학에 나타난 전통 개념이다. 이제, 엘리엇의 비평 「전통과 개인의 재능」에 나타난 전통 개념을 직접 읽어보기로 하자.

그(시인 ― 인용자)가 순응해야 하고, 그가 일치해야 할 필요성은 일방적인 것이 아니다. 예술의 새로운 작품이 창조될 때 일어나는 것은 그 앞에 선행하고 있던 모든 예술 작품들에게도 동시에 일어나는 그 무엇이다. 기존에 존재하던 기념비적 작품은 그들 스스로 사이에 하나의 이상적인 질서를 형성하는데, 그 이상적인 질서는 그들 사이에 새로운(진실로 새로운) 예술작품을 소개함에 의해서 수정된다. 기존에 존재하던 질서는 새로운 작품이 도래하기 전에는 완벽하였다. 새로운 것이 추가된 이후에도 질서가 유지되기 위해서는, 그 모든 기성의 존재는 나소라도 수정되어야 한다. 그리고 그 전체에 대한 예술의 각 작품들의 관계, 균형, 가치들이 재구성된다. 그리고 이것이 옛것과 새것 사이의 순응이다.[68]

가나머와 엘리엇은 같은 말을 하고 있지 않은가? 이 점은 엘리엇의

---

67) 위의 책, pp.258~259.
68) 박희진·김문수 공저, 『영국문학사 2』(서울 : 한국방송통신대학교 출판부, 2007), p.366.

전통론을 모더니스트적 차원에서가 아니라 포스트모던적 상호텍스트성의 선구로서 새롭게 읽을 수69) 있게 하거니와, 가다머와 엘리엇의 전통은 쌍방통행적 영향사와 전통이므로, 현대의 해석자가 전통을 재조정(readjust)할 수 있게 된다. 그때 전통이라는 전승된 텍스트 역시 새롭게 창조되는 것이다.

2. 삶의 현실적 지평과 해석

저자의 이름을 지우고 독자의 이름을 괄호 속에 적어 넣는 것으로서의 독서〔=해석〕는 바로 독자가 처해 있는 현재적 삶의 지평〔=독자의 컨텍스트〕으로부터 텍스트를 해석함을 말한다. 독자의 현재적 삶의 지평이 무한하므로, 그 해석 역시 무한하게 이어지는 무한해석〔=영구해석〕이 될 수밖에 없다. 이 같은 가다머의 '철학적 해석학'이 義相·바르트·보르헤스 그리고 엘리엇에게서 확인할 수 있는 상호텍스트성의 독서법과 일맥상통한다는 것이다. 물론 차이점70)도 없지는 않을 것이지만, 일맥을 이루는 大同에 주의하려는 것이 나의 문제의식이다. 아니, 설사 차이성이 동일성보다 크다고 할지라도 이들 사이의 동일성을 확대하여 내가 제언하는 해석 원리, 즉 실천적 독서법으로 승화시키고 싶은 것이다. 특히, 義相의 '저자의 부재'와 가다머의 '철학적 해석학' 사이에는 공유71)하는 입장이 있을 것으로 본다. 그것

---

69) 가다머와의 상통성은 언급하고 있지 않으나, 엘리엇의 전통론을 불교적으로 읽고 있는 글로서 최희섭, 「엘리엇의 '전통'의 불교적 고찰」, 『동서비교문학저널』 제4호 (서울 : 한국동서비교문학학회, 2001), pp.117~145. 참조
70) Georgia Warnke, 이한우 옮김, 『가다머의 철학적 해석학 Gadamer ; Hermeneutics, Tradition and Reason』(서울 : 사상사, 1993), pp.87~88. 참조.
71) 가다머의 철학적 해석학과 '저자의 죽음'을 함께 논의하고 있는 것은 David Hoy, 이경순 옮김, 『해석학과 문학비평 The Critical Circle』(서울 : 문학과 지성사, 1994), p.109. 참조.

은 무엇일까? 삶이고, 실천이다. 이를 표의문자로 表意한다면, 事가 되고, 實이 된다.

우선 '事와 實의 종교로서의 불교'를 확인해 보자. 여기서 事는 현재적 삶의 지평으로서 事事無碍의 事이며, 實은 實事·實際·實用·實學·實踐·實存 등의 개념에서 볼 수 있는 바와 같은 현실적 지향성을 의미하는 개념이다. 화엄의 이상은 事의 세계[법계] 속에서 實의 구현[보현행의 실천]을 궁극적으로 지향하고 있는 것이다. 理無碍 → 事無碍 → 理事無碍 → 事事無碍로 심화되는 화엄의 지향성은 마침내 事一元論의 事事無碍를 그 궁극의 정점에 위치시킨다.72) 그런 까닭에 '화엄의 독서법'은 事의 세계를 지향하고 그 속에서 경전의 理를 파악[實事求理]해야 한다는 것이다. 물론, 그 역도 성립한다. 즉 컨텍스트와 텍스트 사이에는 해석학적 순환(hermeneutical Circle)이 존재하는 것이다.

다음, 가다머의 '철학적 해석학'에서 看取할 수 있는 삶에의 지향성, 실천에의 지향성은 딜타이의 '삶의 철학', 훗설의 '생활세계'를 거쳐서 하이데거의 '세계-내-존재'에 이르러 완벽한 의지처를 발견할 수 있다.73) 그리하여 가다머는 하이데거에 의지하여 다음과 같이 말한다.

> 이해를 실용적 관심 혹은 이론적 관심으로 분화하기에 앞서서, 이해는 현존재가 존재에 대한 잠재태이며 '가능성'인 한에서 현존재의 존재양식인 것이다. [……] 이해는 인간 삶 그 자체의 존재에 대한 본래적 성격이다.74)

---

72) 졸저, 앞의 책, pp.173~174. 참조
73) 이에 대한 분석은 Georgia Warnke, 이한우 옮김, 앞의 책, pp.54~77. 참조
74) Hans-Georg Gadamer, Garett Barden & John Cumming, Truth and Method(New York : Crossroad, 1982), p.230.

가다머의 입장은 모든 이해는 현존재가 처한 삶의 현실적 지평을 떠나서 이루어질 수 없다는 것이다. 오히려 그 같은 해석학적 선이해를 기반으로 하여 텍스트의 의미와 지평융합을 이루게 된다는 것이다. 이 같은 입장에 의지하는 한, 이제 원전 텍스트의 무거움에 지나치게 구속될 것이 아니라 우리 삶의 현실적 지평〔=實踐地平〕속에서 보다 적극적인 해석을 행할 수 있을 것이다. 이렇게 가다머의 철학적 해석학 속에 담긴 실천지평에 대해서는 호이(David C. Hoy)나 윈키(Georgia Warnke) 등이 지적하고 있는데, 호이의 언급을 들어보자.

해석학적 이론은 실천을 배제하지 않는다. 이와 반대로 이론의 가치는 실천의 가능성에 대한 설명에 있다. 그(가다머 — 인용자)는 이론과 실천 간의 명확한 분리는 그 자체가 잘못되었다고 논증한다.[75]

특히, 윈키가 주목하고 있는 것처럼 新실용주의자 로티(Richard Rorty)가 가다머의 철학적 해석학을 적극적으로 수용하고 있음[76]은 가다머의 철학적 해석학이 함축하고 있는 실천지평에 대한 하나의 예증이 될 수 있을 것이다.

이렇게 實事의 입장, 즉 우리〔=독자〕삶의 현실적 컨텍스트에 의지하여 적극적으로 텍스트를 해석하자는 실천적 독서법은 언제나 새로운 자기철학을 낳을 수밖에 없을 것이다.[77] 왜냐하면 모든 사람,

---

[75] David D. Hoy, 이경순 옮김, 앞의 책, p.147. 그러니까 흔히 말하듯이, 이판과 사판을 아예 나누어서 이판은 수행만을 하고 사판은 교화만을 담당하자고 주장하는 것이 잘못임을 알게 된다.

[76] Georgia Warnke, 이한우 옮김, 앞의 책, pp.227~267. 참조.

[77] 실천적 독서법에 의해서 자기철학을 제시한 대표적 사상가로는 인도의 Mahatma Gandhi, Ambedkar, 그리고 중국 三階教의 창시자 信行 등을 들 수 있을 것이다. 이 중에 간디가 보여준 실천적 독서법에 대해서는 졸고, 「바가바드기타를 읽는 간디의 다원적 독서법」, 『인도연구』제10권 2호(서울 : 한국인도학회, 2005), pp.194~

적어도 모든 해석자가 처하고 있는 삶의 현실적 컨텍스트로서의 실천 지평은 동일할 수 없기 때문이다. 나의 삶의 역사는 타자의 삶의 역사와 동일할 수 없으며, 그러한 서로 다른 삶 위에 건립된 자기철학은 당연히 같을 수 없는 것이다.

그런데 문제는 실제 이러한 방법에 의한 독서를 위해서는 학자의 실제체험이 뒷받침되어야 한다는 점이다. 그러나 우리 모두는 학문활동과 실제체험의 병행이 얼마나 어려운지 잘 알고 있다. 그렇다면 방법은 없는가? 책 밖의 불교, 恒本의 세계, 즉 컨텍스트를 다시 '책'의 형태 속에서 찾아야 한다. 그것은 외전일 수밖에 없다. 불교의 내전이 다 담을 수 없는 컨텍스트를 외전은 담고 있기 때문이다. 이리하여 컨텍스트의 다름에 의해서 해석은 영원히 새롭게 지속될 수 있다는 무한해석의 이념은 다음과 같이 이야기되기도 한다.

> 작품은 수수께끼로서, 대답없는 질문으로서 제공된다. 따라서 작품은 그의 침묵을 채우기 위해서 독자가 발하는 말을 통해서만 의미를 만들 수 있다. 따라서, 각 독자는 각자 다른 문화, 언어, 상상에 의해 만들어진 서로 다른 산물이기에, 작품에 의해 제기된 질문에 대한 가능한 대답들의 유형은 이론적으로 무한하다.[78]

무한해서[=영구해석]은 내진에 의한 내선의 해석 뿐 아니라 외전에 의한 내전의 해석[=내전에 의한 외전의 해석]까지를 의미하는 것이다. 이렇게 불교 밖의 문헌인 외전에 의지하여 불교 안의 문헌인 내전을 해석해 가는 방법을 나는 '격의'라고 보고, 격의를 하나의 보편적 해석원리로서 재조명[79]하였다.

---

203. 참조 이 책의 네 번째 논문으로 재수록.
78) 벵상 주브, 하태환 옮김, 『롤랑 바르트』(서울 : 민음사, 1995), p.137.

다만, 격의는 불교 밖에서 불교를 보는 방법론이므로 자칫 그에 의하여 불교의 본래 모습이 훼손될 가능성이 있지 않겠는가 하는 의문이 제기될 수 있다. 그럴 가능성이 전혀 없다고 장담할 수는 없다. 그럴지도 모른다. 그러나 그러한 과정을 통해서 분명 불교 안에서만 불교를 보았을 때는 보이지 않았던 부분을 볼 수 있게 된다. 이런 점에서 격의의 방법론에는 한계와 함께 가능성 역시 존재한다. 예컨대, 義相에 의한 '저자의 부재'를 롤랑 바르트와 보르헤스의 관점에 입각해서 재해석해 보는 이 글 자체가 바로 격의의 방법론에 의지하고 있는 것이다. 이러한 시도를 통하여 나는 격의에 의하여 얻게 되는 긍정적인 가능성을 살려가야 한다고 본다. 그것은 바르트나 보르헤스와 친숙한 불교 밖의 이웃들의 독서를 이끌어 들일 수 있었기 때문이다. 따라서 애시당초 중국불교사에서 격의가 인도불교의 중국적 토착화를 위해서 시도된 것처럼, 이러한 격의를 통하여 불교는 거듭거듭 '오늘 이 시대의 컨텍스트 속에서 살아나는 이야기'로 만들 수 있으리라 보기 때문이다.

V. 맺음말

타자를 모방하거나 타자에게 구속 당하지 않고, '지금 - 여기'에서 스스로의 창조적인 삶을 사는 것을 선은 가장 이상적인 삶이라 말한다. 이 같은 선의 정신은 불교학 연구자에게도 필요한 것으로 평가된다. 그것은 텍스트 속으로 들어가서 텍스트의 객관적인 의미를 파악하는 것만으로는 충분히 드러날 수 없다고 본다. 이른바 자기철학

---

79) 졸고, 「전통적 불교학의 방법론에 나타난 현대적 성격」, 『가산학보』 제8집(서울 : 가산학회, 1998), pp.51~55. 참조 이 책의 두 번째 논문으로 재수록.

(svadarśana/svapādani)의 제시가 요청되는 것이다. 가다머의 철학적 해석학은 진정한 이해는 텍스트 속으로 들어가야 하는 것이 아니라 오히려 독자가 처한 삶의 현실적 지평에서 텍스트와 대화를 행하는 것, 이른바 지평융합을 통하여 이루어진다고 본다는 점에서 자기철학의 제시를 지향하는 우리에게 큰 시사를 줄 것이다.

'독자'의 역할을 강조하는 점에서 철학적 해석학은 상호텍스트성과 일맥상통하는 바가 있는데, 이제 이들 상호텍스트성(롤랑 바르트, 보르헤스, 엘리엇)과 철학적 해석학의 공통되는 입장을 삶의 세계에 대한 지향성, 즉 실천지평에서 찾고, 이들을 다시 불교해석학[Lopez를 뒤이어]의 해석 원리[=실천적 독서법]로까지 밀고 가려 한다. 그러한 실천적 독서법에 입각할 때, 모든 불교학자는 자유롭게 자기철학을 제시할 수 있으리라 본다. 이러한 결론의 도출에 이르는 길을 간략히 요약해 보기로 하자.

義相은 그의 『법계도기』의 저술을 마치면서 저자의 이름을 기록하지 않았다. 그리고 그 이유를 '無有主故'라고 말하였는데, 이는 연기·무자성·공의 입장에서다. 이를 다시 텍스트론에 적용시켜 보면, 텍스트에는 고정된 저자가 있는 것이 아니라는 의미가 된다. 이러한 義相의 입장은 롤랑 바르트의 텍스트론에서 말하는 '저자의 죽음'과 대동소이한데, 나는 '저자의 부재'라고 불렀다. 그런 뒤, 義相과 보르헤스의 소설에 나타난 텍스트론을 다시 대비해 보았다.

보르헤스가 「삐에르 메나르, 돈키호테의 저자」, 「모래의 책」을 통하여 고정된 텍스트와 하나의 의미라는 오래된 신화를 거부한 채, 텍스트는 독자의 독시행위에 의해서 다시금 쓰여지는 것이며 의미는 무한히 새롭게 해석되는 것임을 문학적으로 형상화하고 있음은 널리 알려진 사실이다. 이를 나는 義相의 『법계도기』에 나타난 '저자의 부재'와 궤를 같이 하는 것으로 해석한 것이다. 義相, 롤랑 바르트, 보르헤스,

그리고 전통론에 나타난 엘리엇의 입장은 모두 상호텍스트성을 의미하는 것으로, 상호텍스트성의 독서법이 불교해석학의 차원에서도 이해될 수 있음은 『불교해석학』을 편집한 Donald S. Lopez, Jr.에게서 그 先例를 확인할 수 있었다. 로페스는 보르헤스와 대승경전 모두 '저자의 不在'를 언급하는 점에서 공통된 입장을 취하고 있다고 보았던 것이다. 이러한 예는 상호텍스트성을 불교해석학의 한 측면으로 고찰하려는 나의 입장을 뒷받침해 주는 것으로 평가된다.

이렇게 독자의 현실적 삶의 지평을 강조하면서, 독자의 독서행위에 의해서 텍스트가 새롭게 창조된다는 것은 독자의 현실적 삶의 맥락이라는 실천지평의 의미를 새롭게 제기할 수 있게 한다. 이러한 실천지평에 의거한 독서법을 나는 '실천적 독서법'으로 이름하고, 자기철학의 제시를 가능케 할 불교해석학의 한 원리로서 규정하였던 것이다. '실천적 독서법'에 의지할 때 현실의 삶의 場은 언제나 다른 것이므로, 그에 의지하여 행해지는 독서의 결과도 언제나 다를 수밖에 없게 되어서 무한해석〔=영구해석〕이 행해지게 된다. 내가 주장하는 '자기철학' 역시 이런 맥락에서 언제나 살아있는 무한해석을 의미함에 지나지 않는다.

그런 점에서 실천적 독서법이 갖고 있는 현실지향성은 마침내 불교학을 '옛날 이야기'가 아니라 언제나 살아 있는 '오늘의 이야기'로 되살릴 수 있으리라 생각한다. 그런데 문제는 불교학 연구자들이 어떻게 해야 우리 삶의 현실적 컨텍스트를 떠나지 않을 수 있겠는가 하는 점이다. 원전 텍스트의 무거움을 느끼고 있는 불교학 연구자들이 우리 삶의 구석구석을 모두 다 실제로 밟을 수는 없기 때문이다. 이에 그 대안으로 논자는 외전을 내전과 함께 읽어야 함을 제시하였다. 외전이 우리 삶의 컨텍스트를 담고 있을 수 있기 때문이다. 불교인문학은 곧 원전 텍스트인 내전과 우리 삶의 실제적 컨텍스트를 담고 있는 외전을 함께 읽음으로써 성립하는 것이다.

　이렇게 義相의 『법계도기』에 나오는 '저자의 부재'는 롤랑 바르트, 보르헤스, 엘리엇, 그리고 가다머의 철학적 해석학과 만나게 되며, 마침내는 佛敎人文學的 방법론을 촉구하는 것으로서 그 의미가 새롭게 해석될 수 있다. 이제 우리는 보다 적극적이며 능동적으로 텍스트의 의미를 새롭게 천착할 수 있으리라. 우리에게 있어서, 모든 텍스트의 주인(저자)은 바로 우리 자신이므로.

여러 가지 독서법에 의지한 해석의 사례
― 간디의 『바가바드기타』 읽기를 중심으로 ―

　불교 경전이 갖는 권위로 인해 해석자의 자유로운 상상력을 제한하는 '원전/경전의 무거움'을 최대한 완화하면서 해석자가 자기철학을 제시할 수 있는 방법이 무엇일까를 모색하는 과정에서 나는 독서법에 관심을 기울였다. 통상적인 연구방법론이라 할 수 있는 분석적 독서법, 해석자의 컨텍스트 속에서 현실경험을 갖고 텍스트를 이해해 가는 실천적 독서법, 그리고 선적 독서법 들이 그렇게 해서 개발되었다. 이 중에 선의 독서법이라 할 수 있는 관심석에 대해서는 이 책의 첫 번째 논문에서, 그리고 실천적 독서법에 대해서는 바로 앞의 논문에서 상세하게 살펴보았다. 그러나 그깃들은 새로운 해석방법으로 독서법을 원론적으로 제시하는 데 그쳤다. 이제 보다 구체적으로 그러한 독서법에 의지하였을 때 어떻게 해석의 결과가 달라지는가 하는 점을 살펴볼 필요가 있다.
　바로 근대 인도의 사상가인 마하트마 간디가 힌두교의 성서 『바가바드기타』를 읽을 때, 다양한 독서법을 모두 적용함으로써 새로운 자기철학을 형성하고 있다. 이를 하나의 사례연구(case study)로서 살펴보기로 하자. 여기서 그 대상 텍스트가 힌두교의 성전이라는 점은 큰 문제가 되지 않는다. 중요한 것은 해석의 방법인 독서법이기 때문이다. 더욱이 그러한 세 가지 독서법이 모두 불교경전의 새로운 읽기를 위해서 고안한 것이라는 점에서, 힌두교 텍스트를 읽는 간디의 독서법이 불교경전을 새롭게 해석하려는 우리들에게도 참고가 될 수 있으리라 생각한다. 이 논문은 비록 힌두교 성전 『바가바드기타』에 대한 내용을 많이 이야기하고 있으나, 독서법의 적용 사례를 알 수 있게 한다는 점에서 이 책에 함께 수록하였다.

이 논문은 한국인도학회가 펴내는 『인도연구』 제10권 2호(2005), pp.179~213을 통하여 발표되었다. 당시의 제목은 「바가바드기타를 읽는 간디의 다원적 독서법」이었다. 이번에 이 책에 수록함에 있어서, 서술의 순서를 바꾸기도 하고, 내용의 보완을 하기도 했음을 밝힌다. 내가 객원연구원 신분으로 일본 교토의 '불교대학(Bukkyo University)'에서 공부할 때 초고가 마련되었다. 당시 『간디 전집(The Collected Works of Mahatma Gandhi)』을, 아직 일반에게 공개하기 이전임에도 불구하고 특별히 열람하고 복사할 수 있도록 편의를 제공해 준 '불교대학' 도서관 관계자들께 이 자리를 빌어서 감사의 뜻을 표한다. 그분들의 친절이 아니었다면, 이 글은 애시당초 불가능하였을지도 모른다.

【 주제어 】 마하트마 간디, 틸락, 『바가바드기타』, 분석적 독서법, 실천적 독서법, 선적 독서법, 아힘사, 진리실천, 자기철학.

Ⅰ. 머리말

마하트마 간디(Mahatma Gandhi, 1869~1948)에 대해서 말한다는 것

은 사실상 새삼스러운 감이 없지 않다. 그는 인도에 대한 영국제국주의의 폭력적 지배를 비폭력(ahiṁsā)이라는 방법으로써 물리치는 데 앞장 섰던 것으로 너무나 유명하다.

독립을 위해서는 폭력에 의지하는 것이 보다 효과적인가, 아니면 비폭력에 의지하는 것이 보다 효과적인가 하는 전략적 차원에서의 선택이 아니라 상대/적마저 포용하면서 미래의 인류문명 전체에 대한 길/처방을 제시한 이념이 비폭력이었던 것이다. 그에게 비폭력은 수단이 아니라 목적이었다. 인도의 독립이라고 하는 것 역시 그 같은 맥락 속에서 추구되었다. 독립운동 중 폭력사태가 일어나면 즉시 운동을 중지하고 단식으로 참회와 정화의 의례를 행하였던 것이 비폭력의 그러한 위상 내지 의미를 약여하게 보여주고 있다. 그렇게 독립이라는 목적을 위한 수단/방편이라는 차원을 넘어서 비폭력운동을 위치지우고 있다는 데서 성자의 칭호가 주어지지 않았을까?

그런만큼 간디에 대한 책이나 논문은 수없이 많이 발표되어 있으며, 우리나라 출판계에서도 그에 대한 책은 지속적으로 간행되고 있다. 그 접근 방법 역시 다양하다. 그럼에도 불구하고, 나는 여기서 간디를 한 사람의 해석학자로 보면서 인도철학에 대한 그의 해석을 평가해 보기로 한다. 특히 『바가바드기타(Bhagavadgītā)』(이하, 『기타』로 약칭하고, BG로 註記함)에 대한 그의 해석학적 방법론에 관심이 가는 이유는 그에게 있어서 『기타』만큼 큰 영향을 끼친 텍스트가 없다고 보기 때문이다. 바꾸어 말하면, 『기타』가 미친 영향은 다른 어떤 사상가의 경우보다 현저하다. 직접 그의 말을 들어보자.

나는 의심이 나에게 나타날 때, 내 얼굴에 실망이 나타날 때, 그리고 지평선 위에서 한 줄기의 빛도 보지 못할 때 나는 『기타』로 돌아가서 나를 편안케 해 줄 한 구절을 찾고서는 이내 나를 압도하는 슬픔의 한 가운데

서 미소를 띠기 시작한다는 사실을 고백해야만 한다.[1]

그렇게 "성서이며, 쿠란이었으며, 그 이상 …… 즉 어머니였다"[2]고 하는 『기타』에 대해서 그는 과연 어떠한 방법론적 관점을 갖고서 해석해 갔던 것일까? 과연, 간디는 어떠한 '독서법'으로 『기타』를 읽었던 것일까? 다른 해석학자와 차별될 수 있는 그 나름의 독서법이 존재하지 않는다면, 그에게서 해석의 독자성을 기대할 수 없을 것이다. 그러나 그는 '정의의 전쟁(dharmya saṃgrāma)'을 정당화하는 『기타』에 대해서 비폭력적 해석을 시도하고 있다.

『기타』는 전쟁에의 참여를 회의하는 아르쥬나(Arjuna)와 참여를 독려하는 크리쉬나(Kṛṣṇa) 사이의 대화록이다. 하지만, 아르쥬나에 대한 크리쉬나의 설법집이라 볼 수도 있다. 크리쉬나는 아르쥬나에게 이 전쟁은 다르마(dharma, 法)의 수호를 위한 정의의 전쟁이므로 참전해야 한다고 말한다. 이는 폭력/전쟁 용인[3]의 입장이다. 그런데 『기타』를 어머니라고 떠받드는 간디는 비폭력을 주장한다. 그러면서 비폭력사상의 근원을 『기타』에서 찾고 있는 것이다. 모순이 아닌가? 이 점에서 간디에게는 『기타』의 폭력 용인을 비폭력적으로 해석해야 할 숙제가 지워져 있었다. 나 개인적으로는 그러한 간디의 시도가 그리 성공적이었던 것으로 생각되지는 않으나, 바로 그런 점에서 독창적 해석을 남기고 있음에 틀림없다. 그런 만큼, 독창적 해석을 이끌어내는 나름의 독서법을 가졌다고 하지 않을 수 없다.

---

1) Young India, 1925.8.6. Ramesh S. Betai, *Gita and Gandhiji*(New Delhi : National Gandhi Museum, 2002), p.4. 재인용.
2) Harijan, 1934.8.24. 上同.
3) 『기타』의 폭력/전쟁 용인, 즉 정의의 전쟁에 대한 나의 비판은 대표적으로 졸고, 「'정의의 전쟁'론은 정의로운가」, 『동서철학연구』 제28호(대전 : 한국동서철학회, 2003), pp.5~35. 참조.

그의 독서법은 힌두교 텍스트를 대상으로 하여 이루어져 있지만 불교 텍스트에 적용해도 무방하겠다. 그가 활용했던 독서법 자체가 애시당초 보편성을 갖고 있기 때문이기도 하고, 또 그가 의식하지 못했다고 하더라도 불교적 특성 역시 엿보이기 때문이다. 본격적으로 그의 『기타』 읽기에 나타난 세 가지 독서법을 확인하기 전에 먼저 예비적 고찰로서 그의 삶 속에서 『기타』는 과연 어떤 의미를 갖고 있었는지를 관련 저술을 일별하면서 확인해 둘 필요가 있을 것이다.

II. 간디의 『기타』 관련 저술과 그 대중성

간디 이전에 『기타』에 대해서 행위주의적 입장의 해석을 시도했던 틸락(L. Tilak, 1856~1920)은 단 하나의 해석서, 즉 『기타 라하스야(Gita Rahasya)』만을 남기고 있다. 그 속에 온 힘을 다 불어넣고 있다.[4] 집필 이전에 충분한 학문적 역량의 축적과 준비를 통하여 일거에 대작을 완성하고 있는 것이다. 또, 틸락은 베다에 대한 저술을 3권이나 남기고 있을 정도로 베다에 대한 전문적 연구자라고 할 수도 있다. 그러나 간디의 경우는 이와 다르다. 간디는 오직 『기타』만을 의지하여 외우고 또 그것을 거듭해서 이야기해 간다. 『기타』를 끊임없이 읽은 것이 그의 삶을 기도로 채워주었다고 한다.[5] 그의 정신적인 삶에서는 『기타』를 제외하고서는 그 어떤 것도 이야기할 수 없다고 해도 과언이 아니다. 『기타』가 그에게 가장 중요한 소의경전

---

4) D. V. Tahmankar, *Lokamanya Tilak ; Father of Indian Unrest and Maker of Modern India*.(London : John Murray, 1956), p.193.
5) M.K.Gandhi, "Discourses on the Gita", *Collected Works of Mahatma Gandhi*(이하 CW) 32, p. 1926, 228 ; M. K. Gandhi, *M.K.Gandhi Interpretes the Bhagavadgita*(Delhi : Oriental Paperbacks, 1980), p.154.

(prasthāna)이었던 것으로 나에게는 판단되는데, 그에 대해 간디는 이렇게 말한다.

우리는 『기타』를 공부하기 위해서, 곧 일상생활에서 그의 가르침을 따르는 것을 배우기 위해 여기에 모인다. 우리는 배가 아플 때 가정의학서를 찾아보고, 거기에 처방된 약을 먹는다. 『기타』는 나에게 그런 가정의학서와 같은 책이다. 우리는 우리의 정신적 질병에 대한 약을 그 속에서 발견한다. 만약 우리가 『기타』를 우리의 '소원을 들어주는 소'(kamadhenu, 如意牛)로 만들고자 한다면, 우리는 가능한 한 그것을 우리의 유일한 원천으로 삼아야만 한다. 우리가 『기타』로부터 이끌어내는 것을 옹호하기 위해서 어떤 책이라도 찾아볼 수 있을 것이지만, 우리는 『기타』가 갖는 유일한 권위에 만족해야만 할 것이다.6)

『기타』로 그의 내면을 채워갔던 그로서는 그가 읽은/파악한 『기타』의 가르침을 대중들에게 전달하여, 그들과 함께 공유하려 했던 것은 너무나 당연했을 것이다. 그의 삶 그 자체가 대중들과 더불어 함께 한 실천의 삶이었기 때문이다. 그러한 과정 속에서 그는 『기타』에 대한 글쓰기를 이어간다. 간디의 삶 안에서 이러한 『기타』와의 因緣史는 크게 세 시기로 구분할 수 있을 것으로 나는 생각한다. 여기서는 각 시기의 특징과 그 시기에 이루어진 『기타』 관련 저술들에 대해서 간략히 살펴보기로 한다.

1. 제1기, 자기철학의 맹아

제1기는 1889년부터 1914년까지다. 1889년에 『기타』를 처음 만났

---

6) 위의 책, p.313 ; 위의 책, p.243. '소원을 들어주는 소'의 개념은 BG 3 : 10 참조.

을 때부터 남아프리카에서 활동하던 시기(1893~1914)까지를 모두 포함한다. 이 시기에 간디는 『기타』를 학습하면서, 장차의 본격적인 연구에서 꽃피울 해석의 맹아를 성장시켜 간다. 우선, 간디가 『기타』를 어떻게 만났는지, 그의 회고를 들어보는 것이 좋겠다. 1888~1889년, 그가 영국에 유학할 당시의 일이다.

두 사람의 영국인과 교제를 하고 있었는데, 내가 『기타』를 읽도록 유혹받은 것은 바로 그때였다. 내가 '유혹받았다'고 말한 것은 나는 그것을 읽고자 하는 특별한 욕망을 갖고 있지 않았기 때문이었다. 이 두 사람의 친구들이 내게 그들과 함께 『기타』를 읽자고 요구해 왔을 때 나는 심히 부끄럽게 느꼈다. 원인은 나의 자만심에 있었다고 나는 생각한다. 나는 우리의 성스러운 책들에 대해서 아는 게 아무 것도 없다는 의식이 나를 비참하게 했다. 나는 아무런 도움없이 『기타』를 읽을 수 있을 만큼 산스크리트를 알지 못했다. 두 사람의 영국 친구들 역시 산스크리트를 전혀 알지 못했다. 그들은 나에게 에드윈 아놀드(Edwin Arnold)경의 빼어난 시적 번역을 주었다. 나는 즉시 그 전부를 철저히 읽었으며 곧 그것에 매혹되었다. 그때부터 지금까지 2장의 열 아홉 송은 내 마음 속에 여전히 아로새겨져 있다.[7]

이러한 『기타』와의 첫 만남에서 이미 그는 나름의 중요한 통찰력을 갖게 된다. 바로 2장의 열 아홉 송에서 『기타』 전체의 핵심/주제

---

7) M. K. Gandhi, "Meaning of the Gita", CW, pp.313~321 ; M. K. Gandhi, *An Autobiography or the Story of my Experiments with Truth*(Ahmedabad : Navajivan Trust, 1927), p.57. 2장의 열 아홉송은 2 : 54~72를 말하는 것으로, 『기타』가 제시하는 이상적 인간상이라 할 수 있는 知慧行者(sthitaprajña)를 노래하고 있으므로 나는 그 부분을 「지혜행자 시편」이라 부른다. 간디가 「지혜행자 시편」을 얼마나 소중하게 생각하고 있었던가 하는 점은 졸고, 「바가바드기타에 보이는 지혜와 행위의 관련성 ; 간디의 sthitaprajña개념을 중심으로」, 『인도연구』 제11권 2호(서울 : 한국인도학회, 2006), pp.7~21. 참조.

(tātparya)를 발견/파악해 내고 있다는 점이다. 知慧行, 즉 지혜에 입각한 행위를 『기타』의 주제로 파악하고 있는 것이다. 이에 더하여, 또 하나의 중요한 통찰력을 더 얻고 있다는 사실은 그의 또 다른 회고에서 알 수 있다. 『기타』의 구자라티어(간디의 모국어) 번역서인 『無我行의 요가(Anasaktiyoga)』의 서론에서 다음과 같이 말하고 있다.

> 내가 처음 『기타』와 친숙해졌을 때 나는 그것이 역사적인 사건이 아니라 물질적인 전쟁의 外觀 아래, 인간이 마음 속에서 영원히 계속될 투쟁을 서술하고 있음과 물질적인 전쟁은 내면적인 전쟁에 대한 묘사를 단순히 더 매혹적이게 하기 위해서 도입되었다고 느꼈다.[8]

이는 나중에 본격화될 그의 알레고리(allegory)적 『기타』 해석의 맹아가 이미 첫 독서에서부터 자라나고 있었음을 알려주는 좋은 증거이다. 1903년 남아프리카에서 간디는 다시 求道會(Seeker's Group)에서 神智學會(Theosophical Society) 회원들과 함께 『기타』를 읽게 된다. 이렇게 『기타』를 읽게 되는 초기에, 신지학회의 회원들과 함께 하고 있다는 사실은 주목할 만하다. 인도의 전통문화를 재발견해야 함을 인도인들에게 계몽시키는 데 큰 역할을 했던 신지학회의 많은 지도자들이 『기타』에 대해서 해석을 시도한 바[9] 있다. 특히, 그 중심적 관점

---

8) M. K. Gandhi, *The Gospel of Selfless Action or accoding to Gandhi*(Ahmedabad : Navajivan Publishing House, 1995), p.127.
9) 神智學會 지도자들에 의한 『기타』 해석서의 목록은 다음과 같다. Essays on the Gītā(William O Judge) ; The Yoga of the Bhagavadgītā(Sri Krishna Prem) ; The Philiosophy of the Bhagavadgītā(Subha Row) ; Thoughts on the Bhagavadgītā(A.Brahmin) ; Hints on the Study of the Bhagavadgītā(Annie Besant) ; The Doctrine of the Bhagavadgītā(Pandit Bhavani Shankar) ; Discorses on the Bhagavadgītā(C.Jinarajadasa). Ronald W. Neufeldt, "A Lesson in Allegory : Theosophical Interpretation of the Bhagavadgītā" ; Robert N. Minor ed., *Modern Interpreters of the Bhagavadgītā*(Delhi : SriSatguru Publications, 1991), pp.12-13.참조 이외에 틸

은 행위의 길에 두어져 있었으며 방법론적으로는 『기타』에서의 전쟁을 알레고리로서 이해하는 것이었다. 이 두 가지는 모두 장차 간디의 『기타』해석에서 중심적인 위상을 차지하게 되는 요소이다. 따라서, 간디가 『기타』를 해석함에 있어서 신지학회 회원들의 해석으로부터 영향을 받았을 가능성은 열어 두어야 할 것으로 생각된다. 그리고 이 때, 즉 1903년부터 "『기타』는 행위에 있어서 오류가 없는 안내자가 되었다. 그것은 매일의 참고를 위한 나의 사전이 되었다"고 간디는 술회한다.

2. 제2기, 자기철학의 완성

제2기는 인도로 돌아온 1915년부터 1925년까지다. 이 시기에 간디는 『기타』에 대한 일련의 연구를 통해서 종래에 직관적으로만 갖고 있었던 『기타』에 대한 그의 입장을 자기철학으로 완성시켜 간다. 이 시기에 이루어진 저술을 간략히 서술하면 다음과 같다.

① 『기타 교설의 진실한 의미』(True Meaning of Bhagavadgita's Teaching) Satyagraha Leaflet No.18, 1919년 5월 18일 발행. CW. ⅩⅤ(1988). pp.288~289. :

이 글은 1919년 5월 11일 일요일의 동맹휴업(hartal)을 앞두고, The Times of India의 불공정한 비방에 대하여 항의하면서 "진리실천(Satyagraha)의 정신과 진실한 종교적 믿음에 의하여 동맹휴업을 준수하기를" 촉구한 글이다. 짧은 글이지만, 『기타』의 전쟁은 인간 내면세계의 선과 악의 싸움이라는 상징주의적 해석이 제시되어 있다. 그리

락은 Brooks라는 인물을 또 언급하고 있다. B.G.Tilak, B.S.Sukthankar, tr., *Srimad Bhagavadgītā-Rahasya or Karma-Yoga-Sastra*(Poona : Kesari Press, 2000), p.ⅩⅧ.

고 간디의 이러한 해석에 대하여 "『기타』가 폭력을 설하는 것이 아니냐" 라는 대중들의 질문/우려/의견들에 대하여 "그렇지 않다"고 답한 글이다. 간디는 "『기타』의 모든 페이지에서 사랑만을 발견한다"고 서술하고 있다.

② 『기타 단어장』(Gitakosha) :

1922년 예라우다(Yeravda) 감옥에서 집필. 『기타』에 등장하는 단어의 의미를 밝힌 단어 주해집. 뒤에 『무아행의 요가(Anasaktiyoga)』에 편집된다.

③ 『기타의 의미』(Meaning of the Gita) 1925년 10월 11일. CW XXVIII(1994), pp.313-321. :

짧은 에세이지만, 『기타』를 해석하는 그의 해석학적 방법론과 『기타』의 주제가 폭력이 아니라 비폭력임을 역설하고 있는 중요한 글이다. 이는 후술할, 『기타 강의록(Discourses of the Gita)』이 『간디의 기타 해석(M.K.Gandhi Interpretes the Bhagavadgita)』이라는 제목의 유포본으로 발행될 때, 그 「서론(Introduction)」으로 편집된다. 이때 원래의 제목인 「기타의 의미(Meaning of the Gita)」와 함께, 무슨 이유에서인지 모르지만, 그 冒頭의 3단락이 缺落된다. 이 유포본은 우리말로 번역[10]되어 있으므로, 유포본에서 사라진 부분을 『간디 전집(The Collected Works of Mahatma Gandhi)』[11]에 의지하여 여기에 옮겨둘 필요가 있다고 생각된다. 그것은 다음과 같다.

---

10) 마하트마 간디 해설, 이현주 역, 『평범한 사람들을 위해 간디가 해설한 바가바드 기타』(서울 : 당대, 2001).

11) The Collected Works of Mahatma Gandhi는 모두 100권이다. 이하 The Collected Works of Mahatma Gandhi은 'CW'로 略記한다. 이 글에서의 出典 표기는 최초 저술연대를 취하였으나, 실제로는 CW에서 찾아서 확인하여야 할 것이다. 물론, CW의 편찬은 훨씬 후대의 일이다. 출전 표기방식이 초래하는 혼돈이라 할 수 있다.

한 친구가 다음과 같은 질문을 한다〔그 편지는 여기서 번역되지 않는다. 투고자는 『기타』의 1장과 11장이, 『기타』가 비폭력을 가르친다는 간디지(Gandhiji)의 견해를 지지하지 않는 것 같다고 논변하였다. ― 原註〕. 그러한 의문들이 계속 일어날 것이다 (『기타』에 대해서). 어느 정도라도 연구를 해온 사람들은 그들 능력의 최선을 다해서 그러한 문제들을 해결하도록 노력해야 한다. 나는 그렇게 노력할 것이다. 그러나 동시에 나는 사람이 행동함에 있어서 마지막 의지처는 그의 마음의 지시/명령을 따르는 것이라고 말해야 한다. 마음은 지성에 대하여 우선권을 가진다. 그 원칙이 먼저 받아들여지고, 증명은 나중에 따른다. 영감은 우리가 영감을 정당화하는 토론에 앞선다. 그것이 지성은 인간의 행위들에 의해서 인도된다고 말해지는 이유이다. 인간은 그가 하고자 원하거나 행했던 것을 지지하는 논의들을 발견한다. 나는, 그러므로, 『기타』에 대한 나의 해석이 모두에게 받아들여지지 않으리라는 것을 이해할 수 있다. 이러한 환경에서, 만약 내가 어떻게 『기타』에 대한 나 나름의 해석에 이르게 되었는지 묘사한다면, 또 성전들의 의미를 결정함에 있어서 내가 따랐던 원리들을 설명한다면 그것은 족하리라고 생각한다. "나의 의무는 싸우는 것이고, 그리고 결과에는 관심을 두지 않는 것이다. 죽을 만한 적들은 이미 죽었으며, 우리(my part)는 그들을 죽임에 있어서 하나의 도구일 뿐이다."12)

조르덴스(J.T.F.Jordens)는 "1925년 이후의 저술에서는 무엇인가 의미있는 새로운 것이 넛보태어진 것은 없다"13)고 평가하는데, 그렇게 평가하는 까닭은 「기타의 의미」에서 간디의 해석학적 방법론과 그의 지향성이 綱要(saṁgraha)로서 제시되어 있기 때문으로 생각된다.

---

12) M.K.Gandhi, "Meaning of the Gita", 앞의 책, p.315.
13) J.T.F.Jordens, "Gandhi and the Bhagavadgita", Robert N. Minor, ed., 앞의 책, p.89.

3. 제3기, 자기철학의 대중화

제3기는 1926년 이후이다. 이 시기에는 그의 해석을 대중들에게 널리 전파하기 위한 강의·번역 등에 힘을 쏟는다. 이 시기에 이루어진 저술들에 대해서 간략히 서술하면 다음과 같다.

④ 『기타 강의록』(Discourses on the Gita)

1926년 2월 24일부터 11월 27일까지의 강의록. CW ⅩⅩⅩⅡ (1969). pp.94~376. 아메다바드 사챠그라하 아쉬람.

『기타』의 18장 전체에 대한 강의이지만, 18장의 게송 전체를 다 제시하면서 그 의미를 해설하는 방식은 아니다. 그 반대로 간디의 해설, 아니 강의가 먼저 제시되면서 필요한 구절들을 사이사이에 인용하는 방식의 저술이다. 이러한 저술 방식을 통해서 보더라도, 간디의 해석은 원전 텍스트에 의한 구속보다는 自己流의 해석/자기철학이 앞서고 있음을 알 수 있다. 앞서 언급한 것처럼, 간디의 『기타』 관련 저술 중에서 가장 방대하고 상세한 해석서이다. 『간디의 기타 해석(M.K.Gandhi Interpretes the Bhagavadgita)』이라는 제목의 유포본으로 발행된 바 있는데, 앞서 註記한 이현주 번역의 우리말 역본은 이를 저본으로 한 것이다.

⑤ 『無我行의 요가』(Anasaktiyoga)

1929년. 『기타』 전체의 구자라티어 번역서. 간디의 비서인 마하데브 데사이(Mahadev Desai)에 의해서 영어로 번역되었는데, 『간디가 말하는 무아행의 복음(The Gospel of Selfless Action or accoding to Gandhi)』[14]이 바로 그것이다. 18장 700송을 전부 번역하고 있는데, 본

---

14) Mahadev Desai는 먼저 "My Submission"이라는 제목 속에서 『기타』의 여러 사상에 대한 개설적 설명을 붙이고 있다. 그 뒤에 Anasaktiyoga의 영역이 편집되어 있다.

문 아래 간략히 해설을 붙이고 있다. 그 아래 다시 〔 〕속에 중요한 단어에 대한 해설이 붙어 있는데, '간디의 노트(in Gandhiji's note)'라는 표현이 나오는 것으로 보아 마하데브 데사이가 편집한 것으로 생각된다. 이때 '간디의 노트'는, 아마도 『기타 단어장』이 아닐까 생각된다. 또 『무아행의 요가』 앞에는 간디에 의한 일종의 서론이 붙어 있다. 「기타의 메시지(The Message of the Gita)」라는 제목이다. 각 단락에 일련번호를 붙이면서 서술하고 있는데, 30번까지 붙어 있다.

⑥ 『기타에 대한 편지』(Letters on the Gita)

1930년과 1932년, 두 번에 걸친 예라우다 감옥 생활을 통하여 나란다스 간디(Narandas Gandhi)에게 보낸 편지들이다. CW XLIX(1972), pp.111~149. 이는 아쉬람의 기도 모임에서 낭독하라고 보낸 것인데, 모두 18편이다. 『기타』의 18장 전체에 대하여 하나의 편지에 한 장씩, 그 내용을 요약한 것이다. 그런 뒤에 "노트"라고 하여 간략히 해설하는 방식을 취하고 있다.

⑦ 『기타의 승리』("Gita" Jayanti)

1939년 12월 11일. CW LXXⅠ(1994). 2페이지가 채 되지 않는 짧은 글이지만, 왜 그가 2장과 3장을 전체의 근본으로 생각하는지에 대해서 논하고 있다.

틸락의 해석이 『기타 라하스야』라는 대작을 통하여 일시에 또 학문적으로 이루어졌다면, 간디의 경우는 그와는 다른 양상을 보여준다. 틸락은 전통적 해석들에 대한 비판을 통하여 새로운 해석, 행위 중심의 해석이 『기타』의 바른 뜻이라는 점을 천명하고자 하였다. 거기에는 그 시대에 『기타』를 함께 읽어 가야 할, 그리고 실천해 가야 할 대중들이 독자로서 상정되지 않는다. 전통적 해석자들이 그의 글을 읽을 가상의 독자였다고 할 수 있을 것이다. 그러나 간디의 경우는 그렇지 않다. 그의 해석은 대중들을 위하여, 대중들과의 교감을 통하여 이루어진 것이라 할 수 있다.15) 실제 간디에게는 그의 해석에 대한 많은 의문이 제기되었다. ③, ⑥ 그리고 ⑦은 모두 그에게 문제를 제기하는 편지에 대한 답장이라는 성격이 있다. 비록, 그 편지는 번역되어 있지 않지만 우리는 그러한 사실을 『간디 전집』의 각주를 통해서 알 수 있다. 이는 그의 『기타』 이해가 그 시대의 대중과 함께 논의하는 가운데에서 이루어졌다는 사실을 보여준다. 이러한 대중성은 뒤에서 논의할 바와 같이, 그만큼 그의 해석이 실천지평/실천적 지향성을 띠고 있었음을 나타내 주는 것이라는 점에서 주목되어야 할 것이다.

Ⅲ. 여러 가지 독서법의 활용

비록 간디의 경우 현대적 의미의 학자는 아니었지만, 그 자신 『기타』 해석을 함에 있어서 분명히 어떤 방법에 의지해야 할 것인지를 의식하고 있었던 것으로 보인다. 한 사람의 독자/해석자가 하나의 텍스트를 읽고 해석해 감에 있어서 취하는 태도/방법을 나는 '독서법'이라고 부른다. 독서법은 방법론이라는 개념과 매우 유사하여 구별하기가 쉽지 않다. 이에 대하여 호이는 이렇게 말하고 있다.

해석학적 이론들을 설명하는 데 있어서의 어려움은, 주로 이 이론을 형이상학적 관념론뿐만 아니라, 특정한 문학비평 방법이나 전략의 논의와도

---

15) 틸락과 간디 공히 주요한 저술을 감옥이라는 닫혀진 세계 속에서 이루었으나, 그 환경을 틸락은 자기철학의 정립을 위한 학문적 저술의 완성을 위해서 전력투구한 반면, 간디는 감옥 밖에 있는 대중들과 함께 교감하면서 그들에게 읽힐 글을 쓰고 있는 차이를 보여준다. 양자에게 부여된 과제에 대한 인식이 달랐기 때문이라 볼 수 있다.

구별할 필요성이 있다는 데서 유발된다. 방법에 대한 논쟁은 독서법의 논쟁이나, 다른 '접근방법들approaches'의 장점에 관한 논쟁도 포함한다. 반대로 방법론methodology의 논쟁은 더욱 추상적이고 철학적이지 않으면 안 된다. 방법론은 인식론이나 이해의 이론 차원에 속한다. 이들 두 가지 차원의 논쟁은 서로 밀접하게 관계되기 때문에 쉽게 구별되지 않는다.16)

호이는 그래도 애써 독서법과 방법론을 구별하고 있다. 여기서 나는 방법론이 아니라 보다 구체적인 독서법의 문제를 다루고자 한다. 불교해석학 방법론의 하위에 있는 구체적 방편으로서의 독서법에 크게 세 가지 독서법이 존재하는 것으로 나는 생각하고 있다. 이 세 가지 분류에 대해서는 이미 논한 바 있다.17) 분석적 독서법, 반조적 독서법, 그리고 실천적 독서법이 그것들이었다. 그런데 나는 이후 觀心釋 역시 하나의 독서법18)으로 생각해 보게 되었으므로 앞의 세 가지 독서법에 관심석을 포함하여 새롭게 분류할 필요성을 느끼게 되었다. 그 결과 여기서는 거기에서 논한 반조적 독서법을 관심석과 함께 선적 독서법으로 분류하는 것으로 수정·보완하게 되었다. 이를 도식화하면 다음과 같다.

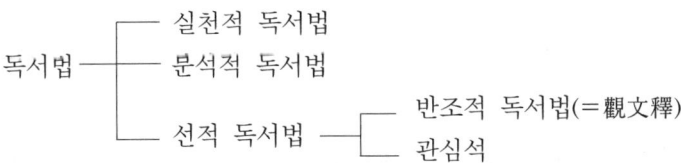

---

16) David C. Hoy, 이경순 역, 『해석학과 문학비평』(서울 : 문학과 지성사, 1988), p.134.
17) 졸고, 「저자의 不在와 불교해석학」, 『동서비교문학저널』 제5호(서울 : 한국동서비교문학학회, 2001), pp.159~160. 참조.
18) 관심석에 대해서는 졸고, 「미망사와 불교의 비교해석학」, 『한국종교사연구』 제10호(익산 : 한국종교사학회, 2002), pp. 106~111. 참조.

첫째, 실천적 독서법은 텍스트 밖에 존재하는 해석자의 컨텍스트에 입각하여 주체적으로 텍스트를 이해하는 해석 방법론이다. 둘째, 분석적 독서법은 텍스트가 갖고 있는 의미내용을 텍스트 내적으로, 혹은 그 텍스트와 연관되어 있는 다른 텍스트와의 관련 하에서 분석·평가하는 방법이다. 대개의 학문적 연구는 이러한 분석적 독서법에 입각하고 있다. 셋째, 선적 독서법은 다시 둘로 나눌 수 있다. 하나는 반조적 독서법이고, 다른 하나는 관심석의 독서법이다. 전자는 텍스트에 비추어서 내 마음을 읽어 가는 방식〔觀文釋=觀文釋心〕이고, 후자는 내 마음으로 텍스트를 읽어 가는 방식〔觀心釋=觀心釋文〕이다. 전자의 경우에는 텍스트에 의한 해석자의 마음의 수행과 관련되므로 실제로 연구방법론으로 보기에는 어려운 점이 있으며, 후자의 경우에는 선적 태도를 갖고서 텍스트를 읽어가는 것이므로 연구방법론이 될 수 있다.

그렇다면, 간디의 『기타』 해석에 나타나는 독서법은 어떤 것일까? 간디의 경우 실천적 독서법을 가장 현저하게 드러내면서도,[19] 분석적 독서법과 선적 독서법 역시 가미하고 있는 것으로 평가된다. 그런 까닭에 나는 이전의 견해를 수정하여 '다원적 독서법'으로 포괄하고자 하였다. 이하에서는 하나하나의 독서법을 간디가 어떻게 활용하고 있는지[20] 좀더 자세히 논술하기로 한다.

---

19) 졸고, 「저자의 부재와 불교해석학」, 『동서비교문학저널』 제5호(서울 : 한국동서비교문학학회, 2001), p.162. 각주 69) 참조 이때에는 실천적 독서법만이 나타나는 것으로 생각되었으나, 뒤에 자세히 고찰한 결과 여기서와 같이 다양한 독서법이 확인되었다.
20) 물론 간디 스스로 내가 명명한 이름으로 그의 『기타』 읽기를 부른 일이 없다. 어디까지나 내가 볼 때 그의 『기타』 읽기에는 불교해석학에서 고안된 독서법들이 나타나고 있다는 점에서 이렇게 논하고 있는 것이다. 그럼으로써 간디의 『기타』 해석의 특징들 역시 드러날 수 있는 것으로 생각되기 때문이다.

1. 실천적 독서법

해석학적 방법론, 즉 독서법의 입장에 미친 간디의 가장 큰 공헌은 내가 '실천적 독서법'으로 명명한[21] 또 하나의 독서법의 실례를 우리 앞에 제시해 주는 점에 있다. 시간(kāla)과 공간(desh)이라고 하는 컨텍스트의 요구에 따라서 텍스트를 해석해 가는 독서법을 실천적 독서법[22]이라고 한다. 간디의 독서법 가운데서 그러한 실천적 독서법을 엿볼 수 있는데, 일찍이 인도 해석학(Indian Hermeneutics)의 역사에서 선례가 드문 '실천적 독서법'을 그는 어떻게 하여 지니게 되었을까?

(1) 성전의 권위 탈피

간디가 실천적 독서법을 행할 수 있게 된 가장 중요한 이유는 그가 속한 종교문화의 전통인 힌두교 성전/원전(śāstra)의 권위에 의해서 그가 별로 억압당하지 않고 있다는 사실에서 찾을 수 있다. 단순히 예로부터의 전승/전통/정통이기때문에 예로부터의 해석을 무조건 복종/맹종할 수는 없다고, 그는 분명히 말한다.

성전은 오랜 시간 동안에 매우 많은 것들이 그 속에 삽입되어 왔다. 그러나 우리는 계속해서 그것들 속의 모든 것들이 신적인 영감에 의한 것이라고 믿어 왔다. 그렇게 함으로써 우리는 우리 스스로를 융통성 없는 사람으로 만들 뿐이다. 베다(Veda)라는 말은 '아는 것'을 의미한다. 그것은 우리가 브라만에 대한 지식을 얻도록 도와주는데, 그러한 지식을 얻는 데

---

21) 위의 책, pp.159~163.
22) 실천적 독서법에 대해서는 졸고, 「저자의 부재와 불교해석학」, 앞의 책, pp.159~163. 참조.

최선의 방편(means)이 베다이다.23)

이러한 간디의 언급은 해석학적으로 매우 중요한 몇 가지 태도들을 표명하고 있다. 첫째, 성전에 이미 성스럽지 않은 요소들이 삽입되어 있다는 인식인데, 이는 오랜 시간을 거치면서 이른바 '성전'들이 컨텍스트를 반영하고 있다는 판단인 것이다. 성전의 無誤謬性을 이야기하는 베단타나 미망사학파와 같은 입장을 생각할 때 전통/정통의 권위에 굴복하지 않는 禪的 기백24)을 느끼게 하는 대목이다. 둘째, 그러므로 종래에 전통/정통으로 받아들여오던 성전들이라고 해서 무비판적으로 그 모두를 진리라고 인정할 수는 없다는 것이다. 그러한 종래의 '성전'들에 대해서도 우리는 비판할 수 있어야 한다고 본다.

비록 비야사(Vyasa, 『기타』의 저자 — 인용자)가 그가 사용한 단어들을 정의했다 하더라도, 우리는 왜 그에 의해서 주어진 의미들을 받아들여야만 하는지를 물어야 한다. 예컨대, 비협조는 우리가 처음에 그것이 뜻하기를 의도한 것보다 더 많은 것을 의미하게 되었다. 제사(yajña)라는 단어의 의미를 우리가 넓히더라도, 또 비록 비야사의 마음 속에 우리가 그 단어에 덧붙이는 새로운 의미가 결코 없었다고 하더라도 아무런 해가 없다. 그의 단어들의 의미를 넓힘으로써 우리는 비야사에게 어떤 해도 끼치지 않는다.25)

애시당초의 작자 "비야사의 마음 속에 우리가 그 단어에 덧붙이는

---

23) M.K.Gandhi, "Discourses on the Gita", CW XXXII, p.124. ; M.K.Gandhi Interpretes the Bhagavadgītā, pp.41~42.
24) "부처를 만나면 부처를 죽이고 조사를 만나면 조사를 죽여라"는 禪師의 설법은 어떠한 권위나 어떠한 偶像도 즉각적으로 파괴할 것을 요구한다.
25) M.K.Gandhi, "Discourses on the Gita", CW XXXII, p.154. ; M.K.Gandhi Interpretes the Bhagavadgītā, p.76.

새로운 의미가 결코 없었다고 하"는 상황은 해석이 저자의 의도를 정확히 복원해야 한다고 보는 '쉴라이에르마허 → 딜타이'류의 해석학26)에 따르지 않겠다는 것이다. 그렇게 우리의 해석이 저자의 의도 속에 존재하지 않았다고 하더라도 아무런 문제가 될 수 없다는 관점이다. 이러한 해석학적 태도는 해석자의 지평을 적극적으로 활용해 가기를 강조하는 철학적 해석학의 방법론과 정확히 일치하고 있다 하겠다.

텍스트의 의미를 더욱 확대해 가는 것 자체가 잘못은 아니다. 간디가 해석자에 의한 새로운 의미확대를 강조하는 것은, 그가 원래의 텍스트에 의해서 구속되어 있지 않기에 가능한 것이었다. "나는 『기타』를 포함하여, 모든 성전에 대하여 내 자신의 판단을 행사한다. 나는 성전(scriptural text)이 나의 이성을 대체하도록 놓아둘 수 없다."27) 이런 점에서 그의 해석학은 '이성의 해석학'이라 할만하다. 그는 성전의 말이라 하더라도 그의 현실적 삶과 경험 속에서 테스트해 본다. "개인적 체험의 테스트에 맡겨보지 않고서는 결코 성전을 인용하지 않는다."28)고 말한다. 이렇게 원전 텍스트로부터 구속되지 않고 이성을 성전의 성스러움 여부를 판단하는 기준으로 설정하고 있다는 점에서 부처를 만나면 부처를 죽이고 조사를 만나면 조사를 죽이는 정신, "비록 부처가 간 길이라고 하더라도 따를 수 없다"29)고 하는 선승들의

---

26) 서양 근대 해석학의 역사에서 '저자의 意圖'를 복원/재구성하려는 입장은 쉴라이에르마허 → 딜타이의 흐름에서 확인되며, 그것은 다시 實踐的 讀書法과 相通하는 〔하이데거 → 〕가다머의 철학적 해석학의 입장과 相反된다. 서양 해석학의 흐름에 대한 개론적 이해는 리차드 E. 팔머, 이한우,『해석학이란 무엇인가』(서울 : 문예출판사, 1998), pp.118~315. 참조.
27) Ramesh S.Betai, 앞의 책, p.16.
28) 上同.
29) "丈夫自有衝天志, 莫向如來行處行."

기백을 느낄 수 있다고 말하는 것이다. 비록 그는 아주 부드럽지만 말이다. 실천적 독서법이 선적 독서법과 상통할 수 있는 여지를 보여주고 있다. 성전들을 이러한 태도로 인식함으로써, 그는 성전의 권위에 구속되지 않고 보다 자유롭게 성전을 해체/해석해 갈 수 있었다.

그리하여 그에게 성전은 진리 그 자체가 아니라 방편(upāya)30)이다. 미망사 학파는 베다 그 자체를 진리로 인식하기 때문에 베다의 모든 말씀은 우리들에게 전부 명령으로서의 의미를 띤다. 즉 우리가 그대로 묵수하고 실행해야 할 절대적 권위인 것이다. 그런데 베단타의 입장은 그렇지 않다. 베다는 브라만의 앎을 위한 출발점으로서의 의미는 있지만, 그것을 듣는 데 그치는 것이 아니라 사색을 거쳐서 마침내 닦음/명상으로 나아가야 한다.

> 아! 자아는 보여져야만 하고, 들려져야만 하며, 생각되어져야만 하고, 명상되어져야만 한다. 오, 마이트레이여, 보는 것에 의하여, 듣는 것에 의하여, 생각함에 의하여, 지혜에 의하여 이러한 모든 것들은 알려지는 것이다.31)

견문과 사색 이후에 다시 명상을 더 요구하고 있는 것이다. 이렇게 언어적 견문으로부터 출발하더라도 궁극적으로 명상으로 나아가야 한

---

30) 이 점에서 그의 실천적 독서법에 나타난 경전관은 힌두교적이라기보다는 불교적인 것으로 판단된다. 경전을 방편으로 보는 불교의 경전관에 대해서는 졸고, 「미망사와 불교의 비교해석학」, 『한국종교사연구』 제10호(익산 : 한국종교사학회, 2002), pp.102~106. 참조

31) "ātmā vā are draṣṭavyaḥ śrotavyo mantavyo nididhyāsitavyaḥ : maitreyi ātmano vā are darśanena śravaṇena matyā vijñānenedam sarvaṁ viditam." Bṛhadāraṇyaka Upaniṣad Ⅱ.4.5. 이 頌에 나타난 우파니샤드적 명상의 의미에 대해서는 졸고, 「초기 우파니샤드의 명상 개념 Ⅱ」, 『인도철학』 제8집(서울 : 인도철학회, 1998), pp.179~212. 참조.

다는 것 자체가 우파니샤드적 전통이며, 갸냐요가(jñānayoga)의 입장이라 할 수 있다. 그런데 베다 그 자체를 진리로 보는 것이 아니며, 그것을 聞·思하는 것에서 한 걸음 더 나아가서 닦음/修, 즉 실제의 實參實悟를 해야 한다는 관점은 지혜의 길만이 아니라 믿음의 길(bhaktiyoga)의 맥락에서도 발견할 수 있다.

베다, 고행, 보시, 그리고 제사에 의해서 나는
마치 그대가 나를 본 것과 같은 그런 방식으로 보여질 수는 없다.[32]

그만큼 종교적 실천을 강조한 것으로 이해할 수 있다. 여기 믿음의 길에서는 단순히 베다 등에 의지하는 행법만으로는 궁극적 종교체험의 하나라고 할 수 있는 신의 체험, 즉 神顯(theophany)을 성취/체험할 수 없음을 말하고 있는 것이다. 이런 점에서 『기타』의 베다관은 미망사의 그것과는 다소 차이를 보인다고 생각된다. 이러한 차이를 밀고 감으로서 간디는 『기타』를 비롯한 성전에 대해서 절대적 권위를 부여하지 않게 된다. 오히려, 베다는 이제 방편이 된다. 마찬가지로 믿음의 길에서이긴 하지만, 『기타』 15 : 15에서는 다시 한번 "모든 베다들에 의해서 알려져야 할 것은 바로 나"[33]라고 말하고 있는데, 『기타』가 미망사 학파의 입장이 아니라 베단타 학파의 입장을 지지하고 있다는 것을 알 수 있다. 이렇게 보면, 베단타에서도 이미 베다는 일종의 참고서 역할을 하게 된다.[34]

---

32) "nā 'ham vedair na tapasā na dānena na ce 'jyayā / śakya evamvidho draṣṭumm dṛṣṭavān asi mām yathā" BG 11 : 53.
33) "vedaiś ca sarvair aham eva vedyaḥ" BG 15 : 15.
34) 나는 「미망사와 불교의 비교해석학」, 즉 이 책의 첫 번째 논문에서 '원전/경전 = 방편'이라 보는 원전/경전관은 미망사 학파가 아니라 불교라고 말하였다. 그런데 여기 『기타』에서는 이미 불교의 그것과 같이 원전/경전을 방편으로 보는 관점이

불교, 특히 선불교가 경전을 자기 깨달음을 위한 참고서로 인식함은 물론이다. 『기타』를 3대 소의경전(prasthānatrayī)의 하나로 삼는 베단타나 선불교는 공히 텍스트/敎를 깨달음을 위한 참고서, 즉 釋心을 위하여 觀文한다는 점에서 반조적 독서법의 입장을 취하게 된다. 따라서 간디의 입장은 베단타적이면서 동시에 선적이라[35]고 할 수 있다.

(2) 정통 계보의 이탈

간디는 어찌하여 전통/정통의 성전/원전이 주는 구속의 網(net)을 일도양단하고 있는 것일까? 어찌하여 그에게 그것이 가능했던 것일까? 이에 대해서 나는 그가 전통/정통의 계보/법통(paraṁpara)에서 자유롭게 벗어나 있었다는 점을 주목하고자 한다. 간디가 『기타』라고 하는 자기민족의 고전을 처음 읽은 것은 인도가 아니라 영국에서였으며, 산스크리트 원전을 통해서가 아니라 에드윈 아놀드(Edwin Arnold)경의 영역본(『Song Celestial』)을 통해서였으며, 인도인 스승으로부터 전수받은 것이 아니라 신지학회(Theosophical Society) 회원의 권유에 의해서였다. 한마디로 말하면 간디는 힌두교의 법맥을 이어온 스승으로부터 정식으로 배움으로써 그 스승이 속한 일파의 종학에 구속된 것이 아

있음을 알 수 있게 된다. 그것은 견문만이 아니라 명상을 해야 한다는 베단타적 입장을 『기타』가 이미 담고 있기 때문으로 생각된다.
35) 주의할 것은 내가 베단타와 선을 형이상학적 차원에서 상통하는 것으로 말하는 것이 아니라는 점이다. 형이상학적으로는 정반대이다. 베단타의 명상은 형이상학에 입각하지만, 선불교는 언어의 형식면에서는 "내가 곧 부처다"라고 말하면서도, 부처를 아트만이나 브라만과 같은 궁극적 실재로 보지 않고, 중생·心과 같이 非실재의 존재로서 본다. 수행의 궁극으로서의 부처일 뿐, 존재론적 근거로서의 부처가 아니다. 바로 그렇기 때문에 불교에서는 중생이 부처가 될 수 있는 것이라 말한다. 여기서 "간디의 입장은 베단타的이면서 동시에 선적이라"고 말한 것은 그 경전/원전관에 있어서의 상통을 말하는 것뿐이다.

니다. 일정한 스승이 없이 스스로 읽고, 스스로 생각하고, 스스로 말하였던 것이다. 실로 자유의 해석학자였다. 계보학/법통설을 강조하는 선종사로부터 용어를 빌어오면, 간디는 정통이 아니라 散聖인 셈이다. 그렇게 산성일 수 있었기에36) 자기철학을 또 하나의 텍스트로서 후세에 남겨줄 수 있었던 것이다.

또 "배움에 일정한 스승이 없다"고 하는 것은, 元曉나 普照知訥37)의 예에서 볼 수 있듯이 두 가지 특징을 갖는다. 하나는 다양한 사상을 이해함으로써 얻게 되는 회통적/화쟁적 지견의 확립이며, 다른 하나는 융합(fusion)을 통한 새로움의 창조를 가능케 한다는 것이다. 이러한 두 가지 사실은 모두 간디에게서 확인되는 바이다. 물론, 그에게도 깊은 영향을 미친 인물이 없지 않다. 『자서전』에서 이렇게 언급하고 있다.

> 세 사람의 현대인이 나의 삶에 깊은 영향을 미쳤고, 나를 사로잡았다. 살아있는 만남을 통한 레이찬드바이(Raychandbhai), 그의 책 『신의 나라는 그대 안에 있다』를 통해서 톨스토이(Tolstoy), 그리고 『이 마지막 사람에게로』를 통해서 러스킨(Ruskin) 등이다.38)

---

36) 예컨대, 普照知訥이 散聖으로 평가된 바 있다. 선종의 법통설에 있어서 정통으로 평가받는 중국 임제종으로부터 인가받지도 않았을 뿐만 아니라 중국선종사에서 방계로 평가받는 荷澤 → 宗密 계통의 선을 중시하였기 때문으로 생각된다. 이에 더하여 知訥은 화엄 등의 교학까지도 兼修하려는 입장을 취하고 있었기 때문으로 생각된다. 방계라고 하는/할 수노 있는 세간의 평가에 휘둘리지 않는 주체적 정신의 소유자가 普照知訥이었으며 간디였던 것이다. 그래서 그들은 공히 자기철학의 건설에 성공할 수 있었다.
37) 『삼국유사』 元曉不羈에서는 원효가 "學不從師"했다 하고, 金君綏가 찬술한 普照知訥의 碑銘에는 普照知訥이 "學無常師"했다고 하였다.
38) M.K.Gandhi, *An Autobiography or the Story of my Experiments with Truth*. p.75.

이들은 모두 힌두교 정통의 師資相承의 계보로부터 벗어나 있는 인물이다. 러시아의 작가인 톨스토이와 영국의 작가이자 사회사상가인 존 러스킨은 말할 나위 없지만, 인도인인 레이찬드바이 역시 자이나교의 재가신자로서 보석상을 하면서 종교적 수행을 했던 인물이다. 시와 일기의 형식을 빌어서 저술활동을 하였고, 특히 간디와의 직접적인 만남을 통하여 많은 영향을 주었던 인물이다. 이들 세 사람은 모두 힌두교 계보 밖의 인물이다. 그는 힌두교 텍스트의 이해를 힌두교 안의 텍스트/내전을 통해서가 아니라 힌두교 밖의 텍스트/외전에 의해서 행해 간다. 이렇게 외전에 의해 내전을 해석해 가는 방법론이 바로 격의다.39) 그러니까, 그는 그 같은 외전에 의한 내전 읽기로서의 격의를 그 내포로 갖는 실천적 독서법을 정확히 의지/활용하고 있는 것이다.40)

(3) 경험에 의한 텍스트 읽기

성전의 권위에서 탈피하였다는 것과 정통 계보에서 이탈하였다는 것은 간디가 실천적 독서법을 가질 수 있게 된 배경을 나타내 주는 것이었다. 그에 기반하여 이제 실천적 독서법이 의미하는 바를 파악해볼 차례이다. 간디는 텍스트 속에서 그 의미를 파악하려고 노력할 것이 아니라 텍스트 밖에서의 실천적 경험을 갖고서 텍스트를 읽어야

---

39) 졸고, 「전통적 불교학의 방법론에 나타난 현대적 성격」, 앞의 책, p.55.
40) 격의의 방법론이 실천적 독서법과 연결되는 까닭은 외전에 우리 삶의 컨텍스트가 담겨 있다고 보기 때문이다. 예컨대, 소설은 우리 삶의 현실이 컨텍스트로서 담겨 있는 외전이므로, 소설 읽기를 통하여 간접적으로 우리 삶의 컨텍스트를 체험할 수 있다〔졸고, 「저자의 부재와 불교해석학」, 앞의 책, pp.162~163. 참조〕. 또 격의라고 하는 중국불교사의 한 특수한 사건을 일반적인 학문방법론으로 승화시킬 필요성을 말한 것으로는 졸고, 「전통적 불교학의 방법론에 나타난 현대적 성격」, 앞의 책, pp.51~55. 참조.

한다고 말한다.

성전의 의미를 이해하기 위해서는 잘 계발된 도덕적 각성과 그 성전의 진리를 실천해 본 경험이 있어야 한다.〔 …… 〕그러므로 성전을 해석하고자 하는 사람은 누구라도 그의 삶 속에서 (성전에 의해서) 규정된 규율을 지켜야 한다.〔 …… 〕다만 성전의 진리를 실천해 본 경험이 있는 그들이 성전의 참된 의미를 설명할 수 있다.41)

내가 인용하면서 중간에 생략한 부분〔……〕은 실천을 통해서 경험하지 않고서 그저 학문적인 해설만 일삼고 있어서 그 정신을 살리지 못함을 지적하는 내용들이다. 물론, 우리는 사상과 실천 사이에 우열이나 우선순위를 매길 수는 없을지도 모른다. 그 양자는 서로 해석학적 순환(hermeneutical circle)의 관계에 놓여있기 때문이다. 경험으로 인해서 깨침이 있게 되고, 그러한 경험 속의 깨침을 갖고서 텍스트를 검증해 가는 방식의 독서가 있게 된다. 또 그와 동시에 텍스트에 대한 독서는 경험세계에서의 새로운 깨침을 가능케 한다. 그렇지만 굳이 경험과 독서 사이에서 분별한다면 시간적으로나 논리적으로나 그 우선순위에 있어서는 경험 속의 깨침이 독서보다 앞선다고 간디는 생각하였다. 책 안의 내용 역시 따지고 보면 애시당초에는 그 저자의 삶의 경험이 아니었던가.

간디에게 있어서 일상적으로 경험하는 생활세계야말로 깨침의 場이었다. 그의 사상의 핵심이 아힘사/비폭력42)에 있음은 주지하는 바인

---

41) M.K.Gandhi, "Meaning of the Gita", 앞의 책, p.316 ; M.K.Gandhi, *M.K.Gandhi Interpretes the Bhagavadgitā*, p.10.
42) 간디에게 있어서 아힘사(ahiṁsa)는 비폭력・무저항・불복종・비협조 등의 다양한 의미를 갖는 것으로 나타나지만 무저항・불복종・비협조 등은 모두 비폭력 사상의 적용/변주로서 나타난 것으로 보기에, 이하 '아힘사'를 번역할 때는 일단 '비폭

데, 이 아힘사 사상의 형성은 기실 『기타』로부터 그가 가지고 온 것은 아니다. 이미 『기타』의 본격적인 연구가 시작되기 이전, 즉 1922년 이전에 형성된 것으로 보인다. 아니, 인도로 귀국하기 전 남아프리카에서의 진리실천(Satyāgraha)[43] 운동을 통하여 완성되었을 것이다. 그렇지만 그 뿌리는 남아프리카에 가기 전으로 다시 거슬러 올라 간다. 그렇다면 간디사상의 핵심인 아힘사/비폭력은 어디에서부터 연원하고 있는 것일까?

나는 '채식'이 그 해답이라고 생각한다. 간디는 구자라트(Gujarat)주를 고향으로 태어났다. 그곳은 자이나교가 성행하는 지역이며, 자이나교는 "아힘사야말로 최고의 종교"[44]라고 선포하면서 아힘사를 가장 힘주어 말하고 있는 종교이다. 그 자연스런 결과로 구자라트 일원은 다른 어떤 지역보다도 채식주의가 정착되어 있는 지방이다. 물론, 신심 깊은 힌두가정에서는 채식을 철저히 지켜 간다. 간디가 자란 가정 역시 그러하였다. 그런 분위기 속에서 그는 자랐던 것이다. 영국 유학 전, 어머니와 약속한 세 가지 사항 중에 채식의 엄수가 있었다.[45] 그리고 유학생활을 통하여 채식에 대한 연구와 신념은 더욱 굳건해져만 갔다. 채식은 생명에 대한 외경을 실천하자는 운동이다. 그러한 정신

력'이라는 역어를 선택한다.
43) 종래 'Satyāgraha'는 眞理把持로 널리 번역되어 왔다. 그 같은 의미파악은 산스크리트로부터의 직역이라고 할 수 있다. 그런데 '把持'라는 말이 우리의 일상언어 속에서 쓰이고 있지 않을 뿐만 아니라 自利的/爲自(ātmanepada)的 깨침의 획득이라는 의미가 더 강한 것처럼 느껴진다. 간디의 'Satyāgraha'는 그러한 진리의 얻음을 통하여 현실세계 내에서 진리의 실천/구현을 더욱 더 지향하고 있는 것으로 생각된다. 그러므로 나는 'Satyāgraha'를 '진리실천'으로 옮기고자 한다.
44) 실제 인도 라즈기르의 한 자이나교 사원이 내건 간판에 그렇게 적혀 있음을 보았다. 원래, 출전은 『마하바라타』라고 한다.
45) Satya. P. Agarwal, *The Social Role of the Gita : How & Why*(Delhi : Motilal Banarsidass, 1997), p.188.

을 확산해 갈 때 단순히 육식금지나 동물보호와 같은 데에서만 머물지 않고, 비폭력의 이념은 모든 영역 속으로 확산되어 간다.46) 아힘사/비폭력의 구현으로서 진리실천운동은 본격적으로 『기타』를 연구하고 『기타』에 대한 저술을 행하기 전 남아프리카에서부터 이미 형성되어 왔던 것이다. 이와같이 『기타』를 읽기 전에 이미 그의 사상적 핵심인 아힘사가 형성되고 그것의 현실화로서 진리실천운동이 행해진다. 간디는 이렇게 『기타』라는 텍스트 밖 삶의 실천 속에서 아힘사라는 자기철학을 완성한 뒤 오히려 그런 텍스트 밖의 실천적 삶의 맥락 속에서 형성된 자기철학을 갖고 『기타』를 읽어가는 것이다. 이러한 독서법은 정확히 실천적 독서법의 개념규정과 일치하는 것이다.

이렇게 경험을 통해서 얻은 실천지평에 의해서 텍스트를 해석해 가는 방식의 독서법을 나는 '실천적 독서법'이라 부르는 것이다. "실천적 독서법은 바로 독자의 해석적 삶의 지평, 즉 컨텍스트에 의하여 텍스트를 주체적으로 해석해 가자"47)는 입장이다. '저자와 독자의 대화'에서는, 저자의 의도가 살아 있으면서 그것이 원전의 무거움으로 해석의 자유를 제한할 수 있다고 본다. 그러나 '텍스트와 독자의 대화'에서는 저자의 의도에 귀를 기울이지 않아도 된다. 저자는 부재하고 텍스트만 존재하기 때문이다. 텍스트를 읽는 독자/해석자의 지평〔觀點〕이 너 많이 두엉될 수 있는 만금 사기철학의 세시가 보다 용이해진다.

---

46) 오늘날 아힘사/비폭력사상은 정치적인 영역에서만이 아니라 다양한 측면에서 구현될 수 있다고 본다. 다른 나라/민족, 다른 종교, 여성, 그리고 자연/생태계라고 하는 他者에 대해서 폭력적 태도를 취하느냐, 아니면 비폭력적 태도를 취하느냐 하는 문제가 제기된다. 비폭력의 태도를 취하게 되면 超민족주의/超국가주의, 종교다원주의, 페미니즘 그리고 생태계중심 윤리(ecoethics)의 입장을 취하게 될 것인데, 실제 간디에게서 그것들은 모두 발견할 수 있다.
47) 졸고, 「저자의 부재와 불교해석학」, 앞의 책, p.160.

다음, 실천적 독서법의 당연한 귀결일 수 있지만 그의 『기타』 해석은 글자/문자 하나하나에 대한 분석적 독서보다는 전체적인 의미의 파악과 그 실천을 강조한다.

성전의 의미를 결정함에 있어서 따라야 할 두 번째의 규칙(첫번째 규칙은 경험에 비추어 텍스트를 읽어가는 것이었다. — 인용자)은 글자에 얽매이지 말고 전체적인 문맥(context)에서 그 정신, 그 의미를 이해하도록 노력해야 한다는 것이다.[48]

이는 불교해석학의 한 원칙, "뜻에 의지하고 말에 의지하지 말라"[49]는 가르침과 완전히 동일하다. 그 결과 간디는 『기타』에 대한 특유의 상징적 해석을 수행할 수 있었으며, 그것은 내가 판단하는 한 『기타』의 문자적 의미와는 다른 간디의 창조적 오독[50]을 가능케 한 것으로 생각된다. 그 덕분에 그는 『기타』를 비폭력의 성서로 만들면서 그의 비폭력 이념을 전파하게 되었으니, 그 역시 실천적 독서법의 소득으로 평가해야 할 것이다.

2. 분석적 독서법

분석적 독서법은 오늘 우리 학자들의 연구방법이 곧 그것이다. 그런데 『기타』 해석학의 역사에서는 대표적으로 틸락(B.G. Tilak, 1856~

---

48) M.K.Gandhi, *M.K.Gandhi Interpretes the Bhagavadgītā*, p.11.
49) "arthaḥ pratisaraṇam na vyanjanam(依義不依文)" 『열반경』(대정장 12, p.401b.)
50) 비록 저자의 의도 내지 텍스트의 원의와는 달라졌으나, 그렇게 달리 오독함으로써 새로운 의미를 창출하게 되고 텍스트의 의미마저 더욱 풍부하게 하면서 철학사를 발전시킨 誤讀을 '創造的 誤讀'이라고 한다. 이러한 지칭에서는 텍스트와 해석 사이의 차이를 의식하면서도 새로운 해석을 긍정하는 뉘앙스를 담고 있는 것이다.

1920)이 바로 그러한 독서법에 의지하고 있었다.51) 그렇다면, 간디의 경우는 어떨까? 해석의 내용에 있어서 틸락과 차이가 명백한 만큼, 틸락이 취한 것과 같은 분석적 독서법은 나타나지 않는 것일까? 이를 확인하기 위해서는 일단 틸락의 『기타 라하스야』가 간디에게 어느 만큼 영향을 미쳤는지 살펴볼 필요가 있을 것이다. 간디는 다음과 같이 틸락의 『기타 라하스야』를 읽었음을 말하고 있다.

내가 감금되어 있는 동안, 나는 『기타』를 좀더 완벽하게 연구할 수 있었다. 나는 로카마냐(Lokamanya, 민중들이 틸락에게 헌정한 이름 — 인용자)의 걸작(『기타 라하스야』 — 인용자)의 구자라티어 번역본을 경건하게 파고들었다. 그는 친절하게도 내게 마라티어 원본, 구자라티어 번역본 그리고 힌디어 번역본을 주었으며, 그리고는 내가 원본에 달려들(tackle) 수 있을지, 적어도 구자라티어 번역본(간디의 母語 — 인용자)에 대해서는 철저하게 읽어줄 것을 요구하였다. 감옥의 담 밖에서는 그 충고를 따를 수 없었다. 그러나 내가 투옥되었을 때 나는 구자라티어 번역본을 읽었고, 이 독서는 『기타』에 대한 보다 많은 책들을 읽고자 하는 나의 욕구를 자극하였으며, 몇몇 책들은 일별하였다.52)

틸락의 『기타 라하스야』를 읽고 난 뒤 간디가 받았을 자극에 대해서 나는 이해할 수 있다. 그만큼 『기타 라하스야』는 『기타』 연구를 자극하기에 충분할 만큼 뛰어난 통찰력과 넓고 깊은 지식을 드러내고 있는 '걸작'인 것이다. 그러나 『기타』 연구에 대한 욕구를 자극받은 이상으로 틸락의 영향이 크게 드러나지는 않는다. 『기타 라하스야』가

---

51) 졸고, 「바가바드기타를 읽는 틸락의 분석적 독서법」, 『종교연구』 제35집(서울 : 한국종교학회, 2004), pp. 195~224. 참조 이 논문은 지금 논하는 간디의 해석학적 독서법과 대조해서 함께 읽어본다면, 동일한 텍스트를 놓고서도 그 독서법의 차이가 어떤 결과의 차이를 가져오는지 이해할 수 있을 것이다.
52) M. K. Gandhi, *The Gospel of Selfless Action or accoding to Gandhi*, pp.125~126.

행위의 길(karmayoga) 중심의 해석이었기에 진리실천자(satyāgrahī) 간디에게 미칠 수 있는 影響史를 전면 배제할 수는 없을지 모르지만, 그가 틸락의 『기타 라하스야』를 읽기 이전에 이미 행위의 길에 대한 그의 신념은 정립되어 있었던 것으로 보아야 한다. 오히려 내용적으로나 방법론적으로나 간디는 틸락의 해석이 보여준 관심과는 다른 방향의 관심을 보여주고 있다. 그는, 앞서 살펴본 대로, 틸락과는 달리 『기타』를 학문적으로 접근하지 않고 있다는 점이 우선 눈에 띈다. 철저하게 학문적이기를 警戒/포기하고 있다. 간디의 『기타』해석 태도가 틸락과 어떻게 달랐는지에 대한 가장 정확한 정보는 간디의 제자 마하데브 데사이에 의해서 다음과 같이 전해진다.

〔……〕 그는 그 책(Anasaktiyoga — 인용자)이 이 나라의 가장 가난한 사람들을 위해서 쓰일 수 있기를, 그리하여 가능한 한 작게 그리고 싸게 만들어지기를 원했다. 이러한 두 가지 목적이 필연적으로 간디지(Gandhiji)의 서론과 주해의 범위를 모두 제한하였다. 〔……〕 그리하여, 예컨대 그의 주해의 어디에서고, 또는 그의 서론에서도 '우파니샤드'라는 단어조차 한번도 언급되지 않았으며, 학자들이나 학생들에게 흥미있는 어떠한 사항, 예컨대 『기타』의 연대, 텍스트에 대한 의문, 또는 크리쉬나 바수데바 종파에 대한 의문 등에 대해서는 이야기하지 않고 있다.[53]

마하데브 데사이는 명시적으로 거명하고 있지는 않으나, 틸락의 해석 방법과 간디의 그것이 서로 다름을 언급하고 있는 것으로 보아도 좋을 것이다. 왜냐하면, '『기타』의 연대, 텍스트에 대한 의문, 또는 크리쉬나 바수데바 종파에 대한 문제' 등은 모두 『기타 라하스야』의 부록(Appendix)에서 틸락이 자세히 다루고 있는 문제들이기 때문이다.

---

53) 위의 책, p.3. '간디지'라는 호칭은 간디를 높여 부르는 존칭이다.

어쩌면 그 같은 문제에 대한 해명이 틸락에 의해서 이미 이루어졌기 때문에 간디는 더 이상 천착할 필요가 없었다고 생각했던 것일까? 그것은 그렇지 않은 것으로 보인다. 애시당초『기타』라는 텍스트 자체가 학문적인 책이 아니라고 보고 있기 때문이다. 2페이지도 채 되지 않는 짧은 글, 「기타의 승리」에서 간디는 이렇게 말하고 있다.

나는 그것(『기타』— 인용자)을 나의 정신적 사전(spiritual dictionary)으로 불러왔는데, 그것은 내가 절망 속에 있도록 하지 않기 때문이다. 그 설득력은 보편적이다. 나는 『기타』를 난해한 책으로 간주하지 않는다. 학식있는 사람들이 그들이 만나는 모든 것에서 심오함을 볼 수 있다는 것은 의심할 바 없다. 그러나 내 의견으로는 보통 정도의 지성을 갖고 있는 사람이라면 『기타』의 간명한 메시지를 받아 들이는 데 어려움이 없다는 사실을 발견해야만 한다.54)

이 말은 진실이라고 믿어진다. 인도인으로 힌두문화 속에서 태어난 보통의 사람이라면, 그 '간명한 메시지'를 취하는 것은 그리 어려운 일이 아닐 것이다. 만약 『기타』의 전체 18장 700송의 문장들마다, 구절들마다, 단어들마다 하나하나 그 의미를 분석해 가지 않는다고 한다면 말이다. 그러한 해석원칙은 그가 학문적 분석보다는 대중들을 실천의 장 속으로 이끌어 들이기 위한 것으로 보인다.

그러나 그렇다고 해서 그의『기타』해석에서 분석적 독서법이 나타나지 않는 것으로 보이지는 않는다. 주지하는 바와 같이, 간디는 『기타』를 비폭력의 성전으로 해석해 간다. 『기타』리는 텍스트로부터 그의 비폭력을 정당화해 줄 논리를 발견하고 싶어한다. 여기서 문제가 파생한다. 참전하여 폭력/힘사(hiṁsa)를 행사하지 못하겠다는 아르쥬나

---

54) M.K.Gandhi, "Gita Jayanti", CW LXXI. p.30.

의 회의에 대하여 "일어나 싸워라"고 하는 크리쉬나의 응답/설득이 제시되어 있는 텍스트가 『기타』이기 때문이다. 이는 틸락과 내가 인식을 같이하는 부분이다. 틸락과 같이 폭력용인의 입장[55]에 대해서 나는 동의하지 않지만, 간디와 같이 『기타』를 비폭력적으로 해석하는 데에도 나는 동의하지 않는다. 『기타』에 드러나 있는 폭력용인을 그대로 인정하면서, 그러한 컨텍스트를 극복/배제함으로써 비폭력의 길로 나아가자는 것이 나의 생각[56]이다.

이러한 입장에서 본다면, 간디의 『기타』 해석은 그 당시부터 많은 의문이 제기되었고, 그에 대한 해답으로 여러 가지 저술들이 생성되었던 것이다. 이는, 앞서 살펴본 바와 같이, 간디가 남기고 있는 『기타』 관련 저술이 행해지게 된 배경/연기를 살펴볼 때 명확한 것이다. 「기타 교설의 진실한 의미」, 「기타의 의미」, 「기타의 승리」 등이 모두 그에게 제기된 대중들의 의문/반론에 대한 대답으로서 제시된 것들이다.

이러한 분위기 속에서 그가 취할 수 있는 해결책/출구는 두 가지 방향에서 이루어진다. 하나는 알레고리/상징주의적 해석이고, 다른 하나는 『마하바라타』 속으로 『기타』를 다시 집어넣어서 읽는 것이다. 이들에 대해서는 또 다른 글[57]을 기다려야 하겠지만, 『기타』의 싸움

---

55) 틸락은 평소 "가능하다면 평화적으로 해야 하지만, 그렇지 않다면 폭력을 행사할 수도 있다."[Ramesh S. Betai, 앞의 책, p.58.]고 말하였다.
56) 여기서 철학사 연구와 자기철학의 제시로서의 철학하기는 뚜렷이 구분된다. 자기철학의 제시는 언제나 과거를 읽어 나가지만 미래를 의식하면서 현재 자신의 생각이 무엇인지를 개입시킨다. 철학은 객관주의를 지향하는 학문이 될 수 없는 까닭이 여기에 있다. 객관주의는 대상으로 삼는 텍스트를 타자화시킨다. 그러나 철학에서는 그 텍스트를 자기화한다. 예컨대, 간디를 타자화할 때 간디는 우리에게 아무런 의미가 없어지지만, 간디를 자기화할 때 간디는 우리의 미래를 위한 양식 속의 일부로 용해해간다.
57) 나는 간디의 두 가지 방향에서의 해결책 모두 동의하지 않는다. 이는 따로이 다

을 우리 내면의 선/신과 악/악마의 싸움으로 읽어버리는 전자의 경우 나름대로 간디가 형성한 실천적 독서법이 적용된 결과라고 말할 수 있다. 그러나 후자의 경우에는 다르다. 『마하바라타』를 전체적으로 읽어볼 때, "비야사는 전쟁의 무익함을 서술하기 위해서 그의 참으로 아름다운 서사시를 썼다"58)는 것이다. 그러므로 『마하바라타』의 일부분인 『기타』 역시 비폭력의 텍스트로 읽어야 한다/읽을 수 있다는 논법인 것이다.

여기서, 간디는 '저자의 의도'를 의식하고 있음이 분명해진다. 즉 그의 해석에 있어서 해석자의 실천지평에 의지하여 해석하려는 실천적 독서법의 태도에 철저하지 못하고, '저자의 의도'를 복원/재구성하려는 시도를 보여 준다. 저자의 의도 찾기, 그것은 바로 텍스트 속에서 의미를 찾으려는 분석적인 행위 이외에 다름 아니기 때문이다. 간디의 이와 같은 태도는 그가 분석적 독서법을 완전히 배제한 것으로 볼 수는 없게 한다. 오히려 그는 경우에 따라서는 이러한 분석적 독서법에 의해서, 『기타』가 소속되어 있던 원래의 텍스트인 『마하바라타』의 저자가 가졌던 의도는 비폭력의 선양에 있었다고 말하고 있는 것이다.

3. 선적 독서법

앞서 실천적 독서법을 살펴보면서 선과 상통하는 바를 언급한 바 있다. 여기서는 또 다른 맥락에서 선적 독서법이라 할만한 것 역시 존재함을 지적코자 한다. 먼저, 간디는 왜 우리가 『기타』를 읽는지 그 이유를 먼저 문제삼는다. 그가 내세우는 『기타』 읽기의 이유는 학문

루어야 할 숙제이다.
58) M.K.Gandhi, "Meaning of the Gita", 앞의 책, p.318.

을 위한 독서가 아니라 수행을 위한 독서를 지향하고 있는데, 가히 修己之讀書라 할만 하다.

    우리들이 정신적인 어려움에 봉착해 있을 때마다, 우리는 『기타』를 통하여 그러한 문제들에 대한 해결책과 마음의 평화를 얻기 위하여 『기타』로 돌아간다. 이것이 우리가 그 작품을 읽어야 할 때 취해야 할 태도(spirit)이다. 그것은 마치 우리의 존경하는 스승이나 우리의 어머니와 같다. 그리고 그녀의 무릎 안에서 피난처를 찾으면 우리가 편안해진다는 믿음을 가져야만 한다. 〔 …… 〕 우리들은 『기타』를 매일의 정신적인 수행으로서 읽는데, 그리하여 우리의 믿음이 나날이 증가하게 될 것이며 우리들은 사려 깊어질 것이다.59)

간디는 '『기타』의 문제'를 해명/해결하기 위하여 『기타』를 읽거나 해설한 것이 아니라, 그 '자신의 문제'를 해명/해결하기 위하여 『기타』를 읽었음을 보여준다. 『기타』를 읽는 태도가 수행적·신앙적임을 알 수 있다. 이러한 수행적·신앙적 태도에서 출발하는 독서법을 나는 반조적 독서법으로 명명한 바60) 있다. 즉 『기타』라는 거울에 자기 삶을 비춰보자/반조하자는 태도를 취하고서 텍스트를 읽는 독서법이다. 경전을 통하여 자기 내면을 비추어 보는 독서로서 觀文釋〔觀文釋心〕이라 할 수 있다. 이는 일종의 선적 수행이라 할 만하다. 선 역시 자기 마음을 廻光返照하는 것에 다름 아니기 때문이다. 이런 측면에서 그의 『기타』 해석에서는 선적 독서법61) 역시 발견할 수 있다.

---

59) M.K.Gandhi, "Letters on the Gita", CW XLIX, p.112.
60) 졸고, 「인도철학·불교학의 방법론에 대한 성찰」, 『불교연구』 제16호(서울 : 한국불교연구원, 1999), pp.110~111.
61) 물론, 이러한 선적 독서법은 칼라마들에 대한 붓다의 대답에서 잘 드러나고 있는 바와 같은 붓다의 사유와 맥을 같이 한다. 칼라마들에 대한 대답이 갖는 이러한 성격에 대해서는 졸고, 「미망사와 불교의 비교해석학」, 앞의 책, pp.94~95. 참조

다음, 간디의 독서법에서 볼 수 있는 또 하나의 특징은 마음 속에 떠오르는 영감/직관을 학문적 분석이나 토론보다는 앞세운다는 점이다. 앞서 번역한 바 있지만, 여기서 다시 한번 더 옮겨본다.

(『기타』에 대해서) 어느 정도라도 연구를 해온 사람들은 그들 능력의 최선을 다해서 그러한 문제들을 해결하도록 노력해야 한다. 나는 그렇게 노력할 것이다. 그러나 동시에 나는 사람이 행동함에 있어서 마지막 의지처는 그의 마음의 지시/명령을 따르는 것이라고 말해야 한다. 마음은 지성에 대하여 우선권을 가진다. 그 원칙은 먼저 받아들여지고, 증명은 나중에 따른다. 영감은 우리가 영감을 정당화하는 토론에 앞선다. 그것이 지성은 인간의 행위들에 의해서 인도된다고 말해지는 이유이다. 인간은 그가 하고자 원하거나 행했던 것을 지지하는 논의들을 발견한다. 나는, 그러므로, 『기타』에 대한 나의 해석이 모두에게 받아들여지지는 않으리라는 것을 이해할 수 있다.62)

자기 마음 속의 이치를 관찰하는 것을 우선적으로 생각하여, 그것을 해석의 기준으로 삼고서 경전/텍스트를 주체적으로 해석해 가는 방법론을 선종에서 전래해 오는 '觀心釋'이라고 할 때,63) 그 역시 선적 독서법이라 할 수 있다. 관심석은 해석자의 영감을 텍스트에 대한 토론에 앞선다고 보는 것이다. 위의 인용문은 간디가 『기타』를 비폭력적으로 해석하는 것이 곧 관심석에 의한 것임을 말하고 있는 것이다. 간디에게서는 선적 독서법을 구성하는 두 가지 내포, 즉 반조적 독서법과 관심석 모두 나타나는 것이다. 비록 간디는 선사는 아니었으나 그의 독서법에 있어서는 선사와 같은 주체성을 가지고서 『기타』

---

62) M.K.Gandhi, "Meaning of the Gita", 앞의 책, p.315.
63) 관심석에 대해서는 졸고, 「미망사와 불교의 비교해석학」, 앞의 책, pp.106~111. 참조.

를 읽어갔기 때문에 독자적 해석이 가능하였던 것으로 보인다.

IV. 맺음말

간디는 정치인이었으며 인도의 독립운동가였다. 그런 한편으로 인도 민중들에게 인도의 철학과 종교에 대한 재해석을 통하여 스스로가 갖고 있는 힘을 자각토록 계몽하였다. 그렇다면, 과연 그의 재해석이 인도철학사의 맥락에서 볼 때, 철학사 속에 등재될 수 있을 만큼의 독창성을 갖고 있다고 평가할 수 있을까? 나는 이 점을 검토하는 하나의 작업으로서『기타』에 대한 그의 해석학적 방법론을 우선 검토해 보고자 하였다. 과연, 간디는『기타』를 해석함에 있어서 어떠한 방법론에 의지했던가? 이러한 문제는 그가 취한 독서법에 대한 검토를 요구하고 있다.

먼저, 그의『기타』관련 저술 7종을 기본으로 하여 그와『기타』의 因緣史를 3기로 구분하면서, 그에 드러난 특징을 살펴보았다. 간디는 대중들과 함께 호흡해 나가면서 대중들에게『기타』를 읽히고, 올바르게 이해시키고, 또 그에 입각하여 진리실천(satyāgraha)운동에 동참시키기 위한 목적으로『기타』에 대한 여러 저술들을 남겼음을 보여준다. 대중성을 지향하고 있는 것이다. 그러나 여기서 주의할 것은 간디의 저술목적이 학문적인 데에 있지 않았다고 해서, 또 논문이 아니라 번역·강의록·에세이·편지 등의 쟝르/형식을 취하는 대중적인 글쓰기를 했다고 해서 그의 해석에 학문적 가치가 없다고 생각해서는 안된다는 점이다. 그 스스로 학문성을 지향하지는 않았으나 그의 해석은 철저하게 스스로의 방법론에 입각하여 스스로의 자기철학을 제시하고 있기 때문에 오늘날의 연구자/해석자들에게 높은 學問性

(wissenscaftlichkeit)을 제공해주고 있는 것이다. 어쩌면 대중성과 학문성의 둘 아님(不二)을 여실히 보여주고 있는 좋은 사례라 해도 좋을 것 같다.

다음, 간디가 취한 독서법은 하나의 독서법만이 아니었다. 나는 세 가지의 독서법이 있는 것으로 분류하는데, 실천적 독서법, 분석적 독서법, 그리고 禪的 독서법(=返照的 독서법 + 觀心釋) 등이 모두 간디에게 나타나고 있음을 확인할 수 있었다.

첫째, 무엇보다 간디의 독서법이 갖는 최대의 특징은 컨텍스트에 의지하여 텍스트를 읽어가는 實踐的 讀書法에 있다고 나는 평가한다. 그렇기에 그는 해석자의 地平을 백지로 만들면서 텍스트 속으로 들어가는 대신에 그의 자기철학이라 할 수 있는 아힘사/비폭력의 지향이라는 방향에 서서 『기타』를 보다 주체적으로 해석해 간다. 이리하여 '정의의 전쟁'을 부르짖으면서, 비폭력적 태도로 참전하기를 회의하는 아르쥬나에게 참전을 설득하는 크리쉬나의 가르침이라는 기본적 성격을 갖는 『기타』를 비폭력의 텍스트로 만들어 간다. 그것은 학문적 연구의 결과로 얻어진 것이 아니다. 그의 진리실천운동의 맥락 속에서 『기타』를 읽어갔기 때문이다. 이렇게 해석자/독자의 컨텍스트에 입각하여 텍스트를 읽어가는 것을 나는 실천적 독서법이라 하는데, 그의 경우 실천직 독서법의 좋은 사례를 보여준 것으로 평가된다.

둘째, 분석적 독서법은 텍스트에 대한 학문적 분석을 통하여 원저자의 의도를 복원/재구성하려는 방법이다. 그는 『기타』를 비폭력적으로 해석함에 있어서 실천적 독서법이나 선적 독서법이라 할 수 있는 관심석에만 의지하지 않고, 마침내는 『기타』가 비폭력을 설하는 텍스트라고 하는 점을 저자로부터 증명/동의받고자 한다. 그리하여 『마하바라타』 속으로 『기타』를 다시 집어넣은 뒤, 『마하바라타』 전체에 나타난 '저자의 의도'는 비폭력에 있었다고 말한다. 즉 저자의 의도를 복원/재구성하려는 것이다. 분석적 독서법에 일정 부분 기울어진 것으로 보인다. 『기타』를 성전으로 받들고 있는 그 당시 인도 민중들을 그 역시 설득해야 했기 때문에 저자의 권위가 필요했던 것이 아닐까 생각된다.

 셋째, 선적 독서법 역시 나타난다. 간디는 『기타』를 학문적 분석의 대상으로서가 아니라 자기 삶 속으로 가지고 들어온다. 『기타』에 의해서 자기 삶을 비춰보기도 하고, 또 자기 마음에 비춰서 『기타』를 해석해 가기도 한다. 전자를 나는 관문석이라는 술어를 통하여 말해 보았는데, 그것은 반조적 독서법을 말한다. 또한 후자는 관심석이다. 이들 둘은 공히 선적 독서법을 구성한다.

 이와 같이 간디는 다양한/다원적 독서법을 몸에 지니고서 『기타』를 해석해 간다. 그렇게 다원적 독서법을 취하면서 그는 그가 걸어가고자 했던 한 길/一路을 꿋꿋이 걸어간다. 向上一路! 오직 『기타』에서 비폭력의 이념을 찾아내는/근거 지우는 그 길을 말이다. 비록 『기타』라고 하는 힌두교 텍스트에 대해서 고안된/적용된 독서법이지만 이상의 세 가지 독서법은 불교 텍스트 읽기에 있어서도 우리가 적용해 볼 수 있을 것으로 나는 생각하고 있다.

一音敎와 자기철학의 글쓰기
― 이 책의 결론으로서 ―

경전을 어떻게 해석할 것인가 하는 문제는 곧 독서법의 문제이자 글쓰기의 문제이다. 경전의 권위가 해석의 자유를 제한한다는 문제의식에서 출발하여 그 극복방안을 찾아봄에 있어서 독서법과 함께 글쓰기의 방법론을 고민해야 하는 까닭이다. 새로운 해석이 자기철학의 제시를 통해서 이루어지는 만큼 자기철학이 가능한 글쓰기를 문제삼기로 하였다. 그렇다고 해서 여기서 다루는 글쓰기가 문장론과 같은 미시적인 문제를 다루는 것은 아니다. 보다 큰 거시적인 관점에서 어떠한 태도로 글쓰기를 할 수 있을 것인가를 모색해 본 것이다.

우선, 불교사상의 역사에서 드러난 글쓰기의 형태를 불교문헌의 성립이라는 측면에서 살펴보고자 하였다. 초기경전, 대승경전, 僞經, 그리고 禪語錄 등과 같은 다양한 성격을 갖는 문헌들의 성립사를 어떻게 인식할 것인가 하는 점이다. 나는 이늘 불교문헌은 공히 근기에 따른 설법〔隨機說法〕의 결과로서 파악하고, 이를 '$S_n = X_n + C_n$'이라는 공식으로 정리하였다. 어떤 경전/문헌이든지 原音 X에 대한 해석과 근기/컨텍스트의 만남이라는 의미이다. 이때 해석된 원음(X_n)의 형태로 원음 X가 공히 내재해 있다는 측면에 초점을 두게 되면, 모든 경전/불교문헌은 한 목소리/一音이 된다. 이렇게 불교사상의 역사를 파악하는 관점을 일음교라 이름한다. 일음교에서는 불교사상의 역사를 발달이라 보는 것도 아니고, 퇴보라고 보는 것도 아니다. 원음 X에 대한 재해석의 반복으로서, 거기에는 해석된 형태이긴 하지만 원음 X가 반복적으로 등장한다는 의미에서 反復史觀의 입장을 취한다. 이를 논증하기 위해서 나는 원음과 근기 개념을 종래보다 확장하였다.

이렇게 일음교의 전개로서 불교사상의 역사를 파악하게 될 때, 해석자는 스스로 '지금 - 여기서' 행하는 자기철학의 제시로서 그의 글쓰기 역시 또 하나의 경전쓰기/경전만들기라는 의미를 갖게 됨을 인식할 수 있게 된다. 이는 '지금 - 여기서' 행하는 하나의 結集이며 誦出이다. 이렇게 순간 순간 우리의 글쓰기가 우리의 컨텍스트에 입각한 원음 X의 재해석이라는 의미를 갖게 될 때, 경전의 무게는 더 이상 해석자를 구속할 수 없게 된다. 경전의 권위와 새로운 결집으로서의 자기철학의 글쓰기가 갖는 권위는 동일하기 때문이다. 이제 해석자에게는 더 이상 해석학적 상상력과 해석의 자유를 구속하는 경전의 무거움은 존재하지 않는다. 이 논문이 "어떻게 경전의 무거움을 가볍게 하여 해석자의 해석학적 상상력을 담보할 수 있을 것인가" 라는 문제의식에서 출발한 이 책의 결론 부분에 위치하는 까닭이다.

애시당초 이 논문은 제3회 한국불교학결집대회(2006. 4. 22. 해인사)에서 구두로 발표되었는데, 당시 제목은 「근기론의 재검토와 一音敎」였다. 이 책의 결론 논문으로서 편입할 것을 염두에 두고서 제목을 수정하였다. 『동서철학연구』제42호(대전 : 한국동서철학회, 2006), pp.53~89.를 통하여 발표하였는데, 이 책에 편입하면서도 다소의 수정과 보완을 거쳤다.

【 주제어 】 一音敎, 一音性, 자기철학, 교판론, 회통론, 原音, 근기, 관심석, 관문석, 텍스트, 컨텍스트, 僞經.

Ⅰ. 머리말

　불교학은 경전/대장경을 해석해 가는 학문이다. 그런데 문제는 해석이 타당하면서도 늘 새로워야 한다는 점이다. 불교가 현재까지 살아있고 전해진다는 이야기는 아함/니카야의 형태가 그대로 전해졌던 것은 아니라는 점을 잊어서는 아니된다. 물질은 그대로 전해지는 것이 가능할지 모르지만 이야기가 그대로 전해진다는 것은 불가능하다. 이것이 인간이다. 이를 철학적 측면에서 밝힌 사람이 하이데거이다. "해석은 결코 미리 주어진 대상에 대한 무전제적 파악이 아니다."[1)]

　아함/니카야는 아비다르마의 숲을 지나서 대승경전으로 재탄생된다. 또 중국을 지나면서는 僞經이 만들어지고, 수많은 禪師들에 의해서 語錄이 형성된다. 불교사상의 전개는 곧 다양한 불교문헌의 전개에 다름 아니다. 이러한 불교학의 성립사를 돌아다 보면 언제나 불교문헌 외 글쓰기는 새로웠다는 점을 알 수 있다. 아무런 자기철학(svadarśana/svapādani)의 제시없이 同語反復만으로 불교사상의 역사가 이루어진 것이 아니라고 한다면, 불교의 생명을 연장시키고 싶어하는 오늘의 불교학자 역시 옛시대의 선배들과 마찬가지로 자기철학을 제시해야 한다는 사명감을 느낄 수 있을 것이다. 만약 그렇게 하지 못한다면, 불교사상은 미래로 흘러가서 통하지 못할지도 모른다.

---

1) 리차드 E. 팔머, 이한우 옮김, 『해석학이란 무엇인가』 (서울 : 문예출판사, 1998), p.200.

이러한 위기의식 속에서, 나는 어떻게 하면 불교학 연구에 있어서 자기철학의 제시가 가능할 것인지 그 방법론을 고민해 왔다. 우선, 불교학의 대상인 원전/경전 자체가 해석자의 자유를 구속하여 자유로운 해석을 제한하는 성향이 있는 것으로 보고서, 그러한 무거움을 가볍게 하기 위하여 불교의 經典觀을 인도철학의 미망사(Mīmāṁsā) 학파의 原典觀과 비교하면서 하나의 대안으로서 觀心釋[2]을 제안했으며, 독서법을 새롭게 함으로써 자기철학의 제시를 가능케 할 것이라고 생각하여 컨텍스트에 입각한 텍스트 읽기라는 實踐的 讀書法[3]을 제시하였다. 뿐만 아니라, 이미 전통적 불교학의 방법론 안에는 敎判・格義・科目과 같이 현대 해석학적 성격에 부합하는 해석학적 장치들이 있었던 것[4]으로 보고서, 이를 우리들의 글쓰기에서도 재활용할 필요가 있다고 주장해 왔다.

이제 그러한 연장선상에서 자기철학의 글쓰기가 가능한 이유와 그 방법을 불교사상의 역사(내지 불교문헌의 성립사)를 어떻게 볼 것인가 하는 물음을 통해서 다시금 시사받고자 한다. 아함/니카야에서 대승경전, 위경, 그리고 선어록에 이르기까지 다양한 형태의 불교문헌의 성립과정, 즉 불교사상사의 전개과정을 어떻게 볼 것인가? 초기불교로부터 오늘의 불교에 이르기까지 전개되어 오는 불교사를 발달로 보는 관점도 있으며, 한편으로는 퇴보로 보는 관점도 있는 것 같다. 이러한 관점은 각기 역사를 보는 하나의 눈/史觀이라 볼 수 있다. 따라서 불교사상사의 전개를 보는 사관에는 후대로 내려오면서 "발달했

---

[2] 졸고, 「미망사와 불교의 비교해석학」, 『한국종교사연구』제10집 (익산 : 한국종교사학회, 2002), pp.77~116. 참조. 이 책의 첫 번째 논문으로 재수록.
[3] 졸고, 「저자의 부재와 불교해석학」, 『불교학보』제35집(서울 : 동국대 불교문화연구원, 1998), pp.187~206. 참조. 이 책의 세 번째 논문으로 재수록.
[4] 졸고, 「전통적 불교학의 방법론에 나타난 현대적 성격」, 『가산학보』제7호(서울 : 가산학회, 1998), pp.48~70. 참조. 이 책의 두 번째 논문으로 재수록.

다"고 보는 발달사관과 "퇴보했다"고 보는 퇴보사관의 둘이 있는 것으로 나는 생각하고 있다. 발달사관은 불교교리발달이라는 말을 쓰는 사람들에게서 전형적으로 드러나는데, 종래 초기·부파불교를 소승이라 貶毁했던 전통적 대승불교도들의 관점이 그 대표적인 사례에 해당되리라 본다. 한편, 퇴보사관은 발달사관과는 반대로 대승불교의 등장을 非佛說이라 貶稱했던 전통적 부파교단의 관점에서나, 근래 초기불교만을 중시하는 관점으로부터 보이는 것 같다.

그렇다면, 이들 발달사관과 퇴보사관의 관점 중에서 어느 쪽이 더욱 타당한 관점일까? 나의 자기철학은 두 가지 관점 모두 긍정하지 않는다. 불교가 "발달했다"고도 보지 않고, "퇴보했다"고도 보지 않는다. 불교사상의 역사는 다만 "반복되었다"고 보는 反復史觀을 나는 갖고 있다. 反復史觀은 제3의 史觀이라 할 수 있을 것이다. 예컨대, 반야부 경전에 이르러 空(śūnya, śūnyatā)이라는 개념이 새롭게 등장하므로 그것을 일러서 발달이라 볼 수 있는 것 아니냐고 하는 문제제기도 가능할 것이다. 하지만, 나는 반야부 경전에 나타난 空 개념은 결국 초기불교에서 설해지던 연기·무아라는 개념이 다시 반복되었을 뿐이라5)고 평가한다. 즉 초기불교의 연기·무아나 대승불교의 공을

---

5) 아함의 無我와 『금강경』의 無相 사이에서 一音性을 확인해 본 일이 있다. 졸저, 『대승경전과 禪』(서울 : 민족사, 2002), pp.58~63. 참조. 여기서 문제가 되는 것은 부파불교이다. 부파불교는 초기불교의 무아설의 의미를 人無我로만 끌고 가고 法無我는 인정하지 않는데, 그 점에 있어서 대승불교의 관점(인무아와 법무아 모두 인정)과는 모순되지 않느냐는 것이다. 그런 까닭에 부파불교에 대해서는 반복사관을 적용해 보기 어렵지 않느냐는 문제제기가 가능하다. 그렇게 볼 수도 있다. 나 역시 부파불교의 그러한 점이 후퇴라고 보기 때문이다. 대승불교가 등장하는 이유의 하나 역시 그러한 오류의 시정에 그 원인이 있었을 것이다. 하지만, 내가 반복사관에 입각하여 일음교를 주장하는 것은 이념적인 측면이 있다(사관은 이념이 아니던가). 즉 모든 불교사상사를 일음으로 해명하려는 데 있는 것이 아니라 일음으로 회통될 수 있는 가르침/사상이 더욱 올바른(원음에 더욱 부합하는) 것으로 보고 있는 것이다. 그런 점에서 일음교 역시 하나의 교판인 것이다. "초기 → 대승불교"로 바로

一音/一味로 파악한다. 그렇게 불교를 이해하는 관점을 나는 一音敎(ekasvaravāda)로 부르고자 한다.

이렇게 반복사관에 서서 불교사상사를 일음교의 전개/변주로 보게 되면 '大乘非佛說論'에 의해서 도전받아 오던 대승경전과 같은 불교문헌들이 그 나름대로 정당성을 확보받을 수 있게 된다. 이는 대승경전이나 위경, 그리고 선어록 등과 같은 불교문헌의 성립사를 둘러싼 문제를 역사적이거나 서지학적인 차원에서가 아니라 解釋學的 차원에서 재조명6)하는 것이다. 이를 위한 실마리로서 '근기'나 '원음' 등과 같이 우리가 흔히 쓰는 술어를 재검토함으로써, 불교사상사의 전개를 일음교로 볼 수 있다는 점을 논증하고자 한다. 이 과정에서 중요한 것은 우리의 해석이 유형의 경전을 대상으로 하기 전에 紙墨으로 이루어지지 않은 원음을 그 대상으로 삼는 것이 우선되어야 한다7)는

연결하는 교판이지, 부파불교를 개재시키지 않는다. 이러한 이념은 미래불교의 진로를 위해서 필요한 작업이라 본다. 그렇다고 해서 부파불교의 의미나 가치가 없다는 것은 아니다. 그에 대해서 나는 문외한이다. 부파불교 전문가에게 깊이 자문해야 할 부분이긴 하다.

6) 대승비불설의 문제는 역사적이거나 서지학적 차원에서 보게 되면, "대승경전은 석가모니 부처님의 친설이 아니다"라는 명제를 뒤엎을 수 없다. 하지만, 해석학적 차원에서는 얼마든지 다른 관점이 가능해진다. 이에 대해서는 뒤에서 자세히 서술하게 될 것이다.

7) 유럽에서 형성된 문헌학적 불교학의 대전제는 "불교는 불교 문헌 속에 있다. 그러므로 불교문헌의 연구만으로 불교를 이해할 수 있다"는 것이 아닌가 한다. 그러나 나는 동의하지 않는다. 이미 『잡아함경』 404경(대정장 2, p.108a~b)에서 "내가 지금 설법한 것은 손에 든 이 나뭇잎과 같고, 아직 설법하지 않은 것은 저 숲 전체의 나뭇잎들과 같다"고 하지 않던가〔졸고,「되새겨 보는 아함경」,『문학사학철학』창간준비4호(서울 : 한국불교사연구소 外, 2006), pp.40~41. 참조〕. 아직 설법하지 않은 것까지 함께 넣어서 생각하는 불교학을 이 글에서 제시한다. 이는 어쩌면 교의 차원을 벗어나 선의 차원으로 들어가는 것으로 볼 수 있다. 그렇다. 내 불교해석학은 곧 불교학에 있어서 선적 방법론의 도입에서 길을 보고 있는 것이다. 교의 문제는 교에 의지하는 것만으로는 풀리지 않을 것으로 보기 때문이다.

점이다. 이제 불교학자는 지묵으로 이루어진 경전에 대해서만 해석하는 존재가 아니라 경전 이전에 존재하는 원음을 먼저 해석하고, 그 원음의 의미를 가지고 문자화된 경전을 의미를 해석해 감으로써 또 하나의 불교문헌을 창조한다는 의미를 그의 글쓰기는 갖게 될 것이라 나는 본다.

이제, 본론에서는 이러한 나의 이해가 어떻게 하여 얻어지게 되었는지를 근기론의 재검토와 일음교의 논증을 통해서 밝혀가고자 한다. 먼저, 일음교가 요청되는 까닭부터 생각해 보기로 한다.

Ⅱ. 一音教, 불교문헌에 대한 會通的 관점

1. 일음교란 무엇인가

(1) 教判論에서 會通論으로

불교도가 읽고 수행함에 있어서 지침으로 삼는 문헌은 흔히 八萬四千법문이라 말해지고 있을 정도로 방대하다. 이들은 지속적으로 集成, 增補되면서 크게 갈무리되어 왔다. 그것이 대장경이다. 그런만큼 당연히 그 안에는 다송다양한 사상적 입장과 수행의 방법론 등이 白花齊放하고 있을 수밖에 없다. 따라서 불교사상을 이해하고자 할 때에는 누구라도 그 이전에 전해오던 다양한 사상과 수행에 관한 입장을 정립할 필요가 있게 된다. 다양성 안에서 체계성을 찾아내는 이러한 작업은 텍스트 상호간의 비교를 통하여 가치를 평가하는 작업이 된다. 이를 教相判釋/教判[8])이라 부름은 주지하는 바이다. 하나의 교판에 대

---

8) 종래 교판이 중국불교사의 한 사건이거나 중국적인 소산이라고만 알려져왔음에 반하여, 그것이 이미 인도불교에서부터 존재해왔음은 졸고, 「전통적 불교학의 방

한 동의 여부는 동일한 불교도 사이에 分派的 집단이 형성되는 계기를 제공해왔다. 이른바 종파/학파의 성립이 그것이다. 바꾸어 말하면, 이러한 종파의 성립을 위해서는 교판을 세우는 立教가 전제조건이 되었던 것이다. 이를 立敎開宗이라 한다.

교판을 제시한다는 것은 매우 창조적인 해석행위로서 거기에는 교판을 내세우는 해석자 나름의 독창적 자기철학이 드러나게 마련이다. 그러므로 나는 교판을 매우 높게 평가한다. 자기철학의 제시야말로 변하지 않는 진리로서의 불교를 역사적―사회적 컨텍스트의 변화에 적응시키면서 그 시대의 중생들이 요구하는 불교로서 새롭게 생성시켜 왔기 때문이다. 그런데 교판에는 이러한 긍정적 측면과 함께 부정적 측면 역시 결부될 수 있음을 간과해서는 아니 된다. 自宗의 입장을 가장 우수한 것으로 설정하고 있는 교판 자체가 갖는 성격은 그러한 교판에 동의하는 사람들에게 자기 교판의 관점을 절대화하도록 만들기 쉽기 때문이다. 따라서 교판에 집착하면 할수록 他宗과 自宗의 분리가 가속화되어 간다. 이를 分離神話라 한다. 이렇게 교판에 집착하여, 교판이 배타적 독단이나 도그마로 떨어지게 되는 것은 교판의 부정적 측면으로 비판받지 않을 수 없다. 이를 나는 教判論이라 불러서, 교판과 개념적으로 구분해 왔던 것이다. 즉 교판은 자기철학의 제시라는 점에서 긍정적이지만 교판론은 부정적인 것이다.

법론에 나타난 현대적 성격」, 앞의 책, pp.55~60. 참조. 그러한 사고 자체는 불교 밖에서도 확인되는 하나의 보편적인 해석학적 방법론이라는 의미가 있다. 예컨대, 정통 인도철학에서도 교판은 등장하기 때문이다. 『全哲學綱要(Sarvadarśanasaṁgraha)』를 쓴 마다바(Mādhava)가 "스스로 보아서 가장 낮으며 혐오해야 할 유물론으로부터 시작하여 순차적으로 自派에 가까운 체계로 筆을 진행시키며, 최후에 自說, 즉 샹카라파의 사상의 서술로 끝나고 있다."〔早島鏡正 外, 『インド思想史』(東京 : 東京大學出判會, 1985), pp.3~4. 참조.〕고 하기 때문이다. 바로 교판의 작업에 해당된다. 한편, 마다바와 같은 방식으로 불교사상을 교판한 것이 空海의 『十住心論』이다.

예컨대, 일본 정토종의 창시자 호넨(法然, 1133~1212)은 다양한 수행론 중에서 오직 "나무아미타불" 염불에 의지하여 왕생극락을 희구할 것을 주장하였다. 이른바 專修念佛이 바로 그것인데, 그의 저서 『選擇本願念佛集』에서이다. 그런데 교판을 제시하는 것은 좋은데, 거기에 의지하여 하나의 수행만을 전수하자고 하는 태도는 이미 교판론에 떨어진 것으로 평가된다. 전수 이전에는 선택이 있어야 하고, 하나의 선택은 그 외의 다른 사상이나 수행법의 배제를 의미하기 때문이다. 선택된 그 하나 이외에 선택되지 못하고 배제되는 사상이나 수행은 반드시 배제되어도 좋을 만큼 잘못되거나 타당하지 않은 것일까? 그렇지 않다는 데에 문제가 있는 것이다.9) 니치렌(日蓮, 1222~1282)이 율·선·진언·염불 등을 모두 배척했는데, 사실 그렇게 배척하는 데에는 객관성이 있는 어떤 근거가 있어서가 아니라 "오직 『법화경』을!"이라고 하는 자기교판이 있었을 뿐이었다. 그것은 법화중심주의의 관점/교판에 집착하게 되었을 때 가능한 논리였다. 따라서 그러한 법화중심주의를 수용하지 않는 타자에게는 그러한 '選擇 → 排除 → 專修'의 논리가 보편적 설득력을 갖지 못하는 것이다. 여기에 교판이 갖는 상대주의적 성격이 있는 것이다.

한편, 불교의 역사는 불교사상의 풍요로움과 더불어 이러한 교판론만 존재하는 것이 아님을 보여주고 있다. '선택 → 배제 → 전수'의 문제점을 예리하게 간파한 사상가들은 얼핏 서로 배치되는 입장을 보이고 있는 사상이나 수행 등에서 상통하는 면을 읽어낸다. 일관하는 가르침을 찾는 태도는 법집에 떨어지기 쉬운 이론투쟁을 넘어서서 부처님의 근본 가르침이 무엇인지를 묻는 것이어서 매우 소중한 작업이 아닐 수 없다. 이러한 입장의 논의를, 나는 교판론에 상대하는 의미에

---

9) 末木文美士 역시 호넨에 의한 선택사상의 非관용성에는 문제가 있다고 본다. 末木文美士, 『鎌倉佛敎形成論』(京都 : 法藏館, 1998), pp.183~186. 참조.

서 회통론이라 불러오고 있다. 그 대표적 입장을 元曉(617~686)와 普照知訥(1158~1210)은 각기 다음과 같이 말하고 있다.

모든 다른 사람의 뜻은 모두 부처님의 뜻이며, 百家의 학설이 옳지 않음이 없고, 팔만 가지 법문이 모두 이치에 들어갈 수 있는 것이다.10)

세존이 입으로 설한 것은 곧 敎가 되고, 조사가 마음으로 전하는 것은 禪이 된다. 부처의 입과 조사의 마음이 반드시 서로 틀린 것이 아니니, 어찌 근원을 궁구하지 않고서 제각기 익힌 것에 안주하면서 헛되이 쟁론을 일으켜 하늘의 해를 죽이겠는가.11)

불교사상사는 이러한 교판론과 회통론의 파노라마라고 볼 수도 있다. 교판의 제시를 통해서는 차별화된 불교사상이 새롭게 제시되었고, 회통의 노력을 통해서 근본에서 하나임을 깨달아 이론투쟁에 함몰되지 않고 가르침의 근본을 실천가능케 해왔던 것이다. 따라서 회통론과 교판론은 공존한다고 볼 수도 있는 것이다. 종파불교라는 특성이 가장 강한 일본불교의 경우에도 역사적으로 볼 때에는 회통론의 존재가 확인된다. 현재 일본불교사를 연구하는 학자들 중에 일본불교사 안에 나타났던 회통론의 흐름을 '汎佛敎'12)라고 지칭하는 경우가 있다. 교리강요서인 『八宗綱要』의 저자 교넨(凝然, 1240~1321), 불교설

---

10) "一切他義, 咸是佛義 ; 百家之說, 無所不入 ; 八萬法門, 皆可入理." 元曉, 『菩薩戒本持犯要記』, 韓佛 1 : 583a.
11) "世尊, 說之於口, 卽爲敎 ; 祖師, 傳之於心, 卽爲禪, 佛祖心口, 必不相違. 豈可不窮根源, 而各安所習, 妄興諍論, 虛喪天日耶."「華嚴論節要序」, 『보조전서』, pp.173~174.
12) 源 健一郞, 「平家物語の生成と佛法 ―方法論的問題をめぐって―」, 『佛敎文學會大會シンポジウム發表資料』(2003.6.7, 京都女子大學) 참조. 또 일본불교와 관련하여 일음교를 살펴본 것은 졸저, 「범불교와 일음교」, 『일본불교의 빛과 그림자』(서울 : 정우서적, 2007), pp.34~44. 참조

화집인『沙石集』의 저자 무쥬(無住, 1226~1312), 그리고 일본불교사인『元亨釋書』의 저자 고칸 시렌(虎關師練, 1278~1346) 등의 불교관이 이에 해당된다.

(2) 華嚴禪에서 一音敎로

나는 교판의 제시는 오늘날에도 이어져야 한다고 본다. 그것이 곧 자기철학이기 때문이다. 그러나 敎判論에 대해서는 비판적인 의견을 갖고 있다. 會通論의 입장을 추구하고 있기 때문이다. 다양한 가르침들이 근본에 있어서는 하나라고 보기 때문이며, 和諍을 통해서 부처님의 가르침이 현실화될 수 있다고 보기 때문이다. 종래 회통론을 천명해온 경론이나 불교사상가들의 사상을 즐겨 천착해 왔던 것[13]도 그러한 이유에서이다. 그런데 종래 이러한 회통론적 불교관에 대한 이름으로서 '華嚴禪' 개념을 생각해 본 적이 있다.

'화엄선'의 외연은 선과 화엄이 만나는 사상사적 공간이 될 것이다. 그러나 보다 중요한 것은 그 내포이다. '화엄선'의 내포는 사상사적 입장에서는 禪嚴一致이며, 수행법의 입장에서는 자리적 선수행과 이타적 보현행을 결합하는 禪行雙修가 되어야 하리라 본다.[14]

---

13) 내가 천착한 주제들 중에서 義相(625~702), 원효, 보조지눌, 漢岩(1876~1950), 인도철학의『바가바드기타』, 그리고『천수경』등을 좋아하면서, 그것들을 텍스트로 하여 읽기·쓰기를 지속/반복하고 있는 것 역시 그것들이 공히 회통론의 입장을 견지하고 있다는 데에도 한 이유가 있었다. 학위논문을 기반으로 한『대승경전과 禪』역시 대승경전 안에서 선사상을 찾아봄으로써, 선과 교의 회통을 추구한 것이었다.
14) 졸저,『대승경전과 禪』, pp.248~249. 내 마음 속에서는, 의상에게서 보는 바와 같이, 밀교와 정토까지를 포괄한 '화엄선' 개념을 생각하고 있었다.『대승경전과 禪』, p.249. 각주 246) 참조.

하지만, '화엄선' 개념 안에는 아무래도 선종이나 화엄종과 같은 특정 종파의 사상이 위주가 되고 있다는 점에서 종파적 성격이 아직 남아 있다는 문제가 있었다. 종파적 성격을 탈각시키고, 회통론의 입장을 띠면서도 나름의 교판/자기철학의 제시15)라고 하는 의미까지를 담보할 수 있는 새로운 술어가 필요해지는 이유이다. 그 새로운 술어로서 이제 '일음교'를 재해석해 보기로 한 것이다. 나는 『천수경』과 『반야경』, 『천수경』과 『화엄경』 사이에서 사상적 동일성을 보고 있는 光德(1927~1999)의 회통론을 논하다가 一音教라는 술어를 떠올리게 되었다. "교판을 제시하면서도 교판론에 떨어지지 않는 光德의 교판을 어떻게 부를 수 있을까? 나는 '일음교'라고 부르고자 한다."16)라고 말한 바 있다.

그렇다고 해서 종래에 일음교를 주장한 불교사상가가 없었던 것은 아니다. 後魏의 菩提留之/流支(? ~ ?)가 있었다. 李通玄(? ~ 730)은 그의 『화엄론』에서 十家의 교판을 정리하는 중에 다음과 같이 일음교를 말하고 있는 것으로, 普照知訥의 『화엄론절요』는 전하고 있다.

첫째, 後魏의 菩提留之는 一音教를 세웠다. 이른바 모든 성스러운 가르침은 오직 如來의 一音圓教인데, 다만 根機가 다름에 따른 것이었을 뿐이다. 『경』에서 "부처님께서는 一音으로 법을 연설하셨으나, 중생이 그 근기〔類〕에 따라서 제 각각 이해를 얻는다."고 하였다.17)

---

15) 교판을 제시하면서도 회통론을 벗어나지 않고, 회통론을 지향하면서 교판을 제시한 분이 元曉이다. 그가 위대한 또 하나의 이유이다.
16) 졸고, 「千手經 理解를 통해서 본 光德의 會通佛教」, 『종교연구』 제29집(서울 : 한국종교학회, 2002), pp.279. 각주 36) 참조 졸저, 『천수경의 새로운 연구』(서울 : 민족사, 2006), p.144.
17) "第一, 後魏菩提留之, 立一音教, 謂一切聖教, 唯是如來一音圓教, 但隨根異故. 經云 : '佛以一音演說法, 衆生隨類各得解'." 『보조전서』, p. 211. 李通玄 외에도 一音教의 교판을 소개하는 경우는 적지 않다. 이에 대해서는 丹治昭義, 「一音說法」, 『南都佛教』 제81

이러한 소개는 매우 소략하여 그 특징을 파악하기가 쉽지 않다. 마침, 중국 화엄종의 제5조 清凉澄觀(? ~ 839)의『大方廣佛華嚴經疏』에서는 일음교의 주창자로 보리류지와 구마라집을 함께 들면서 대비하고 있으므로 참고가 된다.

첫째, 일음교를 세우는 것이니 여래 一代의 가르침은 一音을 떠나지 않는다고 말하는 것이다. 그러나 여기에 두 스님이 있다. 하나는 後魏의 菩提流支이니, 여래의 一音은 동시에 만 가지를 알리는 것이며, 대승과 소승이 함께 펼쳐진 것이라고 말한다. 다른 하나는 姚秦의 鳩摩羅什이니, 부처님의 一圓音은 평등하여 둘이 없으며 아무 생각없이 두루 응해 주신다. 듣는 자(機)들이 들음에 스스로 달라져서 말씀이 본래 대승과 소승을 다 펼쳐내셨다고 말하지 않는다. 그러므로『유마경』에서 "부처님께서는 一音으로 法을 연설하셨으나, 중생들이 각기 그 알음알이에 따른다."라고 하였다. 위의 두 스님 중, 앞의 분은 佛音에는 다름(二)이 갖추어져 있다 하시고, 뒤의 분은 다름(異)은 저절로 근기에 있을 뿐이며 각기 圓音의 한 뜻을 얻는다는 것이다. 그러나 둘 다 가르침의 근본이 되는 것은 나누지 않는 뜻이다.18)

단지 데루요시(丹治昭義)는 이 양자의 차이에 대하여 "양자 모두 부처의 圓音이 一義라고 하는 것은 말할 것도 없으나, 보리류지는 부처의 소리가 異, 즉 다종다양하다고 함에 반해서 구마라집의 그것은 중생들이 다르게 받아들인다(異解)고 하는『유마경』의 게송의 의미에 충실히 따르는 일음교이다."19)라고 말한다. 이러한 평가는 곧 양자의 일

호(奈良 : 東大寺圖書館, 2002), pp.29~31. 참조.
18) "一立一音教, 謂如來一代之教, 不離一音. 然有二師, 一後魏菩提流支云 : '如來一音, 同時報萬 ; 大小竝陳.' 二姚秦鳩摩羅什云 ; '佛一圓音, 平等無二, 無思普應. 機聞自殊, 非謂言音本陣大小. 故維摩經云 : '佛以一音演說法, 衆生各各隨所解.' 上之二師, 初則, 佛音具二 ; 後則, 異自在機, 各得圓音一義. 然, 竝爲教本, 不分之意耳." 大正藏 35, p.508a-b.

음교를 소개한 징관의 것이다. 그런데 징관의 평가는 앞서 본 이통현의 그것과는 다르다. 이통현은 『유마경』의 게송을 보리류지에 배당시키고 있음에 반하여, 징관은 구마라집에 배당시키고 있기 때문이다. 기실 일음교에는 다종다양한 의미가 있는데, 특히 인도에서는 언어·음성적 차원에서의 일음이 많이 논의되었다[20]고 한다. 그러나 내가 이 글에서 말하는 일음교의 의미는 붓다의 가르침이 一味(ekarāsa)라고 하는 의미에서이다. 따라서 구마라집이 말하는 의미, 즉 『유마경』의 게송에 드러나 있는 일음교를 말하는 것이다. 여기에서 우리는 간략히 인용되어 있는 『유마경』의 게송을 경전 속에서 찾아서 읽어볼 필요가 있을 것 같다.

> 부처님께서는 一音으로 법을 연설하셨으나
> 중생들은 그 類(類)에 따라서 저마다 알음알이를 얻노라.
> 모두가 세존께서는 그 말씀을 한 가지로 하신다고 말하니
> 이는 곧 神力의 不共法일세.

> 부처님께서는 一音으로 법을 연설하셨으나
> 중생들이 각기 그 알음알이에 따르네.
> 두루 받아들여서 실행하여 그 이익을 얻으니
> 이는 곧 神力의 不共法일세.[21]

부처님의 가르침은 모두 그 근본에 있어서는 일음이지만, 서로 다르게 보이는 까닭은 그것을 듣는 중생들의 근기가 서로 다르기 때문

---

19) 丹治昭義, 앞의 책, pp.29~30.
20) 위의 책, pp.24~28. 참조.
21) "佛以一音演說法, 衆生隨類各得解. 皆謂世尊同其語, 斯則神力不共法. 佛以一音演說法, 衆生各各隨所解. 普得受行獲其利, 斯則神力不共法." 大正藏14, p.538a.

이라 말하고 있다. 부처의 가르침이 모두 그 근본에 있어서는 하나인데, 역사적으로 다르게 이해해 왔을 뿐이라는 입장이다. 예컨대, 空/無我를 이야기했으나 人無我와 法無我를 둘 다 인정하는 대승의 견해와 人無我만을 말하는 부파불교의 견해가 달라진 것 역시 듣는 자의 다른 견해에 따른 것일 뿐이다. 법 자체의 一音性은 한결같다. 그렇다고 해서 一音教가 모든 다른 견해들을 다 긍정하는 것은 아니다. 다른 견해는 다른 견해대로 놓아두고서 一音性이 확인되는 가르침이나 사상만을 一音教 안으로 받아들인다. 그런 맥락에서 나의 一音教 안에는 부파불교의 자리는 존재하지 않는다.22) 그런 점은 일음교가 하나의 뚜렷한 자기 방향성을 갖는다는 점을 보여준다. 모든 것을 다 긍정하는 상대주의에 떨어지지 않는다. 그 역시 하나의 교판이긴 하지만 교판론은 아니다. 교판론 보다는 더욱 뚜렷한 會通性을 갖는 것으로 나는 생각하고 있다. 그런 점에서 일음교라는 교판은 다른 교판과 차이가 있다. 회통론적 교판이라 할 수 있을 것이다.

2. 일음교로 볼 수 있는 근거23)

"모든 성스러운 가르침은 오직 여래의 一音圓教인데, 다만 근기가 다름에 따른 것이었을 뿐이다."라고 하는 구마라집(Kumārajiva, 343 ?~413)의 입장은, 우리의 일음교 이해방식과 아무런 차이가 없다. 불교사상 내지 그것을 담고 있는 불교문헌에 뭔가 차이가 있는 것처럼 보이는 것은 근기의 차이를 반영하고 있기 때문이라는 것이다. 여기서 나는 이러한 입장을 나음과 같이 '일음교의 공식(혹은 불교문헌 성립

---

22) 이 역시 잠정적인 결론이다. 앞으로 누군가에 의해서 초기 → 부파 → 대승 사이의 일음성이 확인될 수 있을지도 모른다.
23) 이 절의 논의는 졸저, 「一音教에 있어서의 千手經의 위상」, 『천수경의 새로운 연구』, pp.150~160. 사이의 논의를 수정하고 보완한 것임을 밝혀둔다.

의 공식)'으로서 제시해 보고자 한다.

$$Sn = Xn + Cn^{24)}$$

여기서 S는 Sūtra(경전)을 의미하고 C는 Context를 의미한다. 그리고 X는 原音을 가리킨다. 그러니까, 어떤 하나의 경전은 그것이 성립될 당시의 컨텍스트 속에서 경전 성립자에 의해서 해석된 原音을 담고 있는 것이라는 의미이다. 이제 위의 공식에 대한 이해를 중심으로 어떻게 일음교라는 이해방식이 가능한지 살펴보기로 하자. 여기에는 원음과 근기 개념의 재검토가 필요하다.

(1) 原音 개념의 수정

종래의 많은 사람들, 특히 초기불교를 중심으로 해서 신앙하는 입장에 있는 사람들은 니카야/아함에 드러나 있는 초기불교 경전의 가르침을 원음이라고 말하는 것 같다. "부처님의 원음으로 돌아가라!"고 하면서, 니카야/아함을 소의경전으로 삼는다. 이러한 태도가 잘못된 것은 아니다. 누가 보더라도 불교는 고타마 붓다로부터 시작되었으며,

---

24) 이 '일음교의 공식(=불교문헌 성립의 공식)'은 애시당초 'Sn = X + Cn'으로 구상하였다[졸저, 위의 책, p.150에는 그렇게 되어 있다]. 비록 해석된 형태일지라도 원음이 경전 속에 들어간다고 보았기 때문이다. 그러나 동국대 인도철학과 학부 수업 시간에 행해진 토론에서 성덕스님(대학원 석사과정)이 나와는 다른 공식을 제기하여 토론하였다. 이 과정을 통하여 나는 원음 X와 해석된 원음 Xn을 구별하는 것이 나의 논지에 보다 잘 부합하는 것으로 파악하였다. Xn 속에 X가 들어있으므로 해석된 원음에는 해석자의 자기철학이 들어있음과 동시에, 해석된 형태를 통해서이지만 모든 경전에 원음이 다 들어있다는 점에서 一音敎이기도 하다는 점을 무리 없이 설명할 수 있게 되었다. 그리고 원음에 대한 해석이 경전/불교문헌 마다 다르다는 점 역시 Xn이 더 잘 드러낸다고 보았다. 그리하여 식을 수정하게 된 것이다. 유익한 문제제기를 해준 성덕스님께 감사드린다.

그것의 최초 형태는 니카야·아함으로서 현재까지 전해지고 있기 때문이다. 그러나 "니카야·아함은 여래의 원음을 담고 있다"고 함은 옳지만, 어느새 "니카야·아함에만 여래의 원음이 있다."고 주장함은 문제가 있는 것으로 생각된다. 또 이러한 입장에는 니카야/아함의 교설을 원음에 대한 해석으로 보는 것이 아니라 원음 그 자체로서 파악한다. 그렇게 되면 후대에 일어난 대승불교의 경전들은 여래의 원음으로부터 변형된 것으로 비판받고 말기 때문이다. 이른바 大乘非佛說이라는 관점이 바로 그러한 오류를 범하고 있는 것이다.

근래, 黃淳一에 따르면 초기와 대승 사이에서만 그런 대립이 있는 것이 아니라 초기 경전과 그 주석인 아비다르마 사이에도 그런 대립이 나타나 있다고 한다.

> 부파불교의 연구에 주력하는 학자들의 경우 초기 경전의 비유적 언어들의 숨은 의미가 아비달마를 거치는 과정에서 변형 또는 오염(corrupt)된 것으로서 부정적으로 보려는 곰브리치 교수의 견해에 대해서 아비달마적 변형과 다양한 해석이 일종의 교리적 발전을 유도하는 역할을 하는 것으로서 긍정적으로 볼 수 있다고 반박한다.[25]

초기불교 경전에서 부파불교로의 역사적 전개에 대한 평가에 있어서 곰브리치(Richard F. Gombrich)는 초기경전을 원음이라고 설정한 후, 후대로 내려오면서 점점 오염되거나 변형되었다고 보고 있으며, 다른 부파불교 연구자들은 교리적 발전이 이루어진 것으로 보았다. 그러니까 앞서 내가 불교사를 보는 관점에 퇴보사관과 빌딜사관의 둘이 있다고 했는데, 곰브리치의 경우는 퇴보사관을 내보이고 있으며

---

25) 黃淳一, 「초기경전을 어떻게 볼 것인가」, 『불교학보』 제39집(서울 : 동국대 불교문화연구원, 2002), p.332.

다른 부파불교의 연구자들은 발달사관을 갖고 있는 것으로 볼 수 있게 된다. 그런데 퇴보사관이 옳으냐 발달사관이 옳으냐 하는 문제를 확정함에 있어서 재검토해 보아야 할 것이 '원음' 개념임을 주목해 보아야 한다. 특히, 퇴보사관의 경우 원음으로부터의 퇴보라고 보기 때문이다. 그런데 여기서 내가 문제로 삼고 싶은 것은 현재 학자들이 생각하는 '원음' 개념은 고타마 붓다가 생각한 '원음' 개념과는 다르다는 점이다. 『아함경』은 다르마/원음이 고타마 붓다 이전부터 존재하고 있었음을 다음과 같이 말하고 있기 때문이다.

> 비구들이여! 연기란 무엇인가? 생(生)을 조건으로 노사(老死)가 있다. 이 계(界, dhātu)는 여래가 세상에 출현하든 출현하지 않든 확정되어 있으며, 법으로서 확립되어 있으며, 법으로서 결정되어 있다. 즉 상의성(相依性, idappaccayatā)이다.[26]

이 가르침에 의지하는 한, 고타마 붓다 이전에 연기(=상의성)로서의 원음/법이 먼저 존재하고 있었던 것이 된다. 다만 고타마 붓다는 그것을 깨달아서 여래가 된 것일 뿐이었다. 물론, 지금도 그것이 존재하고 있다. 연기/원음에 대한 교설은 『아함경』밖에 존재하고 있는 것이다. 教外別傳/教外別存은 선만의 모토가 아닌 것이다. 아함의 시대부터 존재해 있었던 것이니, 선의 정신은 아함에서부터 확인할 수 있다는 이야기다. 경전/교 안에서만 부처님/불교의 원음을 찾으려 했

---

26) "Katamo ca bhikkhave paṭicca-samuppādo. jātipaccayā bhikkhave jarāmaraṇam uppādā vā Tathāgatānam anuppādā vā Tathāgatānaṃ ṭhitā va sā dhātu dhammaṭṭhitatā dhammaniyāmatā idappaccayatā.(佛告比丘 : "緣起法者, 非我所作, 亦非餘人作. 然彼如來出世及未出世, 法界常住. 彼如來自覺此法, 成等正覺, 爲諸衆生分別演說, 開發顯示, 所謂此有故彼有 ; 此起故彼起. 謂 : 緣無明行, 乃至純大苦聚 ; 無明滅故行滅, 乃至純大苦聚滅." Saṃyutta-nikāya, vol. 2, pp. 25-26;『雜阿含經』권12, 대정장2, p. 85b. 팔리어로부터의 번역과 출전의 확인은 李慈郎 박사의 도움을 얻었다.

음은 달을 망각하고 손가락에만 집착하는 중생심의 발로일 뿐이었던 것이다. 이렇게 원음은 책/텍스트 속에서가 아니라 현실/컨텍스트[27] 속에 있음을 알아야 할 것이다. 바로 그렇게 연기라고 설명/해석하고 있는 법이 원음인 것이다. 그렇다고 해서 연기만이 원음이라 해서는 아니된다. 연기로도 설명/해석되고, 다른 표현/교리로도 설명/해석하는 것이 가능하다. 문제는 설하는 자가 아니라 설해진 법이다. 그 진리가, 그 원음이 오직 『아함경』에만 존재하고 있다면 『아함경』만이 원음이고 불설이 될 것이다. 대승경전은 원음이 아니고 불설이 아니라 할 것이다. 그러나 그렇지 않다고 한다면 초기경전과 대승경전은 모두 원음으로서 아무런 차이가 없는 것이다. 초기경전이나 대승경전이나 공히 원음의 해석을 담고 있기 때문이다.

그런 까닭에 원음은 'X'라고 불리어야 마땅하다. 혹자는 의문을 제기할지도 모른다. 왜 원음을 X로 표현하는가? 수학에서 미지수를 나타내는 'X'를 빌어와서 그렇게 부르는 까닭은 두 가지 정도가 생각될 수 있다.

첫째, 원음이 실재론의 차원에서 이해될 수 없음을 나타내기 위해서이다. 원음은 베단타학파의 아트만이나 플라톤의 이데아, 그리고 유신론 종교에서 말하는 신과 같은 개념이 아니다. 따라서 형이상학적 궁극적 실재/실체가 아니다. 다만 법칙으로서 있는 것이다. 그런데 그 법칙의 내용은 연기나 무아, 혹은 공이다. 실재가 없다는 것을 말하고

---

[27] 만약 원음이 敎內的 존재라고 한다면, 문헌에 대한 연구만으로 불교가 끝난다/다 알아진다고 할 수 있을지 모른다. 그렇게 되면 敎 밖의 수행은 무용해질 것이고, 敎를 통히면서도 교를 넘어서 있는 것/敎外에 대한 해석이 부용할는지 모른다. 그러나 그렇지 않은 까닭에 문헌만을 궁구하는 불교학자가 아닌 분(=光德)의 이야기에서 우리는 불교학의 난제에 대한 해답(의 실마리)을 찾기도 하고[예컨대 대승비불설론에 대한 그의 비판에서 잘 드러나 있는데, 졸저, 앞의 책, pp.161~166. 참조] 문헌학만이 아니라 해석학에 의지하여 敎外 혹은 敎前의 원음을 이해하려고 애쓰는 것이다.

있을 뿐이다. 그러한 법칙을 말하는 것이므로 실재론으로 파악되어서는 안 된다. 없음으로서 있다는 것이 假名이다. 이러한 非存在性을 나타내기 위해서도 나는 원음을 수학의 미지수 X로 표현해 본 것이다. 또 원음 X는 궁극적 경험의 대상이 될 수는 있는데, 바로 그 점에서 그것은 또 우리 자신의 마음과 떠나는 것이 아님을 알게 된다. 普照知訥의 저서로 전해지는 『眞心直說』과 같은 텍스트는 그러한 원음 X에 대한 논의를 담고 있다고 볼 수 있다. 그것을 하나의 '몸'으로 볼 수 있지 않느냐 라고 하여 法身이라 할 수 있고, 또한 법신을 인격화하여 法身佛이라는 개념이 불교에서 나오지만 그 법신 역시 空할 수밖에 없으며 부처 역시 공일 수밖에 없는 것이다. 이러한 내용을 곧 원음이라 하는 것이니, 그것은 실재론으로 오해될 수 없다.

둘째, 원음을 不立文字의 체험을 통해서 證得해야 할 그 무엇으로서 보고 있기 때문이다. 그러니 고타마 붓다는 "연기를 깨달았다"거나 "사성제를 깨달았다"라고 말하기보다, 붓다는 "원음 X를 깨달았으나 그것이 무엇인지는 우리로서는 모르는 일이다"라고 말해야 한다. 연기나 사성제 등은 공히 원음 X를 깨닫고 난 뒤 고타마 붓다가 행한 원음에 대한 해석/自註로 보아야 한다. 그리고 이 해석은 다양성을 띄고 나타날 수 있는 것이다. 따라서 'X'는 또 다른 컨텍스트 속에서 해석자의 자기철학에 의해서 다양한 모습을 띠고 나타날 수 있다. 'X'에 대한 초기불교적 해석은 연기나 무아, 혹은 사성제이지만, 반야부 경전의 해석은 空이다. 경전 안에 X_n이 들어있다고 보는 까닭이다. X_n은 해석된/문자화된 원음이다. 물론 이때의 해석에는 자기철학이 개재되어 있다. 이를 式으로 나타내면 다음과 같이 된다.

$X_n = X + a$

여기서 'a'(알파)는 자기철학이며 '+a'는 자기철학의 제시가 이루어진 것을 의미한다. 『반야심경』은 초기불교의 緣起・無我 대신 동일한 의미를 空이라는 술어를 사용하여 표현하였으며, 『금강경』은 無我相・無人相・無衆生相・無壽者相이라 표현했던 것이다. 예컨대, 초기불교의 연기・무아를 X1이라 하면, 『반야심경』의 空은 X2가 되고, 『금강경』의 無我相・無人相・無衆生相・無壽者相은 X3가 된다.[28] 이렇게 X3은 X1이나 X2와 다르다는 점에서 발달을 말할 수 있을지 모르지만, 나는 그렇게 해석된 원음(Xn) 속에서도 공히 원음 X가 개재되어 있다는 점에 초점을 두게 되면 一音일 뿐이라 본다. 즉 一音의 반복이 불교사상의 역사라는 것이다. 일음교를 말하는 이유이다.

(2) 근기 개념의 확장/복원

1) 근기 개념의 확장 필요성

평소 나는 근기 개념에 어떤 문제점을 느끼고 있었다. 그것은 가르침의 우열・심천이나 수행법의 兼修 여부와 관련해서 이러한 근기 개념이 차별적으로 적용되고 있다는 데서 생긴 것이다. 예컨대, 선과 염불/정토 사이에 양자를 회통하는 논리로서 선은 상근기에게 맞는 것이고, 염불은 하근기에게 맞는 것이라는 논리가 정히 그것이다. 그러니, 선과 염불의 우열을 나누는 것은 의미가 없다고 말함으로써, 그러한 논리가 흡사 회통론인 것처럼 보이게 한다. 물론 그러한 논리는 교판론과는 차이가 있으므로 회통론이 아니라 말할 수는 없다. 그렇지만 그 사이에는 계급이나 우열이 인정되고 있음은 물론이다. 포용주의적인 회통론, 즉 차별적 회통론이라 말할 수밖에 없는 한계 역시

---

[28] 『금강경』의 無相 개념이 곧 초기불교의 연기・무아와 다르지 않으며 그 대승적 전개임에 대해서는 졸저, 『대승경전과 禪』, pp.58~63. 참조.

그 안에는 존재하고 있는 것이다. 이렇게 근기의 다름이 다양성의 인정이라는 차원에서가 아니라 그 사이에 오히려 계급을 인정하는 관점을 나는 근기론이라 부른다.

그러나 어떤 한 사람이 상근기인지 하근기인지를 누가 어떤 기준에 의해서 판단할 것인가? 근기론이 안고 있는 최대의 문제점은 바로 이렇게 "한 개인이 할 수 있는 제한된 역할에 대한 암시를 제공한다"[29]는 데 있다. 만약 어떤 한 사람을 하근기라고 생각하여 法門을 제시한다면, 그것은 사실상 그가 갖고 있을지도 모르는 많은 가능성을 제한할 수도 있다는 점이다. 따라서 근기론에는 일정한 위험성이 있다고 말하지 않을 수 없다.

또한 근기론이 평등적 회통론이 아니라 차별적 회통론으로서 포용주의에 지나지 않음을 나는 현대 인도사상가 오로빈도(Aurobindo, 1872~1950)를 통해서 배울 수 있었다. 힌두교의 고전 『이샤 우파니샤드』를 해석해 감에 있어서 불이일원론(Advaita)의 샹카라(Śaṅkara, 700~750)가 지혜와 행위, 혹은 一者와 多者의 문제를 각기 상근기와 하근기에게 주어진 것으로 놓고 상근기의 지혜 중심으로 행위를 포용하는 방식의 회통을 시도함에 대하여, 오로빈도는 그 양자 사이를 차별적으로 階序化하지 않고 양자를 제각기 있는 그대로 存置시키는 방식의 회통론을 제시한다. 샹카라가 眞諦 중심의 眞俗二諦說을 주장했음에 대하여 오로빈도는 일원성과 다원성 모두 그대로 긍정하는 二重說을 주장했던 것이다. 나는 샹카라의 회통론을 차별적 회통론으로 규정하고, 오로빈도의 회통론을 평등적 회통론으로 평가한 바 있다.[30]

---

29) Satya P. Agarwal, *The Gītā and Tulasī-Rāmāyaṇa : Their Common Call for the Good of All*(Columbia : Urmila Agarwal, 2000), p.25.
30) 졸고, 「이샤 우파니샤드에 대한 샹카라와 오로빈도의 해석 비교」, 『인도철학』 제10집(서울 : 인도철학회, 2000), pp.128~129. 참조

오로빈도를 통하여 회통의 진정한 모습을 알게 되었는데, 동시에 근기론에 대한 재검토의 필요성 역시 강하게 느낄 수 있었다.

근기를 개인적인 수준이나 역량만으로 이해하는 한, 앞에서 언급한 바대로 근기론은 차별적 회통론을 위한 근거로서 쉽게 이용될 수밖에 없게 된다. 근기 개념을 좀더 폭넓게 재조정할 필요가 있을 것으로 생각된 까닭이다.

2) 근기 개념의 확장

경전의 성립을 응병여약으로 볼 때, '병'은 청법자가 처해있는 근기라고 볼 수 있다. 그런데 여기서 '근기' 개념의 재검토가 필요하리라 본다. 종래 우리는 근기라는 개념을 개인적인 수준이나 역량으로만 파악해 왔을 뿐이기 때문이다. 우선, 불교사전에 어떻게 정의되어 있는지 살펴보기로 하자.

근기(根機) ⓢindriya ⓉTdban-po. 근기(根器) 또는 줄여서 機라고도 한다. 사람이 가지고 있는 바탕, 혹은 가르침을 받아들일 수 있는 능력, 사람이 가지고 있는 본성을 나무의 뿌리에 비유하고 그것의 작용을 기(機)라고 한 것이다. 수행을 하고 안 하는 것과 법을 배우고 익히는 것과 그렇지 않는 것은 모두 이 근기(根機)에 달려있다고 한다.[31]

분명 근기라는 개념에는 개인적인 수준이나 역량의 차이라는 의미가 있음이 사실이다. 그러나 애시당초 근기 개념에는 이렇게 개인적

---

31) 『伽山佛敎大辭林』 2권(서울 : 가산불교문화연구원 출판부, 1998), p.784. 근기에 해당하는 산스크리트 술어로서 indriya라는 술어가 쓰이고 있음은 사실이다(『梵和大辭典』, p.229.) 그러나 동시에 adhikārabheda(자연적 적성의 차이) 역시 쓰일 수 있을 것 같다.(위의 책, p.33) S.C,Charterjee & D.M.Datta 지음, 김형준 옮김, 『학파로 보는 인도사상』(서울 : 예문서원, 1999), p.34. 참조

수준이나 역량의 의미보다 더 깊고 넓은 의미가 있었음을 추정케 하는 시사를 나는 힌두교의 성서, 『바가바드기타』 17 : 20~22을 통해서 얻을 수 있게 되었다. 여기서는 17 : 20과 22송을 읽어보기로 하자.

> 베풀어져야 한다고 생각하여
> 장소에 맞게, 때에 맞게, 그리고 (상대의) 그릇에 맞게
> 베풀어진 보시는
> 순수한 기질에서 행해진 보시라 말해져 온다.[32]

> 장소와 때에 맞지 않고
> 그릇에 맞지 않는 자들에게 베풀어진
> 존경심이 없으며 경멸하면서 행해진 보시는
> 어리석은 기질에서 행해진 보시라 말해진다.[33]

각기 세 가지 기질에 입각해서 행해진 보시가 있음을 논하는 맥락이다.[34] 순수한 기질(sattva)에서 행해진 보시가 가장 바람직한 보시라고 말하면서 위의 게송이 말해진 것이다. 이렇게 보시는 시간과 공간, 그리고 그것을 받는 상대의 개인적인 수준이나 역량에 부합하는 것이어야 함을 말하고 있는 문맥이다.[35] 이러한 보시의 원칙은 설법에도 그대로 적용해 볼 수 있다. 보시나 설법이나 공히 상대에게 뭔가를 주는 것이라는 점에서는 동일한 성격을 갖는 행위이기 때문이다. 그

---

32) "dātavyam iti yad dānaṁ dīyate 'nupakāriṇe / deśe kāle ca pātre ca tad dānaṁ sāttvikaṁ smṛtam //" Bhagavadgītā 17 : 20.
33) "adeśakāle yad dānam apātrebhyaś ca dīyate / asatkṛtam avajñātaṁ tat tāmasam udāhṛtam //" 위의 책, 17 : 22.
34) 여기서 생략된 것은 '격정적 기질'(rajas)에서 행해진 보시이다. BG 17 : 21 참조.
35) 이 "deśe kāle ca pātre ca" 부분을 행위의 차원에서 중시한 것은 Satya P.Agarwal, 앞의 책, pp.92~104. 참조.

런데 힌두교 텍스트인 『바가바드기타』에서는 종래 우리 불교의 일반적인 이해와는 달리, 근기 안에 시간과 공간 개념 역시 포함되어 있음을 보여주고 있다. 근기의 개념에는 정히 시간과 공간, 즉 컨텍스트의 개념이 포함되어 있는 것이었다. 시간과 공간이야말로 컨텍스트 개념이기 때문이다. 따라서, 우리의 근기 개념에도 deśa(공간)와 kāla(시간)가 더 있어야 마땅하다. 앞서와 같이, 근기를 개인적 역량의 차이만으로 이해하는 경우에는 시간과 공간, 즉 컨텍스트 개념이 자리할 수 없게 된다. 그렇다면, 불교의 근기 개념에도 시간과 공간 개념이 들어가 있었는데 후대로 내려오면서 협소해진 것일까? 아니면, 애시당초 불교의 근기 개념에는 시간과 공간 개념은 들어있지 않았던 것일까? 전자의 가능성이 높다고 생각하는데, 그러한 가능성을 시사해 준 것은 黃淳一의 다음과 같은 글이었다.

> 대기설법을 T.W.Rhys Davids의 표현을 빌려 설명하면 다음과 같다. 다양한 종교적 문화적 배경을 지닌 사람들과 대화에 임하는 붓다의 방식은 거의 동일한데, 스스로를 질문자의 정신적 입장에 가능한 한 가깝게 접근시킨 후 상대의 견해를 직접 공격하기보다는 상대방의 입장에서 토의를 시작해서 각각의 용어들에 새로운 불교적 관점 또는 좀더 고차원적인 의미를 삽입하여 붓다 자신의 결론으로 상대를 유도하는 것이다.[36]

여기에는 '질문자의 정신적 입장'에 '다양한 종교적 문화적 배경'이라고 하는 kāla와 deśa가 이미 攝入되어 있음이 지적되어 있다. 붓다로부터 설법을 들은 사람의 근기를 붓다는 시대적 배경이나 지역적 배경과 같은 것을 배제한 채, 상대방의 지적 수준만을 보고서 맞춘 것은 아니다. 특히, 붓다의 많은 설법을 들은 제자들은 바라문교적 배

---

36) 黃淳一, 앞의 책, p.328.

경이나 자이나교적 배경을 갖고 있었다. 그런만큼 붓다의 대기설법은 그러한 종교적 문화적 배경을 염두에 둔 설법이었던 것이다. 다양한 종교적·문화적 배경이야말로 질문자가 처해 있는 시간과 공간으로서의 컨텍스트에 다름 아니기 때문이다.

(3) 原音의 一音性

이렇게 대기설법(upāya-kauśalya)의 입장을 가지고, 앞에서 제시한 "Sn = Xn + Cn"이라고 하는 '일음교의 공식(=불교문헌 성립의 공식)'을 이해해 보기로 하자. 텍스트 속에 놓여있는 개인의 역량(pātra)을 'C'라 하고, 앞서 논한 원음으로서의 法, 즉 고타마 붓다 이전의 法은 'X'이며 해석자의 자기철학이 개재된(+a된) 原音은 Xn이다. 따라서 다음과 같은 공식37)의 연쇄가 가능해진다.

S1 = X1 + C1
S2 = X2 + C2
S3 = X3 + C3
⋮

예컨대, 각기 초기경전이 성립하던 당시의 컨텍스트를 C1이라고 하고 대승경전의 그것을 C2라고 한다면, 초기경전 S1은 X1 + C1이 되고 대승경전 S2는 X2 + C2가 된다. 이때 각기 달리 해석된 원음 X1과 X2 사이에서도 원음 X가 공히 개재되어 있다는 점에서 동일하다. 역사적·서지학적 차원에서 볼 때 대승경전은 불설이 아니라고 말해

---

37) 이 공식 역시 졸저, 『천수경의 새로운 연구』, p.158에서는 "S1 = X + C1"과 같이 되어 있다. 여기와 같이 수정한다.

진다. 그러나 원음 X의 개재 여부에 초점을 둔 해석학적 차원에서는 초기경전이나 대승경전이나 나름의 컨텍스트에 맞게 원음 X를 이해/해석하여 Xn으로 변용시킨 점에서 동일하게 된다. 초기경전 역시 원음 X에 대한 해석 Xn을 담고 있음을 주의하여야 한다. 원음 X가 있다면 불설이라 할 수 있다. 그렇게 본다면, 초기경전만이 아니라 대승경전 역시 원음 X를 갖고 있는 불설이 될 수 있는 것이다. 大乘佛說論을 뒷받침하는 해석학적 논리가 바로 이것이다.

 이러한 논리에 대한 반론 역시 예상할 수 있다. 사실상 각 경전에는 동질성도 있겠지만 차이성 역시 없는 것은 아니지 않는가? 예컨대, 초기경전의 수행법과 대승의 정토신앙의 수행법 역시 다른 것 아닌가라는 질문 역시 가능하다. 그 근본에 있어서 동질성의 확인이 필요하다는 점은 인정해 두고 논의한다면, 차이성 역시 없지는 않을 것이다. 그러나 수행법은 理의 차원이 아니라 事의 차원이다. 이치는 동일하더라도 수행법은 다를 수 있다. 컨텍스트/근기가 다르기 때문이다. 이를 나는 理同事別[38])이라 한다. 그러므로, 일음교는 어디까지나 理同이라는 차원에서 하는 말이다. 사상의 문제이지 수행법의 문제는 아니라는 것이다.[39]) C의 변화에 따라서 S가 변화되어 갔을 뿐, 그 C의 영향으로 다양하게 변주를 겪으면서도 동일하게 X는 존재해 왔다고 본다.

---

38) 이러한 술어는 일본불교사에서 천태종의 엔닌(圓仁, 794~864)이 법화와 밀교의 관계를 규정지은 말이다. 양자는 이론적으로는 동일하며 실천적으로는 다르다고 본 것이다.〔末木文美十,『일본불교사』(東京 : 新潮社), p.120. 참조.〕나는 이를 빌려와서, 그 적용 대상을 넓혔던 것이다.
39) 일음교에서는 事別이므로, 어느 하나를 선택하여 전수하자고 말하지 않고, 그 다양한 수행법을 兼하고자 한다. 선택과 전수가 아니라 事兼/兼修(理同事兼)를 지향한다. 別의 事/수행법이 그 어느 것이나 동일한 理의 체험을 가능케 한다고 보는 관점에서 수행법에 있어서의 一味/一音 역시 말해질 수 있는 것 아닐까 싶다.

C1 → C2 → C3 →
X1 → X2 → X3 →

 X1은 X2로, 또 X3로 변화하지만 거기에 X가 개재되어 있다는 점은 동일하다. 이와 같이 본다면, 일음교의 입장에서는 퇴보사관도 발달사관도 거부하게 된다. 반복사관의 관점을 취할 수밖에 없다. 비록 해석된 형태라 해도 원음 X가 존재하는 한 본질적으로 S1은 S2와 다르지 않다고 보아야 한다. 원음 X는 C의 변화에 따라서 Xn의 형태를 띠면서도 X를 반복적으로 담지하고 있다. 그 S에 우리는 초기 경전, 대승경전, 밀교경전, 위경, 선어록 등을 다양하게 대입할 수 있다. 예컨대, 위경의 경우에도 그 속에 해석된 X, 즉 Xn이 있는가 하는 점이 문제이다. 원음 X가 해석된 채 Xn으로서 존재한다면, 그것은 C의 변화에 적응하여 창출된 것으로 볼 수 있게 된다. 오히려 긍정적으로 높이 평가받을 수 있는 부분이다.
 일례로서 『천수경』 신행의 역사적 전개과정을 살펴볼 때, 한국불교는 중국이나 일본과 달리 '독송용 『천수경』'이라는 새로운 의궤를 창출하여 독송해 왔다.[40] 나는 한국찬술 위경으로까지 말해지고 있던 '독송용 『천수경』'에 대하여 "물론, 위경이 갖고 있는 의미를 재평가할 수 있다면 위경이라 하더라도 문제되는 것은 아니다."라고 언급한 일이 있다. 그런데 거기에서 한 걸음 더 나아가 이제 그 창조적 의의를 올바로 평가할 수 있는 기준을 마련할 수 있게 되었다. '독송용 『천수경』'의 편집자들은 바로 그들의 컨텍스트에 의하여 X의 원음을 살

---

[40] 졸고, 「'원본 천수경'과 '독송용 천수경'의 대비」, 『불교학보』 제40집(서울 : 동국대 불교문화연구원, 2003), pp.95~99. 참조 ; 졸저, 『천수경의 새로운 연구』, pp.85~91. 참조.

려가면서 재창조했던 것이다. 그들의 근기/컨텍스트의 입장에서 원음 X를 재해석해 낸 것이다. 隨機解法[41])이라 할 만하다. 수기설법은 붓다/설법자의 입장에서 행해지는 것이지만 수기해법은 중생/聽法者의 입장에서 행해지는 것이라 할 수 있다. 그리고 그러한 창조야말로 한국불교의 힘이며 자랑거리라고 생각하고 있는 것이다.

다만, 위경 중에는 그것이 반영하고 있는 컨텍스트 중에 문제가 있는 것이 있을 수 있지 않을까? 그렇다. 원음은 不變이나 컨텍스트는 隨緣이고, 따라서 컨텍스트의 영향으로 원음에 대한 해석 역시 수연이다. 따라서 우리는 오늘 우리의 컨텍스트를 갖고서 과거의 문헌 속에 담겨있는 컨텍스트를 비판하면서 배제해 가는 독서법(=실천적 독서법[42]))이 필요하게 된다. C2는 C1을 비판하고, C3는 C2와 C1을 비판·배제해 가야 한다. Sn에서 Cn을 비판·배제하는 작업은 곧 Xn을 찾는 작업이기도 하다. 그렇게 되면 남는 것은 지금도 통용되는 불변의 원음만이 남게 된다. 이를 나는 '텍스트'라고 부른다.

III. 자기철학의 글쓰기

1. 자기철학의 제시란 무엇인가

불교학은 경전에 대한 해석학이다. 따라서 불교학은 경전의 의미를 해석자가 살아가고 있는 시대적 상황/컨텍스트 속에서 새롭게 재해석

---

41) 수기해법은 곧 이 책의 세 번째 논문에서 말한 실천적 독서법에 다름 아니다. 진정 학습자 중심의 불교교육학의 제1원리가 되어도 좋을 것이다.
42) 이와같은 실천적 독서법을 적용하여 책읽기/글쓰기를 해야 함을 보인 것으로 졸고, 「바가바드기타의 윤리적 입장에 대한 비판적 성찰」, 『종교연구』 제19집(서울 : 한국종교학회, 2000), pp.85~86. 참조.

해 갈 때 비로소 늘 살아있는 학문이 될 수 있을 것이다. 이렇게 새롭게 재해석된 내용을 나는 자기철학이라 부른다. 隨機解法의 결과가 자기철학이다. 왜냐하면, 그것은 그 이전의 해석자들이 처했던 컨텍스트와 다른 컨텍스트 속을 살았던 해석자의 해석이므로 새로울 수밖에 없을 것이기 때문이다. 다른 해석자들의 해석과는 다르다는 의미에서 자기만의 철학, 즉 자기철학으로 말한다. 그런데 서양철학과는 달리 불교학/불교철학43)의 경우 이러한 해석자의 자기철학의 제시가 적지 않게 어려운 것이 사실이다. 우선, 그 이유의 하나로서 해석자들의 방법론적 문제의식의 不在를 들 수 있다. 경전에 대한 해석에 있어서 자기철학의 제시가 요청된다는 사실을 자각하지 못하고 있다는 점이다. 오늘날 대부분의 연구들은 說明에 국한되고 있다.

예컨대, 龍樹의 『중론』에 나타난 시간관이라는 주제로 글쓰기를 한다고 할 때, 가장 경계해야 할 글쓰기는 "시간에 대해서 용수는 이와 같이 말했다"라는 식으로 주제에 대해서 텍스트를 바로 대응시키는 경우이다. 만약 그 연구의 내용이 용수의 『중론』에 나타난 시간관을 올바르게 설명한 것이라고 한다면, 그것은 논문이 되지 않는다고 나는 생각하고 있다. 왜냐하면, 논문은 반론/반증가능성44)이 있어야 한

---

43) 말하자면 실제 '불교철학'을 구성하자는 것이다. 불교를 대상으로 하는 역사적 연구의 경우에는 그 적용범위를 넘어선다. 한편, 그것은 또 진정한 의미에서 불교의 '철학적 연구가 지극히 부족하다는 점을 지적하는 일이기도 할 것이다. 한편, 인도철학을 복수전공하는 철학과 학부 2년생 이충학 군은 이 논문의 독후감으로서 "그냥 철학을 하지, 왜 굳이 '불교'철학이어야 하는가?"라는 문제를 제기하였다. 일리있는 말이다. 그렇게 될 때 비로소 불교 역시 철학 안에 자리를 가질 수 있게 될지 모른다. 하지만, 내 꿈은 이 책의 「머리말」에서도 밝히고 있는 것처럼, 오늘과 내일의 불교를 위한 불교학을 지향하고 있으며, 그런 맥락에서 불교의 철학적 구성이 필요한 것으로 판단하고 있기 때문이다. 그런 까닭에 나는 그저 불교철학을 지향하는 불교학자로 머물고 있는 것이다.
44) 칼 포퍼는 반증가능성이 없는 것은 진리가 아니라고 말했다.

다고 보기 때문이다. 반론/반증가능성이 없다는 것은 논자만의 주장이 없다는 이야기에 다름 아니다. 그럼에도 불구하고, 용수와 『중론』이라는 권위/성언량(śabda)에 의지하여, "용수의 『중론』에 따르면 시간은 이러한 방식으로 설명된다"라고 말하는 방식이라면, 거기에는 지금 해석자가 어떻게 생각하고 있는지가 배제되어 있다. 용수의 중론과 지금의 논문을 포개었을 때 똑같이 겹쳐진다고 한다면, 즉 해석학적으로 말해서 저자/텍스트의 의도에 정확히 부합된다고 한다면, "이미 용수의 『중론』이 있는데 다시 또 논문이 무슨 소용이 있다는 말인가"라는 질문에 봉착하게 될 것이다.

이러한 논문의 경우 안고 있는 또 하나의 문제점은 연구사적 고려가 부재하고 있으므로 해서 논문이 독백(monologue)이 아니라 대화(dialogue)라고 하는 사실을 간과해 버렸다는 점이다. 용수의 『중론』에는 시간을 어떻게 말하고 있을까? 이 주제에 대해서 그 해답을 용수에게만 요구해서는 안 된다. 동일한 문제에 대해서 용수 이후 오늘에 이르기까지 선행했던 주석들/해석들의 입장이 어떠했는지 검토해야 한다. 이러한 방법론을 나는 共觀이라 부른다.45) 이러한 연구사적 검토 위에서 비로소 새롭게 제시되는 논자의 해석이 어떤 위상을 갖는지 드러나게 될 것이다. 이제 용수의 『중론』, 그에 대한 선학들의 해석, 그리고 바로 나의 해석에 대한 세 겹의 고려가 행해져야 한다. 이 때, 선행의 해석들에 비추어서 독창적인 나 나름의 의견이 제시될 수 있다면 그 논문은 존재가치를 갖게 될 것이다. 바로 독창성이 확보된 것이라 말해도 좋을 것이다.

그런데 내가 말하는 지기철학은 독창성의 제시만을 의미하는 것은 아니다. 독창성의 제시는 불교사상의 역사적 연구/불교사 연구에 있어

---

45) 이 책에 수록된 다섯 편의 논문은 모두 이 공관의 방법론을 적용하였다.

서도 가능하다. 용수의 『중론』에 나타난 시간관에 있어서 다른 사람이 읽어내지 못한 용수의 관점을 읽어내어서 그것을 제시하였다고 한다면 독창성은 확보된다. 그런데 자기철학의 제시는 거기서 한 걸음 더 나아간다. "용수의 시간관에 대해서는 그와 같이 설명되었다. 그것은 그렇다 치고, 지금 용수의 시간관에 대해서 당신은 논문을 쓰고 있다. 그렇다고 한다면, 용수가 문제로 삼았던 시간에 대해서 용수의 의견이 아니라 당신 자신의 의견은 무엇인가?" 라는 물음을 받아들여서/설정하고서, 그러한 물음에 대해서마저 동시에 함께 대답46)할 수 있을 때 비로소 자기철학의 제시가 가능해지는 것이다. 독창성의 제시가 반드시 자기철학의 제시는 아니지만, 자기철학을 제시하게 되면 거기에는 반드시 독창성은 존재하게 된다. 예로 든 용수의 『중론』에 나타난 시간관에 대해서 논문을 쓴다고 할 때 독창성이 있는 논문은 이렇게 서술할 것이다.

용수의 『중론』에 나타난 시간관에 대해서 이전의 선학들은 이러이러하게 이해/설명해 왔다. 그러나 나는 그렇게 생각하지 않으며 저러저러하게 이해한다. 즉 용수는 시간이 이러이러한 것이라고 생각한 것이 아니라 저러저러한 것이라고 생각했던 것으로, 나는 생각한다."라는 방식으로 말하게 된다.

---

46) 철학이나 불교의 문제는 선현들이 해결했다고 해서 해결되는 것은 아니다. 그것은 그들의 해결책일 뿐이다. 여전히 내게는 문제로 남아 있으며, 다시 나는 그 문제를 풀어야 하는 것이다. 다만 선현들의 해법은 나의 문제풀이에 참조가 될 뿐이다. 고타마 붓다가 깨쳤으나 이후 모든 중생이 다시 그 문제를 붙들고 깨쳐야만 하는 이유가 거기에 있다. 다른 사람이 밥 먹어서 내가 배부를 수 없는 것이다. 철학도 마찬가지다. 나의 자기철학을 세우지 않고 남의 철학(=철학사)만 이야기할 수는 없다. 그것은 내 문제의 해결이 아니기 때문이다. 그래서 경전은 말씀하지 않던가. "종일 다른 이의 돈을 헤아려 보아도 / 내 돈은 반 푼도 없네!"

오늘날 불교사상에 대한 연구는 대개 그렇게 하고 있는 것으로 보인다. 이는 불교사상의 역사적 연구/불교사 연구일 수는 있어도, 불교 경전을 대상으로 하여 새삼 철학하기가 이루어진 것이라 볼 수는 없다. 그러나 자기철학을 제시하게 되면 그 말하기의 방식이 달라진다.

이전의 선학들은 용수의 『중론』에 나타난 시간에 대해서 이러이러하게 용수가 말한 것으로 보았다. 그러나 용수는 사실 시간을 저러저러하게 생각한 것으로, 나는 생각한다. 뿐만 아니라, 용수가 생각했던 주제인 시간에 대해서 용수를 참고로 하면서 생각해 볼 때, 나는 시간이 그러그러한 것이라고 생각한다.

물론, 나는 구체적인 논문쓰기에 있어서 독창성과 자기철학의 제시를 함께, 즉 중층적으로 행하는 것이 더욱 깊은 글쓰기가 되는 것으로 생각하고 있다. 이렇게 자기철학을 제시할 수 있을 때 비로소 훗날 불교철학사의 서술에서도 생존이 가능하게 될 것이다. 논자의 자기철학은 용수의 관점과 비교하더라도 의미있는 새로움(apurvatā)[47]이 있을 것이기 때문이다. 새로움이 없으면 지금의 해석은 옛날의 해석 속에 겹쳐지면서 옛날의 것만 남게 된다. 엄밀히 말해서, 예를 든 시간 이해에 있어서 용수의 주석자들이 용수와 다른 관점을 제시하지 못한다면 그들 역시 철학사에 등재되기 어려울 것이다. 철학사의 서술자들에게 있어서는 용수만 이야기하고 나면 될 뿐 더 이상 새롭지 못한 이야기를 반복할 이유가 없을 것이기 때문이다. 그런데 만약 시간의 이해의 역사에 있어서 용수 이후로 아무런 새로운 해석이 부가

---

[47] 미망사 학파에서는 한 텍스트의 주제파악에 있어서 주요한 기준으로 '새로움'을 들고 있다. 참고할 만하다. 이에 대해서는 졸고, 「바가바드기타를 읽는 틸락의 분석적 독서법」, 『종교연구』 제35집(서울 : 한국종교학회, 2004), p.206. 참조

되지 못했다고 한다면,[48] 시간에 대한 불교철학사는 용수의 시대에 멈춰 서 있다[49]고 할 수밖에 없을 것이다. 만약 그러한 상황이라면 불교철학사의 발전은 이루어지지 못했다고 말해야 할 뿐만 아니라, 용수의 시간 개념 역시 독자들에게 이해되지 못했다고 해야 한다. 앞서 이야기한 것처럼, 용수의 시간 개념은 용수의 언어나 컨텍스트로만 말해져서는 이해될 수 없기 때문이다. 독자/수용자의 언어나 컨텍스트/근기에 따라서 번역/해석되어서 전달될 때 비로소 이해될 수 있을 것이기 때문이다. 이것이 隨機說法/對機說法의 해석학적 함의인 것이다. 수기설법은 수기해법의 호응에 의해서 비로소 그 의미가 완성된다.

  내가 자기철학의 제시를 주장하는 이유는 바로 여기에 있다. 오늘날 불교학에 있어서 자기철학의 제시가 없다면, 즉 철학적 입장에서의 불교연구가 없다고 한다면 불교는 다만 '옛날—거기의 이야기'로만 화석화될 뿐이며 언제나 새롭게 살아있는 '오늘—여기의 이야기'가 될 수 없을 것이다. 그것은 곧 불교학/불교철학의 죽음일 것이며, 곧 불교의 죽음으로 이어질 것이다. 나는 그러한 위기감을 갖고 있다. 그래서 불교를 철학적으로 해석하면서 불교학자/불교철학자/불교해석

---

[48] 실제 『중론』의 해석학사에서 그 시간관만을 추출해 볼 때, 상황이 어떠했는지에 대해서는 문외한인 나로서는 정보가 없다. 다만 여기서는 하나의 예로서 들었을 뿐이다.

[49] 만약 우리의 불교학이 그런 방식으로 행해진다면, 글쓴이에게 오류가 없다고 하더라도 용수와 그 글쓴이는 완벽하게 合同이 될 것이고, 불교사상의 역사는 여전히 용수의 시대에 머물러 있는 것이 아니겠는가. 용수에서 오늘의 글쓴이까지의 시간이 배제되고 말았던 것이다. 하이데거는 그렇게 시간을 배제한 해석/이해가 애시당초 불가능하다(그러니까 용수의 생각을 100% 파악했다는 글쓴이의 생각은 착각이 된다.)고 말한 것이다. 바로 그런 이유로 인하여, 나는 해석학의 두 흐름 중에서 '쉴라이에르마허 → 딜타이'의 문헌학적 해석학이 아니라 '하이데거 → 가다머'의 철학적 해석학에 의지하고 있는 것이다.

학자는 바로 그가 해석하는 문제상황을 그 자신의 문제상황으로 받아들여서 바로 그의 목소리/관점을 제시해야 한다고 보는 것이다.

2. 일음교가 가르쳐 주는 글쓰기

자기철학의 제시를 위한 글쓰기가 잘 안 되는 이유로서 방법론적 문제의식의 부재라는 이유 외에 또 하나의 이유가 경전 그 자체에 내포되어 있다고 나는 생각해 왔다. 경전의 권위가 해석자의 자유로운 상상력이나 해석을 제한하는 구속력/무거움을 갖고 있는 것으로 생각되기 때문이다. 나는 바로 그러한 문제의식에서 출발하여, 어떻게 하면 경전의 무거움을 다소라도 가볍게 할 수 있을 것인가 하는 문제를 천착[50]해 본 일이 있다. 인도철학의 미망사 학파가 베다라는 그들의 원전을 진리로서 보는 것과 달리, 불교의 경우에는 경전을 방편으로 보고 있는 만큼 해석자들에게 주어지는 원전의 무게는 상대적으로 가볍다고 보았다. 그리고 "어떻게 원전의 무게를 최대한 가볍게 할 것인가" 라는 구체적 방법론의 맥락에서 선가의 관심석을 하나의 대안으로 제안했던 것이다. 그런데 그 같은 고찰은 경전/원전의 위상을 그대로 둔 채, 그러한 한계/무거움 안에서 해석의 자유를 최대한 모색하고자 노력했던 것으로서 나름의 의미는 있었다. 그러나 경전/불교문헌들의 성립과정 그 사제를 문제삼는 데까지 나 자신의 인식이 나아갔

---

[50] 졸고, 「미망사와 불교의 비교해석학」, 앞의 책, pp.77~116. 참조 "또 붓다의 본의(原音)과 무거움을 어떻게 구별할 것인가" 라는 문제가 제기될 수 있다. 앞서 논한 것처럼, 나는 원음을 X로 본다. 불설 역시 그 원음 X에 대한 해석이다. 종내 우리가 무겁게 느끼는 것은 원음이 아니라 원음에 대한 하나의 해석이었다고 본다. 문제는 어떻게 원음 X를 읽어낼 수 있을 것인가에 달려 있다. 뒤에서 논하는 것처럼, 오늘의 해석자에게 교학의 연구 이상이 요구되는 것도 그러한 원음 X의 해독의 어려움 때문이다. 원음 X의 해독의 어려움과 경전의 무거움은 다른 차원이다.

던 것은 아니다.

이제 이 글에서는 경전/불교문헌의 성립과정 그 자체에 대한 해석학적 조명을 시도하였다. 앞에서 나는 근기론의 재검토를 통하여 다양한 형태의 경전/불교문헌 성립과정 그 자체가 이미 원음의 해석(=해석된 원음 Xn)과 컨텍스트의 만남(Sn = Xn + Cn)이라는 해석학적 의미가 담겨져 있었음을 알 수 있었다. 그리고 비록 해석자의 자기철학에 의해서 해석된/문자화된 원음 X가 어떤 경전(Sn)에서도 존재한다고 보면, 모든 경전/불교문헌의 메시지는 일음이라고 볼 수 있는 것이었다. 이제 그러한 논의에 입각하여 일음교라고 하는 인식이 자기철학의 글쓰기를 고민하고 있는 우리의 글쓰기에 어떤 방법론적 제안을 주고 있는지 정리해 보기로 한다.

(1) '경전쓰기'로서의 글쓰기

우리의 글쓰기 역시 하나의 Sn으로서 경전(Sūtra)과 같은 가치를 갖고 있다는 점을 자각할 필요가 있다. 'Sn = Xn + Cn'이라고 하는 일음교의 공식(=불교문헌 성립의 공식)을 받아들이게 된다면, 즉 원음 X를 읽어내어서 Xn으로 표현하고, 그것을 컨텍스트 속에 담아낸 것이 경전/불교문헌이라 할 수 있다면 우리의 글쓰기 역시 비록 '불설'을 앞세우거나 ' … 경'의 형태를 취하지 않는다 하더라도 내용적으로는 경전과 같은 신뢰를 받아도 좋으리라는 것이다.

같은 맥락에서 경전과 위경, 경전과 선어록 상호간의 위상에 대한 우리의 평가 역시 재고찰할 필요가 있다고 본다. 예컨대, 종래와 같이 僞經을 眞經이 아닌 것이라고 규정하는 한 모든 진경은 위경보다 앞선다고 해야 할 것이다. 그러나 경전의 가치평가/교판의 문제를 인도 찬술의 범본 텍스트를 갖고 있느냐[1]의 여부로 가름하는 것이 아니라 그 어느 쪽이든 경전 성립 당시의 컨텍스트가 반영된 원음 X의 표현/해석(Xn)을 담고 있는 것이라고 보게 된다면, 초기경전과 대승경전은 동등한 가치를 갖고 있다. 더 나아가서 진경이라 평가해온 것이든 위경이라 평가되어 온 것이든 동등한 가치를 가질 수 있다는 점이다. 공히 원음 X가 반영되어 있기 때문이다. 경전과 선어록 사이의 위상에 대한 평가 역시 마찬가지이리라. '경전 : 선어록 = 佛陀 : 祖師'라고 하는 기본적인 등식이 있다고 할 때, 佛語가 祖語보다 앞선다는 관점에서는 '경전 〉 선어록 = 불타 〉 조사'라고 하는 등식으로 변화될 것이며, 敎外別傳의 선이 더욱 앞선다고 보는 관점에서는 '경전 〈 선어록 = 불타 〈 조사'라고 하는 등식으로 바뀌리라는 것이다. 그러나 불교사에 나타난 이러한 오래된 대립 역시 일음교의 논리에 따르면 회통되고 만다.52) 그 어느 경우이든지, 공히 원음 X의 표현/해석으로서 一音일 수밖에 없기 때문이다. 다만, 앞서 서술한 대로 양자의 차이는 해석자의 자기철학이나 근기/컨텍스트(C)의 차이에 따른 것일 뿐이다.

그렇다면 경전이나 어록과 같이 예로부터 전해오는 원전 텍스트와 오늘 우리가 행해가는 자기철학의 글쓰기 사이를 비교할 때 그 위상은 어떻게 될 것인가? 일음교의 논리를 이해하지 못한다면, 당연히 경전을 포함한 고래의 원전 텍스트들이 우리의 글쓰기보다 더욱 더 큰 권위를 부여받는 것은 불문가지다. 그러나 일음교의 논리에서는

---

51) 바로 이 점이 진경과 위경을 가르는 기본적인 관념이 되어온 것이다.
52) 불교사는 후자, 즉 선의 언어를 교의 언어보다 우위에 놓는 전통이 있음을 보여준다. 선송의 교판 탓이다. 그러나 이제 경전과 어록의 一音性이 확보되면 선과 교는 다시 한번 하나로 회통된다. 이러한 나의 논리는 선의 사상적 입각지가 이미 대승경전 속에 들어있음을 밝힘으로써 대승경전/교와 어록/선이 하나임을 논증하려고 했던 졸저, 『대승경전과 禪』에 이어서, 또 다른 방식에 의한 보강이라 할 수 있을 것이다.

우리의 글쓰기에서도 원음 X가 담겨 있기만 하다면 비록 우리의 글쓰기가 後來의 것일망정 前來의 경전이나 어록과 같은 원전 텍스트들보다 낮은 권위를 가져야 하는 것이라 말할 수는 없게 된다.[53] 동일하게 일음교의 텍스트일 뿐이기 때문이다. 이렇게 생각하면, 원음 X의 해석학으로서 우리의 글쓰기, 우리의 컨텍스트를 반영한 자기철학의 글쓰기(Sn)가 이 시대의 경전만들기로서의 의미마저 갖는다는 숭엄한 자각을 하기에 이르는 것이다. 이제 나의 글쓰기는 結集 때의 誦出과 마찬가지 의미를 갖는다. 우리의 불교학은 새로운 결집 행위가 된다. 더 이상 불설을 앞세우면서 위경의 제작에 나설 필요는 없다. 우리의 글쓰기 그 자체가 또 하나의 경전이라는 의미를 가질 수 있기 때문이다.

(2) 경전의 컨텍스트 비판하기

경전/불교문헌 속에 담겨있는 옛날의 컨텍스트를 정확하게 비판해야 한다는 점이다. 어떠한 경전이든지 그 속에는 경전 성립 당시의 시대적 배경이 컨텍스트로서 들어가 있다고 하였다. 'Sn = Xn + Cn'에서 'Cn'이 바로 그러한 의미를 담고 있다. 그런데 여기서 우리가 재인식해야 할 바는 바로 Cn이 X도 아니고 Xn도 아니라는 점이다. Cn ≠ X, Cn ≠ Xn이다. Cn은 원음 X를 담는 그릇(器)[54]일 뿐,

---

[53] 인도철학에서 베다는 계시서(śruti) 문헌이며, 『바가바드기타』와 서사시는 전승서(smṛti)문헌이다. 그 권위에 있어서 당연히 계시서는 전승서에 앞선다고 평가되어 온다. 그러나 베단타 학파의 이원론을 확립한 마드바(Madhva)는 서사시 역시 계시서와 동일한 권위를 갖는다고 본다. 동일하게 신에 의해서 쓰여진 것이라 보기 때문이다. 이는 마드바의 敎判이라 할 수 있을 것이다(Nagesh D. Sonde, *Bhagavadgita, Bhasya and Tatparyanirnaya of Sri Madhva*(Bombay : Vasantik Prakashan, 1995), p.20. 참조). 경전과 나의 글쓰기 사이의 관계를 고찰하는 데 참고할 만하다. 우리의 경우 동일성은 원음 X가 반영되어 있느냐 하는 데에서 찾아져야 할 것이다.

그 자체가 원음 X는 아니다.[55] 또한 S1과 S2에서 각기 그들의 컨텍스트 C1과 C2는 다르다는 점이다. C1 ≠ C2이다. 바로 이러한 점은 오늘의 불교학자가 자기철학의 제시로서 글쓰기를 할 때, 즉 이 시대의 컨텍스트에 부합하는 경전쓰기로서의 글쓰기를 하게 될 때 옛날의 컨텍스트를 배제해야 함을 알려준다. 예컨대 지금의 컨텍스트를 C10이라 한다면 C10에 의하여 C1에서 C9까지의 컨텍스트를 냉철하게 비판적으로 재검토해야 한다는 것이다.

원음 X나 그에 대한 해석 Xn은 비판될 수 없으나, 컨텍스트 C는 비판가능한 영역이다. "요의경에 의지하며 불요의경에 의지하지 말라"[56]는 불교해석학의 한 원칙은 바로 이 점을 말하는 것이다. 컨텍스트는 해석이 필요한 불요의경이다. 따라서 불요의경은 비판 가능해지는 것이다. 물론, 이를 위해서는 하나의 텍스트 안에서 어떤 부분이 원음 X가 반영된 Xn이며, 어떤 부분이 컨텍스트와 관련되는 부분인지를 비판적으로 인식해야 한다. 즉 어떤 부분이 요의경이며 어떤 부분이 불요의경인지를 비판[57]적으로 구분해 가야 한다. 이러한 해석학

---

54) 일반적으로 근기를 根機라고 쓰지만 根器라고도 하고, 앞서 근기를 논하면서 산스크리트 pātra를 말하였다. 모두 '그릇'이라는 의미가 있다.
55) 물론, 예컨대 C2에는 S1이 포함되어 있다. S1에다가 S2 성립 당시의 새로운 컨텍스트까지 합해져서 C2가 성립된다고 보아야 할 것이다.
56) 이 구설에 대해서는 이미 그 해석학적 의미를 논의한 바 있다. 졸고, 「미망사와 불교의 비교해석학」, 앞의 책, pp.102~106. 참조
57) 이러한 입장에서 나는 하나의 불교경전에서 요의와 불요의, 해석된 원음 Xn과 컨텍스트 Cn을 구체적으로 구분해 본 적이 있다. 이는 각기 요의, 곧 원음 X를 오늘에 되살려서 해석된 원음 Xn으로 재창조하기 위하여 필요한 작업이었다. 졸고, 「불교의 여성관 정립을 위한 해석학적 모색」, 『불교학의 해석과 실천』(서울 : 불일출판사, 2000), pp.52~58. ; 「'정의의 전쟁'론은 정의로운가」, 『동서철학연구』 제28호(대전 : 한국동서철학회, 2003), pp.19~30. 참조 전자는 여성관과 관련해서이며, 후자는 폭력/전쟁의 문제와 관련해서이다. 컨텍스트는 이렇게 사회적인 문제와 관련되는 것임을 알 수 있을 것이다.

적 작업은 종래 불설을 내세우고 있는 경전을 해체하는 것이다. 해석은 해체가 된다. 만약 이렇게 해체하지 않는다면 새로운 경전 만들기라는 의미를 갖는 자기철학의 글쓰기는 가능하지 않을 것이다. 앞서 든 예에서 C1에서 C9까지는 C10에 의하여 비판되지만, 지금 새롭게 쓰여지는 자기철학의 글쓰기 속에 들어가 있는 C10 역시 비판될 수 있는 것 아닌가 반문할 수도 있을 것이다. 그렇다. C10 역시 앞으로 오게 될 후대의 컨텍스트(C11, C12, …)에 의해서 비판적으로 극복될 수 있을 것이다.

이렇게 본다면, 모든 경전 S_n은 컨텍스트 C_n을 갖고 있는 이상 서로가 서로에 대하여 상대적 가치 밖에 갖지 못함을 우리는 이해하게 된다. S1이든 S2이든 절대적인 권위를 갖는 경전이 아니라, 상대적 가치를 갖는 경전일 수밖에 없게 된다. 상대적 가치를 갖는 경전이라는 점에서, '경전 = 방편'이라는 불교 본래의 경전관[58]을 다시 한번 확인케 된다. 이렇게 경전을 방편이라고 보게 될 때, 또 다른 사회적 함의를 발견할 수 있게 된다. 어떤 경전이든지 그것을 방편으로 보는 이상 어느 하나의 경전만을 절대적 가치를 갖는 것, 즉 어느 하나의 경전만이 원음 X를 갖는 것으로 보는 교판은 진리일 수 없다는 것이다. 그 역시 하나의 상대적 관점일 뿐인데, 그것을 절대화하는 교판론이 문제를 내포한다는 것은 바로 이러한 맥락에서다. 방편의 경전관이 화쟁으로 이어지는 맥락을 여기서 확인하게 된다. X_n으로 나타난 원음을 공유하므로 동일한 가치를 갖고, 그런 까닭에 어느 한 경전만이 진리성이나 우월성을 가질 수 없게 되는 것이다.

이렇게 S_n에서 원음의 해석 X_n과 컨텍스트 C_n을 구분하면서, 오늘

---

58) 졸고, 「미망사와 불교의 비교해석학」, 앞의 책, pp.102~106. 참조 또 이 경전관은 선의 경전관이기도 한 것이다. 다만 잊어서는 안 될 것은 선의 어록 역시 달을 가리키는 손가락에 지나지 않는다는 점이다.

의 컨텍스트에 의해서 과거의 컨텍스트를 비판해 갈 수 있다는 방법론적 자각을 갖게 될 때, 우리는 원전/경전이 갖는 구속성/무거움을 훨씬 더 가볍게 해 갈 수 있을 것이다. 여기서 "그렇게 경전의 무거움을 가볍게 해서 어떻게 하자는 말인가"라고 반론이 제기될지도 모르겠다. 그렇지만 우리의 경전 가볍게 하기는 무턱대고 아무런 대안 없이 경전을 가볍게 해체하자는 논리가 아니다. 그러한 작업을 통하여 바로 새로운 경전 만들기/경전 쓰기가 가능해진다고 보기 때문이다. 물론 그 속에는 원음 X만이, 이전의 경전이 새롭게 해석되는 형태로 들어가게 될 것이다. 해체로서의 해석이 곧 창조로서의 해석이 되는 까닭이다.

(3) 원음 X의 체험적 읽기

이 글에서 나는 자기철학의 제시를 위해서는, 즉 '경전쓰기'로서의 글쓰기가 가능해지기 위해서는 해석자에게 원음 X에 대한 해석, 즉 원음 X 읽기를 새로운 과제로서 제시하고 있다. 여기서 나는 선가에서 널리 회자되는 한 게송이 생각난다.

   我有一卷經 내게 한 권의 경전이 있는데
   不因紙墨成 종이와 잉크로 된 것이 아니어서
   展開無一字 펼쳐 보아도 한 글자도 없으나
   常放大光明 언제나 큰 광명을 놓고 있네

기본적으로 종이와 잉크로 이루어진 경전을 눈 앞에 두고 그 의미를 천착하는 것으로 업을 삼아온 불교학자들에게는 지묵으로 이루어지지 않았으나 언제나 대광명을 놓고 있는 원음 X를 읽으라고 요구하는 것이기도 하다. 원음 X를 읽을 수 있을 때 그의 글쓰기 안에 자기철학의 제시로서 원음의 해석, 즉 Xn이 나타나게 될 것이다. 바로 그 점에서 불교학자에게 선사와 같은 修證의 체험을 요구하는 것이기도 하다. 元曉의 설화에 나오는 것처럼, 경전 밖에서 "마음이 일어나면 갖가지 것들이 일어나고, 마음이 사라지면 갖가지 것들 역시 사라진다"[59]고 하는 이치를 깨달을 것을 요구하는 것이기도 하다. 그렇다고 해서 깨달은 자만이 경전 해석자로서의 자격을 갖는다는 말은 아니다. 다만 그 깨달음(=원음 X 읽기)을 지향할 필요성을 이야기하는 것이다. 물론, 깨치지 못한 해석자의 해석이 또 다른 해석에 의해서 代理되고 補充될 수 있을 것이지만, 그래도 해석자 역시 깨달음을 위해서 노력해야 한다는 것이다.[60]

앞서 논의한 것처럼 원음 X가 고타마 붓다 이전부터 존재해 오던 것으로서 불교 경전 밖에 놓여있는 것이라고 한다면, 그것의 해석을 위한 방법은 일단 敎外의 선적 방법이 요청되지 않을 수 없다. 여기서, 일음교의 논리는 깨달은 자만이 해석할 수 있다고 보는 것은 아니지만 보다 올바른 해석을 위해서는 새로운 경전 만들기로서의 자기 철학의 글쓰기를 담당할 불교학자에게 그 나름의 수행을 요구하게 된다. 일상 속에서의 用心 역시 수행이지만, 분명 非일상적 의례로서의 수행이라는 부분이 중차대하므로 원음 X를 읽어내려는 불교학자에게는 어느 정도의 수행 역시 요청된다고 하겠다. 바로 이 점에서 나의 일음교의 해석학에서 그 해석자는 반드시 불교를 신앙할 것이 요청된다. 불교를 신앙하지 않는 사람도 불교연구자가 될 수 있지만, 그것은 타자에 대한 객관적인 연구일 수는 있어도 오늘과 내일의 불교를 새

---

59) "心生則, 種種法生 ; 心滅則, 種種法滅." 너무나 유명한 구절이다.
60) 졸고, 「미망사와 불교의 비교해석학」, 앞의 책, pp.108~111. 참조. 또 이러한 경전관은 선의 경전관이기도 한 것이다. 다만 잊어서는 안 될 것은 선의 어록 역시 달을 가리키는 손가락에 지나지 않는다는 점이다.

롭게 구성해 가는 주체적 연구의 수행은 곤란할 것이다. 지금 나는 바로 그러한 불교학자를 말하는 것이다.61) 내 관심사는 어떻게 불교를 새롭게 만들어 갈 것인가 하는 점에 있으며, 그에 대한 불교학적 기여 가능성을 묻고 있는 것이다. 그리고 그 방법으로서 '자기철학의 제시'라고 하는 철학적 방법론을 제기하고 있다.

스스로 教外에 있는 원음 X읽기를 먼저 행한 뒤에, 다시 그러한 체험을 갖고서 문자화된 텍스트인 경전읽기를 행해간다고 하는 것은 내가 앞서 제안한 관심석의 방법과 유사한 바가 있다. 관심석의 의미는 마음을 보면서 경전을 해석해 가는 觀心釋經 내지 마음을 보면서 글을 해석해 가는 觀心釋文에 있다. 이러한 나의 해석학적 방법론은 바로 教/경전에 대한 선적 해석을 주장하는 것이며, 불교학의 영역에 선적 사유를 끌어들이는 것에 다름 아니게 된다. 그런데 모든 해석자가 다 원음 X를 선적으로 체험할 수는 없을 것이다. 그러한 경우는 어떻게 할 것인가? 앞서 어떤 경전 Sn에는 반드시 원음 X가 반영된/해석된 Xn이 담겨져 있다고 했다. 따라서 그 대안으로서 Xn에서 원음 X를 이해하는 방식을 생각해 볼 수 있으리라 본다. 이때, 우리는 원음 X에 대한 경전들 마다의 해석이 다르다는 사실에 놀랄 것이다. 초기 경전은 원음 X를 연기·무아로 해석하고 있다면, 반야부 경전은 空으로, 유가유식의 문헌에서는 識으로 말한 것이다. 이러한 다양한 원음 X의 해석들/Xn 사이에서 一音性을 발견해 가는 해석학적 상상력을 오늘의 불교학자들은 스스로 쌓아야 할 것이라 나는 생각한다.

---

61) 앞서 註記한 바 있지만, 이충학 군의 질문, 즉 왜 그냥 철학이면 되지 '불교'철학이어야 하는가 라는 질문에 대한 대답이 여기에도 있다. 물론 장차 '불교'마저 벗어던지고서 철학 안에서만 불교를 통합하는 사유를 전개하는 철학자의 탄생 역시 기대된다.

Sn − Cn = Xn

경전에서 컨텍스트를 배제하면 해석된 원음 Xn이 남는다. 이 Xn을 통하여 다시 우리는 원음 X를 찾아가야 한다. 이는 원음 X에 대한 직관보다는 뒤늦은 것일 수 있지만, 역시 포기할 수 없는 방법이기도 하다. 문제는 우월이나 頓漸이 아니라, 그것을 추구하고 있다는 점이다. 원음 X에의 직관이 선적 방법이라면 Xn을 통한 X읽기는 敎的 방법이다. 이 양자를 함께 하자는 데서 나는 禪敎兼修를 주장하고 있는 것이다. 물론 여기서 '禪'은 반드시 참선만을 가리키는 것이 아니다. 念佛이나 誦呪나 마찬가지[62]다. 敎外의 수행을 상징하는 언어로 '禪'을 쓸 뿐이다.

원음 X는 단 한 사람에 의해서 해석되고, 다른 사람은 그러한 해석을 단순히 따라가는 방식의 신앙체계는 불교의 그것은 아니다. 적어도 一佛主義를 넘어서서 多佛多菩薩을 말하고 있는 대승에서는 그렇게 이야기하지 않는다. 비록 고타마 붓다가 그 나름으로 원음 X를 파악하여 설법하였으나, 우리 역시 한 사람 한 사람이 고타마 붓다와 같이 그 원음 X를 새롭게 파악해 가지 않으면 안 된다. 그것이 바로 불교이며, 불교학이다. 따라서 우리가 배워야 할 것은 바로 붓다의 원음 X에 대한 이해내용이라기 보다는 원음 X를 파악해 가는 붓다의 이해방식인지도 모른다. 붓다는 우리에게 길을 가리키는 사람이지, 그 길 끝으로 우리를 데려다 주는 사람은 아니다. 그 길을 따라서 뚜벅뚜벅 진일보해야 하는 것은 우리 모두에게, 오늘과 내일의 불교학자들에게 고스란히 남아있는 숙제다. 그렇기에 우리는 오늘도 원음 X를 읽어 내려는 시도를 거듭 거듭 행하지 않을 수 없다. 비록 좌절과 실

[62) 염불이나 송주 역시 선과 같은 기능을 할 수 있기 때문이다. 이에 대해서는 졸저, 「선종에서 대비주를 독송하는 이유」, 『천수경의 새로운 연구』, pp. 202~235. 참조

패가 연속될지도 모르겠지만, 바로 그것이 고타마 붓다의 삶의 방식이었기에 우리는 그 방식대로 살아가려는 열망을 멈출 수 없게 된다. 나의 삶이 나의 불교학의 영역 안에 놓여 있기에, 또한 나의 불교학이 나의 삶의 영역 안에 놓여 있기에 나는 그러한 붓다의 삶의 방식을 불교학 속에서 구현해 보고 싶은 것이다. 그것이 곧 나의 자기철학의 글쓰기이다.

IV. 맺음말63)

불교학의 기본적 성격은 해석학이라고 나는 생각한다. 대장경이라고 하는 원전을 갖고 있으며, 그러한 원전의 성립 이후에는 그 원전에 대한 주석/해석으로서 불교학이 전개되어 왔기 때문이다. 문제는 해석이라고 하더라도, 원전의 의미가 무엇이냐, 혹은 원전을 남긴 저자의 의도가 무엇이냐를 파악하여 그것을 복원·재구성하는 것으로서의 해석이 아니라는 점이다. 그러한 해석은 원전과 해석자 사이에 놓여있는 시간적 간극으로 인하여 애시당초 불가능할 뿐만 아니라 바람직한 것도 아니다. 해석자가 놓여 있는 컨텍스트가 무엇인지를 정확히 인식한 뒤, 원전과 해석자의 컨텍스트의 융합, 즉 지평융합으로서의 해석이 보다 바람직한 것으로 생각된다. 이때 더욱 중요한 것은 해석자의 컨텍스트에서 우러나오는 해석자 나름의 자기철학의 제시이다. 원전의 해석에 있어서 해석자마다 그 나름의 자기철학을 제시함으로써, 불교학은 새로워지고 발전하게 되리라 나는 생각하고 있다. 따라서 방법론적 차원에서 문제가 되는 것은 어떻게 새로운 자기철학

---

63) 이 「맺음말」은 이 논문의 맺음말일 뿐만 아니라 이 책의 본론 전체, 즉 5편의 논문들 모두에 다 해당하는 맺음말로 읽을 수도 있을 것이다.

을 제시할 것인가 하는 점이다.

그런데 바로 이 점과 관련하여 원전 그 자체가 해석자의 자유로운 상상력이나 자기철학의 제시를 제한한다는 사실이다. 따라서 해석자의 자기철학의 제시가 가능하기 위해서는 원전의 무게감/구속성을 다소라도 가볍게 할 필요가 있었다. 비록 경전에 대한 무거움이 있다고 하더라도 애시당초 그 무게감은 인도철학의 미망사학파가 베다에 대해서 갖는 무게감에 비추어 볼 때에는 대단히 약한 것이라는 점을 물론 간과해서는 아니 된다. 왜냐하면, 불교의 경전관에는 작자가 없으며 경전을 방편으로 인식하고 있었기 때문이다. 이러한 점을 나는 「미망사와 불교의 비교해석학」에서 논술한 바 있다. 그러면서 하나의 대안으로서 선가의 관심석을 제시하였다. 이는 교학의 연구에 선적 방법론을 도입하자는 것이었다. 여기까지가 이 글이 출발하기 이전에 내가 가지고 있었던 생각이다. 물론, 자기철학의 제시를 위한 여러 가지 해석학적 장치의 개발 역시 동시에 이루어졌다. 「'저자의 부재'와 불교해석학」을 통하여 실천적 독서법을 제언하였으며, 「전통적 불교학의 방법론에 나타난 현대적 성격」을 통하여서는 교판·격의·과목과 같은 전통적 방법론에 대한 재조명 역시 이루어졌다. 뿐만 아니라, 「바가바드기타를 읽는 간디의 다원적 독서법」을 통하여 마하트마 간디의 『바가바드기타』 해석에 드러난 여러 가지 독서법의 사례까지 살펴 보았다.[64]

그렇지만 문제는 남아 있었다. 원전은 여전히 무겁고, 그것이 자기철학의 글쓰기를 어렵게 하고 있는 것으로 보였다. 이 글은 그러한 교착상태를 근원에서부터 무너뜨리려는 시도로서 해석학적 방법론을 천착해온 나의 모색의 결론 부분에 해당된다. 원전의 무거움은 원전/

---

[64] 여기서 말하는 네 편의 논문은 모두 제목을 바꾸어서, 이 책의 본론을 구성하고 있다.

불교문헌의 성립과정을 해석학적으로 해체시킴으로써 상대화될 수 있는 것으로 생각되었다. 그것은 원음이나 근기와 같은 개념을 재검토함으로써 隨機說法으로서의 경전/불교문헌이 이루어졌음을 밝혔던 것이다. 나는 이를 'Sn = Xn + Cn'이라는 불교문헌 성립의 공식(=일음교의 공식)으로서 제시하였다. 어떤 경전이든지 거기에는 원음 X에 대한 해석으로서의 Xn과 그 경전 성립 당시의 컨텍스트 Cn이 함께 어우러져 있다고 보았던 것이다. 이때 원음은 일부의 초기불교 연구자들이 말하는 것처럼 아함/니카야를 가리키는 것이 아니다. 아함/니카야는 원음 X인 것이 아니라 다만 Xn일 뿐이다. 아함/니카야에서 말하고 있는 것처럼 붓다의 깨달음 이전부터 존재하는 법을 가리킨다. 아함/니카야라고 하는 것도 이에 대한 해석의 결과라고 나는 보는 것이다. 물론, 그러한 원음 개념의 수정으로 인하여 우리는 아함/니카야 이후의 경전/불교문헌에서도 이 원음 X를 발견할 수 있음을 인식케 되었다. 해석된 원음 Xn 속에 원음 X가 들어와 있기만 하다면, 그것은 불설이라 해도 좋다.

이렇게 볼 때 원음 X가 투영되어 있는, 즉 해석된 원음 Xn이 포함된 모든 경전은 일음이 된다. 이제 불교사상의 역사는 후대로 갈수록 발달했다고 보는 발달사관도, 후대로 갈수록 퇴보했다고 보는 퇴보사관도 거부한다. 일음의 반복이 곧 불교사상의 역사라고 하는 반복사관의 입장을 취할 수 있게 된다. 이러한 일음교의 확립을 위해서 원음 개념과 함께 재검토되었던 것은 바로 근기 개념이었다. 나는 근기를 개인적 역량/수준으로만 파악하는 것에서 한 걸음 더 나아가 시간과 공간의 의미 역시 함께 포함되어 있는 것으로 판단하였다. 시간과 공간, 즉 컨텍스트 속에 놓여있는 개인적 역량/수준을 근기라고 보아야 한다는 것이다. 이렇게 볼 때, 모든 불교경전/불교문헌은 그것이 성립할 당시의 컨텍스트가 반영된 것임을 알게 된다. 수기설법은 곧

隨機解法이다.

　이렇게 원음과 근기 개념을 재검토함으로써 불교사상의 역사 내지 불교문헌의 성립사를 일음교라고 보는 인식은 내가 고민해 온 자기철학의 글쓰기에 귀중한 시사/교훈을 주고 있다.
　첫째, 우리의 글쓰기 역시 우리의 컨텍스트에 입각하여 원음 X를 나름대로 파악하여 Xn으로 표현해 가는 것으로서 하나의 '경전쓰기/경전만들기'라는 의미가 있다는 것이다. 우리의 글쓰기와 경전/불교문헌 사이에도 일음이 성립할 것이기 때문이다. 이는 종래 경전에만 권위를 부여하던 데에서 나아가 자기철학의 글쓰기 역시 그와 대등하게 존중해 가면서, 오히려 창조적인 의미를 부여할 수 있게 해준다는 점에서 의미가 크다. 이제 더 이상 원전이 무거움/구속성으로서 해석의 상상력을 제한하지 않게 된다. 해석의 상상력을 풍부하게 자극할 뿐인 것이다.
　둘째, 경전마다 컨텍스트가 다르다는 것은 우리의 글쓰기에 있어서 오늘의 컨텍스트에 입각해서 옛날의 컨텍스트를 비판하도록 요구하고 있다. 오늘의 컨텍스트에 입각한 해석자의 해석행위는 원전 안에서 원음의 해석 Xn과 컨텍스트 Cn 부분을 예리하게 구분해 낸다. 그리고 오늘의 컨텍스트에 입각해서 옛날의 컨텍스트를 대체해 낸다. 이러한 해석작업은 곧 원전의 해체이다. 그렇지만 이러한 해체는 파괴적인 것이 아니라 새로운 원전 만들기로 이어지는 창조적인 의미를 갖는 것이라 아니 할 수 없다.
　셋째, 일음교라는 인식은 해석자들에게 원음 X를 이해하여 그 결과를 자기철학으로 제시할 것을 요구한다. 원음을 문자화된 경전(Xn) 안에서 찾지 아니하고, 문자화되기 이전의 것(X)으로 파악하고 있는 만큼 원음 X읽기는 敎의 범위를 벗어난다. 선적 읽기라고도 할 수 있다. 그런 점에서 관심석과 상통한다. 따라서 이제 불교학자/불교철학자/불교해석학자에게는 원음 X읽기가 가능한 수행이 요구된다는 것이다. 경전 읽기 그 자체에 반조적 독서법(=觀文釋=觀文釋心=觀經釋心)으로서 선적 의미가 없지 않음은 말할 나위 없다. 그에 더하여, 원음 X에 대한 체험적 읽기의 강조는 불교학자로 하여금 염불이든 誦呪든 참선이든 敎外의 수행을 요구하고 있는 것으로 생각된다. 그런 의미에서 이러한 해석학적 방법론에 의지하는 불교학자는 불교인일 수밖에 없다. 왜냐하면 불교연구의 해석학적 방법론 모색이라는 나의 주제는 애시당초 불교의 객관적 연구(=分析的 讀書法)에 초점이 두어진 것이 아니라 불교를 주관적/주체적으로 재생산/재창조하는 데에 있었기 때문이다.

이제 어떻게 경전/불교문헌을 읽을 것인가 하는 방법론적 차원의 매뉴얼 작성은 마쳤다. 실천과 그 성과의 창출만이 앞으로의 남은 과제라 하겠다.

▌補 論▌

텍스트와 현실의 해석학적 순환
— 不然 李箕永의 元曉解釋學 —

　오늘과 내일의 불교를 새롭게 구성해 가기 위해 자기철학의 제시가 필요하며, 자기철학의 제시를 위해서는 원전의 무거움을 보다 가벼이 하면서 그를 위한 적절한 독서법이나 방법론이 개발되어야 한다. 바로 그러한 문제를 학문의 화두로 삼아서 종으로 횡으로 모색해온 내 사유의 궤적이 이 책의 본론이라 할, 앞의 다섯 편의 논문들이다. 이를 통해서 나는 나름대로 해결책을 얻게 되었다. 이 책의 첫 번째 논문에서 제기한 문제에 대해서, 마지막 다섯 번째 논문에서 결론을 제시할 수 있었다.
　그렇다고 해서 그 중간에 들어있는 세 편의 논문에서 행했던 작업들, 즉 자기철학의 제시를 위한 해석학적 장치의 고안이 더 이상 필요없다는 뜻은 아니다. 그것은 많으면 많을수록 좋을 것이다. 그런 점에서 더욱 욕심을 낼 수도 있겠다. 특히, 元曉의 해석학적 방법론에 대해서 살펴보고 싶었으나 내 공부의 형편이 그렇지 못했다. 다만 그를 위한 예비적 작업으로 평생 元曉 연구에 공덕을 쌓은 不然 李箕永의 원효해석학을 살펴보기로 한 것이다.

不然은 元曉의 텍스트를 해석함에 있어서 그의 자기철학을 제시해야 한다는 생각을 한 것 같지는 않다. 아마도 그 자신의 시대적 사명을 우리 시대에 元曉를 되살려내는 것으로 설정했기 때문인지도 모르겠다. 이 점이 나의 해석학적 관심과는 차이가 나는 부분이다(바로 이 논문을 이 책의 '본론'에서 다른 다섯 편의 논문과 함께 싣지 못한 이유이다). 그러나 그는 元曉 속으로 合一되어가기로서의 해석을 지향했던 것은 아니었다. 오히려 그가 살았던 현실 속으로 元曉를 불러내서 되살리고, 현실로부터 元曉를 읽고, 다시 元曉의 눈으로 현실을 보고, 元曉의 입으로 말하고자 하였다. 이런 점에서 그의 원효해석학은 텍스트와 현실의 해석학적 순환이라고 볼 수 있다.

바로 그런 까닭에 不然은 그의 세대까지 활동한 우리 불교학계의 모든 학자들 중에서 드물게도 나름대로 해석학적 불교 연구(=불교해석학)를 실천했던 선구자로 평가하여 마땅할 것이다. 그런 이유로, 나는 이 글이 앞의 본론에 실은 다섯 편의 논문과 서로 상보적인 관계 속에서 일정한 역할을 할 수 있다고 판단하여 '補論'이라 제목하여 뒤에 싣기로 하였다.

애시당초 이 글은 "불연 이기영 박사 추모기념 국제학술세미나 — 한국현대불교학 100년, 그 성과와 과제 — "(2006. 11. 3, 동국대 덕암세미나실)에서 발표되었다. 당시 논평자 高榮燮 교수는 「문헌학과 해석학의 마찰과 윤활」이라는 좋은 논평문을 써주셨다. 논평자의 질의를 포함하여 당시 제기된 문제에 대한 해명을 담고자, 애초의 초고를 다소 수정·증보하였다. 그것이 『불교연구』제26호(서울 : 한국불교연구원, 2007), pp.101~174.에 수록된 것이다. 이 책에 수록함에 있어서 부분적 삭제, 수정과 보완을 거쳤음을 밝혀둔다.

【 주제어 】 不然(李箕永), 元曉, 원효해석학, 해석학, 불교해석학, 해석학적

순환, 텍스트, 컨텍스트, 현실.

Ⅰ. 머리말

 불교학은 해석학(Hermeneutics)이다. 이보다도 더 뚜렷하게 불교학의 학문적 성격을 잘 드러낼 수 있는 명제는 없으리라고 나는 생각한다. 예컨대, 선사들이 선적 직관에 의해서 三世諸佛과 역대의 선지식들이 보았던/체험했던 그 '새벽별/원음'을 보고서 오도했다고 할 때, 그들 역시 문자 이전의 소식에 대하여 일종의 해석을 한 것으로 볼 수 있을 것이다. 그들의 오도송이나 格外의 법담이 그러한 해석의 일례라 할 것이다. 물론 선사들의 해석은 언어적 해석은 아니다. 그들의 해석은 우리에게 그들이 했던 체험과 동일한 체험/해석과정을 똑같이 행하라고 말한다는 점에서 敎家의 해석과는 차원을 달리한다. 한편, 교가의 경우에 그들의 교학이 갖는 성격이 해석학임은 비교적 쉽게 납득할 수 있으리라 본다. 붓다의 언어인 경전을 해석의 대상으로 삼아온 해석의 역사가 곧 불교사상사라고 말할 수 있기 때문이다. 경장과 율장에 대한 논장이 그것이고, 경·율·론 삼장에 대하여 疏·抄 등의 형식으로 지어진 주석서들의 전통이 모두 선행하는 원전 텍스트에 대한 해석의 결과물이 아니던가.

 이러한 불교학의 해석학적 성격을 고려할 때 오늘의 불교학자들에게도 하나의 난제가 제시된다. 뒤에 행해지는 해석은 무엇인가 이전에 존재하지 않았거나 희미하게 밖에 존재할 수 없었던 어떤 의미를 새롭게 부각하거나 만들어내야 한다는 점이다. 만약 그 같은 創新이 없이 원전의 언어를 부연하거나 설명하는 法古에 머물게 되고 만다면, 불교사상사의 역사는 발전의 수레바퀴를 멈추고 말 것이다. 그런데 이러한 난제의 해결을 위하여 창조적 해석에 도전하는 불교해석학자들을 괴롭히는 본질적인 문제가 있다. 불교해석학(Buddhist Hermeneutics)에는 원전이 존재한다는 점이다. 불교학에 있어서 佛言/대장경이라는 원전의 존재가 없다고 한다면, 불교학 자체가 성립할 수 없다. 바로 원전 그 자체의 존재가 한편으로는 새로운 해석을 가능케 하는 조건이 되어줌과 동시에 다른 한편으로는 그 새로운 해석을 쉽게 허용하지 않으려 한다. 해석자라는 이름의 손오공은 원전이라는 이름의 부처님 손바닥 안을 벗어날 수 없는 것이다. 기본적으로 해석은 원전-내-해석1)이다. 그런 까닭에 원전에는 해석자의 자유로운 해석학적 상상력(hermenutical imagination)을 억누르는 무거움/구속성이 있다고 말하게 된다. 바로 그렇기에 원전의 무거움/구속성을 머리에 이고서 創新을 모색하는 것이야말로 불교해석학자에게 지워진 하나의 숙명이라 해도 좋을 것이다. 원전 없이 해석이 존재할 수 없지만, 해석자의 자기철학/자기목소리(svadarśana/svapadāni) 없이는 원전 역시 변화하는 시간과 공간 속에서 살아남을 수 없게 되리라 본다. 자기철학의 제시로서의 해석은 변화하는 시간과 공간 속에서 독자/중생에게 새로운 의미를 제시해 주는 작업에 다름 아니기 때문이다. 여기에 불교해석학자의 딜렘마가 있다. 원전의 무거움과 해석의 새로움이 벌이는 그러한 고투에서 살아남은 인물들이 곧 불교사상사의 거장들이다. 우리 한국불교사에서는 元曉(617~686)・義相(625~702)・普照知訥(1158~1210) 등이 모두 원전에 새로운 빛을 비춤으로써 자기철학을 제시할 수 있었던 성공한/승리한 해석학자였다.

나는 오랫동안 "어떻게 하면 원전의 무거움을 이겨내고 자기철학의

---

1) "해석자의 자기철학 제시는 자칫 원전에 대한 왜곡을 부르는 것이 아닌가"라고 미리 두려워하는 사람들에 대한 해답이 여기에 있다. 원전의 존재 그 자체가 과다해석(over-interpretation)을 막아주고 있다는 점이다.

제시를 가능케 할 수 있을까"라는 화두를 끌어안고 해석학적 방법론을 모색하는 글을 연작2)으로 발표해왔다. 그것은 곧 불교해석학의 방법론을 정립하려는 시도에 다름 아니었다. 그러나 정작 우리 불교사상사에서 가장 성공한 해석학자로 평가할 수 있는 元曉에 대해서는 천착할 기회를 얻지 못하였다. "과연, 원효는 어떠한 해석학적 상상력으로 독창적 자기철학의 제시를 가능케 하였던 것일까?" 이 물음에 대한 해답찾기는 장차의 숙제로 남겨둘 수밖에 없다. 나의 元曉공부의 현단계3)가 그러한 주제를 다룰 수 있는 형편이 아니기 때문이다. 마찬가지 맥락에서 "不然 李箕永(1922~1996)이 元曉를 어떻게 해석해 갔으며, 그러한 해석 속에서 不然은 원효의 관점과는 어떻게 다른 자기철학을 제시했던 것일까"라는 문제제기 역시 매우 중요한 과제일 것이다. 하지만, 이 문제에 대한 해답의 제시 역시 본격적으로 천착하지는 못한다.

그 이유는 두 가지다. 첫째, 앞서 언급한 원효에 대해서와 마찬가지로, 不然과 元曉 사이에서 계승의 측면과 새로움(apurvatā)의 측면이 어떻게 짜여져 있는지를 밝힐 만큼 나는 우선 元曉를 모르기 때문이다. 둘째, 元曉는 대승불교의 텍스트를 해석함에 있어서 어떻게 자기

---

2) 원전의 무거움과 해석의 가능성에 대한 문제제기는 「미망사와 불교의 비교해석학」, 『한국종교시연구』 제10집(익선 : 한국종교사학회, 2002), pp.77~116 ; 자기철학의 제시를 위한 전통적 불교학의 방법들에 대해서는 「전통적 불교학의 방법론에 나타난 현대적 성격」, 『가산학보』 제7호(서울 : 가산학회, 1998), pp.48~70 ; '저자의 부재'론을 통해본 실천적 독서법은 「저자의 부재와 불교해석학」, 『불교학보』 제35집 (서울 : 동국대 불교문화연구원, 1998), pp.187~206 ; 간디를 중심으로 한 여러 가시 독서법에 의시한 해석의 사례연구로서 '바가바드기타를 읽는 간디의 다원적 녹서법」, 『인도연구』 제10권 2호(서울 : 한국인도학회, 2005), pp.179~213. 참조 이 책의 앞의 논문들로 재수록.

3) 현재까지 나는 겨우 元曉의 『보살계본지범요기』와 관련한 논문을 1편 발표하였을 뿐이다. 졸고, 「보살계본지범요기의 성격론에 대한 재검토」, 『원효학연구』 제9집(경주 : 원효학연구원, 2004), pp.63~92. 참조.

철학을 제시했으며, 또 不然은 그러한 원효를 말함에 있어서 元曉와는 다른 자기철학을 제시해 갔던가 하는 점은 나 자신의 해석학적 문제의식일 뿐 不然의 것은 아니었으리라 판단된다.4) 不然이 비록 해석학의 입장에 서서 원효를 이야기하고 있으나, 그가 가졌던 문제의식은 달랐던 것이 아닌가 하는 점이다. 不然은 바로 원효의 저술/텍스트와 그가 살았던 현실 사이에서 끊임없는 解釋學的 循環(hermeneutical circle)을 보여주고 있다는 점이다. 해석학적 순환이라는 개념은 본래 이해에 있어서 부분과 전체 사이에서, 부분은 전체와의 관련 속에서 이해되고 전체는 다시 부분들에 의해서 의미가 규정된다5)는 점을 드러낼 때 쓰인 것이다. 그 개념의 적용을 나는 不然에게서 확인할 수 있었다.

不然은 원효의 텍스트의 입장에서 현실을 읽어내면서 대안을 제시하고, 다시 현실을 고려하면서 원효의 텍스트를 읽고 있는 것이다. 따

---

4) 高榮燮은 "또 불연은 그러한 원효를 말함에 있어서 원효와는 다른 자기철학을 제시해 갔던가 하는 점은 논자의 해석학적 문제의식일 뿐이라고 했지만 사실은 이러한 문제의식이 이 글 속에서 온전히 드러나야 불연의 원효해석학이 의미있게 규명되는 것이 아니겠는가"(『한국 현대불교학 100년, 그 성과와 과제』, p.89.)라고 질의/지적하였다. 타당한 지적이다. 우선, 원효와 불연의 차이를 파악해낼 수 있을만큼 현재 내 공부가 되어 있지 못하다는 점을 들 수 있다. 그리고 다른 하나는 역시 불연 자신은 어떻게 그 스스로 원효와는 다른 그만의 관점을 제시할 수 있는가 하는 문제의식을 크게 가졌던 것으로 파악되지 않는다. 그런 점에서 不然과 나의 문제의식이 다른 것이고, 동일하게 불교해석학자라고 하더라도 不然과 나의 해석학적 지향성이 달랐음을 의미한다. 다만, "바로 그렇기 때문에 不然이 元曉와는 다른 자기철학의 제시를 행하지 않은 것으로 볼 수 있지 않느냐"라고 다시 반론한다면, 나로서도 그렇게 볼 수 있을 것이라고 대답할 것이다. 그 반론에 동의할 수밖에 없다.
5) "우리가 이해하는 것 그 자체는 부분들로 이루어진 체계적인 통일성 혹은 순환을 형성한다. 전체로서의 순환은 개별적인 부분들을 규정하고, 또 부분들은 한데 모여 순환을 형성한다." Richard E. Palmer, *Hermeneutics* ; 이한우 옮김, 『해석학이란 무엇인가』(서울 : 문예출판사, 1998), p.133.

라서, 나는 이 점이 不然의 元曉解釋學(Wŏnhyo-Hermeneutics)의 핵심적 방법론이라 보았던 것이다. 이 점에 대한 본격적인 천착을 이 글에서 시도하려고 하거니와, 그 이전에 우리가 놓아야 할 징검다리의 돌은 두 개다. 먼저 不然의 원효 연구를 개관할 필요가 있다. 그런 뒤에 不然이 여기저기서 내보이고 있는 종래의 방법론에 대한 비판적 언급들을 종합해서 고찰해 보는 일이다. 이러한 다른 방법론에 대한 不然의 비판적 입장을 살펴보는 것은 곧 그가 해석학자였음을 반증하는 일이 될 것이다.

Ⅱ. 元曉의 연구에 대한 공시적 분석6)

不然이 설립한 한국불교연구원에서 펴낸 『불연이기영전집 제4권, 원효사상연구Ⅱ』(2001)에는 「연보」와 「저술목록」이 부록으로 제시되어 있다. 2001년 당시(사후)까지 출간된 그의 저술은 번역서와 저술을 포함하여 모두 66권에 이르고, 논문으로는 138편에 달한다.7) 논문 138편 중에는 수록된 지면의 성격이나, 분량, 논의의 깊이, 그리고 대상독자와 폭에 있어서 다소 층위의 다름이 있음은 사실이다. 하지만, 工夫一業/工夫一生을 보내는 학자像의 전범이 정립되어 있지 못한 우

---

6) 이 Ⅱ장에는 애시당초 「不然의 원효 연구 개관」이라 하여 1. 공시적 분석, 2. 통시적 자리매김이라 하였다. 그러나 이 책으로 편입시키면서 '통시적 자리매김 부분(『불교연구』 제26호, pp.121~124.)은 삭제키로 하였다. 不然 이외의 원효 연구자에 대한 내 공부가 엷을 뿐만 아니라, 不然의 원효해석학을 논하는 이 글에서는 공시적 분석만으로 충분할 것으로 생각해서이다. 한 걸음 더 나아가서 통시적 평가는 그다지 중요하지 않을 수도 있는 것 아닐까 하는 생각도 들었다.
7) 논문의 편수는 늘지 않겠으나, 저서는 더 늘어날 전망이다. 한국불교연구원에서 『불연이기영전집』을 계속 간행해 가고 있기 때문이다.

리 학문의 역사를 되돌아 볼 때, 그것은 결코 적은 업적이 아니다. 유럽(벨기에와 프랑스)유학으로부터 1960년 4월에 귀국하여 첫논문인 「正法隱沒說에 관한 종합적 비판」(『불교학보』제1집)을 발표한 것이 1962년이며, 학술회의 도중 급작스럽게 타계한 것이 1996년이었다. 이 사이 36년 동안 不然은 불교학자의 一生을 살았던 것이다.

학자는 죽어서 저서와 논문을 남긴다. 不然이 남긴 66권의 저술[8]과 138편의 논문을 36년으로 나누어 보면, 매해 1.8권의 저술과 3.8편[9]의 논문을 집필한 셈이 된다. 연구실에 칩거하여 연구만 하지 않고, 그 스스로 한국불교연구원·구도회를 설립하여 대승불교의 가르침을 현실 속에서 구현해갔던 실천적 삶까지 살았음을 감안하면, 이 所出은 적지 않은 소득임에 틀림없다. 그는 학문연구와 실천 사이에서 긴장의 끈을 끝까지 놓지 않았으며, 그 어느 쪽도 가볍게 여기지 않았다. 그런 점에서 오늘날 학문연구와 실천의 두 갈래 길 중에서 어느 하나에만 매몰된 채 진정한 會通과 兼修의 길을 가지 못하는 많은 후학들에게는 전범이 되어 주고 있는 것으로 생각된다. 나부터도 못내 부끄러울 뿐이다.

1. 연구 논문의 총괄

원효해석학에 나타난 不然의 방법론을 살피고자 하는 이 글을 위하

---

[8] 저술을 성격별로 분류해 보면, 번역서 11권, 편저서 5권, 공저 25권, 박사학위 논문 1권, 단독저술(역해 및 강의서 포함) 24권 등이다. 이 중 不然의 박사학위 논문은 불어로 쓰여져 있다. 주제는 참회에 관한 것이라고 하는데, 우리말 번역이 이루어지길 기대해 본다.

[9] 참고로 중앙일보에 의한 2006년도 대학평가의 보도(2006.9.26, 15면)에 따르면, "인문사회·체육 교수당 국내논문 게재수" 1위인 POSTEC이 교수당 년 1,72편이고, 2위 고려대가 1.57편, 3위 성균관대 1.52편, 4위 서울대 1.3편, 5위 연세대가 1.38편이었다.

여, 내가 읽고 해석해야 할 不然의 원효 관련 논문은 「저술목록」이 제시해 주고 있는 36편이었다. 앞으로의 논의를 위하여 다소 장황한 감이 있겠지만, 연대별로 정리하면 다음과 같다. 그 初出의 출전만을 밝혀둔다.10)

60년대(5편)

  1) 「원효 ― 무애에 산 신라인 ―」, 『한국의 인간상』 제3권.
  2) 「원효의 보살계관 ―『보살계본지범요기』를 중심으로 ―」, 『동국대학교논문집(1967)』
  3) 「원효 所依의 달마계본에 관하여」, 『불교계』 11월호.
  4) 「원효의 보살계관(續)」, 『불교학보』 제5집.
  5) 「대승기신론소·금강삼매경론」, 『한국의 명저』

70년대(4편)

  6) 「원효의 입장에서 본 K.Jasperse의 das Umgreifende」, 『동국사상』 제9호.
  7) 「敎判史上에서 본 원효의 위치」, 『한국학논총』
  8) 「경전인용에 나타난 원효의 독창성」, 『한국불교사상사』
  9) 「원효」, 『한국의 사상가 12인』

80년대(16편)

  10) 「원효의 실상반야관」, 『정신문화』 6호.
  11) 「원효사상의 현대적 이해」, 『주간독서』 8월호.
  12) 「원효의 미륵신앙」, 『한국불교연구』
  13) 「원효의 열반종요에 대하여」, 『한국불교연구』

---

10) 자세한 서지사항은 『원효사상연구 Ⅱ』, pp.575~583. 참조. 이들은 모두 한국불교연구원에서 펴낸 『한국불교연구』(1983)와 사후에 나온 『원효사상연구Ⅰ』(1994)와 『원효사상연구 Ⅱ』(2001)에 수록되어 있다.

14) 「묘에쇼닌(明惠上人)의 생애에 나타난 원효대사의 영향」, 『신라문화제학술발표논문집』 제3호.

15) 「원효성사의 길을 따라 — 금강삼매경의 경종에 대한 고찰 —」, 『석림』 제16호.

16) 「원효의 인간관」, 『한국정신문화연구원 연구논총』

17) 「법화종요에 나타난 원효의 법화경관」, 『한국천태사상연구』

18) 「A Buddhist's View on Ultimate Reality according to Wŏnhyo(617~686), a Korean Great Master」, New ERA Conference.

19) 「원효의 법화사상」, 『신라문화연구』

20) 「원효의 윤리관 — 『보살영락본업경소』를 중심으로 —」, 『김홍배박사고희기념논문집』

21) 「원효사상의 현대적 의의」, 한국불교연구원 주최 세미나 주제강연 자료집.

22) 「원효의 여래장사상」, 『신라문화』 3·4합집.

23) 「A Korean Buddhist View on Interreligious Dialogue : Wŏnhyo's Ideal on Peace and Union」, Interreligious Dialogue : Voices from a New Frontier.

24) 「원효의 원융무애사상과 발심수행장」, 『수다라』 제4집.

25) 「원효사상에 있어서 궁극적인 것」, 한국불교연구원 주최 국제학술회의 발표논문.

90년대(11편)

26) 「원효에 의한 반야심경 신해석」, 『한국철학종교사상사』

27) 「원효사상의 독창성과 위대성」, 『한국사상사대계』

28) 「원효」, 『세계의 지식인의 수난사』

29) 「현대의 윤리적 상황과 동양철학의 대응 — 원효철학의 입장에서 —」, 『현대의 윤리적 상황과 철학적 대응』

30) 「원효의 윤리사상」, 『민족불교』 제2호

31) 「원효의 화쟁사상과 오늘의 정치현실」, 『불교』

32) 「원효의 사상과 생애」, 『계간 사상』 여름호.
33) 「원효사상의 특징과 의의」, 『진단학보』 78.
34) 「원효의 화쟁사상과 오늘의 통일문제」, 『불교연구』 11·12합집.
35) 「원효의 저술에 나타난 道의 의미」, 『불교연구』 13집.
36) 「Śāṇḍilya Vidyā와 원효사상」, 『원효사상연구 Ⅱ』

  동시대의 다른 학자들과 비교해 볼 때, 이 36편의 원효 연구는 결코 적다 할 수는 없을 것이다. 不然, 하면 무엇보다도 먼저 元曉를 떠올리는 점을 생각할 때, 의외로 대승불교나 한국불교 등에 관한 논문을 102편이나 쓰고 있다는 점이 주목된다. 不然에게 더 많은 시간이 주어졌더라면 더 많은 원효 연구가 이루어졌을 것으로 생각된다. 아쉬운 점이다. 물론, 제목에 등장하지 않더라도 元曉를 언급하는 논문은 더 찾을 수 있을 것이다. 그러나 이 글에서 나는 그러한 글까지 다 찾아내서 읽는 것은 포기하기로 한다. 작업의 양이 많다는 점 때문이기도 하지만, 어디까지나 不然의 원효해석학의 중심을 이루는 것은 직접, 그리고 원효를 전적으로 거론한 36편의 논문 속에서 다 찾을 수 있을 것으로 평가되기 때문이다.

2. 연구 경향에 나타난 不然의 지향성

  이제 不然의 관심은 그 이전에 가졌던 『대승기신론소·별기』와 보살계 관련 저술이라는 범위를 멀리 뛰어넘어서, 원효 저술과의 전면전을 행해 간다. 보다 본격적으로 하나하나의 저술에 대하여 천착하고 있는 것이다. 그의 원효 관련 논문 36편 중에서 하나의 저술을 다루고 있는 것은 모두 14편이다. 과연, 不然이 元曉의 어떤 저술에 특히 많은 관심을 기울이고 있는가 하는 점을 살펴보는 것은, 바로 그가 원효의 경전인용 태도를 주의할 때 말한 것처럼, "불교사상가의 경우에는 그가 어떠한 종류의 경전에 더 많은 관심을 표시했느냐 하는 그 사실부터가 중요하"기 때문이다. 이를 해명하기 위하여, 다소 장황할 수 있으나『한국불교전서』제1책에 수록된 원효 저술의 순서에 따라서 不然의 논문을 대응시켜 보기로 하자.

ⓐ『대혜도경종요』─────── 10)「원효의 실상반야관」
　　　　　　　　　　　　　26)「원효에 의한 반야심경 신해석」
ⓑ『법화종요』─────────── 17)「법화종요에 나타난 원효의 법화경관」
ⓒ『화엄경소』
ⓓ『본업경소』───────── 4)「원효의 보살계관(續)」
　　　　　　　　　　　　　20)「원효의 윤리관─『보살영락본업경소』를 중심으로─」
ⓔ『열반종요』─────────── 13)「원효의 열반종요에 대하여」
ⓕ『미륵상생경종요』──── 12)「원효의 미륵신앙」
ⓖ『해심밀경소序』
ⓗ『무량수경종요』
ⓘ『불설아미타경소』
ⓙ『유심안락도』
ⓚ『보살계본지범요기』── 2)「원효의 보살계관」
　　　　　　　　　　　　　3)「원효 所依의 달마계본에 관하여」
ⓛ『범망경보살계본사기』
ⓜ『금강삼매경론』────── 4)「원효의 보살계관(續)」
　　　　　　　　　　　　　5)「대승기신론소・금강삼매경론」
　　　　　　　　　　　　　15)「원효성사의 길을 따라서」
　　　　　　　　　　　　　19)「원효의 법화사상」
　　　　　　　　　　　　　22)「원효의 여래장사상」
　　　　　　　　　　　　　24)「원효의 원융무애사상과 발심수행장」

26) 「원효에 의한 반야심경 신해석」
ⓝ 『대승기신론소·별기』 —— 5) 「대승기신론소·금강삼매경론」
ⓞ 『이장의』
ⓟ 『판비량론』
ⓠ 『중변분별론소』
ⓡ 『십문화쟁론』
ⓢ 『발심수행장』 ———— 24) 「원효의 원융무애사상과 발심수행장」
ⓣ 『대승육정참회』
ⓤ 『미타증성게』

    물론, 우리는 ⓒ 원효에 의한 현실의 조명에 포괄되는 논문 중에서 不然이 원효의 저술에 대해서 천착하거나 해석한 논문이 있을 가능성을 배제할 수는 없을 것이다. 하지만, 지금 우리는 원효의 저술 하나하나에 대해서 不然이 다루고 있는 專論에 대해서만 문제삼고 있는 것이다. 이러한 고찰을 통하여, 우리가 파악할 수 있는 不然의 원효 연구에 나타난 사상경향은 다음 몇 가지로 정리할 수 있을 것 같다.

    첫째, 무엇보다도 눈에 띄는 것은 『금강삼매경론』을 매우 중시하면서 즐겨 다루고 있다는 점이다. 하나의 텍스트를 다룬 14편의 글 중에서 그 절반에 해당하는 7편이 『금강삼매경론』에 대한 글이다. 그에 반하여, 『대승기신론소·별기』에 대한 단독논문이 없음이 주목된다. 왜 그럴까? 어쩌면 그에게는 이미 『원효사상』이라는 대저/걸작(magnum opus)이 존재하였기 때문이 아닌가 싶다. 사실 이 『원효사상』은 1967년, 不然의 나이 45세 때 출판되었다. 그러니 그 집필은 그보다 1, 2년 이전이라고 보아야 한다. 『원효사상』에 나타나 있는 학문적 패기와 완성도, 그리고 열정이 40대 초반의 소산임을 생각하면, 그것은 지금 돌이켜 보더라도 참으로 놀라운 성취라 아니할 수 없다. 이 저술에 쏟아진 상찬이나 賞 등은 참으로 그럴 만했고, 또한 부족한 감마저 있다. 不然의 『원효사상』 출판 이후 40년이 흐르고 있는 오늘날까지, 바로 그 연배에 그토록 중요한 업적을 창출한 학자가 달리 또 있었는지 나는 알지 못하고 있다. 어쩌면 不然은 원효의 『기신론』에 대한 입장에 대해서는 이미 『원효사상』을 통하여 충분히 다 드러냈던 것으로 생각했을지도 모르겠다. 그러나 그렇다고는 해도 그것만이 『기신론소·별기』보다 『금강삼매경론』을 더욱 중요시하면서 천착했던 이유의 전부는 아니다. 거기에는 그 나름의 敎判이 놓여 있었다.

   지금까지 원효 하면 곧 그의 『대승기신론소』 및 『별기』를 연상하는 것이 관례가 됐다. 그것은 필자가 원효사상이란 이름으로 그의 『대승기신론소』와 『별기』를 소개하고 그것이 널리 주목되면서부터였다고 생각한다. 그러나 원효에게 있어서 『대승기신론』은 『금강삼매경』 이해를 위한 기초적 이론이 되고 있을 뿐, 『금강삼매경』이란 실천적 종합적 초월적 진리체험의 가르침에 비하면 그야말로 사다리에 불과한 과도적 의미밖에는 못 가진다고 할 수가 있다.[11]

여기서도 잘 나타나는 바와 같이, 그는 실천불교를 행하고 싶었던 것이다. 『금강삼매경론』에서의 실천은 후대 선불교의 수용을 위한 예비적인 의미가 있었을 것이다. 물론, 『기신론』에도 四信과 五行에서 실천불교의 모습이 제시되지 않는 것은 아니지만, 그것은 아무래도 중심적인 것이 아니었다. 그 부분을 『금강삼매경론』에서 元曉가 보다 상세하게 종합적으로 고찰하여 제시했다고 본 것 같다. 不然이 『기신

---

11) 李箕永,「원효사상의 독창적 특성 — 금강삼매경론의 철학을 중심으로 —」,『원효사상연구 I』, p.230. 이 논문은 『원효사상연구 II』에서 정리한 「논문」의 목록에는 누락된 논문이다. 하지만, 이 글에서는 수정하지 않는다. 「목록」에 따라서, 논의를 진행하기로 하였기 때문이다.

론소・별기』보다『금강삼매경론』을 보다 중심적인 것으로 보는 것과 같은 맥락에서, 『원효사상』이외에/이후에 그가 『기신론소・별기』에 대해서는 논문을 쓰지 않았을 뿐만 아니라 더 나아가『이장의』나『중변분별론소』등 원효의 唯識관련 저술에 대해서도 논문을 쓰지 않고 있다는 점이다. 심리적 기초보다는 실천적 진리체험에 不然은 더욱 깊은 관심을 드러내 보였음에 틀림없다. 한편, 이와 관련하여 鄭柄朝의 다음과 같은 언급은 음미할 만하다고 본다.

> 불연은 매우 정력적인 저술가였으면서도 선종에 관해서는 단 한편의 논문도 남기지 않았다. 우리는 이것을 선종 우월주의에 대한 무언의 저항이었다고 말할 수 있지 않을까 한다. 또 불연은 돈오점수의 논쟁이나 조계종의 종조(宗祖), 법맥(法脈) 문제 등에 대해서도 냉담하였다. 그는 오히려 현대사회에서 제기되는 갖가지 이데올로기의 대립을 불교적 입장에서 해석하고 응답하여야 한다는 점에 액센트를 두었기 때문이다.12)

사실 선종에 대한 논문이나 돈점론 혹은 법통설 등의 주제에 대해서 불연은 언급하지 않았다. 그럼에도 불구하고 우리가 주의해야 할 점은, 바로 그렇기 때문에 不然이 선에는 무관심하였다거나 교학불교만을 중시하였다고 평가할 수는 없다는 점이다. 오히려, 선에 대한 그의 관심은 『금강삼매경론』에 대한 천착에 의해서 표명되었던 것이 아닌가 싶다. 그런 점에서 장차『금강삼매경론』과 후대의 선불교와의 관련성에 대한 연구는 不然이 후학들에게 남겨준 중요한 연구과제로 생각된다.

둘째, 대승불교의 윤리에 대한 원효의 저술을 중시하면서 천착하고

---

12) 鄭柄朝, 「현대 한국불교와 불연」, 『한국 현대불교학 100년, 그 성과와 과제』, pp.19~20.

있다는 점이다. 『보살계본지범요기』와 『보살영락본업경소』가 중심이다. 그렇지만 不然은 『범망경보살계본사기』에 대해서는 주목하지 않는다. 공교롭게도 이 문헌은 현재 원효의 眞作인가[13] 하는 점이 문제로 대두되고 있거니와, 그래서라기보다는 不然의 보살계관이 『범망경』 계통을 중심으로 하기보다는 瑜伽戒를 더욱 중심[14]으로 했기 때문으로 평가된다. 不然은 원효의 저술이 갖는 기본적 성격에 대하여 "어느 저술을 들추어 보든지 우리는 거기에서 원효 자신의 구도자적 열의와 성의를 간과할 수가 없는 것이다."[15]라고 말한다. 그러면서도 『보살계본지범요기』를 중심으로 삼는데, 내가 볼 때 바로 그런 이유에서 원효의 내면 고백이 잘 드러나 있다고 보는 『대승육정참회』와 같은 小品에 대해서도 주목할 만했다고 본다. 그러나 그렇게 하지 않았는데, 아마도, 거기에는 본격적인 사상의 제시가 약한 면이 있기 때문이 아닐까 한다. 『보살계본지범요기』는 실천성도 깊지만 이론적 천착도 깊이 이루어지고 있었으나, 상대적으로 볼 때 『대승육정참회』는 그렇지 못하였다. 그런 만큼 不然은 강한 실천성이 담겨 있으면서도 사상적 깊이가 있는 텍스트를 좋아했다고 볼 수 있을 것이다.

셋째, 미타신앙 관련 저술(ⓗ, ⓘ, ⓙ, 그리고 ⓤ)에 대해서도 특별한 조명을 하지 않고 있다는 점이다. 미륵신앙에 대해서는 『미륵상생경종요』를 연구한 논문 1편을 남기고 있는데, 이에 대해서는 미륵신앙 그 자체에 대한 관심때문이었다기보다는 신라의 금동미륵반가사유상의 사상적 배경을 찾는다는 측면에서 관심이 촉발된 것으로 보아야 할 것 같다.

---

[13] 木村宣彰, 「菩薩戒本持犯要記について」, 『印佛研』 28-2.에서의 문제제기이다. 후쿠시 지닌, 「일본의 삼국·통일신라 시대의 불교 연구 동향」, 『일본의 한국불교 연구 동향』(서울 : 장경각, 2001), p.230. 재인용.
[14] 李箕永, 「원효의 보살계관」, 『한국불교연구』, p.342.
[15] 위의 책, p.307.

이상 논술한 不然의 원효연구에 나타난 그의 사상 경향을 종합해 보면, 不然은 『기신론』 사상의 기반 위에 『금강삼매경론』을 올려놓음으로써 자력적 실천적인 원효의 모습을 되살리고자 했음을 알 수 있다. 그 실천의 현실적 모습은 대승보살의 계율을 지니면서 한 계단 한 계단 보살의 계위를 올려가자는 것으로 파악해 볼 수 있으리라. 이는 대승불교의 정통 노선이고, 강력한 현실적 삶의 불교이다. 거기에는 정토신앙과 같은 죽음과 관련된 불교에 대한 관심은 부여되어 있지 않다. 여기서 不然은 元曉와 달라진다. 원효는 의식적인 파계를 통하여 귀족화된 조직의 불교로부터 이탈하여 유목민적 홀로結社[16]의 모습을 복원해 갔을 때, 그것은 동시에 민중과 함께 하는 同塵의 길이었다. 바로 그 사회성·실천성의 측면에서 필요했던 것이 "나무아미타불" 칭명에 의한 易行의 정토신앙이었다. 그러나 불연이 살았던 컨텍스트는 달랐다. 오히려 조선시대의 억불시대를 거치면서 우리 불교의 지적 상황은 매우 열악해졌으며, "나무아미타불" 역시 원효의 그것과는 달리 이제 사회성·실천성이 배제된 개인적 기복적 내세불교의 모습을 띠고 있는 것으로 보았기 때문이 아닐까 나는 짐작해 본다. 이제 강조해야 할 것은 원효사상 중에서도 자력적·실천적 불교였던 것으로 평가하였을 것이다.

오늘날 우리 불교는 간화선외 중심적인 위치기 흔들림괴 동시에 元曉의 불교, 즉 不然의 불교와 같은 전통의/정통의 대승불교는 많은 흔들림 속에 놓여 있다. 남방불교·티벳불교 등이 새롭게 전래되면서 전통불교와의 새로운 융합·회통을 기다리고 있다. 元曉와 不然의 불

---

16) 나의 '홀로결사' 개념은 아직 본격적으로 전모를 다 드러내 보이지 못하고 있다. 다만 부분적으로 언급하였을 뿐이다. 졸저, 「무소의 뿔처럼 혼자서 가라」, 『일본불교의 빛과 그림자』(서울 : 정우서적, 2007), pp.73~87. ; 졸고, 「부처님 당시 스님들은 어떻게 살았을까」, 『불교평론』 제31호(2007년 여름), pp.275~279. 참조.

교는 새로운 도전을 맞이하고 있다 할 것이다. 이러한 흔들림과 도전을 어떻게 승화·극복해 갈 것인가? 元曉와 不然이 다시금 되새겨지는/되새겨야 할 까닭이다.

3. 元曉에 대한 해석학적 접근

이제 내가 不然의 元曉 이해에 대해서 해석학적 관심으로 접근하는 것처럼, 不然 역시 원효의 대승불교 연구에 대하여 어떻게 元曉가 선대의(특히 중국의) 학자/고승들과 다른 자기철학을 제시할 수 있었던가 하는 점에 관심을 갖고 있었다. 해석학적 접근을 행하고 있었던 것이다. 이 부분을 좀더 분명히 살펴보기 위해서 앞에서 열거한 36편의 논문 목록을 다시 한번 살펴보기로 한다. 다음과 같이 크게 세 부류로 나눌 수 있을 것으로 나는 생각한다.

【표 13】 不然의 元曉 관계 논문

- ㉠ 원효의 생애에 대한 정리 : 1, 9, 28, 32.
- ㉡ 원효의 저술에 대한 해석
  - 전체를 다룬 것 : 7, 8, 27, 35.
  - 한 저술을 다룬 것 : 2, 3, 4, 5, 10, 12, 13, 15, 17, 19, 20, 22, 24, 26.
  - 영향을 다룬 것 : 14
- ㉢ 원효와 현실의 해석학적 순환 : 6, 11, 16, 18, 21, 23, 25, 29, 30, 31, 33, 34, 36.

㉠ 원효의 생애에 대한 정리(32에는 사상도 함께 포함되어 있다.)는 대중들에게 원효를 알기 쉽게 전하기 위해서 집필된 것으로서 본격 논문이라 보기에는 어려운 점이 없지 않다. 하지만, 동시에 不然의 글쓰기에 나타난 대중성을 우리는 엿볼 수 있다. 그의 대표작이라 할

수 있는 『원효사상』이나 『원효사상 70강(講)』과 같은 저술의 존재까지 함께 고려하면, 不然의 글쓰기에 나타나 있는 대중성 지향은 간과할 수 없는 특징으로 보아야 할 것이다. 물론, 우리는 이러한 대중성17)을 긍정적으로 평가해야 한다. 왜냐하면 불교학의 궁극적 지향은 대중을 향하고 있어야 할 것으로 생각되기 때문이다. 또 ㉠ 원효의 생애에 대한 정리로 포괄되는 4편의 글과 ㉡ 원효에 의한 현실의 조명에 포괄되는 13편의 논문을 합치면 不然에게 있어서 대중적이며 현실적인 글쓰기는 전체 36편 중에서 거의 1/2 가까이 되고 있음에 주목해야 할 것이다. 그런 한편으로 不然은 원효사상의 계승이나 영향에 대해서는 겨우 1편의 논문만을 쓰고 있을 뿐이다. 이 점 역시 그의 관심이 원효사상의 '역사적' 전개보다는 원효사상의 본질을 해명하고 그것을 현실 속에서 대중들에게 알리며, 대중들과 더불어 실천하는 데에 놓여 있었다고 하는 하나의 방증이라고 평가할 수 있다. 적어도 원효연구에 나타난 그의 방법론은 기본적으로 역사학적이 아니라18) 해석학적이라 보게 하는 하나의 근거가 된다.

---

17) 나는 마하트마 간디(mahatma Gandhi, 1869~1948)의 경우, 그의 저술이 기본적으로 대중을 계몽하기 위한 것이라는 점을 주의해 본 일이 있는데(졸고, 「바가바드기타에 대한 간디의 다원적 독서법」, 앞의 책, pp.181~189. 참조), 학자인 不然에게서는 간디만큼 전면적인 것은 아니라 하더라도 그 글쓰기에서 대중성이 일부라도 발견될 수 있다는 점은 두 사람 사이에 현실에서의 실천적 성향이 공유되어 있었음을 나타낸다. 간디에게서는 진리실천운동(satyāgrahā)이, 不然에게서는 한국불교연구원과 구도회를 중심으로 한 대승불교운동이 그 현실적 실천운동의 모습들이었다. 이 점은 후술할 현실지향성과도 함께 생각해 볼 수 있는 특징이다.
18) 원효 연구만이 아니라 한국불교 연구 전체에 대해서까지 범위를 넓히게 되더라도 역사적인 방법론을 취하지 않았다고 말하는 것은 아니라는 점에 주의를 요한다. 본래 史學에서 출발한 不然인만큼, 그 가능성은 열려 있지 않을까 한다. 이에 대해 金相鉉은 다음과 같이 말한다. "불연의 학문이 호한하고, 불교학 내지는 원효사상 연구에 집중하여 남다른 성과를 이룩했지만, 그의 연구는 한국불교사, 특히 신라불교사로 향해 있었다. 그의 연구 경향은 대개 한국불교사상사에 쏠려 있었고, 때로는 불교사상 일반에 관심을 보일 경우에도 역사 연구의 방법론을 그

어떻게 해석학적이었는가를 보다 구체적으로 살펴보기 위하여 ㉡ 원효의 저술에 대한 해석을 좀더 상론해 보기로 하자. 전체를 다룬 것은 하나의 저술만으로 범위를 한정하지 않고, 원효 사상을 전체적으로 조명해 보고 평가하고자 하는 관점의 연구를 말한다. 대표적인 것은 7)「敎判史上에서 본 원효의 위치」와 8)「경전인용에 나타난 원효의 독창성」이다. 이들은 공히 元曉가 그 이전의 중국불교사상가들과 어떤 점에서 다르고, 어느만큼 독창적인가 하는 점을 드러내고 있는 좋은 논문들이다. 그 문제의식 자체에서부터, 우리는 丕然이 앞서 내가 언급하는 바 있는 해석학적 문제의식을 가지고서 元曉를 평가하고 있음을 알 수 있다. 또 원효의 해석학적 입장을 평가함에 있어서 丕然이 활용하고 있는 잣대 자체가 해석학적 장치[19]임을 잊어서는 아니 된다. 즉 敎判과 經典引用이 그것이다. 먼저 교판에 대한 丕然의 관점을 들어보자.

하나의 교판을 내놓으려면 불전 전반에 걸친 섭렵과 그에 따라 얻어진 깊고 넓은 이해가 없이는 불가능한 것이다. 그런 의미에서 역사상 각양각색의 型의 고승대덕들이 나타나 각기 자기 나름의 수도와 신앙의 길을 걷고 가르치다가 갔지만 올바른 교판을 내놓을 수 있는 학승이 있었다면 우리는 서슴지 않고 그에게 불교사상 가장 빛나는 선도적 지위를 드려야 할 것이라고 생각한다. 그런데 그 교판의 내용을 보면 위에 열거한 여러 사람의 견해가 반드시 정당하지만도 않았던 점에 문제가 있는 것 같다.[20]

토대에 적용하고 있었다."(『한국 현대불교학 100년, 그 성과와 과제』, p.36.)
19) 자기철학의 제시라고 하는 내용을 담보할 수 있는 방법적 수단을 의미한다. 이와 유사한 개념으로 Donald S. Lopez Jr., *Buddhist Hermenutics*(Honolulu : University of Hawaii Press, 1988)에는 '해석학적 도구(hermeneutical tools, p.7)', '해석학적 고안(hermeneutical device, p.33)', '해석학적 프로그램'(hermeneutical program, p.63), '해석학적 움직임(hermeneutical move, p.219)' 등이 보인다.
20) 李箕永,「敎判史上에서 본 원효의 위치」,『한국불교연구』(서울 : 한국불교연구원,

교판의 제시가 차지하는 불교사상사적 의미를 올바로 파악하고 있다. 나 역시 교판이 갖는 해석학적 장치로서의 의미에 주목한 일이 있다. 다만, 나의 경우에는 모든 교판은 그 교판을 제시한 해석자의 자기철학이 제시/투영되어 있는 것으로서 나름대로 의미가 있다고 보았음[21])에 대하여, 不然은 교판들 사이에 우열이나 正否의 구별이 존재한다고 보고서 그 점을 평가하고자 시도한다. 내가 교판이라는 것 자체를 역사성을 탈락시켜서 공시적인 하나의 방법/해석학적 장치로서 자리매김하여 되살리고자 하는 데에 초점을 두고 있었다면, 不然은 원효 이전의 여러 교판들보다 원효의 교판이 더욱 빼어나다는 점을 선양하고자 하는 것이었다. 그런 점에서 다소의 차이를 내보이는 것으로 생각된다.

다음, 경전인용이 갖는 해석학적 의의는 어디에 있는 것일까? 不然은 다음과 같이 말하고 있다.

> 수많은 불교문헌들 중에서 어느 것을 인용하느냐 하는 것은 그 註疏家의 사상경향을 드러내는 결과가 된다. 그 사상경향이란 요컨대 그 사람 자신의 불교이해의 경향이다. 어떤 사람의 사상을 알기 위해서는 그가 쓴 책을 보는 수밖에 없다. 특히 경전을 중심으로 공부한 불교사상가의 경우에는 그가 어떠한 종류의 경전에 더많은 관심을 표시했느냐 하는 그 사실부터가 중요하다.[22])

이러한 이해방식은 타당한 방법론일 터이다. 특히, 현대인들보다 고대인들은 자기의 목소리를 引用으로 제시하고, 引用에 의해서 强化하

1983), p.347.
21) 졸고, 「전통적 불교학의 방법론에 나타난 현대적 성격」, 『가산학보』 제7호(서울 : 가산학회, 1998), p.60. 참조.
22) 李箕永, 「경전인용에 나타난 원효의 독창성」, 『한국불교연구』, p.359.

려는 경향이 더욱 강하였음을 생각하면 더욱 그렇다. 물론, 나는 元曉
가 대승불교의 텍스트들을 읽어가면서 그 이전의 중국의 여러 주석가
/해석자들과 다른 관점을 확립해 감에 있어서 즐겨 활용했던 방식이
敎判이나 經典引用이라고 하는 장치 뿐이었다고 생각하지는 않는다.
이외에 더 많은 장치를 고안하여 활용했을 가능성이 있었을 것으로
짐작하고 있다. 하지만, 不然은 원효의 자기철학을 가능케 한 해석학
적 장치에 대한 탐구는 더 이상 진행하지 않는다.23) 다소 아쉬운 점
이다.

Ⅲ. 不然의 해석학적 방법론

학자는 개성이 있어야 한다. 그 개성은 한 사람의 학자가 추구하는
세계와 내용적으로 관계맺고 있음은 두 말할 나위 없지만, 그 방법론
과도 밀접히 관련되어 있다. 진리와 방법, 내용과 형식은 결코 둘이
아니라 언제나 함께 공존하고 있기 때문이다. 元曉에 관한 不然의 글
쓰기를 읽다보면, 그 스스로 당시까지 행해지고 있던 방법론에 대한
그의 의견을 제시하기도 하고, 그 스스로 갖고 있는 방법론24)에 대하
여 여기저기서 散說하고 있기도 하다. 비록 그가 원효의 방법론이나
원효를 읽는 그의 방법론을 주제로 한 논문을 쓴 일은 없다고 하더라

---

23) 高榮燮은 이에 대해서도 "과연 그러한가? 그리고 그렇다면 그러한 이유는 어디에 있는가?"(앞의 책, p.89)라고 질의하고 있다. 그렇다고 생각된다. 그리고 그 이유로서는 不然 자신이 自己哲學의 드러남/드러냄으로서의 해석학에는 그다지 높은 관심을 갖고 있지 않았기 때문이 아닌가 추측할 뿐이다.
24) 방법론에 대해서 그는 1편의 논문을 남기고 있다. 「한국불교 연구의 현실과 과제」, 『한국불교연구』, pp.287~301. 참조. 初出은 一志社 刊, 『한국학보』 제1집(1975)에 수록한 것인데, 참고가 된다. 다만, 원효연구만을 다루고 있는 것은 아니다.

도, 이러한 그의 의견들을 모아서 함께 생각해 봄으로써 우리는 不然의 방법론을 이해할 수 있으리라 본다. 여기에는 두 가지 차원이 있다. 이 두 차원을 드러내기 위해서는 중관사상에서 등장하는 破邪와 顯正이라는 말도 쓸 수 있지만, 元曉와 不然이 크게 의지한『대승기신론』에 나오는 對治邪執과 顯示正義라는 두 가지 술어에서 對治와 顯示라는 두 말을 빌려 쓰기로 한다. 즉 방법론에 있어서 不然의 對治論과 顯示論이다. 그가 극복하고자 했던 방법론을 대치론이라 이름하고, 추구하고자 했던 방법론을 현시론이라 이름해 본 것이다.

1. 다른 방법론에 대한 對治論

다른 방법론에 대한 不然의 대치론에는 그 스스로 판단할 때 옳지 않다고 본 것도 있고, 반드시 옳지 않다고까지 할 것은 아니지만 그 스스로의 지향성에 비추어 볼 때 선호/선택하지는 않는다고 하는 것도 있다. 전자에 해당하는 것으로는 종래의 종학적/교학적 방법론과 그에 대한 반사로서의 현대의 과학적 방법론을 들 수 있을 것이고, 후자에 해당하는 것은 현대의 문헌학적 방법론을 일컫는다. 이제 여기 대치론에서는 이 세 가지 방법론에 대한 不然의 관점을 하나하나 살펴보기로 하자.

(1) 宗學 내지 전통적 敎學의 극복

종학은 전통시대 각 종파에서 내세운 자기종파의 학문이다. 이는 당연히 종파불교가 발달하면 할수록 발달해 왔다고 볼 수 있다. 엄밀히 말해서, 근대 이전의 불교학은 대개 종학이었다고 보아서 크게 틀림이 없을 것이다. 이러한 종학의 극복에 의해서 불교학의 近代가 출발했다고 말해도 좋을 것이다. 일본의 경우, 메이지(明治)유신 이후 난조 분유(南條文雄, 1849~1927) 등 영국 옥스퍼드 유학생의 귀국으로부터 보아야 할 것이다. 우리 불교학의 역사에서 근대는 언제부터라고 보아야 할 것인가? 이에 대한 연구는 아직 없는 것 같다. 좀더 연구를 기다려야 할지도 모르겠다. 하지만, 不然은 그러한 전통적 종학을 넘어선다. 불교학의 근대를 보여주고 있다 할 것이다. 不然은 다음과 같이 말하고 있다.

　　法界身, 法界佛, 法界圓融의 도리, 法界觀門, 또는 入法界 등의 이상과 방법 등에 관한 논의는 중국의 화엄사상가들, 杜順·智儼·法藏 등의 설이 지금까지 많이 알려져 왔고, 그것은 매우 종파적 입장을 띤 것이었으며, 또 약간 번쇄적으로 흐른 느낌이 없지 않았다. 그리하여 이러한 주제의 논의도 자연히 같은 경향을 나타냈다. 그것은 지금까지의 불교 연구가 종학적 성격을 띠었던 탓도 있지만, 또 중국 중심적인 사대적 태도 및 고의로 우리 신라의 원효나 의상 등이 이룩한 선구적 업적들을 경시 또는 묵살하려 한 일인학자들의 편견에도 기인하는 것이었다. 원효는 그의 정확한 敎相判釋에 입각해 화엄과 다른 대승불교 철학사상, 예컨대 여래장사상 등을 널리 포괄적으로 이해하면서 오히려 생명력있는 인간철학을 제시하고, 그것을 실생활에 활용한 점에서 특이하다. 그의 친구 의상은 항상 원효와 같은 뜻을 나눈 분으로 그의 『화엄일승법계도』는 적어도 원효의 화엄사상 이해를 촌탁하는 중요한 자료가 된다.25)

그러니까, 不然은 杜順(557~640)·智儼(600~668)·法藏(643~712) 등으로 대표되는 중국화엄사상가들의 논의가 종파적 입장을 띠고 있다는 점을 지적한다. 즉 宗學으로서 번쇄한 감이 있다는 것이다. 이러한 지적은 그들의 호한한 경전 주석서/해석서를 접해 본 일이 있다면 누구나 공감할 수 있을 것이다. 하지만 동일하게 『화엄경』을 해석하

---

25) 李箕永, 「원효의 인간관」, 『원효사상연구 Ⅰ』, p.317.

고 있으면서도 다른 학문이 존재한다. 종학 건너편에 우리 元曉와 義相의 해석이 있다는 것이다. 원효의 경우, 교판을 제시하면서도 종파주의적 입장에 떨어지지 않고 "화엄과 다른 대승불교철학, 예컨대 여래장사상 등을 널리 포괄적으로 이해"하고자 했다는 것이다. 기실, 교판을 제시하면 종학에 떨어질 가능성이 높아지는 것이 일반적인데 元曉의 경우에는 그렇지 않았다. 교판을 제시하면서도 포괄적인 회통론을 주장하였던 것이다. 이런 점에서 원효의 사상사적 입각지는 매우 특이하며 독창적이라고 나는 생각하고 있다. 원효 그 스스로 어떤 종파의 開宗者나 宗祖가 되거나 수많은 제자를 거느리는 學問權力이 되기를 거부했기26) 때문으로 생각된다. 그렇다고 한다면, 오늘날 우리가 元曉를 이해함에 있어서도 특정한 종파의 이해방식, 즉 종학이나 교학의 눈으로 보아서는 아니 될 것이다.

'法華敎學'이라는 말을 쓸 때에는 天台宗의 교리학과 같이 어떤 종파적, 교조적 색채가 농후한 『법화경』 연구, 내지는 법화이론 전개의 전통적 틀이 있어 거기에 얽매이는 듯한 느낌이 없지 않다. 나는 이러한 용어를 씀으로써 자기도 모르는 사이에 우리는 미리 정해진 선입견에 따라, 어떤 역사적 사실(또는 어떤 역사적 인물의 순수한 진리 탐구의 과정)을 恣意로 곡해할 우려가 있다고 생각한다. 그래서 되도록 자유로운 입장에서 출발하려는 것이 첫째 이유이다. 적어도 출발은 이렇게 해나가다가 결과를 보니 역시 어떤 '교학'적 성격이 있더라 하면 또 그대로 말하면 되는 것이지, 처음부터 남이 정해 놓은 척도를 갖고 원효란 자유인 개인의 역사를

---

26) 바로 그런 점에서 元曉는 가장 순수한 종교인, 붓다의 가르침을 가장 잘 수순한 불교인, 그리고 무엇보다도 그 자신의 사상을 그의 삶과 하나로 일치시킨 삶을 살았던 것으로 생각된다. 이 점이 그가 나의 '홀로結社' 개념의 모델이 되는 이유이며, 오늘 우리 시대 인문학자들의 삶의 모범이 되는 이유라고 나는 생각하고 있다.

재거나 맞추려 할 필요는 없고, 또 그래서는 안 되기 때문이다.27)

이 글은 不然이 원효의 『법화종요』를 어떻게 읽어갈 것인가를 밝히고 있는 부분에 나온다. 『법화경』은 천태종의 소의경전이 아니던가. 그런 만큼 天台智者(538~597) 이래 천태종 안에서는 『법화경』 이해에 대한 노하우가 많이 축적되어 있다. 사실, 오늘날 그러한 종학의 성과를 완전히 배제하고서 『법화경』을 읽는 일 역시 쉬운 일은 아니다. 하지만, 바로 그렇기 때문에 천태교학의 참고없이, 『법화경』 그 자체에 대한 우리 자신의 솔직한 읽기 역시 필요한지도 모른다. 실제로 『법화경』은 인도에서 형성되었으며 범본이 완벽하게 전해지고 있는 텍스트이며, 천태학은 중국에서 형성된 만큼 중국적 이해가 투영되어 있다. 따라서 중국적 『법화경』 읽기가 아닌 인도적 읽기라고 하는 방법론은 나름대로 큰 의미가 있다. 물론, 여기서 不然은 그러한 것까지를 요구하는 것은 아니지만 말이다. 더욱이 원효는 천태지자의 영향을 받았다고 하더라도 그 나름의 자기철학을 제시하였을 것이다. 그러므로 元曉에 대한 천태교학/천태종학적 읽기는 元曉 그 자체로 元曉를 읽는 것이 줄 수 있는 의미를 왜곡할 가능성도 있다는 것이다. 이러한 이유에서 不然은 元曉를 읽음에 있어서, "되도록 자유로운 입장에서 출발하려"고 애쓴다. 물론, 그 결과 어떤 '교학'적 성격이 있다고 할 때에는 순순히 그것을 인정하려고 한다. 그러나 미리부터 교학/종학적 입장의 元曉 읽기는 위험하다는 것이다.

이러한 전통적 방법론에 대한 평가/거부가 선학들의 원효 읽기에 대한 비판으로 보기는 어렵다. 不然의 원효 읽기에서, 우리 학계를 이끌었던 가까운 시대의 선배28)로서 그에게 영향을 미친 경우를 찾아보

---

27) 李箕永, 「법화종요에 나타난 원효의 법화경관」, 『원효사상연구 Ⅰ』, p.13.
28) 不然 이전에 학문적으로 元曉를 거론한 학자로는 趙明基가 있다. 『신라 불교의 이

기는 어렵기 때문이다. 그런 만큼 종학/교학적 방법론에 대한 不然의 이러한 비판은 오히려 불교학 일반의 방법론에 대한 그의 비판적 관점이 원효 연구에까지 투영된 것으로 보아야 할 것이다. 그리고 그 관점은 近代的인 것이었다.

(2) 과학적 방법론에 대한 거부

앞에서 우리는 不然의 元曉 읽기에 있어서 宗學의 극복은 바로 近代的이라는 의미가 있음을 지적하였다. 불교학 연구에 있어서 近代라는 부분에 대해서는 좀더 깊은 천착이 필요하므로 나로서는 무엇이라 말할 단계는 아니지만, 대체로 不然이 말하는 과학적 방법론이 무엇인지를 짐작하기에는 어려움이 없는 것 같다. 우선, 다음과 같이 직접적으로 '과학적 방법론'에 대하여 말하고 있기 때문이다.

> 원효는 불교사상사 위에서 범해진 허다한 그릇된 윤리관을 시정하고 그 바른 길을 제시하는데 있어서 모범적이요 실천적이며 감동을 주는 생명있는 윤리관을 우리에게 전해 주고 있음을 알 수 있었다. 윤리에 관한 그의 논의는 결코 논의를 위한 논의, 폐단틱한 공허한 희론이 아니라, 그 자체가 하나의 수행임을 우리는 간과할 수가 없었다. 그의 모든 설명들은 一字一句, 一段一章에 그 자신의 체험과 사색의 깊이가 담겨 있었으므로 우리는 분석하고 補綴하는 따위의 소위 科學的 方法論을 그의 저술에 가할 아무런 필요도 느끼지 않을 뿐만 아니라, 오히려 그렇게 하는 것이 죄스럽게 여겨질 정도로 완벽한 서술임을 깨닫게 되었다.[29]

넘과 역사』(1962), 그리고 그 이전에 「원효 종사의 십문화쟁론 연구」(『금강저』 제22호)와 「원효의 현존 저서에 대하여」(『한국사상』 제3호, 1960) 등의 업적을 내놓고 있기 때문이다.
29) 李箕永, 「원효의 보살계관」, 『한국불교연구』, pp.342~343.

不然이 말하는 소위 과학적 방법론은 분석하고 보철하는 것임을 알 수 있다. 元曉는 결코 하나의 텍스트에 대하여 분석하고 보철하는 과학적 방법론을 쓰지 않았다는 것이다. 분석과 보철은 자칫 '논의를 위한 논의, 페단틱한 공허한 희론'이 될 수 있다고 不然은 생각한다. 여기서 不然은 다시 근대와 일정한 선을 긋는다. 분석과 보철이라고 하는 과학적 방법론에 매몰되기에는 "一字一句, 一段一章에 그 자신의 체험과 사색의 깊이가 담겨있"는 원효의 방법론에 대한 共感이 너무 크기 때문이다. 그래서 不然에게는 "분석하고 보철하는 따위의 소위 과학적 방법론을 그의 저술에 가할 아무런 필요도 느끼지 않을 뿐만 아니라, 오히려 그렇게 하는 것이 죄스럽게 여겨"진다. 중요한 것은 원효의 생각 그 자체이다. 이런 이유에서라고 보는데, 실제로 不然의 원효 관련 논문에서는 길게 원효의 목소리를 인용하면서 부연하는 형식의 글들이 많이 보인다. 예컨대, 「원효의 보살계관」이나 「원효의 열반종요에 대하여」 등이 그렇다. 그에게 중요한 것은 과학이 아니라 이해인 것이다.

이러한 태도에서도 다시금 우리는 不然의 원효 읽기에 나타난 방법론이 '해석학적'이라는 사실을 느끼게 된다. 여기서 나는 자연과학의 방법론이 범람한 시대에 인문학의 방법론은 그것과는 달라야 한다면서 '정신과학'을 주창한 딜타이가 생각난다. 리처드 E. 팔머는 딜타이의 정신과학에 대해서 다음과 같이 말하고 있다.

딜타이는 자연과학과 정신과학 사이에 근본적으로 놓여있는 구별을 간파하였다. 정신과학은 인간과는 무관한 사실들과 현상들을 다루는 것이 아니라 인간의 내면적 과정, 즉 인간의 '내적 체험'과 관련되는 한에서만 의미를 갖게 되는 사실들과 현상들을 대상으로 한다. 자연과학에 적합한 방법론은 인간적 현상들을 이해하는 데 적합치 않다. 물론 이러한 인간적 현상들이 자연적 대상으로 다루어지는 한에서는 예외가 될 수도 있다. 하지만 정신과학은 자연과학에서는 이용될 수 없는 방법론을 인간적 현상들에 적용할 수 있다. 다시 말해서 정신과학은 감정이입의 신비스러운 과정을 통하여 다른 사람의 내적 체험을 이해할 수 있는 가능성을 갖고 있다.[30]

不然의 원효해석학을 살펴보면서 딜타이가 생각났다는 것, 그리고 그는 나와 달리 자기철학의 제시를 크게 의식하지 않는다는 측면에서 불연의 해석학적 관심이 어디에 있는지를 짐작할 수도 있을 것 같다. 다시, 不然의 문제의식으로 돌아가 보자. 그는 무엇보다도 元曉의 근본적 사유가 무엇인지 확인하고자 한다. 바로 그러한 점을 얼마나 중시하는지 다시 한번 더 不然의 말을 들어보기로 하자.

   우리는 원효의 화쟁사상이 바로 이러한 근본적 사유(일체중생이 본래 一覺이므로 마침내는 일심의 근원으로 돌아온다는 사유 —인용자)의 기반에서 솟아나오는 것임을 알아야 한다. 화쟁사상을 테크니컬한 술어의 나열로 국한시켜 설명한 몇몇 논고들이 나와 학위논문이 되기도 하고 있는데, 그것은 원효 자신이 『기신론』의 大意에서 말했듯이 뿌리를 잘라서 가지를 감싸려 하는 것과 같고 옷깃을 잘라서 소매를 깁는 것과 같다고도 볼 수가 있다. 이 근본적인 사유기반이 망각된 화쟁사상 설명은 점안이 안 된 불상과 같다고 할 것이다.[31]

오늘날에 있어서도 여전히, 예컨대 화쟁사상을 원효의 사유 전반에서 파악해 내는 대신 '和諍'이라는 술어의 등장 횟수를 조사하고 원효에게 화쟁사상이 있는지 없는지를 논의하는 방식의 연구[32]가 행해

---

30) Richard E. Palmer, 이한우 옮김, 『해석학이란 무엇인가』(서울 : 문예출판사, 1998), p.156.
31) 李箕永, 「원효사상의 독창적 특성」, 『원효사상연구Ⅰ』, p.257.

지고 있다. 不然이 비판하는 과학적 방법론이 바로 그러한 것이다. 근대적 방법의 맹점이라 아니 할 수 없다. 오늘날 컴퓨터에 의한 자료의 검색 등이 널리 행해지고 있는데, 이런 식의 연구방법에 의해서 부각되는 元曉像은 不然이 그리워하고 회복하고자 했던 元曉像과는 십만팔천 리 멀어질 수밖에 없다. 이는 비록 근대적이다, 과학적이다 하지만 사실상 "현실적 미래지향적 안목이 없이 단순히 지엽말단적 고증이나 훈고로 시간과 정력을 소모한다는 것"33)과 동일한 愚를 범하고 마는 것이다. 전통의 愚와 근대의 愚, 둘 다를 넘어서고자 하는 까닭은, 不然이 늘 생각하고 있는 것이 바로 '우리의 현실'이기 때문이다. 그가 과학적 방법론과 함께 근대적 방법론이라 할 수 있는 문헌학적 방법론을 선호하지 않은 것도 바로 그러한 까닭에서이다.

(3) '문헌학'에 대한 무관심

앞서 우리는 불교학의 근대를 말했거니와, 실제로 일본의 유럽 유학승들이 배워온 것은 바로 근대 유럽의 문헌학이었다. 오직 한문에 의해서만 불교를 배워온 것이 거의 대다수의 형편이었던 일본불교에 있어서 산스크리트・팔리어・티벳어 등의 원전언어를 통한 문헌학의 성과는 충격이었음에 틀림없다. 많은 부분 새로운 불교 이해, 혹은 더 한층 깊어진 불교 이해를 얻을 수 있는 것임은 두말 할 나위없다. 이러한 문헌학적 불교 연구는 아직 우리나라에서는 활발한 것 같지 않다. 하지만, 우리 학계보다 앞서 있다고 평가받는 세계학계에서는 그 주류적 위치를 문헌학적 연구방법론이 점하고 있는 것으로 보인다.

不然 역시 이러한 넓은 뜻의 문헌학적 방법론이 갖는 의의를 부정

---

32) 福士慈稔(후쿠시 지닌), 「元曉と和諍」, 『원효학연구』 제9집, pp.5~38. 참조
33) 李箕永, 「원효사상의 현대적 이해」, 『한국불교연구』, p.432.

하는 것은 아니다. 오히려 그 가치를 적극적으로 인정한다.

 필자는 은사 Lamotte교수님, 그의 스승 L. de la valleé Poussin 교수의 주요업적이 한문경전, 티베트 경전, 산스크리트 경전에 대한 佛譯과 교정을 주축으로 하고 있는 사실을 지적하는 것이 필요하리라고 생각한다.34)

 하지만, 문헌학의 개념을 이렇게 폭넓게 잡는 것은 별 의미가 없으리라 본다. 왜냐하면 원전언어를 통한 번역의 토대 위에서 의미를 해석해 간다는 것은 오늘날 학계 일반에서 상식화되어 있는 기초적 방법이기 때문이다. 不然 역시 이러한 의미의 문헌학은 받아들였다. 이러한 개념의 문헌학은 해석학의 기초가 된다.35) 그러나 그렇다고 해서 不然의 학문적 방법론을 그저 문헌학이라고 말한다든지, "不然은 문헌학을 했다" 혹은 "不然은 문헌학자이다"라고 말하게 되면 적어도 원효 연구에 현저히 드러나 있는 不然의 방법론적 특징을 간과해 버리고 말 것이기 때문이다. 不然의 방법론의 특징을 드러내기 위해서는 문헌학과 해석학을 엄격하게 峻別할 필요가 있는 것이다. 그런 까닭에 나는 문헌학의 개념을 좀더 엄밀하게 정의하여 사용할 필요를 느낀다.

---

34) 李箕永, 「한국불교연구의 현실과 과제」, 『한국불교연구』, p.292.
35) 한국불교연구원에서의 발표 당시 조성택 교수는 문헌학과 해석학을 다른 것으로 구별하는 것의 문제점을 지적하면서, 不然은 원전번역을 먼저 행한 뒤에 의미해석을 할 것을 강조하였다고 증언하였다. 이러한 관점은 문헌학과 해석학 사이의 상관성에 대한 주의를 환기한 점에서 의의가 있으나, 그렇다고 해서 不然을 해석학자로 이해하는 것의 타당성을 해치지는 않는다고 본다. 특히, 본문에서 정의한 것처럼 문헌학을 좁은 의미로 이해하게 될 경우 不然은 그러한 좁은 뜻의 '문헌학'에 대해서는 무관심했던 것이 틀림없다고 나는 본다. 반론에 대하여 논지를 분명히 하고 재반론하기 위하여 이 부분의 논술은 초고와는 상당 부분 달라졌음을 밝혀둔다.

현재 우리 학계에서는 문헌학이라고 하면 매우 좁은 의미에서 쓰이는 경향이 늘고 있는 것으로 나는 생각하고 있다. 그렇게 좁혀서 써야만 혼돈을 피할 수 있을 것이다. 이 글에서 내가 말하는 좁은 뜻의 '문헌학'을 다음과 같이 정의하고자 한다.

문헌학은 여러 이본이나 사본들을 對校하여 성립사의 비밀을 밝히거나 定本을 만들며, 저자가 누구인지를 확정하는 등의 연구를 말한다. 이는 서지학이나 판본학 등과도 밀접하게 관련된다.

이러한 개념의 문헌학을 좁은 의미의 문헌학으로 부를 수 있을 것이다. 이 점을 분명히 나타내기 위하여 이 글에서는 나는 '문헌학'이라고 표기하고자 한다. 예컨대, 최근 금강대학교에서 행한 불교사본 주제의 국제학술세미나에서 발표된 논문들과 같은 경우가 오늘날 '문헌학'의 현재를 잘 보여주고 있는 것으로 평가된다.

그렇다면 이러한 '문헌학'이 과연 원효 연구에서는 어떻게 행해지고 있었던 것일까? 사실 원효 연구에 있어서도 해명되어야 할 문헌학적 과제는 적지 않다. 우선, 원효의 저술 중에서 그의 친저 여부가 문제로서 제기되어 있는 경우이다. 앞서 언급한『범망경보살계본사기』외에도,『유심안락도』나『금강삼매경론』등이 대표적인 예일 것이다. 이러한 문제들에 대해서 不然은 어떤 태도를 취하고 있는 것일까? 반드시 그러한 방법론이 무용하다거나 잘못되었다고 말하지는 않는다. 그도 그러한 연구 동향을 잘 알고 있었다. 하지만 그는 '문헌학'을 선호하지는 않았다.

급기야는『금강삼매경』이 한반도에서 우리 조상 중 누구에 의해 만들어졌다는 설까지 입밖에 나오고 박사학위 논문까지 되었다. 나는 당장에 그것을 밝히는 데 주력하기보다는 이 책의 사상이 얼마나 중요한 가치가 있는 것인가를 밝히는 데 힘을 모을 작정이다.36)

그의 관심의 소재가 어디에 있는지 잘 알 수 있게 한다. 좀더 그의 입장을 더 들여다 보기로 하자. 그가 『원효사상』에서 힘써 그 가르침을 부연한 『대승기신론』의 경우에는 일찍이 일본학계에서는 중국찬술설이 제기된 이래 현재까지 수많은 논의37)가 이루어져 왔다. 이에 대하여 不然은 다음과 같이 그의 관점을 내보이고 있다.

산스크리트 원본이 발견되지 않았다는 사실과 한역자들이 원저자로서 주장하는 아슈바고샤(馬鳴)의 현존하는 다른 저서들 속에서 이 대승기신론에 관한 언급이 없다는 사실은 근래 일본학자들 사이에서 이 논서가 중국에서 만들어진 僞撰일 것이라는 설을 내게 하여, 이에 대한 찬반의 의논이 요란스럽게 오고가는 원인이 되었다. 그러나 그와 같은 비판적, 사료학적 논의는 보다 이전의 중국 및 우리나라, 일본의 불교연구가들 사이에서는 문제도 되지 않은 사실이었다. 우리는 이 한역 대승기신론이 세상에 나온 서력 기원 후 6세기 이래, 백여 명을 넘는 註疏家들이 이 대승기신론의 교훈을 어떻게 하면 보다 더 정확하게 이해하며, 또 그것을 후학들에게 이해시킬 것인가에 정열을 쏟아온 사실을 묵과할 수가 없는 것이다.38)

우리는 지금 조급히 이와 같은 여러 설들(아슈바고샤의 연대에 대한 설들 — 인용자) 중 어느 것이 가장 정확한 것이냐 하는 문제를 논의하려 하지 않는다. 그것은 그리 용이하게 결론지을 수 있는 문제도 아니며, 지금 우리의 당면한 원효사상의 발굴작업에 결정적 의의를 지니는 것도 아

---

36) 李箕永,「원효사상의 독창적 특성」, 앞의 책, p.232.
37) 石井公成(이시이 코세이), 최연식 옮김,「근대 아시아 여러나라에 있어서 대승기신론 연구의 동향」,『불교학리뷰』창간호(논산 : 금강대학교, 2006), pp.165~172. 참조.
38) 李箕永,『원효사상』(서울 : 홍법원, 1989), p.14.

니기 때문이다. 우리의 사료학적 호기심같은 것은 생활의 진리를 탐구하고 그것을 실천하려던 元曉의 그 간절한 마음에 견주어 보면, 부끄럽기 이를 데 없는 것이라 하겠다.39)

중요한 것은 元曉가 그렇게 했듯이, 不然은 원효를 읽으면서 그 속에 담겨 있는 "생활의 진리를 탐구하고 그것을 실천하려던 元曉의 그 간절한 마음"과 하나가 되고 싶었다는 점이다. 문헌의 밖(저자, 성립사 등)이 아니라 안(의미내용, 가르침의 본질 등)이 그의 관심사였다. 그 문헌이 무엇을 말하고, 무엇을 가르치고 있는가 하는 점이 중요하다. 옛날의 註疏家/주석가들이 그렇게 했듯이, 그 역시 주석/해석을 염원한 해석학자였다. 이러한 不然의 해석학적 원효 연구의 방법론은 내가 지향하는 자기철학의 제시로서의 해석학이나 가다머의 철학적 해석학과 일정 부분 차이가 있긴 하지만, 그 나름대로 큰 의미를 지니고 있는 것으로 나는 평가하고 싶다.

아직 우리 불교학의 근・현대사에서는 훌륭한 '문헌학'자도 만나기 어렵지만, 해석학에 깊은 관심을 갖고 '해석학적 불교연구'를 행하고 있는/행해 온 불교학자/불교해석학자도 쉽게 만날 수 있는 것은 아니다. 일본의 불교학계가 보여주는 역사적 한계/부작용40)을 不然은 간파

---

39) 위의 책, p.22.
40) 유럽의 근대 '문헌학'을 재빨리 배움으로써 일본의 불교학계는 한편으로 근대화될 수 있었지만, 다른 한편으로는 그 부작용 역시 내보이고 있는 것으로 평가된다. 문헌에는 현실이 없다. 있기 어렵다. 일본불교의 현실과 미래를 위하여 복무하려는 불교학/불교학자의 실존적 의식이 사라져 버린 것이다. '문헌학'의 초점은 古의 해명에 놓여 있는 것이지, 今의 문제해결을 위한 어떠한 제시도 불가능하기 때문이다. 애시당초 불교를 신앙으로서 갖고 있지 못했던, 유럽의 근대 '문헌학자'들에게는 그들이 고민해야 했던 불교계의 현실이나 미래는 존재하지 않았다. 하지만, 일본과 같이 불교계를 현실 속에 갖고 있는 형편에서 불교학자들이 '문헌학'에만 골몰해도 좋은 것일까? 혹은 유럽의 '문헌학'을 수용하지 못한 일본불교의 연구자들은 모두 宗學에 머물러 있는 이분화 현상이 바람직한 것일까? 이러한

해서였을까, 그는 줄기차게 해석학적 입장을 분명히 하고 있다. 그런 점에서, 비록 不然은 내가 지향하고 있는 자기철학의 제시로서의 철학적 해석학을 행한 것은 아니지만 엄연한 불교해석학의 선구자로서 평가받아야 마땅하다고 나는 생각한다.

2. 해석학적 순환의 顯示論

방법론에 대한 不然의 관점은 비교적 호오가 분명한 것으로 보인다. 그것은 그만큼 그가 나름대로 방법론에 대한 명확한 입장을 갖고 있었음을 나타내는 것이라고 할 수 있다. 不然이 좋아하지 않았던 측면을 對治論이라 하여 종합하였는데, 앞 절에서 살펴본 그대로이다. 이제 여기서는 그가 좋아했던 방법론을 顯示論으로서 정리해 보고자 한다.

그가 해석학적 방법론을 취하고 있음은 앞에서도 여러번 언급한 바 있지만, 여기서는 보다 구체적으로 그것이 元曉의 텍스트와 현실 사이의 해석학적 순환(hermeneutical circle)임을 지적코자 한다. 不然은 원효의 텍스트를 해석함에 있어서 적어도 현실을 늘 고려/의식하고 있으며, 동시에 원효의 텍스트에 입각해서 다시 현실을 조명하면서 현실에 어떤 빛을 비추어 보고자 노력하고 있었던 것으로 나는 평가

고민이 현재 일본의 불교학계에는 어느 만큼 존재할까? 그들이 찬란한 불교의 새 역사, 즉 가마쿠라(鎌倉) 신불교를 창조한 원동력은 바로 문헌에 대한 '문헌학적' 관심에서가 아니라 새로운 해석, 즉 해석학에 의해서가 아니던가? 가마쿠라 신불교의 조사들은 모두 해석학의 천재들이었다. 근대 이후 일본의 불교학계가 "얻은 것은 문헌이요/문헌학이요, 잃은 것은 해석/해석학이었다."〔졸저, 「해석을 위하여」, 『일본불교의 빛과 그림자』(서울 : 정우서적, 2007), pp.192~198. 참조〕. 불교학과 불교는 평행선을 그으며 가고 있는 것은 아닌가? 우리의 경우 '문헌학의 수용과 정착을 위해서도 많은 노력을 기울여야 하겠으나〔'문헌학의 성장을 염원한 글로서는 「세계는 지금 노르웨이로 가고 있다」, 위의 책, pp.114~118. 참조〕, 동시에 결코 문헌의 가르침 안에서 교훈을 찾고 그것을 불교의 현실과 미래를 위해서 제시하는 해석학적 노력 역시 게을리 해서는 아니 되리라 본다.

하고자 한다.

　이러한 점은 실제로 앞서 〈공시적 분석〉에서 열거하였던 不然의 원효에 관한 논문 36편을 분류했을 때, 그 중에서 13편이 원효/텍스트와 현실 사이의 해석학적 순환을 나타내는 글쓰기에 바쳐지고 있었다는 사실로부터도 짐작할 수 있었다. 이제 번거로운 감이 없지는 않지만, 다시 한번 이들 논문의 제목을 따로 모아보기로 한다. 앞으로의 논의 전개를 위해서이다.

　6) 「원효의 입장에서 본 K.Jasperse의 das Umgreifende」, 『동국사상』 제9호.
　11) 「원효사상의 현대적 이해」, 『주간독서』 8월호.
　16) 「원효의 인간관」, 『한국정신문화연구원 연구논총』.
　18) 「A Buddhist's View on Ultimate Reality according to Wŏnhyo(617~686), a Korean Great Master」, New ERA Conference.
　21) 「원효사상의 현대적 의의」, 한국불교연구원 주최 세미나 주제강연 자료집.
　23) 「A Korean Buddhist View on Interreligious Dialogue : Wŏnhyo's Ideal on Peace and Union」, Interreligious Dialogue : Voices from a New Frontier.
　25) 「원효사상에 있어서 궁극적인 것」, 한국불교연구원 주최 국제학술회의 발표논문.
　29) 「현대의 윤리적 상황과 동양철학의 대응 ― 원효철학의 입장에서 ―」, 『현대의 윤리적 상황과 철학적 대응』.
　30) 「원효의 윤리사상」, 『민족불교』 제2호
　31) 「원효의 화쟁사상과 오늘의 정치현실」, 『불교』
　33) 「원효사상의 특징과 의의」, 『진단학보』 78.
　34) 「원효의 화쟁사상과 오늘의 통일문제」, 『불교연구』 11·12합집.
　36) 「Sāṇḍilya Vidyā와 원효사상」, 『원효사상연구 Ⅱ』.

원효에 있어서도 다분히 텍스트와 현실 사이에 해석학적 순환이 있었으리라 짐작된다. 뿐만 아니라 不然 역시 어쩌면 원효와 같이 텍스트와 현실 사이에서 해석학적 순환을 내보이고 있는 것으로 판단할 수 있지 않을까. 이에는 다시 두 가지 방향이 있다. 하나는 '현실 → 텍스트'의 방향인데, 현실을 고려하는 텍스트의 해석이다. 그리고 다른 하나는 '텍스트 → 현실'의 방향인데, 텍스트에 입각하여 현실을 조명하는 것이다. 후자에서의 조명은 적어도 다시 두 가지로 분류해 볼 수 있게 한다. 하나는 현대의 사상, 특히 서양사상/서양종교에 대한 비교 내지 비판을 담고 있으며, 다른 하나는 우리의 정치・경제・사회・문화 각 방면에 대하여 원효의 눈으로 바라보면서 대안을 제시하고자 한다. 이때 그는 불교 밖의 현실에 대한 불교대표로서의 모습을 내보인다. 不然 이후, 오늘 우리에게 아쉬운 것은 바로 이러한 '불교대표'의 부재가 아닌가 싶다. 앞서 다시 모아본 'ⓒ 원효와 현실의 해석학적 순환'에 속하는 不然의 논문 13편 역시 이러한 기준에 따라서 다음과 같이 분류해 보는 것이 가능하다.

【표 14】元曉와 현실의 해석학적 순환

┌─ 현실을 고려하는 텍스트의 해석 : 16, 21, 30, 33.
│
└─ 텍스트에 의한 현실의 조명 ─┬─ 현대사상과의 비교 : 6, 18, 23, 25, 36.[41]
　　　　　　　　　　　　　　 └─ 사회현실에 대한 대안 : 11, 29, 31, 34.

이하에서는 보다 구체적으로 이러한 분류에 따라서 그의 해석학적

---

41) 36번 논문은 실제로는 현대사상과의 비교가 아니라 고대 인도사상과의 비교를 행하고 있다. 하지만, 따로이 또 분류 항목을 만들기가 어려워서 함께 묶어 두었다. 실제로 不然의 논문들 중에서 본론 속에서 인도사상과의 비교 내지 共觀을 행하고 있는 부분이 더러 나오지만, 제목에서 그것을 밝히면서 전적으로 論하는 글은 의외로 몇 편 되지 않는다.

순환의 진면목을 추적해 보기로 한다.

(1) 현실을 고려한 텍스트의 해석

1) 元曉에게서 현실문제의 해답 찾기

不然의 논저들을 읽은 일이 있는 사람이라면 누구나 그가 가졌던 현실적 실천지향성을 강하게 느낄 수 있었을 것이다. 원전 텍스트의 해명에 깊이 천착하면서도 그는 언제나 현대적 의미를 묻고 있다. 이러한 강한 현실에의 지향성은 어디에서 유래한 것일까? 어쩌면 그것은 그의 학문의 원점에 이미 어떤 문제의식으로서 놓여 있었던 것은 아닐까 한다. 그 실마리는 『원효사상』의 머리말에서 찾아볼 수 있을지도 모르겠다.

『원효사상』의 머리말은 그 자체로서 하나의 명문이다. 일찍이 그 유사한 예가 생각나지 않을 정도로 힘있고, 세계사적인 안목으로부터 시작하고 있다. 그 「머릿말」을 不然은 원효나 『대승기신론』 이야기로부터 시작하지 않는다. 먼저 우리의 현실이 어떠한 처지에 놓여 있는지, 현실에 대한 냉엄한 진단을 선행시킨다.

 오늘 우리는 서양문명을 통해 받은 물질만능주의적 사고방식의 폐단이 점차 표면화하기 시작했으며, 그 가공할만한 결과가 임박해 오고 있음을 절감하게 되었습니다. 물질문명은 인간을 사물에 대한 피상적 관찰, 천박한 판단밖에는 할 줄 모르는 관능적 동물로 타락시키고 있습니다. 물질적 향락만이 인생의 지상목표가 되어가고, 그것은 이기주의적으로 추구되고 있습니다. 그리하여 '나' 밖에는 모르는 민족의 구성원들이 '민족의 이익'을 부르짖고, '나' 밖에는 모르는 이기주의자들이 '인류의 평화'를 뇌까리는 희극이 전개되고 있습니다. 확실히 현대인은 생각을 하지 않게 된 것입니다. 물질주의적 현대인은 짐승처럼 본능적으로 살기를 원하는 자들인 것입니다. 그리고 그들은 발달한 奸智를 짜서 그 본능적 생활을 이기주의적으로 계획하고 조직할 줄 아는 존재들이 되어가고 있습니다.[42]

 이러한 진단은 오늘날에도 그대로 통용될 뿐만 아니라 더욱 더해지고 있다 할 것이다. 도도하게 흐르는 물질주의적이고 이기주의적인 현실 속에서 不然은 그 같은 현실을 아파하면서, 그 도도한 흐름에 맞설 의지처로서 진리를 찾아헤맸는지도 모르겠다. 그러한 현실을 타파할 진리를 다행스럽게도 불교 안에서 만난다. 그의 고백을 더 들어 보자.

 저자 자신이 가지고 있던 지난날의 꿈은 한국의 정신적 유산을 남김없이 섭렵하고 그것을 세계사적 견지에서 위치지워 보는 일이었습니다. 그러나 저자는 한국의 불교유산 하나만을 이해하기 위해서도 이 일생이 충분하지 못함을 깨달았습니다. 그리고 그 불교유산 하나의 이해는 다른 모든 일 못지 않게 지극히 중대한 의의가 있음을 알게 되었습니다. 왜냐하면 우리는 우리 민족이 달성할 수 있었던 가장 훌륭한 사상을 그 안에서 발견할 수 있었기 때문입니다. 그것은 바로 元曉에 의해 이루어지고 있었습니다. 그리고 그 원효의 사상 속에서 저자는 세계와 인생에 관한 前古未踏의 보편적 진리를 발견하고, 그 참신성, 그 예리성, 그 현실성에 놀라움을 금치 못했던 것입니다. 그것은 마치 탕아가 제 집에 돌아온 것과 같았으며, 행복의 파랑새를 찾아야 할 곳을 알게 된 것과 같이 기쁜 일이었습니다. 그리고 그로 말미암아 세계를 향한 한국의 발언권은 남의 추종을 허락하지 않을 정도로 급격히 강화됨을 느끼지 않을 수 없었습니다.[43]

 현실로부터 발생한 문제의식에서 不然의 원효발견이 이루어졌음을

---

42) 李箕永, 『원효사상』, pp.1~2.
43) 위의 책, p.3.

짐작할 수 있게 한다. 이리하여 그의 원효읽기에는 언제나 현실에의 고려가 늘 행해지고 있음을 이해하게 된다. 앞에서 '현실을 고려한 텍스트의 해석'으로 분류한 4편의 논문들은 그 좋은 예가 될 것이다. 그런데 여기서 주의할 것은 '현실을 고려한다'는 말의 含意가 현실에서 제기된 문제들에 대하여 不然이 원효를 통하여 대답을 구한다는 정도의 의미로 한정되고 있다는 점이다. 예컨대,「원효의 인간관」은 공동연구에 의해서 제시된 질문서가 있다. '인간관의 개념적 구조(案)'라고 하는 것이었다. 不然이 했던 '현실을 고려하는 텍스트의 해석'의 한 실례를 파악하기 위하여 우리는 이 질문서의 내용을 파악하는 것이 도움이 되리라 본다. 그것은 다음과 같다.[44]

    서론 : 그 인물의 사상적 배경, 또는 인물 소개, 그의 사상의 역사적 맥락
    I. 인간존재의 근원과 위치
        1. 인간은 진화의 산물인가?
        2. 하나님의 피조물인가?
        3. 인간과 자연의 관계, 인간과 다른 생물의 관계는 어떠한가?
    II. 인간존재의 목적과 가치
        1. 인간존재의 본질적 가치는 무엇인가?
        2. 삶의 목적은 무엇인가?
        3. 삶의 의미는?
    III. 인간의 도덕적 본성
        1. 인간에게는 착하거나 악한 본성이 있는가?
        2. 인간에게는 자유의지가 있는가?
        3. 기본적인 도덕적 덕목은 어떤 것인가?
        4. 도덕적으로 이상적인 인간상은 무엇인가?
        5. 그런 이상형에 이르게 하는 방법이나 길은 어떤 것인가?

---

44) 李箕永,「원효의 인간관」,『원효사상연구 I』, pp.310~311.

Ⅳ. 인간과 역사·문화·정치
   1. 어떤 면에서 인간은 역사와 문화의 창조자인가?
   2. 어떤 면에서 인간은 역사에 의하여 결정되는가?
   3. 사회적 존재, 정치적 존재로서의 인간의 특징은 무엇인가?
Ⅴ. 죽음과 영혼
   1. 죽음은 무엇을 의미하는가?
   2. 육체와 영혼의 관계는 어떠한가?
   3. 영혼불멸과 내세에 대한 견해는?
   4. 인류는 멸종할 것인가?
결론 : 그의 인생관이 미친 영향, 오늘에 있어서의 중요성

不然도 이야기하지만, 예컨대 "인간은 진화의 산물인가"와 같은 질문은 원효의 시대에는 당연히 '진화'라는 개념이 없었으므로 문제가 되지 않았다. 하지만, 不然은 그러한 질문마저 우리의 현실에서 제기되는 문제이므로 하나하나 다 원효에 의지하여, 즉 원효의 입장이 되어서 말하게 된다. 이러한 방식에 의한 원효 읽기는 곧 우리 현실을 고려하는 원효의 재해석이라고 할 수 있다. 이러한 시간적 차이에도 불구하고 우리는 원효에게서 현대사회에도 적용할 수 있는 원칙을 배울 수 있으리라고 본다. 그러한 방법론적 통찰을 不然은 경제와 관련해서 다음과 같이 말하고 있다.

경제활동을 우리는 말을 바꾸어 의·식·주의 자료를 생산, 분배, 향유하는 행위라고 표현할 수가 있을 것이다. 물론 원효가 활동했던 7세기의 신라사회에는 오늘날 우리가 사는 이 시대처럼 복잡하고 발달된 생산활동과 분배 및 향유의 방식을 경험하지 못한 시대였다. 따라서 그로부터 우리는 이 복잡한 산업사회의 경제활동에 대한 미세한 부분에까지 미치는 구체적 교훈을 얻어낼 수는 없다. 그러나 오늘 우리 현대인은 원효로부터

바람직한 경제활동의 대원칙을 배울 수가 있으며 그 대원칙을 오늘 이 산업사회 慣用의 경제형태가 갖는 기본철학에 견주어 그 성격을 조명해 보는 것은 가능하다. 이는 또 반드시 해보아야 하는 당위적 과제라고도 생각된다.45)

이러한 그의 언급은 비단 경제와의 관련성 속에서만 적용될 수 있는 것은 아니리라 생각된다. 또한 여기서 우리가 다시 한번 더 확인할 것은 현실의 문제를 고려하면서 원효에게서 그 해답을 찾아서 현실에 제시하는 것은 곧 현실에 대한 비판 내지는 대안의 제시라는 의미 역시 갖는다는 점이다. 위의 인용구절에 뒤이어서, 不然은 "모든 재물은 모조리 가난하고 고통 중에 있는 중생을 성숙시키기 위해서만 쓰겠습니다"라는 『승만경』에서 행해진 승만부인의 여섯 번째 서원을 소개하고 있다. 이러한 입장이 곧 원효의 입장이었다고 말하는데, 이러한 不然의 언급은 오늘날 사적 소유의 허용이 심각한 탐착과 빈부격차 등의 사회문제를 양산하는 우리 현실에 대한 조명과 치유책의 제시라는 의미를 갖는다는 점이다. 이런 점에서 원효/텍스트와 현실 사이의 해석학적 순환을 다시금 확인케 되는 것이다.

그러나 그렇게 해석학적 순환이 이루어지고 있다고 해서 '현실 → 텍스트'의 방향과 '텍스트 → 현실'의 방향 사이에 아무런 무게 차이가 없는 것은 아니라는 점이 주목되어야 한다. 不然에게 있어서 이 해석학적 순환 속에 존재하는 두 가지 방향(→)이 동일한 비중으로 존재하는 것 같지 않다는 점은 매우 중요하다. 이는 不然의 世界를 이해하는 데 매우 핵심적인 관건이 되리라 보는데, 우선 그의 말을 직접 들어보자.

---

45) 李箕永, 「원효사상의 현대적 이해」, 『한국불교연구』, p.437.

필자는 일단 사상에 관한 한국학을 우리나라 사상가가 역사에 남긴 사상적 업적을 발굴정리하여 연구자 자신의 현대적 입장에서 이를 해결 비판 부연하는 것이라고 이해하는 것이 좋다고 생각한다. 물론 그렇게 함에 있어서는 연구자에게 다음 두 가지 조건의 구비가 다 요청된다. 첫째는 연구대상이 되는 역사적 사상가의 저술 내용을 충분히 이해할만한 자료처리의 능력이 있어야 하며 아울러 그 내용을 역사적으로 평가하여 위치지울 만한 역사적 식견이 있어야 하고, 둘째로는 그 연구대상이 되는 사상가가 표방하는 사상이 현대적으로는 어떤 의미를 가지는 것인가 하는 것을 세계의 사상사적 조류에 견주어 해명할 수 있는 현대적 지식과 능력을 갖춰야 한다는 것이다.46)

이러한 그의 언급에는 '현실 → 텍스트'의 방향과 '텍스트 → 현실'의 방향이 둘 다 나타나 있음은 틀림없다. 전자는 "연구자 자신의 현대적 입장에서 이를 해결 비판 부연하는 것" 속에 드러나 있고, 후자는 "연구대상이 되는 사상가가 표방하는 사상이 현대적으로는 어떤 의미를 가지는 것인가 하는 것을 세계의 사상사적 조류에 견주어 해명"하는 것 속에 드러나 있기 때문이다. 후자에 대해서는 다음 절에서 좀더 자세히 논하기로 하고, 여기서는 전자에 대해서만 좀더 생각해 보기로 하자.

不然이 말하는 연구자 자신의 현대적 입장이라는 것은 곧 연구자가 처한 시간-공간적 배경으로서의 컨텍스트를 의미하는 것이다. 不然은 즐겨서 '현대'라고 말하고 있는 것인데, 이 글에서 나는 그것을 다시 '현실'이라 번역한다. 그가 말한 '현대'가 다만 시간성만을 가리키는 것이 아니라 보다 구체적인 현실로서의 우리 삶의 조건들을 의미하고 있는 것으로 판단되기 때문이다. 그러니까 不然은 연구자가 처

---

46) 위의 책, p.432.

한 현실적 입장을 가지고서 "사상가가 역사에 남긴 사상적 업적을 발굴 정리하여"야 한다고 말한 것이다. 이러한 입장의 개진은 주목할 만하다.

2) 不然의 방법론과 실천적 독서법의 차이

한 사람의 해석자가 자신이 처한 현실, 즉 컨텍스트의 입장을 내버리는 것이 아니라 오히려 적극적으로 활용하면서 텍스트를 해석해 가는 것이 필요하다고 보면서, 그러한 방법론을 나는 '실천적 독서법'47)이라 명명한 바 있다. 예컨대, 실천적 독서법의 실례로서는 수나라 때 三階敎를 일으켰던 信行(540~594)이나 영국 제국주의 지배하의 인도에서 힌두교 성전『바가바드기타』에 대한 새로운 조명을 하였던 간디의 경우48)가 바로 그러하였다. 그렇다고 한다면, 不然의 경우에도 그러한 실천적 독서법을 해석학적 순환의 한 축으로서 갖고 있었던 것일까?

나는 이 글을 준비하는 과정에서 이러한 물음에 대한 해답찾기에 골몰하였는데, 그 해답은 "아니다"였다. 비록 不然이 "연구자 자신의 현대적 입장에서" 텍스트의 사상을 해결·비판·부연하라고 말한다는 점에서, 원리적으로 볼 때에는 마치 실천적 독서법을 취하는 것 같아

---

47) 실천적 독서법은 가다머(Hans-Georg Gadamer)의 철학적 해석학의 입장과 脈을 같이한다. 나의 실천적 독서법에 대한 논의는 졸고, 「저자의 부재와 불교해석학」, 앞의 책, pp.16~18. 참조
48) 간디의『바가바드기타』읽기에 나타난 실천적 독서법에 대해서는 졸고, 「바가바드기타를 읽는 간디의 다원적 독서법」, 앞의 책, pp. 194~203. 참조. 다만, 간디에게는 실천적 독서법만이 나타나는 것은 아니라는 점이 주의를 요한다. 이외에도 실천적 독서법을 활용하여 자기철학을 제시한 사례로서 인도 불가촉천민 해방의 지도자로서 마침내 불교로 집단개종을 이끌었던 암베드카르(Dr. Ambedkar, 1891~1956) 박사의 불교해석, 즉 그의 신불교(Neo-Buddhism) 역시 그의 실천적 독서법이 투영된 결과다.

도 그렇지 않다는 점에 주의하여야 한다. 앞서 인용한 글 속에서, 不然은 연구자에게 두 가지 조건의 구비를 요청하였는데, 그 첫째가 "연구대상이 되는 역사적 사상가의 저술 내용을 충분히 이해할 만한 자료처리의 능력이 있어야 하며 아울러 그 내용을 역사적으로 평가하여 위치지울 만한 역사적 식견이 있어야" 한다고 말한다. 여기서 말하는 "역사적 사상가의 저술 내용을 충분히 이해할 만한 자료처리의 능력"이라는 것은 현실의 컨텍스트에 기반한 텍스트의 이해능력을 의미하는 것으로 보이지는 않는다. 비록 "연구자 자신의 현대적 입장에서"라고 말은 하고 있으면서도, 不然이 그 이상으로 역점을 두고 있는 부분은 텍스트의 저자가 가졌던 의도이다. 원효의 『대승기신론소』를 평가하는 말 속에, 그런 그의 입장이 엿보인다.

    이 원효의 疏는 중국인들의 주관적이고 현학적인 주석학의 기풍을 신랄하게 비판하면서 오직 기신론을 지은 원저자의 정신을 있는 그대로 들어내는 것을 목적으로 하여 집필된 것이다.[49]

"원저자의 정신을 있는 그대로 드러내는 것"을 해석학에서는 저자의 의도를 복원/재구성하는 것이라 말한다. 不然에게 중요한 것은 이것이다. 앞에서도 언급한 바 있으나, 不然의 원효 관련 논문을 보면 마치 "원효 스스로 말하게 하자"는 듯이 (원효의 텍스트로부터 직접 인용이라기보다는 차라리) 텍스트의 흐름을 따라가면서 그 所說을 요약·번역해 나가는 경우가 많다. 그러면서 스스로의 관점을 부연설명하는 방식을 흔히 만나게 된다. 대표적으로 「원효의 보살계관」과 「원효의 열반종요에 대하여」가 그러하다. 이러한 형식이 자주 등장하는 것은 원저자의 정신/의도를 복원/재구성하는 것으로 그의 원효 해석

---
49) 李箕永, 『원효사상』, p.34.

의 일차적 목적을 삼았기 때문이다. 앞서 不然에게서 딜타이가 생각난다고 하였는데, 저자의 의도를 복원/재구성하는 것 역시 딜타이 해석학의 핵심이다.

마찬가지 맥락에서, 不然의 글쓰기의 또 다른 특징으로 들 수 있는 것은 결론/맺음말의 간소화이다. 대표적으로 「경전인용에 나타난 원효의 독창성」을 들 수 있다. 심한 경우에는 「원효의 실상반야관」이나 「원효의 미륵신앙」과 같이, 논문의 결론 부분을 아예 쓰지 않기도 한다. 실제로 그는 원효의 말씀을 소개하는 것만으로도, 그 원효의 목소리를 올바로 이해하고 귀를 기울이는 것만으로도 충분하다고 생각한 듯한다. 분석과 평가 내지 견해를 제시하는 것이 있더라도, 그 속에서 원효의 목소리를 드러내는 데 세심한 마음을 쓰고 있다.

여기서 不然의 원효해석에 나타나 있는 과정/방법을 정리하면 다음 세 가지로 말할 수 있을 것 같다. 물론, 이들 세 가지 특징은 하나의 논문 속에 다 드러나는 것은 아니다. 총체적으로 그렇게 파악된다는 것이다.

    가. 나의 논리에 필요한 것만 취하여 引證하는 것이 아니라, 텍스트의 흐름을 따라가면서 元曉의 의도를 정확히 파악하려고 한다.
    나. 그러면서도 他家, 특히 중국의 주석가들과 대비를 통하여 원효의 독창성을 드러내려고 한다.
    다. 여기서 더 나아가 그 원효사상의 현대적 의미까지를 천착·제시하려고 한다.

특히, 〈가〉의 입장이 원효 텍스트의 읽기에 나타난 不然의 주된 방법론적 특징이라고 판단된다. 그리고 그것은 저자의 의도를 복원/재구성하는 것이며, 동시에 "저자의 의도찾기, 그것은 바로 텍스트 속에서 의미를 찾으려는 분석적 행위에 다름 아니게 된다."50)그렇게 볼 때, "연구자 자신의 현대적 입장에서" 텍스트를 읽어내면서, 그 이전에는 존재하지 않았던 새로운 자기철학을 만들어 내는 방식의 실천적 독서법과 不然의 '현실→텍스트'의 해석은 서로 다르게 보이는 것이 사실이다. 간디의 경우, 비폭력/아힘사 운동의 실천적 지향성으로 인하여 '정의의 전쟁'론을 용인하는 『바가바드기타』를 비폭력적으로 재해석한다. 또 삼계교의 信行 역시 민중들에 대한 구제열망으로 인해서 "上求菩提 下化衆生"의 불교에서 "오직 下化衆生만의 불교"로 재편하기 위하여 대장경을 새롭게 해석해 냈던 것이다. 하지만, 不然의 원효 해석에 있어서 그가 현대적/현실적 입장에 서 있었기 때문에, 혹은 그것을 적극적으로 반영하였기 때문에 원효 텍스트의 어떤 부분에 대한 해석이 달라졌다든가 하는 예는 과문한 탓인지는 몰라도 아직 발견하지 못하고 있다. 이런 맥락을 생각할 때, 不然의 '현실 → 텍스트'의 방향성은 매우 미약한 것이 사실이다. 따라서, 나는 이 절의 제목을 '현실에 기반한 텍스트의 해석'이라거나, '현실에 입각한 텍스트의 해석'이라고 말하지 않고 '현실을 고려한 텍스트의 해석'이라 말했을 뿐이다. 다만, 현실을 고려하거나 의식했을 뿐이었던 것으로 평가한다. 그렇다고 해서 그러한 고려나 의식이 어떤 텍스트의 구체적 맥락에서 해석에 영향을 미친 것으로 보이지는 않는다. 이런 점에서 그의 '현실 → 텍스트'의 방향성이 보이는 해석학적 입장은 실천적 독서법의 입장으로까지는 나아오지 않았던 것이다.

그렇다고 한다면, 不然의 방법론이 실천적 독서법과 다르다는 사실이 어떤 含意를 갖는 것일까? 不然 자신의 현대적 입장이 원효 자신의 현대적(=그 당대적) 입장과 다를 수 있다[51]는 점을 전제로 해놓고

---

50) 졸고, 「바가바드기타를 읽는 간디의 다원적 독서법」, 앞의 책, p.194. 不然의 독서법은 실천적 독서법에 부합하는 것이 아니라 분석적 독서법에 상응하는 것이다.

볼 때, 비록 원효의 불교로부터 출발하고 거기에 기반하더라도 '不然의 불교'는 '元曉의 불교'와 다를 수 있다는 점을 생각해 볼 수 있는 것이다. 그렇게 시간성/역사성을 개재시키면서 元曉를 새롭게 살리고 의미부여하는 작업은 곧 '不然(佛敎)의 탄생'이라는 의미가 있으리라고 본다. 그렇게 함으로써 원효의 불교가 발전되는 것은 아닌가 하는 관점에서이다. 물론, 앞에서 나는 정토신앙을 바라보는 원효와 不然의 관점의 차이를 지적하면서 '不然의 불교'와 '원효의 불교'가 다를 수 있는 면을 지적하였다. 하지만, 적어도 '현실 → 텍스트'라고 하는 측면만을 보았을 때, 不然은 "원효만으로 된다"52)고 생각했던 것 같다. 사실, 오늘날 우리가 원효도 잘 모르는 형편임을 생각할 때 이해가 되지 않는 것도 아니다. 다시 말하면, 不然의 근본문제는 원효를 제대로 이해하고 실천하기에 있었던 것이지 원효와는 다른 생각을 제시하는 데에 있었던 것이 아니었던 셈이다. 물론, 그러한 근본문제의 설정은 전적으로 연구자 개인이 그에게 부과된 시대적 사명을 어떻게 인식하느냐 하는 점에 달려있는 것으로 생각된다.

하지만, 나 자신의 입장은 不然의 생각이나 시대적 사명의 주소를 이해하면서도 원리적으로는 '不然의 불교'에서 '원효의 불교'와 다른, 새로운 점이 많으면 많을수록 더욱 바람직한 것이 아닐까 생각하고 있다. '원효 제대로 이해하기'에서 진일보하여 不然의 현대적 입장에

---

51) 不然이 원효의 모든 것을 옳다고 墨守했던 것은 아니다. 예컨대, 아주 드물지만 원효의 오류라고 생각되는 부분에 대한 지적 역시 행하고 있다. 李箕永, 「경전인용에 나타난 원효의 독창성」, 『한국불교연구』, pp.370~372. 참조.
52) 가령 "元曉만으로 된다"고 하더라도 元曉와 함께 다른 사상을 共觀해 볼 필요는 있다고 본다. 그럴수록 元曉의 보편성은 더 높아지리라 생각되기 때문이다. 물론, 이러한 작업은 뒤에서 살펴볼 것처럼 不然 역시 행하고 있다. 그러나 아무래도 전면적으로 역점을 기울이고 있는 것은 아닌 것 같다. 근래 金炯孝 교수 같은 원로학자의 작업이 좀더 폭넓게 읽히고, 그 뒤를 잇는 소장학자들의 탄생으로 이어지길 기대한다.

서 우러나온 '불연의 불교'가 '원효의 불교'에 덧보태어졌더라면, 그리고 거기에서 '원효 실천하기'가 이루어졌더라면 하는 아쉬움이 남는 것도 사실이다. 그 아쉬움의 해소야말로 우리 후학들에게 不然이 남긴 유촉이자 숙제일지도 모른다. 그런 맥락에서 실천적 독서법과의 같고 다름을 따져보는 논의 역시 나름의 의미가 있으리라 본다. 물론, 내용적 측면에서 '不然의 불교'와 '원효의 불교'가 완전히 같은지, 아니면 어떻게 다른지 나 자신 아직 깊이있게 조사해 보지 못한 형편이다. 그것은 양자의 사상에 대한 내용적 비교가 이루어져야 하는데, 방법론의 차원을 문제삼는 이 글의 범위를 멀리 벗어난다. 그것은 앞으로의 숙제로 남겨두기로 하고, 절을 바꾸어 해석학적 순환의 또 하나의 축인 '텍스트 → 현실'의 방향에 대해서 살펴보기로 하자.

(2) **텍스트에 입각한 현실의 조명**

不然의 원효해석학에서 가장 뚜렷한 방법론적 특징을 나는 텍스트와 현실 사이의 해석학적 순환으로 파악하였다. 그 중 '현실 → 텍스트' 방향으로의 進行에 대해서는 앞 節에서 논한 바 있다. 그러나 실제로 그것은 현실문제에 대한 해답을 원효로부터 찾아서 제시한다는 의미가 주된 것이었으며 현실의 컨텍스트를 반영하여 원효의 사상을 불연 스스로 독창적으로 새롭게 해석해 가는 데에까지 이른 것은 아니라고 보았다. 그럼에도 불구하고, 不然의 원효 읽기를 다시 살펴볼 때 강렬한 현실적 지향성을 느끼게 되는 까닭은 해석학적 순환의 또다른 축, 즉 '텍스트 → 현실' 방향의 강렬함 때문이 아닌가 생각된다. 실로 不然이 평생을 걸쳐서 행하고자 하였던 것은 바로 이 점에 있었던 것으로 파악된다. 그 스스로 그것을 시대적 사명으로 받아들였다는 점을 다음과 같이 말하고 있다.

원효사상연구에 있어서의 필자 개인의 태도를 말하자면 궁극적으로 필자는 원효의 사상이 오늘과 내일의 우리 한국인, 나아가서는 전체인류에게 어떤 구체적 의미를 갖는가를 밝혀보는 것이 소망이라 할 수 있다. 필자는 벌써 오래전부터 元曉가 오늘날 우리들에게 굉장히 중대한 의미를 갖는 사상가라는 것을 의식하고 있다. 그러나 필자는 그것을 현대적으로 구체화하고 체계화해서 현대적 지성의 口味에 알맞게 제시하는 일을 쉽게 추진시키지 못해 왔다. 그것은 앞서 말한 바와 같은 다방면의 연구에 있어서 미비하고 부족한 것이 많았던 때문이기도 하다.53)

不然 이전에 그렇게 많은 원효 연구자가 존재했던 것은 아니지만, 그 이후에는 참으로 많은 원효 연구자들이 등장하여 활동해오고 있다.54) 하지만, 오늘날 연구자들이 과연 얼마나 원효사상의 현재적/현실적 의미와 전체 인류적/세계사적 의미를 묻고 있는지 모르겠다. 현재적/현실적 의미가 없는 사상이 수용이나 계승, 혹은 실천되리라고 보기는 어려울 것이다. 불교사상이 다른 사상과 달리 강력한 종교적 사상인 까닭도 그것이 우리에게 거듭거듭 현실세계 속에서의 실천을 요구하고 있기 때문이다. 만약 그 가르침의 현재적/현실적 의미를 묻지 않고, 따라서 "그것을 현대적으로 구체화하고 체계화"하지 못한다면 그 사상은 하나의 화석화된 관념에 지나지 않게 될 것이다. 생명 있는 사상이라 말하기 어려우리라. 이러한 논리적 맥락에서 볼 때, 원효 텍스트로부터 그 현실적 의미를 찾아내고, 그것을 다시 현실 속에서 구현코자 하였던 不然의 노력은 바람직한 불교학의 방향을 제시한

---

53) 李箕永, 「원효사상의 현대적 이해」, 『한국불교연구』, p.433.
54) 이들의 연구 성과 중 2001년까지는 대개 高榮燮, 「원효 관련 논저 목록」, 『원효탐색』(서울 : 연기사, 2001), pp.304~359에 정리되어 있다. 또 일본에서의 원효 연구에 대한 중요한 성과에 대해서는 후쿠시 지닌, 「일본의 삼국·통일신라시대 불교 연구동향」, 『일본의 한국불교 연구동향』(서울 : 장경각, 2001), pp.221~231. 참조.

것으로 나는 평가하고 싶다. 오늘날 불교학이 포함된 인문학의 위기가 운위되는 까닭 역시 인문학의 현재적 의미를 끄집어 내서 대중에게 제시하여 널리 공감을 얻는 일에 등한히 하거나 실패했기 때문이라는 데에도 하나의 이유가 있을 것이다. 비록 우리가 원효사상의 본질에 대하여 논의할 때조차, 즉 그 현재적 의미를 당장에 문제삼지 않을 때조차도 언제나 이 점을 잊어서는 아니되리라 본다. 원효 연구자가 불교학적 관점만이 아니라 불교의 오늘과 내일을 책임지려는 의식이 있다면 더욱 더할 것이다.

앞 절에서 「원효의 인간관」을 예로 들어서 不然이 원효의 가르침을 "현대적으로 구체화하고 체계화해서 현대적 지성의 口味에 알맞게 제시하는" 사례를 살펴본 일이 있었다. 그러나 그것은 '현실 → 텍스트'의 방향에서이고, 여기서는 다시 '텍스트 → 현실'의 방향을 좀더 상세하게 살펴보기로 하자. 이를 위한 실마리는 '텍스트에 의한 현실의 조명'에 다시 두 가지 차원이 있다는 점에서 찾아볼 수 있다. 다시 말하면, 不然이 만났던 '현실'이 다른 사상이나 종교를 갖고 있는 '현대적 지성'의 현실도 있었으며, 우리 삶의 정치·경제·사회·문화의 현실도 있었다는 것이다. 전자에 대한 不然의 조명을 나는 '현대사상과의 비교'라고 말하였으며, 후자에 대한 그것을 '사회현실에 대한 대안'이라 불렀던 것이다. 그러한 두 가지 현실에 대해서, 不然이 원효를 의지하면서 어떻게 말하고 있는가 하는 점이 관심사일 것이다.

1) 현대사상과의 비교

한마디로 '비교'라고 하였으나, 거기에는 평등한 비교도 있고 원효사상의 입장에서 현대사상을 비판하는 것도 있다. 쇼펜하우어와 야스퍼스와의 비교는 전자의 경우이며, 기독교와의 비교는 후자의 경우라 할 수 있다. 먼저 쇼펜하우어와의 비교부터 살펴보자. 不然은 『기신론』의 "一切諸法은 唯依妄念으로 而有差別이나 若離妄念이면 則無一切境界之相"을 해설하면서 다음과 같이 말한다.

경계란 말은 대상이란 뜻이다. 일체제법이 다 경계다. 그것은 망념 또는 마음의 遍計所執性이 빚어낸 대상들이다. 그것은 형태와 모양을 가진 것이기 때문에 相이라고 한다. 쇼펜하우어는 "대상 또는 객체 없이는 주관이 없다"고 하지만 그것은 여기에서 말하는 주관없이 객관적인 세계가 있을 수 없다는 생각이나 유사한 생각이다. 그는 세계를 의지의 표상(Vorstellung)으로서 보았던 것이다.55)

쇼펜하우어가 말하는 의지의 표상으로서의 세계라는 개념 역시 『기신론』에서 말하는 唯依妄念으로 而有差別이라는 생각과 유사한 것이라 말한다. 쇼펜하우어와의 비교는 비교적 간단한 一言에 지나지 않지만, 보다 본격적인 비교는 야스퍼스와의 사이에서 행해진다. 특히 관심의 초점이 된 것은 야스퍼스의 포괄자 개념에 대해서인데, 「원효의 입장에서 본 K.Jasperse의 das Umgeifende」라는 독립의 논문까지 발표하였다. 먼저 『원효사상』으로부터의 인용이다.

우리의 현실적 존재는 바로 주관과 객관과의 분열 속에 있다는 것이다. 우리 입장에서 이야기하라면 야스퍼스의 포괄자(das Umgeifende)는 一心의 片貌다. 그것은 '관하는 자'이며, '설하는 자'이며, '염하는 자'이다. 어떻게 관하고, 어떻게 설하고, 어떻게 염하는 자이냐? 주・객의 대립과 차별 없이 '평등'하게 보고, 말하고, 생각하는 자이다. 우리는 '一心', 그 능력을 다만 '보다' '말하다' '생각하다'로만 국한시켜서는 안된다. 우리 인간이 할 수 있는 모든 일, 동사란 동사는 다 여기에 '일심'의 기능으로 삼아야

---

55) 李箕永, 『원효사상』, p.117.

한다. 그러나 前項들에서 이미 보아온 바와같이 '일심'은 眞如와 生滅의 二門으로 보여져야 했고, 본연의 영원한 마음으로의 복귀는 오직 주·객의 분별을 떠난 거기에서만 가능한 것이다. '隨順得入' — 위에 언급한 '수순'의 뜻을 달리 말하자면, 우리가 이 대립과 투쟁의 세계 안에서 살면서, 그 대립·분열·각축 등의 이기주의적 행위를 극복하면서 사는 것을 말한다. '야스퍼스'는 '이 세계 안에서 살면서, 이 세계에서 사는 것과 같이 살지 말라'고 했는데, 그것이 바로 우리의 이 주장과 같은 소리라고 생각하는 것이다.56)

이렇게 不然은 원효의 一心과 야스퍼스의 포괄자 개념 사이의 유사성을 지적한다. 내용적으로 볼 때, 不然이 파악하는 것과 같이 일심과 포괄자 사이에 유사성이 확인되는지57) 등에 관한 사항에 대해서 확인할 수 있을 만큼 내 공부가 폭넓지 못한 형편이다. 다만 나로서는 양자를 비교하는 不然의 원효해석의 방법론에 관심을 두고 있을 뿐이다. 야스퍼스의 관점에서 원효를 읽고, 또 원효의 관점에서 야스퍼스를 읽는 방법은 원효를 원효 안에서만, 불교학을 불교학 안에서만 볼 때에는 결코 보일 수 없는 새로운 것을 보여준다. 나는 불교 밖에서 불교를 보는 이러한 방법론을 격의58)라고 말함으로써, 종래 중국불교사의 한 사건으로서의 격의 개념을 보편적 방법론의 차원으로 확대해 석하였다. 원효의 일심에 의해서 야스퍼스의 포괄자를 바라다 볼 때, 동시에 그것은 야스퍼스의 포괄자의 입장에서 원효의 일심을 이야기하는 것이 되기도 한다. 즉 거기에는 격의가 이루어져 있는 것이다.

---

56) 위의 책, p.121.
57) 일심과 포괄자 사이의 유사성을 비롯해서 원효와 야스퍼스 사이의 비교는 신옥희에 의해서 여러 연구가 이루어져 있다. 대표적으로 신옥희, 「일심과 포괄자 : 원효와 칼 야스퍼스의 실재관 비교」, 『불교연구』 제3집(서울 : 한국불교연구원, 1987), pp.113~137. 참조
58) 졸고, 「전통적 불교학의 방법론에 나타난 현대적 성격」, 앞의 책, pp.51~55. 참조

이러한 격의불교로 말미암아, 불교의 외연이 넓어지면서 이미 야스퍼스를 읽은 일이 있는 '현대의 지성인의 구미'에 불교가, 또는 원효가 알맞게 되어 갈 것이다. 그런 맥락에서 不然의 현대사상과의 비교는 큰 의미가 있는 것으로 생각하고 있다.

그런데 이러한 격의의 방법론에 대해서 "불교 밖에서 불교를 바라보면 어떤 왜곡이 일어날 수도 있지 않는가"라는 우려를 제기할는지도 모른다. 물론, 그러한 가능성도 전연 배제할 수는 없다. 그러나 격의를 통해서 새롭게 보이는 부분이 깎이는/왜곡되는 부분보다 더 크리라고 나는 생각한다. 그런데 실제로 不然에게는 그러한 우려까지 보내지 않아도 된다. 그 스스로 一心의 입장에서 포괄자에게 수정과 보완사항 역시 제시하고 있어서, 그러한 우려를 사전에 불식시키고 있기 때문이다. 첫째는 포괄자 개념에서는 주객분열이 왜 일어나게 되었는지에 대한 언급이 없고, 둘째는 포괄자의 해석에 있어서 사회적 윤리적 실천적 측면의 견식이 미약하다59)는 점을 잘 지적하고 있다. 그러면서 포괄자보다는 원효의 일심이 그러한 부분까지 이미 구족하고 있음을 드러낸다.

한편, 텍스트와 현대사상 사이의 비교 내지는 상호조응의 작업은 매우 뜻깊은 일이지만 쉽지 않은 작업이다. 무엇보다도 양편에 대해서 둘 다 잘 알아야 하기 때문이다. 不然은 스스로 회고하기를, "맨처음에 불교에 관해서 쓴 최초의 논문이 '참회'에 관한 것이었는데, 그때부터 저자(不然 — 인용자)의 관심은 동서양간의 비교종교적 측면에 쏠렸다"60)고 한다. 不然의 박사학위 논문이 우리말로 번역되지 못한 점을 나는 아쉽게 생각하고 있거니와, 박사학위 논문에 드러나 있는

---

59) 李箕永, 「원효의 입장에서 본 K.Jasperse의 das Umgreifende」, 『한국불교연구』, p.449.
60) 李箕永, 「自序」, 위의 책, p.ⅴ.

경향성은 不然의 이후 연구에도 깊은 영향을 미치게 된다. 따라서 이에 대한 증언을 하나 더 들어보기로 하자. 유학시절의 동학 위베르 듀르트(Hubert Durt)의 말이다.

    불연은 박사학위논문의 주제로 '참회(懺悔)'를 선택하였다. 회개(悔改)와 속죄(贖罪)라는 개념은 카톨릭에서도 매우 중요한 개념들이었는데, 특히 2차대전 이후 1950년대에 프랑스와 독일에서는 전쟁의 참화를 반성하며 이에 대한 연구가 활발하였다. 不然의 연구는 회개와 속죄에 상응하는 불교의 '참회'라는 종교행위와 그 개념을 원시불교로부터 5~6세기 중국의 불교에 이르기까지 역사적으로 살펴본 것이었다. 이것은 매우 종교적이었던 그에게 개인적으로 특별한 의미를 지니는 것이었다. 또한 여기서 가톨릭과 불교를 넘나드는 그의 비교종교학적 관심의 단초(端初)를 엿볼 수 있다.61)

방법론의 입장에서, 이 듀르트의 증언이 우리에게 주의를 환기하는 것은 두 가지다. "원시불교에서 5~6세기의 중국의 불교에 이르기까지" 사상사적 전망을 하고 있으면서, 동시에 "카톨릭과 불교를 넘나드는" 비교종교적 관점을 가졌다는 사실이다. 기독교(카톨릭 포함)와의 비교종교적 관심은 그가 평생 견지했던 것으로 보인다. 기독교와의 비교에 있어서도 야스퍼스의 포괄자와의 사이에서 행해진 방법론이 그대로 적용됨을 확인할 수 있다.

이 비로자나 법신불은 인격적 표현으로 묘사되는 일이 많지만, 그것은 요컨대 수많은 개별적 諸法들이 불가분리의 유기적 통일성을 유지하면서 시시각각으로 변화하는 연기의 주체로 보면 좋을 것이고, 그것은 종종 마

---

61) 위베르 듀르트, 「유학시절의 불연회상」, 『내 걸음의 끝은 마음에 있나니』(서울 : 한국불교연구원, 1997), p.327.

음[心]이라는 말로 표현되기도 했음을 주목할 필요가 있다. 원효는 그것을 一心이라고 부른다. 그것은 Upaniṣad에서, 온 우주가 그냥 그대로 Brahman이라고 하는 사상과 일맥상통하는 점을 갖고 있다. 〔 …… 〕창조의 주인공이라 할 수 있을지도 모르며, 하나님이라 할 수 있을지도 모른다. 모든 것과 하나를 이룩하는 주인공, 즉 님이기 때문이다.62)

이렇게 말하면 신심 깊은 불교도들은 반발할지도 모르겠다. 그런데 좀더 不然의 말을 더 들어보아야 한다. 그는 법신불을 하느님이라 말할 수 있다고 하는 데서 그치지 않고, 그렇게 하여 동시에 하느님을 법신불의 차원에서 이해함으로써 기독교의 하느님 개념을 비판적으로 검토하고 있기 때문이다.

여기에 근본적으로 기독교적 우주관, 세계관, 역사관과 다른 점이 있다. 어느 한 시점에서 어떤 한 전능자가 세계와 인간을 창조했고, 그것이 어느 한 종말을 향해 가는 것이란 생각은 여기에 발붙일 곳이 없다. 우리는 이 화엄적인 세계관, 즉 法界無碍의 연기관에서 사실 하나님과 인간에 관한 지금까지의 설명과 믿음을 시정할 무슨 교훈을 얻을 수도 있는 것이 아닌가 하는 생각을 해볼 수가 있는 것이다. 〔 …… 〕 이 점은 하나님 개념을 안이하게 단수로, 그리고 완료형으로 처리하려 한 서구 신학자들의 입장과는 완전히 판이한 견해라는 것을 주목해야 할 것이다.63)

이러한 비교종교적 작업을 통해서 不然이 의도했던 것은 편협한 기독교신학의 도그마를 극복하는 것이었으며, 동시에 원효의 가르침으로 우리 불교도들 역시 올곧은 대승보살로 거듭 태어나기를 희구했던 것으로 생각된다.

---

62) 李箕永, 「원효의 인간관」, 『원효사상연구 1』, p.314.
63) 위의 책, pp.318~319.

2) 정치·경제·사회·문화에 대한 비판과 대안제시

不然은 텍스트에 입각하여 현실의 삶의 여러 문제를 새롭게 조명하면서 대안을 제시하고자 했다. 물론, 이때 그가 의지한 텍스트가 반드시 원효의 저술만은 아니었다. 오히려 화엄사상 등 불교 일반의 관점에서 행해진 작업이 더 많기 때문이다. 예컨대, 「마르크스주의의 도전과 불교의 입장에서 본 대응」, 「화엄사상과 민족통일」, 그리고 「불교적 견지에서 본 근대화」[64] 등의 글을 들 수 있다. 현실에 대한 不然의 대응을 내용적인 측면에서 살펴보고자 한다면, 우리는 이들까지 함께 다뤄야 할 것이다. 그러나 그것은 이 글의 범위를 넘어선다. 어디까지나 이 글에서는 현실을 조명함에 있어서 不然이 텍스트/원효에 입각하고 있었다는 방법론적 특징을 지적 하는 것으로 그치고자 하기 때문이다.

그렇다면 왜 불교는 현실에 대하여 발언해야 하는 것일까? 비록 불교가 깨달음에서 출발한다고 하더라도, 현실적 삶의 여러 문제에 대해서 보다 적극적으로 대응하고 참여함으로써 불교를 현실 속에서 구현할 수 있을 것으로 본다. 현실의 불교화가 없이 불교의 이상이 성취되었다고 말하기 어려울 것이기 때문이다. 그런 점에서 불교는 그 기본적인 가르침에 입각해서 현실에 대한 발언을 할 수도 있다. 또 해야 할지도 모른다. 그러한 현실에 대한 불교의 역할을 요청하는 목소리는 不然의 시대보다도 오늘 우리 시대가 더욱 크다고 할 수 있다. 예컨대 현재 동국대 대학원 불교학과의 경우, 그 전공영역을 구분하는 하나의 범주로서 '응용불교 전공'이 설정되어 있다. 그 결과 불교생태학을 비롯한 다양한 학문분과들이 새롭게 형성되고 있다. 그만큼 '응용불교'라고 하는 새로운 학문영역이 현실 속에서 그 위상을

---

[64] 이들은 모두 『원효사상연구 2』에 수록되어 있다.

점차 넓혀가고 있는 것이다.

이러한 '응용불교'의 흐름에 대하여 不然은 어떻게 생각할 것인가? 오늘날 '응용불교'의 문제의식과 텍스트에 입각해서 현실을 조명하려고 했던 不然의 방법론적 태도가 그 원점에 있어서는 다르지 않은 것으로 생각된다. '불교학 + α(플러스 알파)'로서의 불교학의 외연 넓히기는 그 역시 생각했던 점이고, 그를 통하여 불교의 현실적 적응력을 향상시킬 수 있기 때문이다. 그러한 원론에 대해서 우리가 찬성한다고 할 때 부딪치는 문제는 역시 연구자에게 부과되는 하중이 너무 무겁다는 점이다. 불교학에도 정통해야 하고, '+ α'되는 여타 학문에도 정통해야 하기 때문이다. 이러한 문제에 대한 不然의 생각을 들어보자.

> 그(원효 — 인용자)의 사상은 신라의 정치적 경제적 문화적응성과 무관하지 않았으며 또 唐代의 그것과도 결코 無緣하지 않았다. 이러한 모든 문제를 밝히는 데 있어서 사용되어야 할 학문적 방법론이 무엇인가? 이 문제를 너무 경솔하고 단순하게 생각해서는 안 된다고 생각한다. 필자는 그 기본이 어쩔 수 없이 불교학적일 수밖에는 없다고 생각한다. 불교를 대상으로 하는 문헌학, 역사학, 기타 역사보조학이 이에 동원된다. 그러나 원효사상의 연구는 불교학의 범주에만 머물러서는 안 된다. 필자는 종교학과 철학 사회과학 등 다방면의 접근을 통해 불교학적 연구 성과가 재조명, 재해석될 필요가 있다고 생각하고 있다.[65]

不然은 "종교학과 철학 사회과학 등 다방면의 접근을 통해 불교학적 연구성과가 재조명, 재해석될 필요가 있다"고 말한다. '불교학 + α'를 말하고 있는 것이다. 이 '+ α'의 학문은 우리의 현실적 삶의 모

---

65) 李箕永, 「원효사상의 현대적 이해」, 『한국불교연구』, p.434.

습을 보다 분명하게 이해해 줄 수 있을 것이다. 예컨대, 사회과학이 바로 그것이다. 그러한 여타 학문에 대한 이해까지 필요로 한다. 이제 연구자는 불교학만이 아니라 불교학 이외의 학문까지도 정통해야 하는 부담을 안고 있는 것이다. 그러나 그렇긴 하더라도 그 기본은 "어쩔 수 없이 불교학"이라고 不然은 강조하고 있다. 이러한 언급은 자칫 '응용불교'라고 하는 것이 불교학의 이해에는 깊이 도달하지 못한 채 '+ α'로서의 여타 학문에만 치우치는 우를 범할까 저어하기 때문에 행해진 발언으로 보인다. 즉 不然은 현실에의 비판이나 대안제시를 어디까지나 그의 '기본으로서의 불교학'의 바탕 위에서 행해가고자 하는 태도를 보여준다.

우리는 이러한 다섯 가지 구성요소에 의한 인간의 정의가 현대에 이르기까지 추호도 그 진리성이 손상됨이 없이 적용되는 사실에 주의를 환기하고자 한다. 인간을 영혼과 육신으로 구성되어 있다고 한 기독교의 인습적 이원론적 인간정의는 시정되어야 한다. 뿐만 아니라 인간을 단순한 물질로 간주하는 맑스주의적 인간관도 시정되어야 하는 것이다. 또 나아가 인간의 야수성을 그럴싸하게 합리화하는 자본주의적 인간관도 우리는 배격해야 하는 것이다. 또 인간의 모든 조건을 허망한 것으로 보는 허무주의가 긍정될 수 없음은 두 말할 것도 없다.66)

기독교·맑스주의·자본주의 그리고 허무주의라고 하는 현대사조/서양사조에 대해서 비판하고 있다. 그런데 이러한 통찰과 비판은 그러한 현대사조에 대한 학문적 이해를 그 밑바탕에 깔고서 나오는 것이긴 하지만, 내가 주의하고 싶은 것은 이러한 언급이 『원효사상』 속에서 행해지고 있다는 점이다. 『원효사상』은 원효의 『대승기신론소·

---

66) 李箕永, 『원효사상』, p.305.

별기』에 대한 不然의 강의록이 아니던가. 그러한 불교학 자체의 텍스트 속에서 현실적인 문제에 대해서 발언하고 있다는 점이다. 그만큼 현실에의 진단이나 비판 역시 텍스트에 깊이 뿌리내린 채 행해지고 있다는 점이다. 현대사조 내지 현실에 대한 비판은 『기신론』에서 말하는 '生滅門으로부터 眞如門에로 들어감' 속에서 언급되고 있다는 점이다. 이러한 예를 찾는 것은 전혀 어렵지 않는데, 하나 더 살펴보기로 하자.

> 우리는 지금 유물론적 주의주장을 철저히 배격하는 사람들 사이에 있어서마저, 매우 물질주의적 사고방식을 벗어나지 못하고 있는 물질주의 전성시대를 살고 있다. 우리가 여기서 배격하고자 하는 것은 단순한 拜金사상, 과학주의만이 아니라 보다 더 뿌리 깊은 우리의 인생관, 세계관 전체에 걸친다. 즉 우리는 인간이나, 이 세계의 모든 사물이 그리고 인생의 제반현상이 그 어느 하나도 영구불변하며, 독자적으로 절대적 의미를 지니는 것이 하나도 없다는 사실을 지적하고자 하는 것이다. 이것은 현대인의 인간관, 세계관의 근본적인 오류라고 생각한다.[67]

역시 『원효사상』에서다. 이 인용문은 '법'이라는 용어를 설명하면서 물질주의적 사고방식을 벗어나지 못하는 현실을 질타하고 있다. 이러한 두 인용문은 모두 텍스트를 먼저 깊이있게 천착함으로써 그로부터 현실까지 조명해 보고자 하는 不然의 방법론을 잘 보여주고 있는 것으로 판단된다.

그렇다면, 텍스트에 대한 해석서/강의서가 아니라 현실적인 문제가 주제로서 주어지는 글쓰기의 경우라면 달라졌던 것일까? 그렇지 않다. 예컨대, 「원효의 화쟁사상과 오늘의 통일문제」의 경우를 보자. 이

---

[67] 위의 책, pp.96~97.

글의 주제는 현실의 남북통일의 문제이다. 따라서 오늘날 남북의 분단상황이나 통일을 장애하는 여러 역사적·정치적·외교적·군사적 요소들에 대한 분석이 선행될 수도 있다. 사회과학자라면 그러한 접근방법이 선호될 것이다. 또는 불교학과 사회과학적 연구를 조화/융합시키고자 할 때에도 그러한 사회과학적 분석이 좀더 심도깊게 행해질 수도 있다. 그런데 不然은 어떻게 했던 것일까? 그렇게 하지 않았다. 남북분단의 현실에 대해서, 신라의 삼국통일에 불교(보다 구체적으로는 원효)가 이바지한 바가 더욱 크다고 주장하는 不然이 신라의 삼국통일 과정을 사상적으로 회고하면서 현재의 남북통일을 위해서도 원효의 화쟁사상에 의지해야 한다는 점을 역설하고 있을 뿐이다. 결론적으로는 원효가 말했던, 보살이 갖추어야 할 "믿음(信)과 반야(般若), 삼매(三昧)와 사랑(大悲)"[68]의 넷을 오늘의 정치지도자나 온 국민이 갖추어야 한다고 말하는 것으로 그친다. 어떻게 보면 현실의 분단상황은 냉혹한데, 그러한 도덕교과서에서나 나올 법한 이야기가 얼마나 효과적일 수 있을까 회의할 수도 있다.

하지만, 분단이나 통일에의 사회과학적 분석 작업은 불교학자가 해야 할 일의 한계를 넘어선 것이라고 不然은 생각했을지도 모른다. 실로 不然은 '응용불교'를 구성하는 두 학문 중에서 '불교학'을 '+ α'로서의 여타 학문보다 더욱 중시했을 뿐만 아니라, 불교학의 텍스트에 입각해서 행하는 발언으로 그의 접근을 제한했던 것은 아닐까 생각된다. 「현대의 윤리적 상황과 철학적 대응」에서도 어려운 현실적 難問들을 열거한 뒤, 不然은 "보살의 길을 가는 수밖에 없다"[69]고 말한다. 그것은 분명한 한계다. 하지만, 그 한계를 넘어서면 불교학의 한계를

---

68) 李箕永, 「원효의 화쟁사상과 오늘의 통일문제」, 『원효사상연구 2』, pp.379~382. 참조
69) 李箕永, 「현대의 윤리적 상황과 철학적 대응」, 『원효사상연구 1』, p.415.

넘어서는 일이라고 생각했을지도 모른다. 뿐만 아니라, 그것은 한편으로는 분명한 한계이기도 하지만 다른 한편으로는 '+ α'로서의 여타 학문이 행해가는 분석적 작업보다 더욱 근본적일 수도 있는 것이 아닐까 싶기도 하다. 분단과 통일에 대한 어떠한 분석적 고려보다도 남북의 정치지도자나 국민들이 보살심을 갖는 것이 보다 중요한 출발점이라 평가해 볼 수도 있기 때문이다.

不然이 보여주는 텍스트에 입각한 현실에의 조명이라고 하는 방법론은 오늘날 '응용불교' 연구자들에게 적지 않은 방법론적 고뇌를 안겨주고 있다는 점에서도 적지 않은 의미를 지닌다. 그러한 고뇌를 물려준다는 것 자체만으로도 先學으로서는 역사적 자기책임을 다한 것으로 평가되어야 할 것으로 나는 생각한다.

Ⅳ. 맺음말

불교사상의 역사는 전시대의 사상/텍스트에 대한 후래 학자들의 해석에 의해서 전개된다. 이 시간의 계열은 붓다에서부터 오늘 우리시대에 이르기까지 이어져 오고 있다. 불교학과 같이 기본적으로 고대의 원전을 더욱 더 중시하는 고전학의 전통이 살아있는 경우에는, 시간적으로 고대의 원전에 더욱더 접근되어 있는 해석자의 해석을 더욱 중시하는 경향이 있다. 그것은 불가피한 측면이 있지만, 지금 내가 살아있는 우리 시대에 행해진 해석들에 대해서는 소홀히 하는 경향이 없지 않다. 여기에는 물론 고대의 해석자들이 지금 우리 시대의 해석자들보다 더 높은 경지에 이르렀으며 더 우수한 해석을 남겼다고 하는 암묵적인 전제가 놓여 있는 것 같다. 그러나 고대의 해석자가 갖지 못한 장점 역시 우리시대의 해석자들이 갖고 있음을 간과할 수는 없다. 하나는 수집하여 활용할 수 있는 정보의 양이 고대의 해석자보다 훨씬 더 방대할 수 있다는 점이고, 다른 하나는 고대의 해석자가 놓여 있었던 시간-공간의 컨텍스트와 오늘 우리시대의 해석자가 놓여 있는 컨텍스트가 다르다는 점이다. 이러한 이유에서 우리는 우리 시대의 해석자가 古代의 해석과는 다른 해석(해석의 우열 분별을 떠나서 다른 해석이라는 점이 중요하다)을 낳을 수 있다고 본다. 그런 까닭에 우리는 우리의 바로 앞 시대를 살다 간 근·현대의 해석자들에게도 관심을 기울일 필요가 있다. 그들이 과연 앞 시대의 사상/텍스트를 어떻게 해석했던 것일까? 그 확인을 통하여 우리 자신의 좌표 내지 출발선을 확인할 수 있을 것이기 때문이다.

 不然 李箕永은 그런 측면에서 오늘날 우리들의 조명을 기다리는 근·현대의 해석자 중의 하나이다. 不然은 수많은 저술과 논문을 남기고 있다. 그는 학문과 실천을 수레바퀴로 삼아서 구도의 길을 걸어갔다. 가히, 그의 삶은 전력투구의 삶이었던 것으로 느껴진다. 그 어느 하나 비중을 가볍게 하지 않고, 出將入相하려고 부심하면서 분주하였다. 학문의 길에 있어서도 결코 적지 않은 업적과 방대한 영역의 연구 범위를 보여주고 있다. 특히, 한국불교의 가치 재발견 및 선양이라는 측면에 기울인 그의 업적은 특기할 만하였다. 그리고 그 속을 들여다 보면 한국불교연구의 중핵에는 元曉가 있다. 즉 원효 연구로부터 그는 한국불교를 이해하는 잣대를 마련하고 있었던 것이다. 나는 이 글에서 不然의 원효 연구만을 고찰의 대상으로 삼고자 하였다. 그 중에서도 그의 주저인 『원효사상』과 원효관련 논문에 나타난 그의 방법론이 무엇인지 살펴보고자 하였다.

 먼저 현재 남아 있는 그의 원효 관계 연구논저를 공시적으로 분석해 보고자 하였다. 이를 통해서는 원효와 현실의 해석학적 순환(hermeneutical circle)을 보여주는 논고가 큰 비중을 차지하고 있음을 알 수 있었다. 이러한 기초적 조사·분석의 바탕 위에서, 나는 그가 기본적으로는 해석학자였다고 하는 점을 알 수 있었다. 이를 확인하기 위하여 다시 두 가지 차원에서 不然의 원효읽기를 조명해 보았다.

하나는 그 스스로 그가 동의하지 않은 방법론적 시도들에 대한 비판적 언급을 散說해 두었는데, 그러한 언급을 추적해 보았다. 그 결과 첫째는 宗學 내지 전통적 교학에 대해서는 극복코자 하였으며, 둘째는 현대의 과학적 방법론에 대해서도 거부하고 있었고, 셋째는 현대의 '문헌학'적 방법론에 대해서는 무관심하였다는 점을 확인할 수 있었다. 이러한 부정적인 언급들을 통하여, 그는 그 스스로가 선호하는 방법론이 해석학적임을 간접적으로 드러내고자 했던 것으로 보인다.

다른 하나는 不然이 의지한 방법론을 긍정적으로 드러내는 전략을 취해보았다. 거기에는 텍스트/원효와 현실 사이의 해석학적 순환이 인정되는 것으로 나는 보았다. 여기에는 다시 두 가지 방향이 있다. 하나는 '현실 → 텍스트'의 방향인데, 不然은 먼저 원효의 텍스트를 해석해 감에 있어서 언제나 현실에의 적용이라는 측면을 생각하고 있었으며, 현실 속에서 제기되는 여러 가지 문제에 대한 해답 찾기로서의 원효읽기를 행하려는 의욕이 넘치고 있었던 것이다. 그러나 그렇다고 해서 현실에 대한 그의 고려가 현실의 컨텍스트에 입각한 까닭에 텍스트에 대한 해석에 있어서 다른 결과를 가져왔던 마하트마 간디나 信行이 보여준 실천적 독서법을 보여 주었던 것은 아니다. 그것보다 그의 관심은 원효/텍스트의 입장을 정확하게 이해하고 그것을 다시 현실 속에서 구현코자 했던 것이다. 다만 현실 속에서의 텍스트/원효의 효용이나 의미가 존재함을 남보다 먼저 발견했기에 그의 해석 안에는 현실에의 고려가 늘 담겨 있었던 것으로 생각된다. 이보다 더욱 중요한 측면이 '텍스트 → 현실'의 방향성이다. 不然은 텍스트에 입각하여 현실을 조명하려고 부단히 노력하였다. 쇼펜하우어, 야스퍼스,

그리고 기독교와 같은 현대사상과 원효사상을 비교하거나, 원효사상의 입장에서 현대사상을 수정·보완코자 노력하기도 하였다. 또 하나 중요한 것은 원효사상의 입장에서 정치·경제·사회·문화와 같은 우리 삶의 다양한 현실을 조명하고 대안을 제시코자 했다는 점이다. 물론, 이러한 현실에의 조명은 '불교학 + α(플러스 알파)'라고 하는 형식으로 행해지고 있는 이른바 '응용불교'와는 다소 다르게 보인다. 그는 어디까지나 강조점을 '+ α'로서의 여타 학문보다는 불교학에 두고 있었고, 그런 까닭에서이겠으나 통일문제와 같은 첨예한 난제에 대해서도 지극히 원론적인 이야기만 제시하고 있는 것이다. 이는 어쩌면 한계로 보일 수도 있지만, 그러한 한계를 갖는 것이야말로 불교학이라는 점과 오히려 바로 그런 점에서 '응용불교' 붐 속에서 자칫 기본인 불교학에 소홀할 수도 있는 후학들에게 또 다른 의미의 방향성을 제시한 것으로 평가해 볼 수도 있다고 본다.

마지막으로 不然의 원효해석학에 대해서는 내용적인 측면의 검토는 앞으로 보다 전문적인 원효연구자들이 행해야 할 몫인 것으로 보인다. 불교해석학(Buddhist Hermeneutics) 이론의 정립을 위해서 고민해 오고 있는 나로서는, 비록 不然이 내가 문제 삼고 있는 자기철학의 제시를 위한 고뇌는 그다지 보여주지 못한 것으로 보이지만 宗學, 과학적 방법론, 그리고 '문헌학' 등의 다양한 방법론적 흐름 속에서 자기위상을 확보하지 못하고 있는 해석학적 방법론을 가졌던 선구자였다는 점만으로도 우리의 관심은 마땅한 것으로 본다. 그런 점에서 不然의 원효해석학에 나타나 있는 텍스트와 현실의 해석학적 순환은 큰 의미가 있는 것으로 나는 평가하고 싶다. 시대를 앞서는 동시에 많은 과제를 남기고 있는 사람이 곧 선구자일 것이다. 그리고 그 과제는 곧 후학들이 떠맡아야 할 몫이 아니겠는가.

참고문헌

I. 內典(불교문헌)

1. 원전

Saṁyutta Nikāya. Vol 2.

Buddhist Wisdom Books, by Edward Conze. London : George Allen & Unwin ltd., 1958.

『雜阿含經』 권12, 大正新修大藏經 2.

『金剛般若波羅蜜經』. 大正新修大藏經 8.

『楞伽經』. 大正新修大藏經 16.

『大方廣佛華嚴經』. 大正新修大藏經 10.

『維摩經』. 大正新修大藏經 14.

『解深密經』. 大正新修大藏經 16.

『梵文入楞伽經』. 南條文雄 校訂. 京都 : 大谷大學出版部, 1956.

『大智度論』. 大正新修大藏經 25.

『中論』(龍樹). 大正新修大藏經 30.

『大乘阿毘達摩集論』. 大正新修大藏經 31.

『大方廣佛華嚴經疏』(澄觀). 大正新修大藏經 35.

『華嚴經探玄記』 제1권(賢首). 大正新修大藏經 35.

『禪源諸詮集都序』(宗密). 大正新修大藏經 48.

『華嚴一乘法界圖記』(義相). 韓國佛教全書 2.

『法界圖記叢髓錄』. 韓國佛敎全書 6.
『大乘六情懺悔』(元曉). 韓國佛敎全書 1.
『菩薩戒本持犯要記』(元曉). 韓國佛敎全書 1.
『華嚴一乘法界圖記』(義相). 金知見 編. 서울 : 대한전통불교연구원, 1993.
『普照全書』(普照知訥). 서울 : 보조사상연구원, 1989.
『大華嚴一乘法界圖註幷序』(雪岑). 金知見 편. 서울 ; 대한전통불교연구원, 1983.
『靑梅集』(印悟). 韓國佛敎全書 8.
『大方廣佛華嚴經義湘法師法性偈科註』(有聞). 韓國佛敎全書 10.
『蓮潭和尙論辯』(有一). 위의 책.
『先師鏡虛和尙行狀』(漢岩). 서울 : 대한전통불교연구원, 불기 2526.
「조선불교유신론」(한용운). 『한용운전집』제2권. 서울 : 신구문화사, 1980.

2. 2차자료

Carl Bielefeldt, "Buddha Nature, Buddha Practice : Reflections on Dogen's Shobogenzo", 『古佛叢林 無遮禪會 한국선 국제학술대회 논문집』. 장성 : 백양사, 1998.

David W. Chappell, "Hermenutical Phases in Chinese Buddhism". in Donald S. Lopez Jr., *Buddhist Hermeneutics*.

Donald S. Lopez, Jr. ed., *Buddhist Hermeneutics*. Hawaii : University of Hawaii Press. 1988.

É. Lamotte, "The Assessment of Textual Interpretation in Buddhism" in Donald S. Lopez, Jr. ed., *Buddhist Hermeutics*. Honolulu : Universiyt of Hawaii Press, 1988.

John C. Maraldo, "Hermeneutics and Historicity in the Study of Buddhism.", 海外佛敎研究班 編, 『佛敎研究の方法と課題』. 京都 :

大谷大學眞宗總合硏究所, 1993.

Peter N. Gregory, "What Happened to the 'Perfect Teaching'? Another Look at Hua-Yen Buddhist Hermeneutics", in Donald S. Lopez Jr., *Buddhist Hermeneutics*.

Vijay Rani, *The Buddhist Philosophy as presented in Mīmāṁsā-Śloka-Varttika*. Delhi : Parimal Publications, 1982.

Walpora Rahula, *What the Buddha Taught* ; 진철승 옮김,『스스로 찾는 행복 : 붓다의 가르침』. 서울 : 대원정사, 1996.

강종원,「'불교인문학'이란 무엇인가? ─ 불교학에 있어서의 '통합적 인문학'과 '학제간 연구' ─」,『석림』제32집. 서울 : 동국대 석림회, 1998.

_____,「中頌에 나타난 聖言量(āgama)의 適用에 대한 고찰」. 동국대 대학원, 1999.

高榮燮,「불학의 보편성」,『미래불교의 향방』. 서울 : 장경각, 1997.

_____,「원효 관련 논저 목록」,『원효탐색』. 서울 : 연기사, 2001.

_____,「문헌학과 해석학의 마찰과 윤활」,『한국현대불교학 100년, 그 성과와 과제』. 서울 : 한국불교연구원, 2006.

金剛秀友,『密敎の哲學』. 東京 : 講談社, 2003.

吉熙星,「보조사상 이해의 해석학적 고찰」,『보조사상』제1집. 서울 : 보조사상연구원, 1987.

金相鉉,『원효연구』. 서울 : 민족사, 2000.

_____,「不然 李箕永(1922∼1996)의 韓國佛敎史 硏究」,『한국현대불교학 100년, 그 성과와 과제』. 서울 : 한국불교연구원, 2006.

金知見,「知訥에서의 禪과 華嚴의 相依」,『보조사상』제1집. 서울 : 보조사상연구원, 1987.

金忠烈,「인도불교의 중국화 과정」,『중국철학산고 1』. 청주 : 온누리, 1988.

金致溫,「印度論理學의 聖言量 論證에서 量의 確實性 探究로의 移行」,『未來佛敎의 向方』. 서울 : 장경각, 1997.

丹治昭義,「一音說法」,『南都佛敎』제81호. 奈良 : 東大寺圖書館, 2002.

末綱恕一, 이기영 역주,『화엄경의 세계』. 서울 : 한국불교연구원, 1992.
末木文美士,『鎌倉佛教形成論』. 京都 : 法藏館, 1998.
_____,『日本佛教史』. 東京 : 新潮社, 平成 8年.
木村淸孝, 장휘옥 옮김,『중국불교사상사』. 서울 : 민족사, 1989.
福士慈稔,「일본의 삼국·통일신라 시대의 불교 연구 동향」,『일본의 한국 불교 연구동향』. 서울 : 장경각, 2001.
_____,「元曉と和諍」,『원효학연구』제9집. 경주 : 원효학연구원, 2004.
石井公成, 최연식 옮김,「근대 아시아 여러나라에 있어서 대승기신론 연구의 동향」,『불교학리뷰』창간호. 논산 : 금강대학교, 2006.
水野弘元,「Peṭakopadesaについて」,『印度學佛教學硏究』7~2. 東京 : 日本印度學佛教學會, 1958.
위베르 뒤르트,「유학시절의 불연회상」,『내 걸음의 끝은 마음에 있나니』. 서울 : 한국불교연구원, 1997.
李箕永,『원효사상』. 서울 : 홍법원, 1989.
_____,「교판사상에서 본 원효의 위치」,『한국불교연구』. 서울 : 한국불교연구원, 1983.
_____,『원효사상연구Ⅰ』. 서울 : 한국불교연구원, 1994.
_____,『원효사상연구 2』 서울 : 한국불교연구원, 2001.
李丙旭,「중국 북쪽 교판론에 대한 天台의 비판과 수용」,『천태사상과 동양문화』. 서울 : 불지사, 1997.
李芝洙,「불교논리학의 知覺(現量)論」,『불교학보』제30집. 서울 : 동국대 불교문화연구원, 1993.
李永子,『천태불교학』. 서울 : 불지사, 2001.
李仁惠,「한역 논서 번역 방법에 관한 소고」,『불교학논총』. 서울 : 동국 역경원, 1998.
全海住,『義湘華嚴思想史硏究』. 서울 : 민족사, 1993.
鄭柄朝,「현대한국불교와 불연(不然)」,『한국현대불교학 100년, 그 성과와 과제』. 서울 : 한국불교연구원, 2006.

鄭性本,『중국 선종의 성립사 연구』. 서울 : 민족사, 1991.
鄭承碩.「원전해석학의 새로운 조명」,『동국사상』제22집. 서울 : 동국대 불교대학, 1989.
平川彰 編, 양기봉 역.『불교연구입문』서울 : 경서원, 1988.
黃淳一,「초기경전을 어떻게 볼 것인가」,『불교학보』제39집. 서울 : 동국대 불교문화연구원, 2002.

3. 인용된 저자의 논저들

『계초심학인문 새로 읽기』. 서울 : 정우서적, 2005.
『대승경전과 禪』. 서울 : 민족사, 2002.
「돈점논쟁의 반성과 과제 ― 방법론을 중심으로 ―」: 강건기·김호성 편,『깨달음, 돈오점수인가 돈오돈수인가』. 서울 : 민족사, 1992.
「미망사와 불교의 비교해석학」,『한국종교사연구』제 10호. 익산 : 한국종교사학회, 2002.
「보살계본지범요기의 성격론에 대한 재검토」,『원효학연구』제9집. 경주 : 원효학연구원, 2004.
「불교의 여성관 정립을 위한 해석학적 모색」,『불교학의 해석과 실천』. 서울 : 불일출판사, 2000
「원본 천수경과 독송용 천수경이 대비」,『불교학보』제40집. 서울 : 동국대 불교문화연구원, 2003.
「인도철학·불교학의 방법론에 대한 성찰",『불교연구』제16호. 서울 : 한국불교연구원, 1999.
「'지자의 不在'와 佛敎解釋學」,『불교학보』제35집. 서울 : 동국대 불교문화연구원, 1998. ;『동서비교문학저널』. 서울 : 한국동서비교문학학회, 2001.
「전통적 불교학의 방법론에 나타난 현대적 성격」,『가산학보』제7호. 서울

: 가산학회, 1998.

「천수경 이해를 통해 본 光德의 會通佛敎」, 『종교연구』 제29집. 서울 : 한국종교학회, 2002.

『천수경과 관음신앙』. 서울 : 동국대 출판부, 2006.

『천수경의 비밀』. 서울 : 민족사, 2005.

『책 안의 불교, 책 밖의 불교』. 서울 : 시공사, 1996.

「한국의 인도불교 연구 ― 방법론의 모색을 중심으로 ―」, 『인도연구』 제2호. 서울 : 한국인도학회, 1997.

「해심밀경의 철학적 입장과 수증론」, 『불교학논총』. 서울 : 동국역경원, 1998.

「능가경의 여래장설과 性相融會」, 『불교연구』 제8호. 서울 : 한국불교연구원, 1992.

『일본불교의 빛과 그림자』. 서울 : 정우서적, 2007.

「되새겨 보는 아함경」, 『문학사학철학』 창간준비 4호. 서울 : 한국불교사연구소 外, 2006.

Ⅱ. 外典(불교 이외의 문헌)

1. 원전

B.G.Tilak, B.S.Sukthankar, tr., *Srimad Bhagavadgītā-Rahasya or Karma Yoga-Śāstra*. Poona : Kesari Press, 2000.

Ganganatha Jha tr., *Śābara Bhāṣya*. Baroda : Oriental Institute, 1973.

Gandhi, M.K.. "True Meaning of Bhagavadgita's Teaching", *Satyagraha Leaflet* No. 18(1919). Collected Works of Mahatma Gandhi (이하 CW), ⅩⅤ(1988).

_____, "Meaning of the Gita"(1925), CW, XXVIII (1994).
_____, "Discourses on the Gita"(1926), CW, XXXII (1969).
_____, *An Autobiography or the Story of my Experiments with Truth*. Ahmedabad : Navajivan Trust, 1927.
_____, "Letters on the Gita"(1930, 1932), CW, XLIX (1972).
_____, "Gita Jayanti"(1939), CW, LXXI (1994).
_____, *M.K. Gandhi Interpretes the Bhagavadgita*. Delhi : Oriental Paperbacks, 1980.
Nagesh D. Sonde, *Bhagavadgita Bhasya and Tatparyanirnaya of Sri Madhva*. Bombay : Vasantik Prakashan, 1995.
Swāmi Gambhirānanda tr., *The Bṛhadāranyak Upaniṣad*. Calcutta : Advaita Ashrama, 1965.
S.Radhakrishnan tr., *The Principal Upaniṣads*. London : George Allen & Unwin Ltd. 1968.
『論語集註』. 성백효 역주. 서울 : 전통문화연구회.
Roland Barthes, Stephen Heath tr., *Image, Music, Text*. New York : Hill and Wang, 1986.
롤랑 바르트, 김희영 옮김, 「저자의 죽음」, 『텍스트의 즐거움』. 서울 : 동문선, 1997.
보르헤스, 황병하 옮김, 『픽션들』. 서울 : 민음사, 1994.
_____, 『칼잡이들의 이야기』. 서울 : 민음사, 1997.
_____, 『셰익스피어의 기억』. 서울 : 민음사,

2. 2차자료

Agarwal, Satya P. *The Social Role of the Gita : How & Why*. Delhi : Motilal Banarsidass, 1997.

C. Sanders, 김현권 옮김, 『소쉬르의 일반언어학 강의』. 서울 : 어문학사, 1996.

David C. Hoy, *The Critical Circle* ; 이경순 역, 『해석학과 문학비평』. 서울 : 문학과 지성사, 1988.

Desai, Mahadev. *The Gospel of Selfless Action according to Gandhi*. Ahmedabad : Navajivan Publishing House, 1995.

Francis X Clooney, S.J. "The Principle of Upasaṁhāra and the Development of Vedānta as an Uttara Mīmāṁsā", R.C.Dwivedi ed, *Studies in Mīmāṁsā*. Delhi : Motilal Banarsidass, 1994.

George Warnke, *Gadamer ; Hermeneutics, Tradition and Reason* : 이한우 옮김, 『가다머의 철학적 해석학』. 서울 : 사상사, 1993.

G.P.Bhatt, "Mīmāṁsā as a Philosophical Survey : A Survey", R.C.Dwivedi ed, *Studies in Mīmāṁsā*. Delhi : Motilal Banarsidass, 1994.

Hans-Georg Gadamer, Garett Barden & John Cummingtr. *Truth and Method*. New York : Crossroad, 1982.

Harold Coward, *Derrida and Indian Philosophy*. Delhi : Sri Satguru Publications, 1991.

_____, "Kumālila's Theory of Word Meaning in Relation to the Sphoṭa Theory of Bhartṛhari", R.C.Dwivedi ed, *Studies in Mīmāṁsā*. Delhi : Motilal Banarsidass, 1994.

Jordens, J.T.F. "Gandhi and the Bhagavadgita", in Robert N. Minor, ed., *Modern Indian Interpreters of the Bhagavadgita*. Delhi : Sri Satguru Publications, 1991.

K.Satchidananda Murty, *Vedic Hermeneutics*. Delhi : Motilal Banarasidass, 1993.

Nagesh D. Sonde, *Bhagavadgita, Bhasya and Tatparyanirnaya of Sri*

Madhva. Bombay : Vasantik Prakashan, 1995.

Othmar Gächter, *Hermeneutics and Language in Pūrva Mīmāṁsā*. Delhi : Motilal Banarsidass, 1983.

Peri Sarveswara Sharma, "Kumarila Bhatta's Denial of Creation and Dissolution of the World", R.C.Dwivedi ed, *Studies in Mīmāṁsā*. Delhi : Motilal Banarsidass, 1994.

R.Puligandla, *Fundamentals of Indian Philosophy* ; 이지수 옮김, 『인도철학』. 서울 : 민족사, 1991.

Ramesh S. Betai, *Gita and Gandhiji*. New Delhi: National Gandhi Museum, 2002.

Richard E. Palmer, *Hermeneutics* ; 이한우 옮김, 『해석학이란 무엇인가』. 서울 : 문예출판사, 1998.

Ronald W. Neufeldt, "A Lesson in Allegory : Theosophical Interpretation of the Bhagavadgītā", Robert N. Minor ed., *Modern Interpreters of the Bhagavadgītā*. Delhi : SriSatguru Publications, 1991.

S. Radhakrishnan, *Indian Philosophy* ; 이거룡 옮김, 『인도철학사』. 서울 : 한길사, 1997.

_____, *The Bhagavadgita*. London : George Allen & Unwin ltd., 1968.

Satya P. Agarwal, *The Gita and Tulasī-Rāmāyaṇa : Their Common Call for the Good of All*. Columbia : Urmila Agarwal, 2000.

S.C.Chatterjee·D.M.Datta, *An Introduction to Indian Philosophy* ; 김형준 옮김, 『학파로 보는 인도사상』. 서울 : 예문서원, 1999.

Tahmankar, D.V. *Lokamanya Tilak : Father of Indian Unrest and Maker of Modern India*. London : John Murray, 1956.

吉熙星, 「해석학을 통해 본 동양철학 연구」 : 沈在龍 外, 『한국에서 철학하는 자세들』. 서울 : 집문당, 1987.

_____, 「윌프레드 캔트웰 스미스의 인격주의적 종교 연구」, 『포스트모던 사회와 열린종교』. 서울 : 민음사, 1994.
김남두・김영식 엮음. 『대학개혁의 과제와 방향』. 서울 : 민음사, 1996.
김영민. 『현상학과 시간』. 서울 : 까치, 1994.
_____. 『진리・일리・무리』 서울 : 철학과 현실사, 1998.
김용옥. 「번역에 있어서의 시간과 공간」, 『동양학 어떻게 할 것인가』. 서울 : 통나무, 1989.
_____, 「동서 해석학 이론의 역사적 개괄」, 『절차탁마대기만성』. 서울 : 통나무, 1989.
_____, 「독서법과 판본학의 입장에서 새롭게 본 기독교」, 『절차탁마대기만성』. 서울 : 통나무, 1989.
김주환・한은경 옮김, 『기호의 제국』. 서울 : 민음사, 1997.
김춘근 편역, 『보르헤스』. 서울 : 문학과 지성사, 1996.
金炯孝, 『데리다의 해체철학』. 서울 : 민음사, 1999.
金洪根, 「보르헤스는 누구인가」, 『보르헤스의 불교 강의』. 서울 : 여시아문, 1998.
롤랑 바르트, 유기환 옮김, 『문학은 어디로 가고 있는가』. 서울 : 강, 1998.
마하트마 간디 해설, 이현주 역, 『평범한 사람들을 위해 간디가 해설한 바가바드기타』. 서울 : 당대, 2001.
박이문, 「인문과학의 방법론」, 『인식과 실존』. 서울 : 문학과 지성사, 1987.
박인기 편역, 『작가란 무엇인가』. 서울 : 지식산업사, 1997.
박희진・김문수 공저, 『영국문학사 2』. 서울 : 한국방송통신대학교 출판부, 2007.
벵상 주브, 하태완 옮김, 『롤랑 바르트』. 서울 : 민음사, 1995.
움베르토 에코, 「텍스트의 초해석」 : 움베르토 에코 외, 손유택 옮김, 『해석이란 무엇인가 Interpretation and Overinterpretation』. 서울 : 열린 책들, 1997.

源 健一郎,「平家物語の生成と佛法 ―方法論的問題をめぐって―」,『佛教文學會大會シンポジウム發表資料』. 佛教文學會, 2003.

원의범.『인도철학사상』서울 : 집문당, 1981.

월터 J. 옹, 이기우·임명진 옮김,『구술문화와 문자문화』. 서울 : 문예출판사, 1995.

이남호,『보르헤스 만나러 가는 길』. 서울 : 민음사, 1994.

이성규.「동양의 학문체계와 그 이념」,『현대의 학문체계』서울 : 민음사, 1995.

이용주,「독서와 수양 ―주희의 독서론1―」,『종교연구』제15집. 서울 : 한국종교학회, 1998.

이정우,『삶·죽음·운명』. 서울 ; 거름, 1999.

李芝洙,「『브라흐마 수뜨라』'Catuḥsūtrī'에 대한 샹까라의 해석(1)」,『인도철학』제7집. 서울 : 인도철학회, 1997.

_____,「미망사(Mīmāṃsā) 체계의 槪要」,『현대와 종교』제15집. 대구 : 현대종교문제연구소, 1992.

이태진.「한국의 학문적 전통과 서양학문에 대한 반응」,『현대의 학문체계』. 서울 : 민음사, 1995.

정태혁.『인도철학』. 서울 ; 학연사, 1991.

정화열,「일본을 텍스트화하는 즐거움」: 김주환·한은경 옮김,『기호의 제국』. 서울 : 민음사, 1997.

자크 데리다, 박성창 편역,『입장들』. 서울 : 솔, 1994.

조나단 칼러,「초해석의 옹호」: 움베르토 에코 외, 손유택 옮김,『해석이란 무엇인가 Interpretation and Overinterpretation』서울 : 열린책들, 1997.

早島鏡正 外,『インド思想史』. 東京 : 東京大學出判會, 1985.

최낙원,「보르헤스와 세르반떼스 : 보르헤스의 '양피지성'을 중심으로」,『현대시사상』1993년 봄.

최희섭,「엘리엇의 '전통'의 불교적 고찰」,『동서비교문학저널』제4호. 서

울 : 한국동서비교문학학회, 2001.

3. 인용된 저자의 논문들

「바가바드기타의 윤리적 입장에 대한 비판적 고찰」, 『종교연구』 제19집. 서울 : 한국종교학회, 2000.
「바가바드기타에 보이는 지혜와 행위의 관련성 ; 간디의 sthitaprajña개념을 중심으로」, 『인도연구』 제11권 2호. 서울 : 한국인도학회, 2006.
「바가바드기타를 읽는 간디의 다원적 독서법」, 『인도연구』 제10권 2호. 서울 : 한국인도학회, 2005.
「바가바드기타를 읽는 틸락의 분석적 독서법」, 『종교연구』 제35집. 서울 : 한국종교학회, 2004.
「이샤 우파니샤드에 대한 샹카라와 오로빈도의 해석 비교」, 『인도철학』 제10집. 서울 : 인도철학회, 2000.
「정의의 전쟁론은 정의로운가」, 『동서철학연구』 제28호. 대전 : 한국동서철학회, 2003.
「초기 우파니샤드의 명상 개념 2」, 『인도철학』 제8집. 서울 : 인도철학회, 김호성 1998.

Buddhist Hermeneutics

Ho Sung, Kim

Contents

preface
Main Articles

The Overweight of Sūtra and the Possibility for Interpretation
— The Introduction of this Book —

  I. Introduction
  II. Mīmāṁsā : Veda = Truth
    1. śabda
    2. apauruṣeyatvā and vidhi
      (1) apauruṣeyatvā
      (2) vidhi
  III. Buddhism : Sūtra = Upāya
    1. Buddhist śabda
    2. The Absence of Author and Upāya
      (1) The Absence of Author
      (2) Upāya
  IV. An Alternative, Kwansim-sŏk(觀心釋)
  V. Conclusion

Hermeneutical Devices of Traditional Buddhist Studies for One's Own Philosophy

Ⅰ. Introduction
Ⅱ. Ko-Ⅰ, Buddhism from the point of Non-buddhism
  1. An Affair in Chinese Buddhism
  2. Hermeneutical Pre-understanding
Ⅲ. Chiao-pan, an Evaluation on the Value between Sūtras
  1. Cases of Chiao-pan in Indian Buddhism
  2. The Proposal of One's Own Philosophy
Ⅳ. Analysis Diagram, Co-consideration the part and the whole
  1. Case Study of Analysis Diagrams
    (1) Uisang's own Analysis Diagram
    (2) Some Analysis Diagrams in *Beopgyedogichongsurok*
    (3) Analysis Diagrams of Yumun and Yuil
    (4) My own's Analysis Diagram
  2. Hermenutical Circle
Ⅴ. Conclusion

The Absence of Author and Practical Reading-method
― with regard to the literary theory ―

Ⅰ. Introduction
Ⅱ. The Absence of Author in *Beopgyaedogi*
Ⅲ. The Absence of Author and Buddhist Hermeneutics
  1. The Absence of Author and Intertextuality
    (1) Barthes and Uisang
    (2) Uisang and Borges
  2. Intertextuality and Buddhist Hermeneutics
Ⅳ. The Absence of Author and Practical Reading-method
  1. Practical Reading-method and Revaluation of the Concept of Tradition
  2. The Practical Horizon of Life and Interpretation
Ⅴ. Conclusion

A Case Study of Interpretation depending on Manifold
Reading-methods
― focused on Gandhi's Reading on Bhagavadgītā ―

Ⅰ. Introduction
Ⅱ. Gandhi's Writings on Gītā and its Popularity
  1. The first period, Germination of Interpretation
  2. The second period, Completion of Proposal of his Own Philosophy
  3. The third period, Popularization of Interpretation
Ⅲ. Use of Manifold Reading-methods
  1. Practical Reading-method
    (1) Secession of Scriptural Dignity
    (2) Secession of Orthodoxical Lineage
    (3) Reading Text depending on Experience
  2. Analytical Reading-method
  3. Meditative Reading-method
Ⅳ. Conclusion

Ekasvaravāda and Writing for One's Own Philosophy
― The Conclusion of this Book ―

Ⅰ. Introduction
Ⅱ. Ekasvaravāda, Harmonizing Viewpoint on Buddhist Scriptures
  1. What is Ekasvaravāda
    (1) from Chiao-panism to Harmonizationism
    (2) from Hwaŏm-sŏn to Ekasvaravāda
  2. Foundations for Ekasvāravāda
    (1) modification of the concept of Original Sound
    (2) expansion of the concept of Adhikāra
      1) the necessity for the expansion of the concept of Adhikāra
      2) the expansion of the concept of Adhikāra
    (3) Ekasvāratvā of Original Sound
Ⅲ. Writing for One's Own Philosophy

1. What is the proposal of One's Own Philosophy
   2. Writing based on Ekasvāravāda
      (1) Writing as Writing Sūtra
      (2) Criticizing of the Context in Sūtra
      (3) Reading Original Sound X through Practise
IV. Conclusion

Complementary Article : The Hermeneutical Circle between Text and Reality
― Bul-yeon Rhi, Ki-Young's Wŏnhyo-Hermeneutics ―

I. Introduction
II. Synchronic Analysis on Bulyeon's Researches on Wŏnhyo
   1. General View of Articles on Wŏnhyo
   2. Bulyeon's Intention in his Articles
   3. Hermeneutical Approaches on Wŏnhyo
III. Bulyeon's Hermeneutical Methodology
   1. Critique on the other Methodology
      (1) Overcoming of Sectarian or Traditional Doctrines
      (2) Refusal of Scientific Methodology
      (3) Apathy of 'Philology'
   2. Intentionality for Hermeneutical Circle
      (1) Interpretation through Considering Context
         1) Groping the Answers of Social Issues in Wŏnhyo
         2) Difference between Bulyeon's Methodology and Practical Reading-method
      (2) Wŏnhyo's Viewpoints on Social Issues
IV. Conclusion

Bibliography

Abstracts : Studies on Buddhist Hermeneutics ― Ho Sung, Kim―
Glossary of Sanskrit and Chinese Terms
Index
Appendics : The Catalogue of Author's Articles(1989~2008)

Abstracts

The Overweight of Sūtra and the Possibility for Interpretation

— The Introduction of this Book —

The object of this article is to lessen the overweight of the scripture and to propose a new method of interpretation. Because Buddhism is a religion, Buddhist scripture(sūtra) also has dignity. It becomes a burden for the interpreters who have to make a creative interpretation for 'Today's Buddhist Studies'. But, because of that, we have to ask the questions, "What is Scripture? What meaning does Scripture have?"

I propose answering these questions using a comparative hermeneutical method. I intend to compare the viewpoints of two schools, i.e. Mīmāṁsā and Buddhism, which choose different views on the scripture. The Advaita Vedānta schools also act as an intermediary.

Mīmāṁsā, a hermeneutical school of the Veda, takes the view that the Veda is truth, the Veda is śabda, which is a kind of prāmaṇa(perception). Mīmāṁsākas think that what the Veda says is the truth, because it believes that the Veda has no author(authorlessness, apauruṣeyatvā). If there is an author of the Veda, then there are also some mistakes in it. But the Veda has no author, so the Veda is permanent. It is necessary for the interpreter to follow the Vedic injunction(vidhi), not to present creative interpretation. I think that these are the limits of Mīmāṁsā Hermeneutics.

On the other hand, Buddhism doesn't accept the Mīmāṁsaka's śabda theory(the Veda's language is permanent, so the Veda is the criterion for valid recognition). Buddhist scholars also must rely on Buddhist scripture. We can't find out the hermenutical difference between Mīmāṁsā and Buddhism, whether they admit śabda or not. Instead we will focus on the authorlessness. Even though they admit that their scriptures have no author, they have different hermeneutical viewpoints. In Mīmāṁsā, the theory of authorlessness strengthens the dignity of the Veda and lessens the interpreter's liberty in their interpretation. Because Buddhism says that interpretation is like writing a book, interpreters are new authors. In addition, Mīmāṁsā recognizes the Veda as truth, Buddhism recognize sūtra as a skillful mean(upāya) to enlightenment. If we recognize the Veda as truth, we must interpret the Veda and to follow vedic injunctions. It also need not require the practise of meditation for enlightenment. But, because teaching/theory is not enlightenment, Buddhism requires interpreters to practise meditation. In terms of practical theory, Advaita Vedānta agrees with Buddhism. It also asks its interpreters to practise meditation.

In conclusion, Buddhism takes the point of view that scripture/language is a skillful means to enlightenment, so it is insufficient for interpreters to merely interpret the text. We have to interpret the mind which scripture can't reveal perfectly. We can find the method from T'ien -t'ai(天台) and Sŏn(禪), called Kwansim-sŏk(觀心釋, Interpretation by observing mind). This method is like the concept of aletheia(ontological disclosure) in Heidegger's Hermeneutics. Now, we must interpret not language/sentence but the mind. After that, we will be able to present a new interpretation.

【Key words】 Barthes, Borges, Uisang, Gadamer, Śaṅkara, Lopez, Mīmāṁsā, Advaita Vedānta, nītārtha sūtra, neyārtha sūtra, apauruṣeyatvā, authorlessness, death of author, inter-textuality, śabda, Buddhist śabda, practical reading-method, interpretation by observing mind, Hermeneutics, Buddhist Hermeneutics.

Hermeneutical Devices of Traditional Buddhist Studies for One's Own philosophy

In regards with the fact that suggesting one's own philosophy is also on demand in the field of Buddhist research, we would soon realize the fact that it is not anew critical proposition. Presenting a certain individual's unique perspective was already prevalent in traditional Buddhist studies in India and Eastern Asia. At this point, we can sense the severe disconnection between traditional Buddhist studies and its modern counterpart. In the current scope of Buddhist studies, mostly centered around the research in universities, there is hardly any demonstration of interests in the methods of traditional Buddhist studies by any Buddhology circles in any country. What is the point, then, of coping with such a current situation and embracing traditional and modern Buddhist studies as one? I think of its necessity as that it would enable us to suggest unique ideas by combining modern Buddhist studies, which was mostly based on western methodology, with traditional one; since western Buddhist studies lack the long history part of traditional methods. I suppose this newly combined styles of methodology would lead us to obtain the identity of our own philosophy with unique contents.

In what way, then, can we embrace the traditional and modern Buddhist studies as one? In an effort to find the answer to this task, I have paid attention to the some hermeneutical devices in traditional Buddhist studies. As a result, I could ascertain that traditional Buddhism contains its own hermeneutical devices which can even be estimated as quite modern. Especially, the concepts largely emphasized in the discussion of western hermeneutics are already discovered in those traditional Buddhist studies.

The first traditional method I would like to pay attention to might be called ko-i(the analogical adaption of the original meaning, 格義). According to the conventional concepts of historical science, this method was to understand Indian Buddhism from Taoist perspectives, therefore, has had no choice but to confront the negative evaluations commenting that it represents insufficient or distorted understandings. I revaluated, however, this method as rather valuable in a point that it participates to projects one's own unique perspectives. The analogical adaption(格), here, refers to the contemporary context of interpreters ; ko-i, therefore, corresponds with a hermeneutical standpoint that the current context of life is only to be reflected as hermeneutical pre-understanding. In addition to this, considering the fact that the analogical adaption was originally performed by non-buddhists, especially Taoists, all the comprehension of Buddhism performed in the viewpoints of uncanonical texts or those of non-buddhists. The method of ko-i, hereby, has been revaluated as a concept of hermeneutics.

The second method would be named as chiao-pan(the proposal of one's own philosophy, 教判). This is also a concept of Buddhist history, preconditioning the establishment of a religious sect. However, I understood this method as, rather, a hermeneutical device of demonstrating one's own philosophy. In other words, what we can obtain from a certain philosopher's teaching style is no other than his or her own perspective on Buddhist thoughts, which would be an equivalent of a historical view in historical science. In that sense, I could not help but object to the viewpoint considering this methodology as text critique, suggested by Ko, Young-seup. The definition of text critique can be, for sure, differed depending on who is utilizing the term. However, I was wondering if such a comprehensive definition is efficient. The danger of being excessively comprehensive could be avoided by narrowing down the designation of the term into the research of a text on its aspects of philology, linguistics, bibliography and establishment history. Otherwise, the negative aspects of this method could not be successfully dealt with. Therefore, I have suggested to regard the method of chiao-pan as a device for demonstrating one's own philosophy rather than the term of 'text critique'.

The third method is the analysis diagram(科目), which is less familiar than the previous two terminologies, but was more broadly adopted in traditional Buddhist studies. If chiao-pan is an evaluation between texts, then, the analysis diagram would be an analysis and evaluation inside a text. It seems to be no other than a hermeneutical circle which claims to take the whole and parts, and generalization and analysis into consideration altogether. In traditional Buddhist studies, the analysis diagram is a way to take a hint on a philosopher's understanding on a certain text. However, it has hardly been utilized in academic research performed in contemporary universities. Genuine understanding on a text can be accomplished not by simply quoting here and there, but by analyzing the inner structure of a text. In this sense, the analysis diagram is a hermeneutical tool which enables you to suggest your own philosophy through the analysis on the inner structure of a text. I think that this method can be revived and fully utilized in writing a thesis.

Three methods utilized in traditional Buddhist studies I have discussed so far, share a mutual ground in a sense that they all functioned as hermeneutical devices. Contrasting to comtemporary scholars who are often afraid to assert their own opinions, and are mostly involved in quotations from other works and those arrangements, those in the history of traditional Buddhist studies were more active in suggesting their own creative thoughts, actively adopting the hermeneutical devices mentioned above. The reason why we still admire and consider them as our teachers mights be their creative efforts in making the best use of those various hermeneutical devices to propose their own philosophy.

【Key words】 ko-i, chiao-pan, analysis diagram, one's own philosophy, hermeneutical devices, hermeneutical circle, hermeneutical pre-understanding, Uisang, *Saṁdhinirmocanasūtra*, Jinjŏng, Yuil, *Mahāprajñāpāramitā-śāstra*, *Beopgyaedogichongsurok*, Jinjŏng, Pyohun, Yumun.

The Absence of Author and Practical Reading-method

― with regard to the literary theory ―

Sŏn/Zen Buddhism says, "wherever you are, be a master." It is necessary for Buddhist scholars to interpret sūtras. I think that it is insufficient for Buddhist scholars to enter into the text and find the objective meaning of the text. We, Buddhist scholars have to propose One's own philosophy. Gadamer's Philosophical Hermeneutics says that we must not enter into text itself but have dialogues with text for a true interpretation of text. We must not cast off our context in interpretation of the text. Gadamer's Philosophical Hermeneutics guides us who intend to propose One's own philosophy.

Philosophical Hermeneutics agrees with the intertextuality theory of Roland Barthes and Jorge Luis Borges, because it emphasize the role of the reader. I found the common points between Philosophical Hermeneutics and intertextuality theory in Barthes and Borges are the attention to the context of our life. These will be interpretative principles in Buddhist Hermeneutics. Especially I consider practical reading-method as a practical method. If we depend on practical reading-method, we will be able to propose One's own philosophy. I can summarize the process of drawing practical reading-method as follow.

Uisang(義相) wrote his text *Diagram of the Dharmadhātu According to the One Vehicle of Avataṁsaka*(華嚴一乘法界圖), but he didn't write his name as the author. He said that because there are no svabhāva, I didn't write my name. This view represents paṭiccasamuppāda · niḥsvabhāva · śūnyatā. If we apply his view to text theory, it will be a theory that there is no author in a text. I feel that Uisang's thought agrees with that of Roland Barthes who insists upon 'the death of author'. So I call Uisang's theory, 'the absence of the author.' Then, I compare Uisang's view with text theory in Borges's novels.

Borges objected an old myth that a text has a fixed meaning, and insisted that text will be rewritten by readers. I interpreted Borges's novel as concurring with Uisang's theory of 'the absence of author.' Uisang, Barthes and Borges all talked about intertextuality. And Donald S. Lopez Jr., who edited *Buddhist Hermeneutics*, shows that the reading method of inter-textuality will be adopted by Buddhist scholars. Lopez feels that Borges and Māhāyana Buddhist scriptures agree about 'the absence of author.' This example supports my intention to consider inter-textuality as an aspect of Buddhist Hermeneutics.

I call the reading method that depends on the reader's context, 'the practical reading method,' and define it as a principle of Buddhist Hermeneutics. In practical reading method, as the contexts of our life differ, the effects of the reading differ. The interpretation of the text always differs. So the practical reading-method reflected upon interpreter's context makes Buddhist studies 'Contemporary Buddhist studies'. The problem is that Buddhist scholars don't depart from the narrow context of our life. So I ask Buddhist scholars to study Buddhist texts with non-Buddhist texts. Because it contains the more different context of our life, we have to read non-Buddhist texts. Finally, we Buddhist scholars can interpret the meaning of the text. At that time we will be not reader but author.

【Key words】 The Absence of Author, The Death of Author, Practical Reading-method, Intertextuality, Interpretation, Tradition, Ko-i, Philosophical Hermeneutics, Buddhist Hermeneutics, Naejŏn, Oejŏn, *Beopgyaedogi*, Barthes, Borges, Gadamer, T.S.Eliot, Lopez, Uisang.

A Case Study of Interpretation depending on Manifold Reading-methods
— focused on Gandhi's Reading-methods on *Bhagavadgītā* —

Mahatma Gandhi was an Indian politician and independence activist. Then again, he tried to educate Indian people to realize their own ability through his reinterpretation of Indian philosophy and religions. However, in the context of Indian philosophy, can we be sure that his reinterpretation might be truly evaluated as unique enough to be an appropriate philosophical subject? In this paper, I tried to answer to this question by considering his interpretation on *Bhagavadgītā*. Of all things, I focused on his reading-method, or method for the interpretation on *Gītā*.

Firstly, based on Gandhi's seven writings on the *Gītā* and his life-long relations with it that could be divided into three periods in his life, I surveyed his characteristic readings. Getting close to people, Gandhi recommended them to read the *Gītā*, and helped them to understand it properly. He also wrote several books and articles on *Gītā* to make people participating his Satyāgraha movement. His works are primarily intended for the public interest. However, one needs to be careful at this point that the academic value of Gandhi's interpretation on *Gītā* should not be neglected by the popular characteristics in his writings, or, by his writing styles like speech note, translation, essay, and letter. Though he was not academic scholar, his writings are enough to give a full academic significance to researchers because he is so much unique and shows his own philosophy in his interpretation on *Gītā*. This seems to be the very case to show the non-duality between journalism and academism.

In reading *Gītā* by the way, Gandhi didn't take a single method. I classify his reading method into threefold: analytical, practical, and meditative(禪的, = reflective reading-method + kwansim-sŏk).

First, the most significant interpretation in Gandhi's reading methods, I think, is derived from practical reading-method. From this reading method, he, turning from the text-centered interpretation that does not advance reader's position, rather actively broadens the interpretive horizon upholding his own philosophical position of nonviolence(ahiṁsā). He was making *Gītā* to be the text of nonviolence, which is originally narrated on the consultative dialogue between Arjuna who was unwilling to fight because of his attitude of non-violence, and Kṛṣṇa persuading him to fight. However, this interpretation is not acquired from academic research at all, but from the context of Satyāgraha, or his social practice of nonviolence. I would name such a reading-method depending on reader's context practical reading-method, which, I think, is well exemplified by Gandhi.

Second, analytical reading is to reconstruct an author's intention by the scientific analysis of the texts. To interpret *Gītā* as a message of non-violence, he did not only depend on practical reading-method or meditative reading-method, but, the author's approval, he tried to assure us that one of main teachings of *Gītā* is nonviolence. He, thus, put *Gītā* into the context of *Mahābhārata* again, and said finally that the intention of author represented in *Mahābhārata* as a whole, is nonviolence. I think this reconstruction of the author's intention could be classified as an analytical reading method. And Gandhi seemed to need the authority of author here, because he also had to embrace the people whom *Gītā* have a sacred power over.

Lastly, through his meditative reading, Gandhi took the *Gītā* not as a subject of scientific research but as a mirror to reflect his inner life. He was thus able to reflect his life by reading *Gītā*, and sometimes was able to interpret *Gītā* by his own intuition. I have referred to the former as kwanmun-sŏk(the interpreting mind by observing text, 觀文釋), which is also named as 'reflective reading-method' and, the latter as kwansim-sŏk(觀心釋). The meditative reading-method include these two reading-methods.

As shown above, Gandhi reads and interprets *Gītā* through the multi-dimensional reading methods. By these, he takes his own steps to achieve the way of life he wanted, which is the way that finds or sustains the meaning of nonviolence in *Gītā*. For this subject, however, another article would be required.

【Key words】 Mahatma Gandhi, Tilak, *Bhagavadgītā*, analytical reading-method, practical reading-method, meditative reading-method, ahiṁsā, satyāgraha, one's own philosophy(svadarśana)

Ekasvaravāda and Writing for One's Own Philosophy
— The Conclusion of this Book —

I think of hermeneutics as a basic element of Buddhist studies because there exists a document called Tripiṭaka(大藏經) within the tradition. Since the time when the canon was completed, Buddhist studies have thus far evolved centered around the commentaries and interpretations of the canon. The problem is, despite naming it as "interpretation," they do not necessarily mean the activities of figuring out the original meaning of the canon as well as the intention of the author, and then restoring and reconstructing the original text. Such interpretations are neither intrinsically possible, nor desirable to perform because of the lapse of time between the canon and the interpreters. I think it is better for interpreters to prioritize their full understanding of the exact context of the canon before they perform the task of translation as an integration in a horizontal level, that is, the union between the context of the canon and that of the interpreter. What is more important, at this point, is that each interpreter suggests his or her own philosophy in some way or another. I believe that Buddhist studies can be renovated and be improved as different interpreters display their own philosophies during the process of expounding the canon from various aspects. Therefore, the methodological problem is how to suggest one's subjective and unique philosophy.

Relating to this point, however, the canon itself prohibits the interpreter's freedom of imagination and opportunity to suggest his or her own/subjective philosophy. Consequently, it has been required to loosen the canon's restriction/authority in order to entitle the presentation of one's own philosophy. Even though the canon carries the weight of authority, you cannot disregard the fact that its gravity is considerably weak compared to the authority the Mīmāṁsā School owes to the Vedas. This is because according to the canonical perspective of Buddhists, there is no original author and the canon is recognized as no more than expedient means. I have discoursed upon this issue in my article, Comparative Hermeneutics between Mīmāṁsā and Buddhism --- mainly about its canonical perspective---. In that article, I presented the Kwansim-sŏk(觀心釋) as an alternative solution, which means to introduce the methodology of Sŏn into the scholastic playground. So far is what I have maintained before I started this article. Of course, an improvement of different methodological systems for presenting one's own philosophy has also been made at the same time. I proposed the practical reading-method in The Absence of Author and Buddhist Hermeneutics, re-illuminating the traditional methodology such as 'chiao-pan(教判)', 'ko-i(格義),' and 'kwa-mok(科目)'.

The problem, however, has remained unsolved. The canon is still heavy, which seems to make the writing of subjective philosophy burdensome. This article corresponds to the concluding part of my grope in which I have scrutinized hermeneutical devices for the purpose of eradicating the complicating conditions. It was considered that the overweight of the canon can be relatively lighten by the hermeneutical deconstruction on the establishment process of the Buddhist Scriptures. It was through the re-examination of notions such as the original sound/teaching(原音) or one's adhikāra (根機), that the establishment of the canon as the teachings corresponding to the different levels of spiritual ability(隨機說法) was clarified. I present the establishment of the Buddhist canon as a formula(a formula of the one sound teaching) of '$Sn = Xn + Cn$'. In any part of the canon, I have observed, there has had to be Xn as an interpretation of the original sound, X, along with the Cn, which represents the context of the time the canon was formulated. Here, I do not mean to indicate Nikāyas by X as some researchers on early Buddhism would do, but by Xn, which means Nikāyas are not the original sound X, but merely Xn. As it is said in Nikāyas, the truth existed even before Buddha's enlightenment. I therefore assume that Nikāyas are also the results of interpretation of the ever-existing dharma X. With such a revision on the notion of the original sound as a matter of course, I recognized the fact that this original sound, X, can also be found in other documents after Nikāyas. As long as the canon with the interpreted original sound Xn contains the original sound X, it can be regarded as the teaching of Buddha. In this respect, every part of the canon, the interpreted Xn with the reflection of the original sound X, can be referred to as one sound(一音). Now, the history of Buddhist philosophy approves neither the view of progression nor that of regression. This is because of the view of repetition which implies that the repetition of one sound is no other than the very history of Buddhist philosophy. It was no other than this notion of the spiritual ability, along with the concept of the original sound, that has been reexamined for the establishment of the teaching of one sound. I took a step forward from the usual understanding of spiritual ability as personal capability/level, interpreting it as including the temporal and spatial meanings. In consideration of time and space, in other words, personal capability/level within a certain context should be regarded as one's spiritual ability. Agreeing with this view, you will come to realize the fact that the entire Buddhist canon or Buddhist documents reflect the contemporary context of their own period of the establishment. The teachings corresponding to different levels of spiritual ability(隨機說法) are, therefore, the interpretations of teachings corresponding to different levels of spiritual ability(隨機解法).

This kind of perception in which I recognize the history of Buddhist thought or the history of Buddhist documents' establishment as a teaching of one sound through revaluating the notions such as the original sound(原音) and one's spiritual ability(根機), provides a precious lesson on the writing of one's own philosophy which has been my own concern. First, our performance in writing also shares the meaning of 'writing/creating a canon' as it also deals with understanding the original sound X and representing it as Xn based on our own context. It is because understanding the one sound will be accomplished by our writings of investigating the canon/Buddhist documents. This point has a significant value in that it enables us to respect our own writings as having equal status with the canon and to find creative meanings in them. Here, we do not need to restrain our power of imagination under the pressure of the authoritative canon. It only provokes our imaginative power on interpretation. Second, the fact that each canon has a different context demands us to criticize the past context based on the contemporary context. The interpretation by those based on the current context makes a stark distinction between the exposition of the original sound Xn and its context Cn within the text. It then manages to replace the old context based on the context of the moment. Such a work of interpretation is no other than the deconstruction of the canon. However, this kind of deconstruction is not destructive, but meaningful in a creative sense which would be linked to the construction of a new canon. Third, recognition of the teaching of one sound requires interpreters to understand the original sound X and to present their results from their subjective point of view. As the original sound is not sought within the literal text (Xn) but recognized as what precedes the literation (X), the reading of the original sound X falls outside the range of the teaching. It can also be referred to as a Sŏn style of reading. It shares the mutual ground with the Sŏn tradition of kwansim-sŏk(觀心釋). Therefore, the proper practice that makes it possible to read the original sound X would be required for Buddhologists/Buddhist philosophers/interpreters. There is no need to mention that there are some traces of Sŏn elements in reading the canon itself as kwanmun-sŏk(觀文釋=觀文釋心=觀經釋心). Additionally, it seems to me that the emphasis on extracting the original sound X suggests that Buddhist scholars do their own practice such as recitation of mantra or dhāraṇi or Sŏn meditation, in addition to theorizing about the teaching. Regarding this fact, Buddhist scholars depending on such a hermeneutical method cannot help being Buddhists. It is because my main subject was, from the beginning, aimed at reproducing/recreating the teaching of Buddha in a subjective manner, not at the objective/detached studies(= analytical reading-method).

I have completed framing the manual from a methodological regard on how to read the canon/Buddhist documents. The only tasks left would be putting it into action and creating its outcome.

【Key words】 Ekasvāravāda, Ekasvāratvā, One's Own Philosophy, Context, Chiao-panism, Harmonizationsim, Original Sound, Adhikāra, Kwansim-sŏk, Kwanmun-sŏk, Text, Context, Apocrypha.

The Hermeneutical Circle between Text and Reality
― Bul-yeon Rhi, Ki-Young's Wŏnhyo-Hermeneutics ―

　　The history of Buddhist philosophy evolves based on the exposition on the former thought/text by the scholars of the next generation. Such a chronological order has been maintained so far since the time of the Buddha. In a tradition that attaches great importance to its classical texts, such as Buddhist studies, greater attention will likely be paid to the work of interpreters who stay chronologically closer to the ancient text. This may have been unavoidable, though we cannot totally deny the fact that the contemporary interpretations have tended to be less valued. There seems to be a tacit presupposition that the ancient interpreters are spiritually far superior to our contemporaries. We cannot, however, simply overlook the merits of our current interpreters. One reason is that the volume of information they can collect and utilize is much more extensive than that of their predecessors. The other reason is the fact that the context of time and space of the ancient scholars is different from that of modern scholars. For these reasons, the contemporary expositors are able to produce a different outcome — an important fact here aside arguing over the superiority — which was not possible for the former interpreters. Therefore, it is necessary for us to pay attention to our contemporaries who share the same time period with us. How did they precede their interpretation of the former ideas/text? Through the clarification process of this question, we can assure a coordinating point or starting line of our own.

Bul-yeon Lhi, Ki-Young, in this respect, is one of our contemporary interpreters who has been waiting to be recognized. Bul-yeon left a great volume of writings and theses. He followed the way, seeking after truth, equipped with the two wheels of study and practice. His life seems to be a full devotion itself. He has never failed to be attentive to anything, being always busily engaged in the advancement of the both wheels. As a scholar, he has displayed considerable achievements in the field of research. His contributions in the rediscovery and enhancement of the value of Korean Buddhism are especially noteworthy. Looking into his research on Korean Buddhism, Wŏnhyo is at the very center of it. In other words, he set up a standard of understanding Korean Buddhism through his study on Wŏnhyo. The main subject of this article is Bul-yeon's study on Wŏnhyo. More precisely, I have made an attempt to make a closer observation of his main written work, *Wŏnhyosasang*, along with his articles on Wŏnhyo.

First of all, I have tried synchronic analysis on his works related to Wŏnhyo. As a result, I found out that a great deal of importance has been placed on the arguments of the hermeneutical circle between Wŏnhyo and reality. I think the colligated/overall evaluation of him, covering the volume of his works, his influence on younger scholars, as well as his efforts to embody Wŏnhyo's thoughts into practice, validates such points as suggested above.

Based on such kinds of fundamental research and analysis, I was able to deduce that he was basically a hermeneutical interpreter. For verification, I have inspected Bul-yeon's methodology of reading Wŏnhyo in two dimensions. One is to trace his critical statements on methodological attempts he disagrees with, which are scattered about here and there in his writings.

As a result, first, he intended to cope with Jonghak(宗學), or traditional Gyohak(教學); second, he rejected the modern scientific methodology; third, he was indifferent to modern 'philological' methodology. I assume that he meant to indirectly display, through such kinds of negative statements, that his favorite methodology is hermeneutics.

With a different perspective, I attempted the strategy of exhibiting Bul-yeon's methodology in a positive sense. There I noticed that a positive hermeneutical circle is being displayed. There are two directions to this circle. One is the direction 'from Reality to Text'. Bul-yeon always thought of the application into the real world while interpreting Wŏnhyo's texts, with a great enthusiasm of reading Wŏnhyo as a way of finding solutions to the various kinds of problems arising in real world. It does not, however, necessarily mean that his consideration based on the real world has resulted in the practical method of reading, as Mahātma Gandhi or Sin-haeng(信

行) demonstrated, by which are brought out different outcomes of the interpretation of the same text due to their varied standpoints in the context of reality. His interest was more about precisely understanding Wŏnhyo or the text's point of view, and embodying it in reality. It seems to me that his interpretations always embrace concerns about reality only because he was the first one to discover the useful effect and meaning of the text/Wŏnhyo. The more significant point is the other direction 'from Text to Reality'. Bul-yoen tried his best to look into reality based on the texts. He made an effort to compare Wŏnhyo's thought to modern philosophy, such as the thoughts of Schopenhauer, Jaspers, and Christianity, and to adjust or complement modern ideas from the perspective of Wŏnhyo. Another important fact is that he made an attempt to reflect the multi-faceted reality of our lives, such as politics, economy, society, and culture, and to suggest plausible answers. His reflection of reality appears, needless to say, to be different from 'Practical Buddhism,' which has been performed according to a formula of 'Buddhist studies + α'. His emphasis was not on the other scholastic pursuit as 'ㅏ α', but on Buddhist Studies; thereafter, he only suggested the most fundamental ideas on the issue of unification in the Korean Peninsula. It might be pointed out as his limitation, though, as such a limitation can also be the suggestion of a different direction for the younger scholars of the next generation, who would easily neglect the basic element, Buddhism.

Lastly, the examination of the contents of Bul-yeon's Wŏnhyo-hermeneutics seems yet to be preceded by more professional

Wŏnhyo scholars. Considering the proper way of delivering the theory of Buddhist hermeneutics, I believe it is worth while to pay attention to Bul-yoen's role as a pioneer in the field of hermeneutical methodology, which could not secure its status in the streams of various methodologies such as Jonghak, scientific methodology, and 'philology', even though he hardly presented his struggle to suggest his own philosophy, as I have been questioning. I would like to estimate, therefore, that the hermeneutical circle between Text and Reality, found in Bul-yoen's work of Wŏnhyo-Hermeneutics, deserves to be well appreciated. A pioneer means one who leaves a great deal of tasks yet to be completed along with initiative accomplishments. The task should be well taken care of by us as the younger generation.

【Key words】 Bul-yeon(Lee Gi-yeong), Wŏnhyo, Wŏnhyo-Hermeneutics, Hermeneutics, Buddhist Hermeneutics, Hermeneutical Circle, Text, Context, Reality.

Glossary

Glossary of Sanskrit and Chinese Terms
(S = Sanskrit, C = Chinese, K = Korean, J = Japanese)

adhikāra(s), 根機, spiritual ability.

analytical reading-method, 分析的 讀書法.

apauruṣeyatvā(s), 非作者性, authorlessness.

Beopgyaedogi(k), 法界圖記.

Beopgyaedogichongsurok(k), 法界圖記叢髓錄.

Bulyeon(k), 不然.

chiao-pan(c), 敎判, proposal of one's own philosophy.

chiaopan-ism, 敎判論.

ekasvāratvā(s), 一音性.

ekasvāravāda(s), 一音敎.

gyohak(k), 敎學.

harmonization-ism, 會通論.

Hwaŏmilseungbeopgyaedogi(k), 華嚴一乘法界圖記, diagram of the Dharmadhātu according to the One Vehicle of Avataṁsaka.

hwaŏm-sŏn(k), 華嚴禪.

jonghak(k), 宗學.

ko - i(c), 格義, analogical adaption of Buddhist teaching from the point of non-Buddhism.

Ko, Young-Seop(k), 高榮燮.

kwa-mok(k), 科目. analysis diagram.

kwanmun-sŏk(k), 觀文釋, interpreting mind by observing text.
kwansim-sŏk(k), 觀心釋, interpretating text by observing mind.
Lhi, Ki-Young(k), 李箕永.
Mahāprajñāpāramitāśāstra(s), 大智度論.
meditative reading-method, 禪的 讀書法.
naejŏn(k), 內典, Buddhist text.
oejŏn(k), 外典, non-Buddhist text.
one's own philosophy, 自己哲學, svadarśana.
original sound, 原音.
practical reading-method, 實踐的 讀書法.
reflective reading-method, 返照的 讀書法.
śabda(s), 聖言量, sacred word.
Saṁdhinirmocanasūtra(s), 解深密經.
Sin-haeng(k), 信行.
sŏn(k), ch'an(c), zen(j), 禪.
the absence of author, 著者의 不在.
t'ien-t'ai(c), chŏn-t'ai(k), 天台.
Tripiṭaka(s), 大藏經.
Uisang(k), 義相.
upāya(s), fang-pien(c), 方便, skillful mean.
viddhi(s), 命令, vedic injunction.
Wŏnhyo(k), 元曉.
Wŏnhyosasang(k), 元曉思想.
Yumun(k), 有聞.
Yuil(k), 有一.

찾아보기

Carl Bielefeldt 117
Gary Synder 117

【ㄱ】

가다머 8, 22, 104, 132
가마쿠라(鎌倉) 265
간디지(Gandhiji) 153
綱要 112
개원석교록 66
갸냐요가(jñānayoga) 163
거친 호교론(sthūla apologetics) 42
게흐터(Gächter) 37
격의(格義) 7, 61, 69, 70, 72, 74, 101, 104, 137, 166, 226, 283
격의불교 67, 99
격의의 방법론 138
격의의 의미지평〔=格義佛教의 通用時間〕 70
結集 182
경전 22
經典觀 26
계시서(śruti) 218
誡初心學人文 130

戒賢 77
高榮燮 80, 236
고칸 시렌(虎關師練, 1287~1346) 191
곰브리치(Richard F. Gombrich) 197
共觀 26, 84, 103, 211, 267, 278
과목(科目) 7, 61, 84, 101, 226
과목(科目) 나누기 85, 97
觀經釋心 229
관문석(觀文釋) 157, 180, 183, 229
觀文釋心 229
관심석(觀心釋) 7, 22, 26, 51, 54, 58, 179, 183,
觀心釋經 52, 223
관심석의 독서법 158
光德(1927~1999) 192
교넨(凝然, 1240~1321) 190
教相判釋/教判 187
教外無傳 36, 58
教外別傳 36, 58
교종 37
교판(教判) 7, 27, 36, 37, 39, 48, 74, 75, 79, 81, 99, 101, 226
교판론(教判論) 81, 183, 187, 188, 191
구조주의 97
구조주의 기호학 115

근기(根機)   183, 203
금강경   125, 201
禁令(niṣedha)   34
기독교   289
기타 라하스야(Gita Rahasya)   147
기호의 제국   115
吉熙星   23
金相鉉   249
金容沃   67
김용표(金容彪)   7, 66
金知見   110
金洪根   117

【 ㄴ 】

난조 분유(南條文雄, 1848~1927)   65, 254
내전(內典)   10, 104
노장사상   71
論理槪說(Tarkabhāṣā)   38
능가경   129

【 ㄷ 】

다원적 독서법   158
단지 데루요시(丹治昭義)   193
닫힌 책   33, 34, 46
대기설법(upāya-kauśalya)   206
代理   222
大方廣佛華嚴經疏   193
대승불교   22

大乘非佛說   197
대지도론   62, 75
데리다   8
對治論   253, 265
道峰有聞   91
道元   117
독자의 컨텍스트   104
頓悟   126
돈오점수   245
杜順(557~640)   254
딜타이   135

【 ㄹ 】

라모트(Lamotte)   47
러스킨(Ruskin)   165
레이찬드바이(Raychandbhai)   165
로고스중심주의   30
로티(Richard Rorty)   136
로페즈(Lopez)   7, 22, 52, 104
롤랑 바르트(Roland Barthes)   44, 107
리차드 E. 팔머   132, 258

【 ㅁ 】

마드바(Madhva)   74, 218
마하데브 데사이(Mahadev Desai)   154
마하바라타   74, 168
마하트마 간디   136, 144
만트라(mantra)   34
맑스주의   289

찾아보기 341

명령(vidhi) 34
명칭(nāmadheya) 34
목샤까라굽타(Mokṣakaragupta) 38
木村淸孝 68
무시간 126
무쥬(無住, 1226~1312) 191
무한해석〔=영구해석〕 55, 134, 137
문법학파 30
미망사(Mīmāṁsā) 22, 26, 109, 162, 184
미망사 수트라 30
미세한 호교론(sukṣma apologetics) 42
믿음의 길(bhaktiyoga) 163

【 ㅂ 】

바가바드기타 127, 143, 144, 204
바르트 8, 22, 104
바르트리하리(Bhartṛhari) 30
反復史觀 185
반야경 192
반조적(返照的) 독서법 131, 157, 158, 164, 176, 229
발달사관 185
밧타(Bhaṭṭa) 미망사 27
방편(upāya) 162
白花道場發願文 108
범망경보살계본사기 262
汎佛敎 190
법계도(法界圖) 44, 89
법계도기 104, 107
법계도기 총수록(法界圖記叢髓錄) 62, 87
法古 56
法無我 195
法性偈 85
法性偈科註 91
法藏(643~712) 254
베다 27, 109
보르헤스 8, 22, 104
菩提留之 192
보살계본지범요기 235, 246
普照知訥(1158~1210) 91, 130, 165, 190, 234
補充 222
보충대리 50
福永光司 70
分離神話 188
분석적(分析的) 독서법 130, 144, 157, 171, 175, 179
불교인문학 73
불교해석학(Buddhist Hermeneutics) 5, 22, 63, 65, 104, 232, 234, 295
不變 209
불언량(佛言量) 22, 41, 43, 58
불요의경(neyārtha sūtra) 22, 47
불이일원론(Advaita) 202
브라흐마나 27
比較解釋學 26
非神話化(de-mythologization) 84
비야사(Vyāsa) 160
非作者性 22, 56, 58
비폭력(ahiṁsā) 145

【ㅅ】

私記　112
四滿科　90
四門釋　90
沙石集　191
四依　47
事一元論　135
散聖　165
三階教　136
三時教判　47
三種法輪　76
상호텍스트성(inter-textuality)　11, 22, 73, 104, 106, 109, 116, 118, 123, 134
새로움(apūrvatā)　213, 235
생활세계(le monde vecu, Lebenswelt)　115
상카라(Śankara, 700~750)　22, 29, 202
선 지향의 교종　37, 50
禪教兼修　224
禪의 해석학　129
禪的 독서법　143, 144, 158, 175, 176, 180
선적 수행　176
선적 정신　54
선종　36
選擇本願念佛集　189
설명적 문구(arthavāda)　34
雪岑 金時習　91
性起　86
性起사상　111
성서해석학　65
성언량(śabda)　22, 211

소쉬르　97
松本史郎　117
쇼펜하우어　281
隨機解法　209, 227
水野弘元　76
隨緣　209
순수 教宗　36
쉴라이에르마허　161
슈라바나(śravana)　28
스포타(sphoṭa)　36
승만경　272
僧肇　68
始構成　46
신불교(Neo-Buddhism)　274
神秀　51
神智學會(Theosophical Society)　150, 164
信行(540~594)　136, 274
神顯(theophany)　163
신화엄경론　75
실용주의　35
實踐的 讀書法　7, 22, 44, 63, 104, 106, 130, 131, 136, 139, 144, 157, 159, 166, 175, 209, 274, 277, 279, 294
실천지평　175
실천지평/실천적 지향성　156

【ㅇ】

아드바이타 베단타　22, 27
아르쥬나(Arjuna)　127, 146

아우구스티누스(Augustinus)　125
아함경　77, 198
아힘사　144
암베드카르(Ambedkar, 1891~1956)　136,
　　274
야스퍼스　281
언어(śabda)　32
에드윈 아놀드(Edwin Arnold)　149, 164
엔닌(圓仁, 794~864)　207
엘리엇(T.S.Eliot)　8, 104, 132
역(逆)의 격의　73
緣起陀羅尼　44
蓮潭有一　93
影響史　72
五觀釋　90
오늘 - 여기의 불교학　59
誤讀의 풍요로움　119
오로빈도(Aurobindo, 1872~1950)　202
五重海印　87
外道　72
외전(外典)　10, 72, 104
요가수트라　36
요의경(nītārtha sūtra)　22, 47
龍樹　210
우파니샤드　27
움베르토 에코(Umberto Ecco)　25
원음(原音)　181, 183, 196, 206
원음 X　200, 206
원전　22
원키(Georgia Warnke)　136
元亨釋書　191
원효(元曉, 617~686)　165, 190, 222,
　　231, 232, 234

원효해석학(元曉解釋學, Wŏnhyo-
　　Hermeneutics)　232, 237
僞經　181, 183
위베르 뒤르트(Hubert Durt)　285
유문(有聞)　62, 91
有一　62, 91
육파철학　27
依敎觀心　52
의상(義相, 625~702)　22, 43, 104,
　　234
이기영(李箕永)　9, 66, 231, 232
二元的 베단타　74
李仁惠　95
二重說　202
李芝洙　28
李通玄(? ~730)　75, 192
人無我　195
一佛主義　224
一音敎(ekasvaravāda)　7, 182, 193,
　　206, 208, 215, 216, 217
一音性　183, 195

【ㅈ】

자기교판　189
자기 비춤　131
자기읽기　131
자기철학(svadarśana/svapādani)　6,
　　9, 21, 25, 43, 62, 64, 82, 83,
　　86, 95, 98, 101, 105, 112,
　　131, 136, 143, 144, 169, 174,
　　178, 181, 183, 184, 188, 191,

200, 209, 213, 216, 220, 226, 232, 235, 251
자기철학의 글쓰기 218, 225, 226, 228
자기철학의 제시 24, 140, 221, 225, 231, 264
자본주의 289
자신의 지평〔=自己哲學〕 24
쟈크 데리다(Jacque Derrida) 30
저자의 부재 22, 43, 46, 58, 103, 104, 109, 110, 114, 130, 134, 138, 139, 159, 166, 184
저자의 죽음 22, 104
荻原雲來 76
專修念佛 189
전승서(smṛti) 218
全哲學綱要 188
전통 104
전통적 불교학 64, 66
節要 112
正法眼藏 117
정화열 115
조나단 컬러(Jonathan Culler) 24
조르덴스(J.T.F.Jordens) 153
趙明基 256
宗要 112
宗學 257, 295
중론 210
智光 48, 78
智儼(600~668) 254
知慧行 150
진리실천(Satyagraha) 144, 151, 168
진리실천자(satyāgrahī) 172

眞俗二諦說 202
眞心直說 200
진정(眞定) 62, 89

【ㅊ】

차별적 회통론 203
찬드라키르티 50
創新 57
창조적 오독 170
채식 168
천수경 192
천태지의(天台智顗, 538~597) 51, 256
천태학 58
철학적 해석학(Philosophical Hermeneutics) 23, 37, 63, 104, 106
淸凉澄觀(?~839) 193
淸辯 78
淸義佛敎 69
초월적 記意 30
추체험 53

【ㅋ】

카워드(Harold Coward) 30
컨텍스트 183, 233
쿠마릴라 27
크리쉬나(Kṛṣṇa) 127, 146

【ㅌ】

텍스트 183, 233
텍스트 크리틱 81, 82, 100
톨스토이(Tolstoy) 165
퇴보사관 185
틸락(B. G. Tilak) 144, 155, 170

【ㅍ】

판단근거[=佛言量] 56
포괄자(das Umgeifende) 282
표훈(表訓) 62, 89

【ㅎ】

하이데거 8, 110
한암(漢岩) 131
해석공동체(解釋共同體) 12
해석 무용 51
해석 요청 51
해석의 연기[=해석공동체] 55
해석의 틀(=解釋學的 先理解) 69
해석학 5, 21, 22, 23, 232
해석학적 독서법 171
해석학적 방법 28
해석학적 상상력(hermenutical imagination) 21, 61, 234
해석학적 선이해(hermeneutical pre-understanding) 62, 71
해석학적 순환(hermeneutical circle) 62, 96, 100, 135, 167, 236, 265, 272, 294
해석학적 장치 65, 70, 101
해석학적 차원 83
해심밀경(解深密經) 47, 62, 76
행위의 길(karmayoga) 172
허무주의 289
賢首 75
顯示論 253, 265
현실 233
玄奘 77
현현(theophany) 127
護敎論 42, 43
호넨(法然) 189
호이(David C. Hoy) 136
홍인 51
화엄경 111, 126
화엄경탐현기 75
화엄선 191
和諍 191
黃淳一 197
회통 86, 122, 217, 247
회통론(會通論) 7, 83, 183, 190, 201, 255
회통적/화쟁적 지견의 확립 165

부록

저자의 논문 목록
(1989~2008)

한 사람의 학자/연구자로서 학계에 등단하는 시점을 언제로 보면 좋을까요? 저는 석사학위를 취득한 뒤 박사과정에 들어가서 소논문들을 발표하기 시작하는 것으로부터 기산(起算)하였습니다. 그렇게 볼 때, 저의 경우에는 석사논문으로 「붓다차리타(佛所行讚)에 나타난 초기 상키야 사상 연구」를 쓰고 박사과정에 진학한 1989년에 학계에 등단한 것이 됩니다. 금년(2008)으로 20년째가 됩니다.

"그동안 무엇을 했던가"라는 되물음을 자주 하고는 합니다. "그동안의 연구 성과를 목록으로라도 정리해 두자"라고 생각하게 된 것도 그런 배경에서입니다. 이렇게 과거를 돌아보면서, 내일을 향해서 다시금 하나하나 준비해 가고자 합니다. 또한 혹시라도 여기저기 흩어져 있는 글을 찾느라 애쓸 후배들이 있다면, 이렇게라도 정리해 두는 것이 도움이 될지도 모르겠습니다.

※ 일러두기

1. 등단 이전(박사과정 진학 이전)에 쓴 습작의 글들이 몇 있는데, 그것들은 모두 책임 있는 논문이라 보기 어려우므로 여기서는 제외합니다.
2. 등단 이후에 쓴 글들 중에서도 학술지라고 보기 어려운 잡지류에 발표

한 글들은 논문으로 인정하지 않고서 제외합니다.
3. 한번 발표한 이후, 학계의 평가를 얻어서 재수록되거나 단행본을 묶을 경우에 재수록된 경우는 그 '재수록'된 상황까지 밝혀 둡니다.
4. 논총의 편집자 부탁으로 이미 발표한 논문을 그냥 그대로 다시 발표한 경우가 한 번 있는데, 그 경우는 '중복게재'라고 밝혀 둡니다.
5. 발표 순서와 역순으로 (최근의 것이 위로 올라오도록) 정리하고, 연도별로 묶어서 보시기에 다소 호흡을 가다듬을 수 있도록 하였습니다.
6. 이 「저자의 논문 목록」의 정리는 동국대 인도철학과 박경빈 군이 도와 주었습니다.

2008

61. 「봉암사결사의 윤리적 성격과 그 정신」, 『봉암사 결사와 현대한국불교』 (서울 : 조계종출판사). pp. 105~160.

2007

60. 「바가바드기타에 보이는 믿음과 행위의 관련성 — 간디의 해석을 중심으로 —」, 『남아시아연구』제13권 1호(서울 : 한국외대 남아시아연구소). pp. 73~99.
59. 「반야심경의 진언(mantra)에 대한 고찰 — 인도 찬술 주석서들을 중심으로 —」, 『인도철학』, 제23집(서울 : 인도철학회), pp.33~71.
58. 「韓國から見た日本佛教史 — 松尾剛次著『お坊さんの日本史』に寄せて —」, 『山形大學歷史・地理・人類學論集』(山形 : 山形大學歷史・地理・人類學研究會), pp.13~22.
57. 「텍스트와 현실의 해석학적 순환 — 불연 이기영의 원효해석학 —」, 『불교연구』제26집(서울 : 한국불교연구원), pp.101~174. → 이 책에 「補論」으

로 재수록함.
56. 「바가바드기타에 대한 틸락의 행동주의적 해석」, 『인도철학』제22집 (서울 : 인도철학회), pp.275～311.

2006

55. 「一音教와 自己哲學의 글쓰기」, 『동서철학연구』제42호(대전 : 한국동서철학회), pp.53～89. → 이 책에 재수록함.
54. 「바가바드기타에 보이는 지혜와 행위의 관련성 — 간디의 sthitaprajña 개념을 중심으로 —」, 『인도연구』제11권 2호(서울 : 한국인도학회), pp.99～143.
53. 「바가바드기타와 관련해서 본 漢岩의 念佛參禪無二論」, 『한암사상연구』제1집(평창 : 월정사 한암사상연구원), pp.55～147.
52. 「아르쥬나의 懷疑와 그 불교적 의미」, 『종교연구』제42집(서울 : 한국종교학회), pp. 103～123.
51. 「반야심경의 주제에 대한 고찰」, 『불교학보』제44집(서울 : 동국대 불교문화연구원), pp.31～61.
50. 「산스끄리뜨 산디현상의 원리 해명」, 『남아시아연구』제11권 2호(서울 : 한국외대 남아시아연구소), pp.53～82.
49. 「기타에 대한 샹카라의 주제 파악과 틸락의 비판」, 『인도철학』제20집 (서울 : 인도철학회), pp. 153～190.

2005

48. 「伽範達摩譯本千手經に見られる思想」, 『印度學佛教學研究』제54권 1호 (동경 : 일본인도학불교학회), pp.524～530.
47. 「바가바드기타를 읽는 간디의 다원적 독서법」, 『인도연구』제10권 2호 (서울 : 한국인도학회), pp.179～213. → 「여러 가지 讀書法에 의지한

해석의 사례 ― 간디의 『바가바드기타』 읽기를 중심으로 ―」로 改題하여 이 책에 재수록함.
46. 「관음신앙의 유형에 대한 고찰」, 『천태학연구』 제7호(서울 : 천태불교문화연구원, 2005), pp. 289~323. → 『천수경의 새로운 연구』(서울 : 민족사, 2006), pp.97~140. 재수록.
45. 「禪宗で大悲呪を讀誦する理由」, 『禪學研究』 제83호(京都 : 花園大學 禪學研究會), pp.25-53. → 「선종에서 대비주를 독송하는 이유」, 『천수경의 새로운 연구』(민족사, 2006), pp.201~235. 재수록.

2004

44. 「'독송용 천수경'에 대한 言語的 再解釋과 그 適用」, 『불교학보』 제41집 (서울 : 불교문화연구원), pp.105~157. → 『천수경의 새로운 연구』(서울 : 민족사, 2006), pp.237~315. 재수록.
43. 「菩薩戒本持犯要記의 性格論에 대한 再檢討」, 『원효학연구』 제9호(경주: 원효학연구원), pp. 63~92.
    * 45번 논문의 5장 1절로 집필되었으나, 원효 연구자들의 供覽을 원하여 별도로 발표함.
42. 「바가바드기타를 읽는 샹카라의 護敎論的 解釋學」, 『인도철학』 제17집 (서울 : 인도 철학회, 2004), pp.155~182.
41. 「바가바드기타를 읽는 틸락의 분석적 독서법」, 『종교연구』 제35집(서울 : 한국종교학회), pp.195~224.

2003

40. 「'원본 천수경'과 '독송용 천수경'의 대비」, 『불교학보』 제40집(서울 : 동국대 불교문화연구원), pp.53~103. → 『천수경의 새로운 연구』(민족사, 2006), pp.19-95. 재수록.

39. 「'정의의 전쟁'論은 정의로운가」, 『동서철학연구』 제28집(서울 : 한국동서철학회), pp. 5~35.
* 아래 35번 논문이 편집실수로 중간에 잘리게 되어서, 다시 발표할 필요성이 있었음. 이에 번역하고 改題하여 다시 발표함.
38. 「Arjunaの懷疑に見られる意味」, 『印度學佛敎學硏究』 제52권 1호(東京 : 일본인도학불교학회), pp.465~470.

2002

37. 「千手經 理解를 통해서 본 光德의 會通佛敎」, 『종교연구』 제29집(서울 : 한국종교학회), pp.259~281. → 「一吾敎에 있어서 천수경의 위상 — 光德의 관점을 중심으로 —」로 수정·증보하여 『천수경의 새로운 연구』(서울 : 민족사, 2006), pp.141~199. 재수록.
36. 「미망사와 불교의 비교해석학 — 경전관을 중심으로 —」, 『한국종교사연구』 제10호(익산 : 한국종교사학회), pp.77~116. → 「원전의 무거움과 해석의 가능성 — 미망사 학파와의 비교를 중심으로 —」로 改題하여 이 책에 재수록.
35. 「バガヴァッド・ギーターと大乘涅槃經における暴力/戰爭の正當化問題」, 『韓國佛敎學 Seminar』第9號(東京 : 韓國留學生印度學佛敎學硏究會), pp.149-166.
* 이해 9월부터 2003년 8월말까지 일본 교토 소재의 "불교대학(Bukkyo University)" 객원연구원을 지냄.

2001

34. 「이샤 우파니샤드에 대한 샹카라와 오로빈도의 해석 비교」, 『인도철학』 제10집(서울 : 인도철학회), pp.105~148.
33. 「漢文佛典의 理解를 위한 基礎的 梵語 文法」, 『불교대학원논총』 제7호

(서울 : 동국대 불교대학원), pp.43~67.
32. 「힌두교 전통에 비춰본 불교의 孝문제」, 『인도철학』 제11집 1호(서울 : 인도철학회), pp.67~94.

2000

31. 「산스크리트어 형태론의 구조적 이해」, 『불교어문논집』 제5집(서울 : 한국불교어문학회), pp. 59~81.
30. 「바가바드기타의 윤리적 입장에 대한 비판적 고찰」, 『종교연구』 제19집(서울 : 한국종교학회), pp.83~103.
29. 「불교의 여성관 정립을 위한 해석학적 모색」, 『불교학의 해석과 실천』(서울 : 불일출판사), pp.31~60.

1999

28. 「전통적 불교학의 방법론에 나타난 현대적 성격」, 『가산학보』 제7호(서울 : 가산학회), pp.47~70. → 「자기철학의 제시를 위한 전통적 불교학의 방법들」로 改題하여 이 책에 재수록함.
27. 「바가바드기타와 究羅檀頭經의 입장에서 본 朝鮮佛敎維新論의 儀禮觀」, 『불교학보』 제36집(서울 : 동국대 불교문화연구원), pp.197~223.
26. 「인도철학·불교학의 방법론에 대한 성찰」, 『불교연구』 제16집(서울 : 한국불교연구원), pp.95~129.
25. 「초기 우파니샤드의 명상 개념 2」, 『인도철학』 제8집(서울 : 인도철학회), pp. 179~212.

1998

24. 「초기 우파니샤드의 명상 개념 1」, 『인도철학』 제7집(서울 : 인도철학

회), pp.65-88.

23. 「'저자의 不在'와 佛敎解釋學」, 『불교학보』 제35집(서울 : 동국대 불교문화연구원) pp.187~206. → 『동서비교문학이론』 제5호(서울 : 동서비교문학회, 2001), pp.141~169. 재수록. → 『동서비교문학, 왜 학문공동체인가』(서울 : 경희대 출판국, 2005), pp.187~221. 재수록. → 「'저자의 不在'論과 실천적 독서법 — 문학이론과의 共觀을 통하여 —」로 改題하여 이 책에 재수록함.

22. 「한국의 정통 인도종교 연구사 검토」, 『종교연구』 제15집(서울 : 한국종교학회), pp.197~227.

21. 「불교 경전이 말하는 미륵사상」, 『동국사상』 제29집(서울 : 동국대학교 불교대학), pp.63-83. → 『철학비평』 제3호(울산 : 세종출판사, 1998), pp.151~176. 재수록.

20. 「"解深密經"의 哲學的 立場과 禪의 修證論」, 『구산논집』 창간호(서울 : 구산장학회), pp.49-82. → 『불교학논총』(서울 : 동국역경원, 1998), pp.127~151.

  * 월운스님의 고희기념 논총 발간에 동참해 달라는 편집진의 요청에 응하여 중복게재함.

1997

19. 「한국의 인도불교 연구」, 『인도연구』 제2호(서울 : 한국인도학회), pp.71~89.

18. 「천수경 신행의 역사적 전개」, 『미래불교의 향방』(서울 : 장경각), pp.131~154.

  * 이해 9월 1일자로 동국대학교 인도철학과 전임강사에 임용됨.

1996

17. 「밀교다라니의 기능에 대한 고찰 — 정통 인도종교의 만트라와 관련하

여 —」, 『인도철학』 제6집(서울 : 인도철학회), pp.175~200.
* 이 논문이 부분적으로 삭제, 수정, 보완되어서 새롭게 형성된 것이 45번 「선종에서 대비주를 독송하는 이유」임. 하지만, 그 개정의 정도가 현저하다고 생각되므로 별도의 논문으로 계산함.
** 이 해 여름『禪觀의 대승적 연원 연구』라는 주제의 박사학위 논문(지도교수 : 정태혁)이 통과되다. 실제로는 1995년 하반기부터 1996년 상반기까지 쓰여졌다. → 수정·삭제·보완을 거쳐『대승경전과 禪』(서울 : 민족사, 2002)으로 출판.

1995

16. 「결사의 근대적 전개 양상 — 정혜결사의 계승을 중심으로 —」,『보조사상』제8집(서울 : 보조사상연구원), pp.131~166.

1994

15. 「바가바드기따의 제사관 — 불교의례의 재검토를 위한 定礎로서 —」,『인도철학』제4집(서울 : 인도철학회), pp.139~159.

1993

14. 「慧諶 禪思想에서 敎學이 차지하는 의미」,『보조사상』7집 (서울 : 보조사상연구원), pp.101~131.
13. 「능가경에 나타난 自內證과 言語」,『한국종교사상의 재조명 上』(이리 : 원광대학교 출판국), pp.549~562. → 진면에 걸쳐 수정·보완히여『대승경전과 禪』, pp.268~282. 재수록.

1992

12. 「바가바드기따에 나타난 까르마요가의 윤리적 조명 — 불교윤리와 관련하여 —」, 『인도철학』 제2집(서울 : 인도철학회, 1992), pp.127~147.
11. 「頓漸論爭의 반성과 과제」, 『깨달음, 돈오점수인가 돈오돈수인가』(서울 : 민족사), pp.11~28.
10. 「능가경의 如來藏說과 性相融會」, 『불교연구』 제8집(서울 : 한국불교연구원), pp.137~152. → 전면적으로 해체・수정・증보하여 『대승경전과 禪』, pp.286~295. 재수록.

1991

9. 「정혜결사의 윤리적 성격과 그 실천」, 『한국불교학』 제16집(서울 : 한국불교학회), pp.395-417. → 『계초심학인문』(서울 : 민족사, 1993), pp.171~202. 재수록.
8. 「普照禪의 社會倫理的 關心」, 『동서철학연구』 제8호(대전 : 한국동서철학연구회), pp.139-160. → 『계초심학인문』(서울 : 민족사, 1993), pp.203~236. 재수록.
7. 「海東華嚴의 근대적 계승과 漢岩」, 『아세아에서의 화엄의 위상』(서울 : 대한전통불교연구원), pp.197~222.
6. 「頓悟頓修的 漸修說의 問題點」, 『東과 西의 사유세계』(서울 : 민족사), pp. 459~479.
5. 「無記說에 대한 일고찰 — 언어철학과 관련하여 —」, 『한국사상사』(이리 : 원광대학교 출판국), pp.1539~1554.

1990

4. 「頓悟漸修의 새로운 해석 — 돈오를 중심으로 —」, 『한국불교학』 제15

집(서울 : 한국불교학회), pp.423-446. →『깨달음, 돈오점수인가 돈오돈수인가』(서울 : 민족사, 1992), pp.215~237. →『한국의 사상가 10인, 지눌』(서울 : 예문서원, 2002), pp.219~245. 재수록.

3. 「普照禪의 實在論的 傾向과 그 克服」,『동서철학연구』제7호(대전 : 한국동서철학연구회), pp. 111~131.

2. 「普照의 淨土受容에 대한 재고찰」,『한국철학종교사상사』(이리 : 원광대 종교문제연구소), pp. 441~461.

1989

1. 「普照의 二門定慧에 對한 思想史的 考察」,『한국불교학』제14집(서울 : 한국불교학회), pp.405~432.

김호성(金浩星)

동국대학교 인도철학과를 졸업하고 同 대학원에서 「禪觀의 대승적 연원 연구」(1996)로 박사학위 취득. 일본 교토 소재 "불교대학"의 객원연구원을 지냈으며, 현재 동국대 불교학부 교수. 일본불교사 연구소 소장.
『대승경전과 禪』(2002. 문광부 선정 우수학술도서), 『천수경의 새로운 연구』(2007. 학술원 선정 우수학술도서), 『천수경의 비밀』, 『천수경과 관음신앙』, 『배낭에 담아온 인도』, 『계초심학인문 새로 읽기』, 『일본불교의 빛과 그림자』, 『불교, 소설과 영화를 말하다』 등의 저서가 있으며, 『원각경·승만경』(공역), 『인물로 보는 일본불교사』, 『왜 인도에서 불교는 멸망했는가』 등의 번역서가 있음.
이메일 : karuna33@dgu.edu
홈페이지 : http://www.freechal.com/karuna33

불교해석학 연구

2009년 6월 25일 초판 1쇄 인쇄
2009년 6월 30일 초판 1쇄 발행

　　　　　ⓒ 지은이 김 호 성
　　　　　　발행인 윤 재 승

발행처 민 족 사
등록 제1-149호.1980. 5. 9
서울 종로구 수송동 58번지 두산위브파빌리온 1131호
전화 (02)732-2403~4, 팩스 (02)739-7565
E-mail//minjoksa@chol.com

값 20,000원　ISBN 978-89-7009-066-5 94220
　　　　　　ISBN 978-89-7009-057-3 (세트)